Esel halten

Marisa Hafner

Esel halten

2. Auflage

74 Farbfotos
27 Schwarzweißfotos
39 Zeichnungen
4 Tabellen

Ulmer

Danksagung

Ich danke all jenen die mir geholfen haben, sei es durch fachliche Auskünfte, durch Belieferung mit Bildmaterial oder schlichtweg durch moraliche Unterstützung und Aufmunterung. Mein spezieller Dank gilt den beiden Eselexpertinnen Yolanda Inversini und Barbara Bank für die Besprechung meines Manuskripts und die zahlreichen geduldigen Auskünfte am Telefon. Ein besonderes Dankeschön möchte ich auch Herrn Dr. Anton Fürst für die Korrektur des medizinischen Teils, und Herrn Prof. Dr. Hans Lutz sowie Frau Dr. Regina Hofmann für die Studienergebnisse der Eselblutauswertung aussprechen. Und zum Schluss danke ich natürlich meinen Eseln, denn sie haben mit ihrem wundervollen Wesen einen entscheidenden Beitrag geleistet, dass dieses Buch zustande gekommen ist.

Bibliografische Information der Deutschen Bibliothek

Die Deutsche Bibliothek verzeichnet diese Publikation in der Deutschen Nationalbibliografie; detaillierte bibliografische Daten sind im Internet über http://dnb.ddb.de abrufbar.

ISBN 3-8001-4885-4

Wollgrasweg 41, 70599 Stuttgart (Hohenheim)
Internet: www.ulmer.de
Lektorat: Dr. Gabriele Lehari, Dr. Eva-Maria Götz
Satz: Typomedia, Scharnhausen
Herstellung & DTP: Silke Reuter
Druck und Bindung: Friedrich Pustet, Regensburg
Printed in Germany

Vorwort

Der Esel – belächelt, mystisch, berüchtigt. Von den einen heiß geliebt, von den anderen gemieden und in seinem wahren Wesen mehrheitlich verkannt. Mit Sicherheit kann man den Esel nur mit Arroganz und einer überheblichen Einstellung für dumm erklären. Er wird in seinem Verhalten meistens missverstanden und falsch eingeschätzt, weshalb er leider völlig ungerechtfertigt einen schlechten Ruf hat. Mark Twain hat in seinem 1893 verfassten „Pudd'nhead" sehr treffend zum Ausdruck gebracht: „Es gibt keinen Charakter, mag er noch so gut und edel sein, der nicht durch Spötteleien, mögen sie noch so armselig und geistlos sein, verleumdet werden kann. Man betrachte zum Beispiel den Esel: Sein Charakter ist beinahe tadellos, seine Intelligenz ist der aller geringeren Tiere überlegen, doch seht, was Spötteleien aus ihm gemacht haben. Statt dass wir uns geschmeichelt fühlen, wenn man uns einen Esel nennt, fühlen wir uns beunruhigt."

Der Esel kann auf eine lange, bewegte Vergangenheit zurückblicken. Er erlebte Epochen der Verehrung und Zeiten, die ihm viel Leid und Schmerz bescherten. Seit rund 6000 Jahren schleppt er überall auf diesem Globus die Lasten des Menschen – mit einer stoischen Ruhe und oft unter schlechtesten Bedingungen. Häufig hat er als Lohn für seine Arbeit nur Prügel bezogen.

Heute wird der Esel in unseren Breiten vorwiegend als Haustier und Freizeitpartner gehalten. Er hat einen neuen Platz in der Gesellschaft eingenommen – einer Gesellschaft, die es sich leisten kann, für ihre Tiere zu sorgen. Und trotzdem hat sich die Lebensqualität für die meisten Esel kaum wesentlich verbessert. Zivilisationskrankheiten wie Übergewicht, Verdauungsstörungen, Parasiten, Hufprobleme, Allergien und Verhaltensstörungen sind neue, moderne Leiden, die dem Esel sein Dasein erschweren. Meistens sind die Ursachen Haltungsfehler, die aus Unwissenheit begangen werden. Das vorliegende Buch soll helfen, die Lebensgewohnheiten, die Bedürfnisse und das Verhalten des Esels zu verstehen. Es soll in leicht verständlicher und übersichtlicher Weise über Haltung, Pflege und Erziehung des Esels informieren. Die Grenzen zwischen Empfehlungen und Anleitungen sind dabei oft fließend. „Es führen viele Wege nach Rom", besagt ein alter Spruch und das ist glücklicherweise richtig. Das geschriebene Wort soll stets als eine Stütze verstanden werden und dem Leser eine Möglichkeit bieten, sich das für ihn Vertretbare und Nachvollziehbare herauszusuchen. Nur ein Grundgedanke darf nie vergessen werden: Wer ein Tier hält, bestimmt dessen Schicksal. Tiere sind auf den Menschen angewiesen und ihre Lebensqualität hängt ausschließlich von der Gunst ihres Halters ab. Dieser Umstand bedeutet für uns Menschen eine große Verantwortung, der man sich stets bewusst sein sollte. Und was bei der Erziehung eines Tieres sehr wichtig ist: Bei Problemen sollte der Mensch nicht sein Tier kritisieren, sondern er sollte eher seine eigene Vorgehensweise überdenken und sich stets die Frage stellen „Warum reagiert das Tier so?".

Wängi, im Frühjahr 2005
Marisa Hafner

Inhalt

Ethische Grundsätze

Wer sich einen Esel anschafft ...

- muss sich die notwendigen Fähigkeiten und Kenntnisse über dessen Ansprüche und Bedürfnisse aneignen;
- muss bereit sein, sich über Jahre täglich Zeit zu nehmen, um ihn richtig zu pflegen;
- muss ihn so halten, dass er seinen arteigenen Bedürfnissen entsprechend leben kann;
- muss akzeptieren, dass seine körperliche und seelische Gesundheit eine höhere Bedeutung hat als der erwartete Nutzen;
- muss ihn achten, unabhängig von Größe, Alter, Geschlecht, Gesundheitszustand oder Ausbildungsstand;
- muss ihm eine angemessene Ausbildung gewähren, wenn er von ihm eine Leistung erwartet;
- muss der Verantwortung für sein anvertrautes Tier, die sich bis ans Lebensende erstreckt, stets im Sinne des Esels gerecht werden.

Nicht jeder Pferdefreund ist auch ein geeigneter Eselhalter. Es ist daher wichtig, dass man sich bereits vor dem Kauf im Klaren darüber ist, was man mit dem Esel unternehmen möchte und was man von ihm erwartet. Esel sind nicht für die gleichen sportlichen Betätigungen geeignet wie Ponys und Pferde. Sie sind zwar zu sehr großen und ausdauernden Leistungen fähig, doch die Fortbewegung findet eher in gemächlichem Tempo statt. Wer seine Freizeit geruhsam und besinnlich gestalten möchte, wird mit einem Esel glücklich sein. Wer aber versucht zu beweisen, dass mit einem Esel gleiche Leistungen wie mit einem Pferd erbracht werden können, der tut seinem Tier Unrecht. Es stellt sich unweigerlich die Frage nach seinen Beweggründen. Meistens muss der Esel um der Publicity Willen herhalten. Zitat: „Ein gut ausgebildetes Pferd, an dessen Training der Reiter jahrelang gearbeitet hat, wird nicht so beachtet wie ein mittelmäßig gerittener Esel mit möglicherweise Gebäudefehlern und Senkrücken. Das Pferd hat einfach zu kurze Ohren...!“

Legendäre Anspruchslosigkeit – eine Fehleinschätzung?

Der Esel stellt mit Sicherheit andere, aber keineswegs geringere Ansprüche an seinen Halter als das Pferd! Ein Kind kann, entgegen der weit verbreiteten Meinung, einen Esel nur unter Anleitung eines Erwachsenen betreuen. Diese Person muss über fundierte Fachkenntnisse im Umgang mit Eseln verfügen. Es ist ein Trugschluss anzunehmen, es sei einfacher mit Eseln umzugehen als mit Ponys oder Pferden. Sein Ruf als anspruchsloser Zeitgenosse rührt möglicherweise daher, dass der Esel in der Tat ein sehr guter Futterverwerter ist und deshalb, was die Futtermenge betrifft, im Vergleich zum Pferd oder Pony Einsparungen gemacht werden können. Vielleicht liegt die Anspruchslosigkeit auch darin, dass der Esel äußerst gutmütig ist und sich gegen Quälereien fast nie zur Wehr setzt oder dass er eine still leidende Kreatur ist, die sich immer noch aufrecht hält, wenn sie schon längst Grund genug hätte, zu Boden zu gehen. Es ist fraglich, ob der Mensch von dieser Art Anspruchslosigkeit wirklich profitieren will. Impfungen, Wurmkuren, Fell-, Huf- und Zahnpflege benötigt der Esel wie das Pferd und Unterkunft und Sozialkontakt müssen ebenfalls gewährleistet sein.

Esel leben von Natur aus in Gruppen. Sie sollten deshalb auf keinen Fall einzeln gehalten werden.

Herkunft und Verwendung

Abstammung

Unser Hausesel stammt vom afrikanischen Wildesel ab, der zur Gattung der Pferde (*Equus*) gehört. Die Gattung umfasst sechs Arten:

- Esel (*Equus asinus*)
- Pferd (*Equus caballus*)
- Halbesel (*Equus hemionus*)
- Steppenzebra (*Equus quagga*)
- Bergzebra (*Equus zebra*)
- Grevy-Zebra (*Equus grevyi*)

Von den afrikanischen Wildeseln existierten wiederum drei Unterarten: Atlas-Wildesel, Nubischer Wildesel und Somali-Wildesel. Die exakte Herkunft des Hausesels ist bis heute noch nicht eindeutig geklärt. Vieles weist darauf hin, dass der Nubische Wildesel, der heute als ausgestorben gilt, aber noch 1900 verhältnismäßig häufig östlich des Nils und im südlichen Nubien vorkam, der Stammvater unseres heutigen Hausesels ist. Wahrscheinlich hat aber auch der Somali-Wildesel vom Osthorn Afrikas (Somaliland und die Salzebenen des Danakil- und Adel-Landes) mit seinem Ursprung zu tun und sogar der Atlas-Wildesel aus dem Siwa-Gebiet in Libyen könnte noch eine Rolle gespielt haben. Diese Erklärungen stammen aus A. Brehm „Die Säugetiere III“ und W. Herre und M. Röhrs „Wissenschaftliche Veröffentlichungen der Deutschen Orientgesellschaft“ (1958). Ebenfalls diese drei Wildesel-Unterarten als Ursprung unseres Hausesels nennt Norbert Benecke in „Der Mensch und seine Haustiere“ (1994).

Die Gegenden, aus denen die Vorfahren unserer Hausesel stammen, gehören auf jeden Fall zu den unwirtlichsten Gebieten dieser Welt. Die Wildesel haben sich in Jahrtausenden den kargen Bedingungen angepasst. Sie durchstreiften riesige Landstriche auf der Suche nach Nahrung und holten sich aus dem spärlichen Pflanzenwuchs die nötigen Nährstoffe, die sie zum Überleben brauchten. Von jeher lebte der Esel in Gebieten, wo sich andere Großsäuger nur schwer halten konnten.

Im nordeuropäischen feuchtkalten Klima ist das Wüstentier Esel ein Exot und stellt daher besondere Anforderungen an die Haltung.

Geschichte

Die Domestikation des Esels wird den alten Ägyptern zugeschrieben, also wurde er im nahen und mittleren Osten, wo auch die erwähnten drei Wildesel-Unterarten lebten, erstmals gezähmt. Die Dienste des Esels werden demzufolge vom Menschen seit etwa 6000 Jahren in Anspruch genommen. Die Ägypter setzten die Tiere bereits 2500 v.Chr. beim Bau ihrer Pyramiden ein. Fast jedermann besaß im alten Ägypten einen Esel und reiche Leute hielten deren Hunderte. Auch viel später, im römischen Reich, wurden die Esel als Arbeitstiere eingesetzt. Es gab Wagenesel, Mühlenesel, Lastesel und Saumtiere (Tragesel) – der Esel war einfach gut für alle Arbeiten, die er trotz schlechter Fütterung und primitiver Haltungsbedingungen verrichtete. Es gab

Die Arbeit am Wasserrad oder in der Getreidemühle wurde stets von Eseln verrichtet.

Mit den Eseln vor dem Pflug wird auch die harte Erde bearbeitet.

auch sehr teure Esel. So soll der römische Senator Q. Axius für einen Esel aus der berühmten Zucht von Reate (Mittelitalien) die Summe von 400 000 Sesterzen, die um 1900 einem Betrag von 60 000 Goldmark entsprach, gezahlt haben.

Des Esels Dasein war immer begleitet von Legenden und Aberglauben. Es gab sogar eine Zeit, da galt der Esel als Fruchtbarkeitssymbol. Das Fleisch des Esels wurde praktisch in der ganzen Vorzeit nie verzehrt. In manchen Kulturen nicht, weil der Esel dem Menschen fast heilig war, und in manchen Kulturen nicht, weil es schlichtweg verpönt war. Der Esel lieferte Milch, die als Heilmittel und wegen ihrer kosmetischen Wirkung sehr geschätzt wurde. In der Bibel kommt der Esel an über hundert Stellen vor und im islamischen Kulturkreis gehört er zu den Tieren, denen das Paradies sicher ist (Koran). Es gab in der ganzen Vergangenheit nie ein Haustier, das bei so großer Bescheidenheit so viel leistete wie der Esel und sowohl im positiven wie auch im negativen Sinne Geschichte schrieb.

Nutzung

Noch heute ist der Esel mit seinen Fähigkeiten ein sehr wichtiger Bestandteil zur Sicherung des Überlebens in vielen Ländern der Welt. Er hat seinen festen Platz als Nutztier in der Landwirtschaft und für den Transport. Für Holz, Wasser, Baumaterial und Lebensmittel ist der Esel häufig das einzige Beförderungsmittel. Trotz der zunehmenden Motorisierung werden vor allem in Asien und Afrika Esel noch zu Hunderttausenden als Arbeitstiere verwendet. Angesichts der Armut ihrer Eigentümer sind eine tierärztliche Versorgung und angemessenes Futter eher die Ausnahme als die Regel. Die Esel führen meist ein erbärmliches Leben und leiden an Unterernährung sowie dauernder Überbelastung – und dennoch kann vom Besitz eines Esels durchaus das Überleben einer ganzen Familie abhängen.

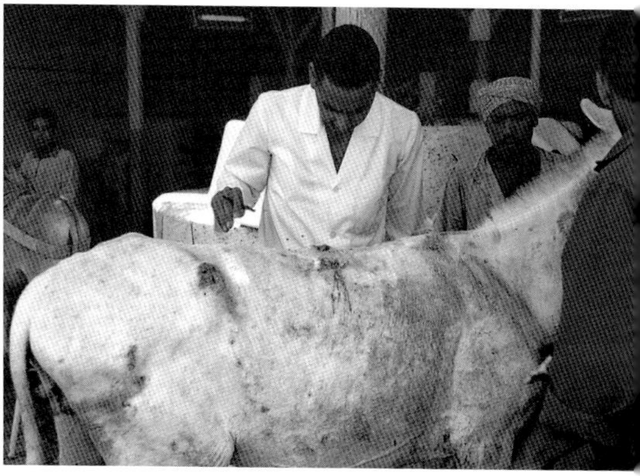

Hier wird in einem Brooke-Hospital ein offener Druck behandelt.

Tief beeindruckt vom Elend der arbeitenden Esel und Pferde in Ägypten gründete Dorothy Brooke 1934 in Kairo eine Klinik, in der die Tiere kostenlos behandelt werden konnten. Heute gibt es „Brooke Hospitals for Animals“ in Kairo, Assuan, Edfu, Luxor, Alexandrien, Pakistan, Indien und Jordanien. Das im Jahr 1966 eröffnete Hospital von Luxor führt beispielsweise pro Jahr etwa 20 000 Behandlungen durch. Jede Brooke-Klinik verfügt zusätzlich über mindestens ein mobiles Team, das in entlegenen Gebieten patrouilliert, um sich der Tiere anzunehmen, deren Weg ins Hospital zu lang oder zu anstrengend wäre. Neben der medizinischen Betreuung informiert das Personal des Brooke-Hospitals die Esel- und Pferdebesitzer über tiergerechte Haltungsmöglichkeiten, denn auch die ärmsten Besitzer könnten sich besser um ihre Tiere kümmern. Der größte Teil von Verletzungen bei Eseln und Pferden ist auf Verkehrsunfälle zurückzuführen, an zweiter Stelle stehen Sattel- und Geschirrdrücke sowie Lahmheiten und Infektionen.

Sämtliche Esel und Pferde werden – ebenfalls unentgeltlich – gegen Tetanus geimpft. Die gesamten Kosten der Brooke-Hospitals werden ausschließlich durch Spendengelder gedeckt.

Bedeutend bessere Arbeitsbedingungen haben die Arbeitsesel im afrikanischen Eritrea, die im Rahmen eines Projektes „Esel-Initiative“ für den Wassertransport eingesetzt werden. Sie sind das Kapital allein erziehender Frauen, die mit Hilfe der Esel ihre Familie ernähren können und deshalb die Tiere auch dementsprechend schätzen und pflegen. Im Sommer 1995 wurde dieses deutsche Projekt ins Leben gerufen. Ebenfalls mit Hilfe von Spendengeldern werden Not leidenden und allein erziehenden Kriegswitwen im afrikanischen Eritrea Esel geschenkt, um sie von der Schwerstarbeit des Wasserschleppens zu entlasten. Die Esel tragen spezielle Kautschukbehälter, damit sie keine Druckstellen bekommen. Für einen Esel plus Wassercontainer müssen umgerechnet etwa € 90,– ausgelegt werden. Bis Ende 1999 wurden insgesamt 750 Esel verteilt. Mit ihrer Hilfe können die Frauen genügend Wasser für sich selbst und zum Verkauf ins Dorf bringen, was ihnen wiederum Geld für die Beschaffung von anderen Nahrungsmitteln einbringt. So erhalten sie eine Starthilfe, um ein besseres Leben aufzubauen.

In Europa hat der Esel an Bedeutung verloren. In den Mittelmeerländern, wo traditionell viele Esel gehalten wurden, ist ihr Bestand stark zurückgegangen. Dies ist auf die zunehmende Intensivierung der Landwirtschaft und auf den Einsatz motorbetriebener Fahrzeuge zurückzuführen. Heute werden Esel meist nur noch von Individualisten als Freizeitpartner gehalten. Tiere, die in den täglichen Arbeitsablauf integriert werden, sind selten geworden. Nur in den ärmsten Ländern Europas werden Esel noch umfangreich genutzt. Bulgarien zum Beispiel weist vor Portugal und Griechenland die größte Eselpopulation Europas auf (FAO production yearbook, 1984). Als „modernste“ Aufgabe für die Esel kann heute das Tragen von Touristen genannt werden.

In England haben die Strandesel eine große Tradition. Das Reiten entlang der Küste ist in vielen Badeorten ausgesprochen populär und gehört zum klassischen Bild der

Zu erschöpft, um zu stehen. Das Leben der Esel in den indischen Ziegelsteinfabriken ist hart.

Die Touristen sind meistens viel zu schwer für die Esel.

Touristendomizile. Leider müssen auch diese Esel ständig von Tierschutzorganisationen kontrolliert werden, damit ihre Besitzer sie nicht verkommen lassen. An dieser Stelle ist Dr. Elisabeth D. Svendsen MBE zu erwähnen. Sie ist die Gründerin des weltweit größten Eselasyls, „The Donkey Sanctuary", in England. Ihre gesamten Bestrebungen gelten dem Schutz des Esels, in England wie auch in Afrika. Mittels Ausbildung der Eingeborenen fördert sie dort deren Verständnis für die Tiere. Vor allem eine regelmäßige Durchführung von Wurmkuren und eine generelle Bekämpfung von Parasiten sowie ein vernünftiger Arbeitseinsatz tragen viel zu einem besseren Gesundheitszustand der Esel bei. Seit der Gründung des Donkey Sanctuary im Jahr 1973 wurden über 8000 Esel dort aufgenommen, gepflegt und wenn nötig medizinisch versorgt. Die gesunden Esel werden mit einem Schutzvertrag an geprüfte Plätze vermittelt, ältere oder schwierig gewordene Tiere dürfen bis an ihr Lebensende im Asyl verbleiben. Personen, die selber keinen Esel halten können, haben die Möglichkeit Patenschaften zu übernehmen. Das Donkey Sanctuary wird mit Hilfe der Patenschaften und mit Spendengeldern finanziert.

Das Wesen

Sozialverhalten

Der Esel ist, obwohl man ihn in freier Wildbahn zum besseren Schutz vor Feinden jeweils in locker strukturierten Gruppen antrifft, eigentlich kein ausgesprochenes Herdentier. Das bedeutet aber keinesfalls, dass er ein Einzelgänger ist. In der Regel leben Wildesel und verwilderte Hausesel in Verbänden, deren Größe und Zusammensetzung stark von Ausmaß und Art des Lebensraumes sowie vom jeweiligen Nahrungsangebot abhängen. Eine Eselgruppe besteht aus verschiedenen Mutterfamilien, jeweils Stuten mit ihren meist weiblichen Nachkommen. Junge Hengste bilden eigene Hengstgruppen. Ausschließlich die erwachsenen Hengste halten sich auf Distanz – sie sind die einzigen Esel, die ein Einzelgängerleben führen. Die meisten Aktivitäten wie Körperpflege, Wälzen, Ruhen, Harnen und Kotabsatz wirken unter den Gruppenmitgliedern „ansteckend" und fördern so den Zusammenhalt in der Gemeinschaft.

Eine Rangordnung unter den Tieren ist meistens nicht zu erkennen. Nur die Hengste führen Rangkämpfe durch. Erwachsene Wildeselhengste verhalten sich territorial, das heißt, sie nehmen ein bis zu 15 qkm großes Gebiet in Besitz, in dem sie allen andern Eseln gegenüber dominant sind. Ein territorialer Hengst behält sich auch das alleinige Paarungsrecht mit den Stuten vor. Da sich jedoch das Eindringen „fremder" Hengste in ein so großes Gebiet nicht verhindern lässt, werden diese toleriert, solange sie sich von den paarungsbereiten Stuten fernhalten. Wird ein fremder Hengst jedoch zu aufdringlich, versucht ihn der territoriale Hengst mit heftigen Attacken zu vertreiben. Da die Kämpfe der Hengste unerbittlich gegeneinander ausgetragen werden, ist es auch nur in Ausnahmefällen möglich, reine Hengstgruppen in Gefangenschaft zu halten, ohne blutige Auseinandersetzungen in Kauf nehmen zu müssen. Nur wenn weit und breit keine Stuten zu riechen sind, bestehen Chancen, dass mehrere Hengste gemeinsam gehalten werden können.

Bei den Eseln trifft die Stute die Partnerwahl. Sie sucht den Hengst auf. In der Paarungszeit ist der Hengst gegenüber der Stute äußerst aggressiv. Er beißt nach ihr, stößt sie und jagt sie umher. Die Stute selbst setzt sich gegen den „Verehrer" zur Wehr, indem sie mit den Hinterhufen auskeilt. Erst nach diesem Vorspiel ist sie paarungsbereit.

Charakter

Verhaltensweise und Charakter des Esels sind vom Überlebenskampf in schwierigem Gelände, den die wilden Vorfahren unserer Hausesel führten, geprägt. Da steiniges Ödland und schroffes Gebirge gefährliche Lebensräume sind, kann ein Tier nur existieren, wenn es mit seinen Sinnen die Umwelt ständig überprüft. Eine „kopflose" Flucht in diesem Lebensraum würde für einen Esel den sicheren Tod bedeuten. Was die Wildesel vor Jahrtausenden durch eine geradezu lebensfeindliche Umwelt zu einem ganz bestimmten Verhalten gezwungen hat, lebt in unserem Hausesel weiter. Wenn also der Esel „störrisch" reagiert, verhält er sich nur eigenverantwortlich und prüft etwas, das eine mögliche Gefahr darstellen könnte. Im Gegensatz zu den Eseln können die in der Ebene grasenden Pferde ohne jede Verantwortung zu tragen, überleben, denn in den großen Herden sind stets eine Menge von Sinnesorganen aktiv. Irgendein Tier erkennt immer eine mögliche Gefahr und warnt die Herde, damit sie über die weite Steppe flüchten kann.

Der Esel ist ruhig, besonnen, tolerant und loyal. Er ist ausgesprochen beharrlich und wehrt sich gegen alle Maßnahmen des Menschen, die sein arttypisches Verhaltensmuster nicht berücksichtigen. Er ist zäh und ausdauernd bis zur Erschöpfung und sehr duldsam – Eigenschaften, die ihm bis zum heutigen Tage mehr Leid als Freude eingetragen haben. Wenn der Mensch das Vertrauen eines Esels gewonnen hat, findet er in diesem Tier ein zutrauliches, feinfühliges und liebenswürdiges Geschöpf. Der Esel ist sehr vernünftig. Er neigt nicht dazu, mit Panik oder Unvorsicht zu reagieren, was ihn zu einem sicheren und zuverlässigen Begleiter macht. Mit seiner Intelligenz und Neugierde sowie seinem ausgesprochenen Sinn für Humor hält er sein gesamtes Umfeld stets auf Trab. Vor Hengsten aber muss gewarnt werden. Sie sind manchmal recht wehrhaft und können Mensch und Tier in ernsthafte Gefahr bringen. Als Freizeitpartner eignen sich Wallache und Stuten gleichermaßen, wobei Wallache lebhafter, verspielter und ausgeglichener sind als Stuten.

Sinne

Esel orientieren sich vor allem durch Hören, Riechen, Sehen und Fühlen. Die Sinne stehen in ständiger Wechselbeziehung zuein-

„Was kommt da von rechts?“ Der Esel setzt meistens mehrere Sinnesorgane gleichzeitig ein.

ander und werden meistens parallel eingesetzt.

Hören

Der Hörsinn ist für den Esel von besonderer Bedeutung. Die Ohrmuscheln sind wie beim Bergzebra speziell dazu entwickelt, um Naturereignisse (z. B. Steinschlag) und Feinde frühzeitig zu registrieren. Esel können ihre Ohren sozusagen um 180° drehen, von gerade vorwärts bis gerade rückwärts. Meistens richtet der Esel jedes seiner beiden Ohren ganz individuell aus, sodass er akustisch die gesamte Umgebung unter Kontrolle hat. Wenn ein Geräusch besonders beachtenswert erscheint, wendet er sich in dessen Richtung und stellt beide Ohren starr nach vorne. Wer seine Esel beobachtet, wird sie öfter dabei ertappen, wie sie angespannt in eine Richtung lauschen. Ihrem Blick folgend ist vielleicht im ersten Moment noch nichts festzustellen, aber kurze Zeit später wird der Grund ihrer Aufmerksamkeit bestimmt ersichtlich. Die Esel nehmen die meisten Reize zuerst akustisch und dann visuell wahr. Bei günstigen Windverhältnissen sind sie in der Lage über eine Distanz von mehreren Kilometern durch Laute zu kommunizieren.

Riechen

Der Geruchssinn ist beim Esel außerordentlich stark ausgeprägt. Artgenossen erkennen sich untereinander hauptsächlich am Geruch. Auch Menschen und Gegenstände werden immer zuerst gründlich mit der Nase berochen. Jede Begrüßung zweier Esel beginnt mit intensivem Schnuppern, woraus dann durchaus auch ein schroffes „Ich-kann-dich-nicht-riechen"-Verhalten resultieren kann. Will der Esel einen besonders interessanten Geruch überprüfen, atmet er tief ein,

Nase an Nase: „Mit wem hab ich's zu tun?"

streckt Hals und Kopf vor, verschließt die Nüstern, indem er die Oberlippe hochstülpt, und beurteilt den Geruch mit einem ganz speziellen Geruchsorgan – dem so genannten „Jacobson'schen Organ". Dieses Verhalten wird Flehmen genannt. Alle Esel können flehmen, am häufigsten aber beobachtet man es bei Hengsten in Gegenwart rossiger Stuten oder generell im Zusammenhang mit dem Absetzen von Exkrementen.

Sehen

Die Augen des Esels befinden sich, wie bei allen Weide- oder Beutetieren, seitlich am Kopf. Im Gegensatz dazu liegen die Augen von Raubtieren in geringem Abstand zueinander vorne. So überschneiden sich die beiden von den Augen gelieferten Bilder und ermöglichen eine dreidimensionale Wahrnehmung, die auf der Jagd wichtig für die Einschätzung von Distanzen ist. Bei den seitlich am Kopf befindlichen Augen hingegen können keine dreidimensionalen Bilder ent-

stehen, dafür aber ist ein großer Rundumblick gewährleistet, was für Beutetiere lebenswichtig ist. Nur in einem kleinen Bereich, der mit beiden Augen gleichzeitig erfasst wird, erhalten diese Tiere ein scharfes, räumliches Bild. Die restliche Umgebung, die das Tier nur mit einem Auge sieht, wird als unscharfes Bild wahrgenommen, wobei trotzdem jede kleinste Bewegung registriert wird.

Das Blickfeld des Esels hat bei normal erhobenem Kopf einen so genannten toten Winkel, ein Bereich, in dem der Esel überhaupt nichts sehen kann. Der tote Winkel befindet sich unmittelbar unter ihm, hinter ihm und über ihm. Will der Esel einen Gegenstand, der im toten Winkel liegt, betrachten, muss er seinen Kopf heben, senken oder drehen. Dessen muss sich der Mensch immer bewusst sein, wenn er sich einem Esel nähert.

Wir Menschen gehören übrigens ebenfalls zu den „Raubtieren" und ein strenger Blick, gepaart mit einer angespannten Körperhaltung, kann einem Esel durchaus Angst einflößen.

Tasten

Esel setzen ihren Tastsinn aktiv ein, indem sie mit Maul und Lippen etwas befühlen. Diesem Erforschen mit den Lippen ist schon manch ein Gegenstand zum Opfer gefallen. Manchmal senken die Esel bei einem Spaziergang auch den Kopf und reiben ihre Oberlippe auf dem Straßenbelag.

Esel besitzen Tasthaare um die Augenlider und um die Maulspalte. Ihre Haut kann am ganzen Körper Berührungen, Schmerz und Temperaturreize empfangen. Feinste Berührungen werden wahrgenommen und manchmal mit einem lokalen Zittern der Hautpartie, wo der Reiz ausgelöst wurde, quittiert (Fliegen). Sogar auf dem dicken, langen Winterhaar funktioniert die Übertragung der Reize. Angesichts dieser Sensibilität ist es erstaunlich, wie sich die Esel bei der gegenseitigen Fellpflege ziemlich grob, aber genüsslich mit ihren Zähnen rupfen und schaben.

Beim Flehmen analysiert der Esel besonders interessante Düfte.

Kommunikation

Die Esel kommunizieren mittels Stimme, Körpersprache, Mimik und durch das Absetzen und Erkennen von Gerüchen. Sie sind in der Lage feinste Veränderungen in der Körperhaltung oder im Gesichtsausdruck eines Artgenossen (oder eines Menschen) wahrzunehmen. Mit ihrer Körpersprache signalisieren sie die gesamte Palette der Gefühle wie Angst, Alarm, Unterwerfung, Sympathie, Paarungsbereitschaft, Misstrauen, Abwehr, Überlegenheit.

Stimme

Des Esels „I-AH"-Ruf ist berühmt und gibt leider nicht nur Anlass zur Bewunderung, sondern vereinzelt auch zu Beschwerden von ruhegestörten Nachbarn. Dieser Ruf kann in der Tat so ohrenbetäubend laut sein, dass in seiner Nähe jegliche Konversation unmöglich wird. Kein Wunder, denn die Wildesel müssen sich ja über sehr große Distanzen verständigen können, wobei aber fast ausschließlich die Hengste rufen. Es kursiert die Meinung, dass von Hauseseln ebenfalls nur die männlichen Tiere rufen oder diese zumindest häufiger als Stuten von ihrer Stimme Gebrauch machen. Dies trifft jedoch nicht zu.

Der Esel ist im Gegensatz zum Pferd in der Lage, während des Ein- und Ausatmens einen Laut zu erzeugen. Das „I-AH“ wird mit dem „I“ beim Einatmen begonnen und mit dem kräftigen „AH“ beim Ausatmen beendet und kann beliebig oft wiederholt werden. Zum Abschluss erfolgt meistens ein Grunzen und Schnauben. Jeder Esel besitzt eine andere Stimme und somit einen unterschiedlichen „I-AH“-Ruf. Aber auch der Anlass für den Ruf bestimmt den Akzent und die Tonlage. So kann das „I-AH“ klagend, bettelnd, protestierend oder begrüßend ertönen.

Das Lautrepertoire der Esel umfasst bei weitem nicht nur die sehr verschiedenen „I-AH“-Rufe. Esel können zum Beispiel auch singende und jammernde Laute von sich geben, die mit einem leisen Wimmern beginnen und sich zu einem lang gezogenen Singsang steigern, was meistens erwartungsvolles Betteln signalisiert. Eselstuten hört man auch quietschen, vor allem wenn sie einem männlichen Artgenossen eine „Rühr-mich-nicht-an“-Erklärung abgeben oder wenn sie mit freudigen Bocksprüngen über die Wiese toben. Bei großer Furcht vor einem Gegenstand starren die Esel diesen an und schnarchen dabei. Nach einem flotten Trab am Wagen oder einer anstrengenden Steigung schnauben sie oft zur Entspannung. Vereinzelt hört man verärgerte Esel mit den Zähnen knirschen oder eine Art Brummen von sich geben.

Der Wildesel braucht seine Stimme, um über große Distanzen zu kommunizieren. Sein gewaltiger Ruf bringt den Eselhalter in unserer zivilisierten Welt manchmal in Schwierigkeiten.

Körpersprache

Begrüßung: Die Ohren sind interessiert und aufmerksam nach vorne gerichtet, der Kopf ist leicht vorgestreckt. Das Maul ist angespannt, wobei die Oberlippe vorgeschoben wird. Die Esel beriechen sich gegenseitig und stubsen einander eventuell mit der Nase an.

Sympathie: Der Esel legt seinen Kopf auf den Rücken des Artgenossen oder reibt ihn am Gegenüber. Bei großer Sympathie wird gegenseitige Fellpflege betrieben.

Dösen: Die Ohren liegen locker zur Seite oder leicht nach hinten geneigt. Die Augen sind halb geschlossen und manchmal hängt die Unterlippe entspannt hinunter. Männliche Esel schachten im Zustand der Entspannung häufig aus (Penis ausfahren).

Unterlegenheit: Der Kopf ist gesenkt, die Ohren leicht angelegt und mit dem Maul wird eine Art Kaubewegung angedeutet. Fohlen nähern sich einem erwachsenen, fremden Esel meistens in dieser Unterlegenheitshaltung. Die Stuten zeigen das „Kauen“ beim Deckakt. Häufig verharren sie dabei auch mit starr aufgerissenem Maul.

Hengstgesicht: Wenn sich ein Hengst in sehr erregter Stimmung der Stute nähert, hält er sein Maul fest geschlossen, das Kinn angespannt und die „zugespitzte“ Oberlippe über die Unterlippe gestreckt. Die Ohren sind angespannt auf die Stute gerichtet oder flach angelegt, falls er die Stute treibt.

Putzgesicht: Die Ohren werden entspannt seitlich gestellt. Die Oberlippe ist zugespitzt und zittert leicht vor Genuss. Meistens

Dieses Aufreiten hat mit Paarung nichts zu tun. Der Schecke beweist dem Grauen seine Dominanz.

rekeln die Esel den Kopf und den Hals in Richtung „Kratzquelle".

Drohen: Die Ohren werden flach an den Kopf angelegt, bis sie kaum mehr zu sehen sind. In der gesteigerten Form werden der Kopf gesenkt und der Hals waagrecht ausgestreckt, eventuell sogar das Maul geöffnet, so dass die Zähne zu sehen sind. Stuten drohen auch sehr oft, indem sie dem Gegner ihr Hinterteil zuwenden. Um die Drohung zu verstärken, gehen sie mit angelegten Ohren rückwärts auf das andere Tier zu, um schließlich mit einem oder beiden Beinen gleichzeitig auszukeilen.

Aggression: Mit Kneifen oder indem sie gegen das Maul des Gegners schnappen, zeigen die Esel Angriffslust. Teilweise schwingen sie den Kopf rhythmisch im Takt des Schrittes hin und her, indem sie offensiv auf ihr Gegenüber zugehen. Sie schlagen dabei erregt mit dem Schwanz hin und her.

Angst: Wenn Esel Angst empfinden, klemmen sie ihren Schwanz zwischen die Hinterbeine und machen einen „Buckel". Je größer die Angst ist, desto verspannter stehen sie da. Die Ohren werden entweder nach hinten gestellt oder unsicher hin und her bewegt.

Kampf: Beim Kämpfen beißen sich die Esel gegenseitig in die Vorderbeine und versuchen sich „in die Knie" zu zwingen. Auch mit kräftigen Bissen in den Hals wird gekämpft. Dabei verbeißen sie sich regelrecht und gehen in dieser Haltung miteinander längere Zeit im Kreis herum. Sie kneifen

Die Körperhaltung signalisiert die Aufforderung zur Fellpflege. Nur Esel, die sich sehr sympathisch sind, rupfen sich gegenseitig.

Der Genuss am morgendlichen Sonnenbad steht diesem Esel förmlich ins Gesicht geschrieben.

Beim Kampf wird kräftig zugebissen. Nicht selten kommt es dabei zu Schrammen und Bissverletzungen.

Die Esel fordern sich gegenseitig zum Spiel auf. Vor allem die männlichen Tiere sind sehr aktiv.

den Gegner in die Hinterbacke oder versuchen dessen Ohren zu schnappen, wobei sie sich aufbäumen. Manchmal packt der Angreifer seinen Rivalen mit den Zähnen am Hinterbein, oberhalb des Sprunggelenks, und hebt dessen gesamte Hinterhand vom Boden hoch. Kämpfende Esel verfolgen sich in wilder Jagd und plötzlich dreht sich der Gejagte um und greift seinerseits wieder den Verfolger an. Während des Kampfes versuchen sie auch immer wieder gegenseitig aufzureiten, um Dominanz zu beweisen.

Ungeduld, Protest: Wenn Esel ungeduldig oder fordernd sind, werfen sie ruckartig ihren Kopf hoch. Auch durch Scharren mit dem Vorderhuf drücken sie ihre Ruhelosigkeit aus. Manchmal benehmen sie sich mit Absicht lästig, indem sie richtig provozierend alle möglichen greifbaren Gegenstände zu benagen beginnen.

Spiel: Spielende Esel zeigen ihr gesamtes Kampf-Repertoire. Manchmal sind die Grenzen zwischen Spiel und Ernst kaum mehr zu erkennen, da Esel auch im Spiel ziemlich grob miteinander umgehen. Wo Wallache gemeinsam leben, wird fast täglich gespielt. Gerät ein verspielter Esel an einen abweisenden Artgenossen, genügt oft nur ein böser Blick von diesem, damit er wieder von dannen trottet.

Verhaltensstörungen

Ungewöhnliche Verhaltensweisen wie Scheuen, Ausschlagen, Beißen, Bocken, Hinlegen, andauerndes Rufen oder das Zerstören der Einrichtung sind meistens auf Haltungsfehler oder schlechten Umgang zurückzuführen. Auch gesundheitliche Störungen oder Schmerzen können ein abnormales Verhalten zur Folge haben. In solchen Fällen sollte man sich im eigenen Interesse und zum Wohle des Tieres von Fachleuten oder dem Tierarzt beraten lassen.

Der Körper

Wie perfekt muss ein Esel gebaut sein? Nach welchen Kriterien wird der Körper beurteilt? Was geschieht, wenn ein Esel Mängel aufweist?

Unter den Wildtieren herrscht eine natürliche Selektion. Nur zähe, starke und gesunde Tiere sind den Anforderungen der Wildnis gewachsen. Tiere mit mangelnder Widerstandskraft erkranken und gehen ein. Solche mit schlechtem Bewegungsapparat fallen Raubtieren zum Opfer. Nur die Besten unter ihnen überleben und pflanzen sich fort. Die Bedingungen, die an ein Haustier gestellt werden, sind dagegen nicht sehr hart. Es wird von den Menschen gepflegt, versorgt und eventuelle Schwächen kommen meistens kaum zum Vorschein, vor allem dann nicht, wenn das Tier ein Leben im Müßiggang führt und sich lediglich auf der Weide tummelt. Mängel und Schwächen zeigen sich in der Regel erst dann, wenn ein Tier seinen Körper gebraucht – also eine Leistung erbringen sollte. Ohne je einen Gedanken über die Qualität zu „verschwenden", werden oft Esel willkürlich miteinander gepaart, ganz gleich ob sie zusammen passen oder Mängel in ihrem Erbgut tragen. Deren Nachwuchs ist in der Folge – hart ausgedrückt – ein Jahr niedlich und 30 Jahre unbrauchbar.

In anderen Bereichen der Tierzucht hat der züchterische Ehrgeiz und der Drang nach Perfektion die sehr umstrittenen so genannten „Qualzuchten" hervorgebracht. In der Eselzucht ist es glücklicherweise nur in seltenen Fällen so weit gekommen. Stattdessen sind aber aus unpassenden Anpaarungen Tiere hervorgegangen, die mindestens so stark an ihren körperlichen Mängeln leiden, wie die viel diskutierten Qualzüchtungen!

Natürlich werden die meisten Esel geliebt, so wie sie sind, und das ist auch in Ordnung, denn ein Esel für die Seele braucht keinen korrekten Körper. Kritisch wird die Situation erst, wenn ein Esel älter wird oder wenn er beschäftigt werden soll, also gesteigerte Anforderungen an den Körper auftreten.

Standard

Der korrekte Körperbau eines Esels ist im so genannten Standard festgelegt. Es gibt Rassenstandards, die eine spezifische reinblütige Eselrasse beschreiben und bis ins letzte Detail charakterisieren. Für alle Esel, die keiner Rasse angehören, gelten die von Interessengemeinschaften und Zuchtverbänden geschaffenen Standards. In diesen allgemeinen Standards sind die Merkmale eines gesunden, kräftigen und harmonisch gebauten Esels festgehalten. Sie sind auf sämtliche Eseltypen und Eselgrößen anwendbar. Widerristhöhe, Fellfarbe und Abzeichen sind nur in Standards für reinblütige Eselrassen von Bedeutung.

Gesamterscheinung

Der Esel soll eine harmonische Gesamterscheinung haben. Die einzelnen Körperteile müssen gut entwickelt sein und proportional zueinander passen. Er soll über anmutige, raumgreifende Gänge verfügen. Der Körper von Stuten ist länger gebaut als der von Hengsten. Hengste haben dafür einen kräfti-

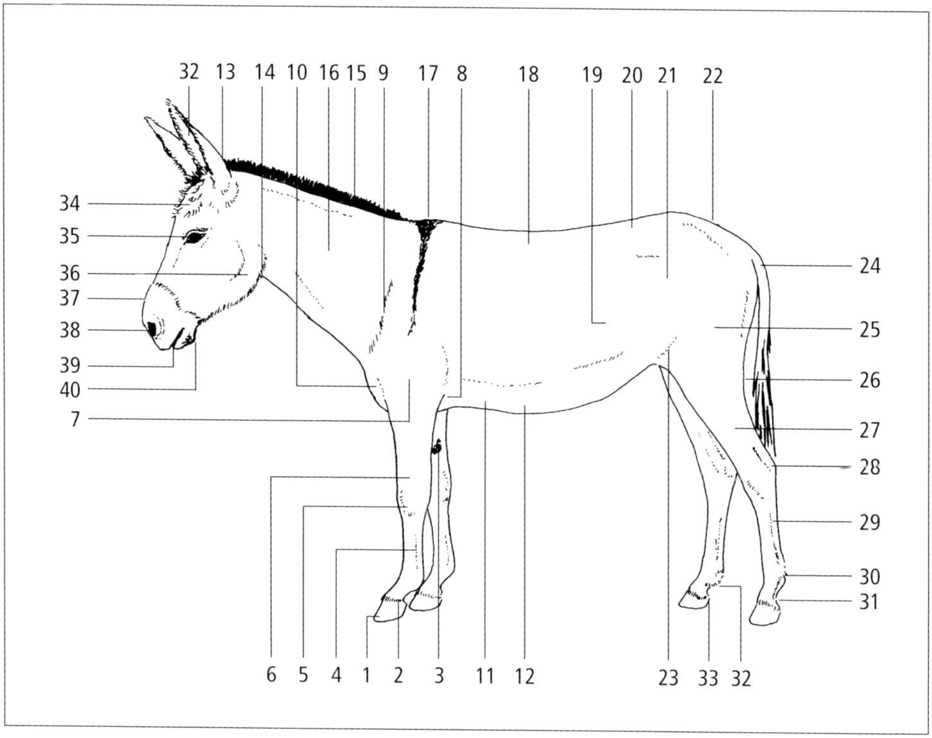

Körperteile des Esels.

1 Huf
2 Krone
3 Kastanie
4 Röhrbein (Vordermittelfuß)
5 Vorderknie (Vorderfußwurzelgelenk)
6 Unterarm
7 Oberarm
8 Ellbogen
9 Schulter
10 Vorderbrust
11 Unterbrust
12 Bauch
13 Genick
14 Kehle
15 Mähne
16 Hals
17 Widerrist
18 Rücken
19 Flanke
20 Lende
21 Hüfte
22 Kruppe
23 Knie
24 Schwanz
25 Oberschenkel
26 Kniekehle
27 Unterschenkel
28 Sprunggelenk
29 Röhrbein
30 Fesselgelenk
31 Fessel
32 Köte
33 Ballen
34 Stirn
35 Auge
36 Ganasche
37 Nasenrücken
38 Nüstern
39 Maul
40 Kinn

geren Hals als Stuten. Dies sind so genannte geschlechtsspezifische Merkmale.

Es gibt grundsätzlich zwei Eseltypen: den schweren, kaltblutartigen Schlag und den leichten, vollblutähnlichen Schlag. So oder so sollte der Esel freundlich, aufmerksam und interessiert sein und vor allem die spezielle Ausstrahlung besitzen, die eben nur den Eseln eigen ist!

Kopf und Hals

Der Kopf des Esels darf nicht zu schwer und zu groß wirken. Die Augen sollen weit aus-

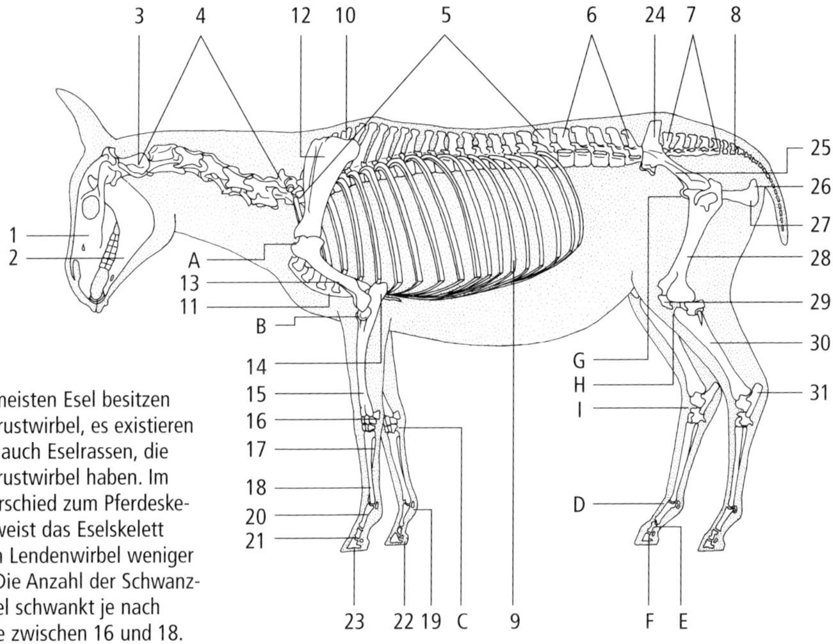

Die meisten Esel besitzen 18 Brustwirbel, es existieren aber auch Eselrassen, die 19 Brustwirbel haben. Im Unterschied zum Pferdeskelett weist das Eselskelett einen Lendenwirbel weniger auf. Die Anzahl der Schwanzwirbel schwankt je nach Rasse zwischen 16 und 18.

Skelett des Esels.

1 Oberkiefer
2 Unterkiefer
3 Atlas (1. Halswirbel)
4 Halswirbel (7)
5 Brustwirbel (18)
6 Lendenwirbel (5)
7 Kreuzbein (5 Kreuzwirbel)
8 Schwanzwirbel (16 bis 18)
9 Rippen
10 Dornfortsätze
11 Brustbein
12 Schulterblatt
13 Oberarm
14 Ellbogenhöcker
15 Unterarm
16 Erbsenbein (Hakenbein)
17 Griffelbein
18 Röhrbein
19 Gleichbeine
20 Fesselbein
21 Kronbein
22 Strahlbein (Hufrolle)
23 Hufbein
24 Darmbeinhöcker
25 Darmbein
26 Sitzbeinhöcker
27 Sitzbein
28 Oberschenkelbein
29 Kniescheibe
30 Unterschenkelbein
31 Fersenbein
A Schultergelenk
B Ellbogengelenk
C Vorderfußwurzelgelenk (Karpalgelenk)
D Fesselgelenk
E Krongelenk
F Hufgelenk
G Hüftgelenk
H Kniegelenk
I Sprunggelenk

einander stehen, groß und ausdrucksstark sein. Die Ohren dürfen nicht schlapp hinunterhängen und müssen von der Größe her zum Esel passen. Jegliche Gebissanomalien sind als erhebliche Mängel zu betrachten und schließen einen Esel immer von der Zucht aus. Die Ganaschen (Backen) müssen kräftig und weit sein, damit der Esel in der Kehle nicht eingeengt wird (Ganaschenfreiheit). Der Hals muss durch eine gerade Ober- und Unterlinie begrenzt werden und zum Kopf hin verjüngt sein. Er sollte so lang wie möglich sein und sich harmonisch an Kopf und Schulter anfügen.

Obere Linie

Die meisten Esel besitzen keinen ausgeprägten Widerrist. Falls dieser erkennbar ist, sollte er kräftig und nicht einem schmalen Grat ähnlich sein. Die Schulter muss schräg und gut abgesetzt sein. Weite Rippen und eine weite, tiefe Brust sind erwünscht, damit viel Platz für die inneren Organe vorhanden ist. Eine gute, kräftige Oberlinie zeichnet sich durch einen möglichst geraden Rücken, der sich in fließendem Übergang an die Kruppe anfügt, aus. Vor allem bei Großeseln tritt fast immer eine schlechte Verbundenheit in der Lendenpartie auf. Da aber gerade diese Tiere gerne als Reittiere verwendet werden, eine schwache Lendenpartie jedoch solch eine Nutzung nur sehr eingeschränkt zulässt, muss dieses Merkmal besonders kritisch beurteilt werden. Die Kruppe selbst darf nicht zu kurz sein. Ebenfalls unerwünscht ist, wenn der höchste Punkt der Kruppe höher liegt als der höchste Punkt des Widerristes. Trifft dies zu, spricht man von „überbaut“. Von hinten betrachtet soll die Kruppe ein Oval bilden. Der Esel sollte eine schöne, kräftige und gut bemuskelte Hinterhand besitzen. Sein Schwanz – der Esel hat einen

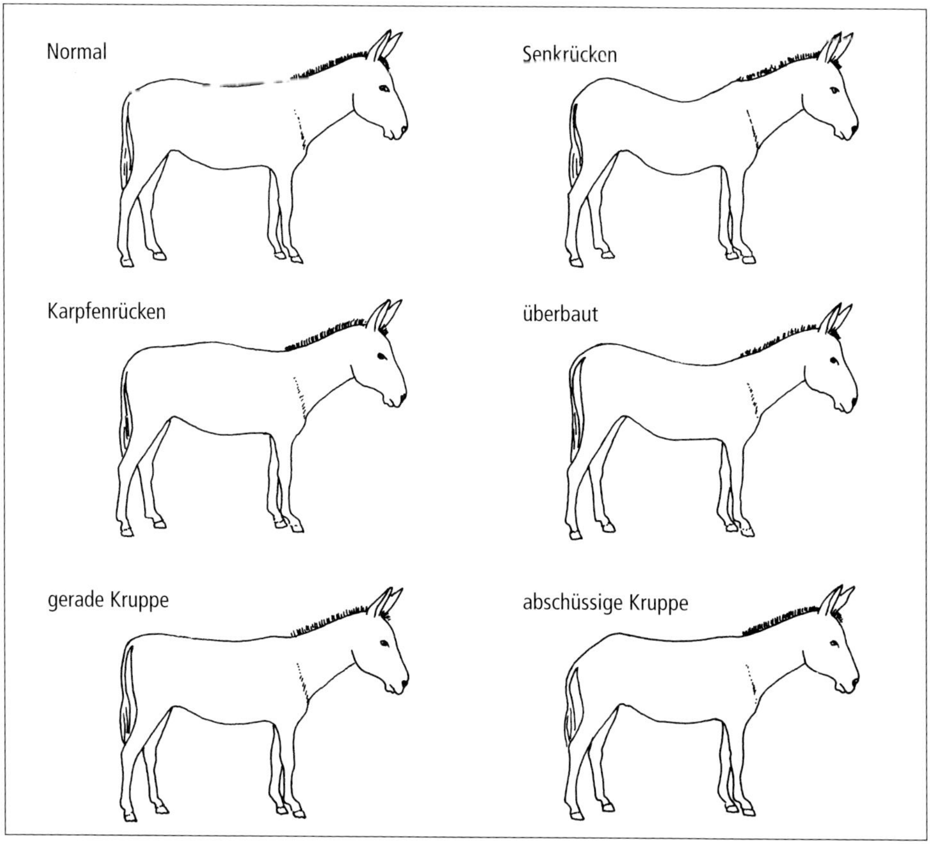

Die obere Linie

Schwanz mit Quaste, keinen Schweif – sollte weder zu tief noch sehr hoch angesetzt sein.

Fundament

Beine und Hufe müssen zum Tier passen. Die Hufe dürfen nicht zu klein oder unregelmäßig geformt sein. Sie müssen eine glatte Oberfläche aufweisen. Kurze Fesseln bieten im Vergleich zu langen eine höhere Stabilität. Ebenso verhält es sich mit dem Röhrbein. Ein kurzes Röhrbein ist kräftiger als ein langes. Die Beine müssen, von vorne betrachtet, gerade verlaufen. Hinten ist eine leicht „kuhhessige" Stellung kein Nachteil, denn sie verleiht den Tieren eine hohe Trittsicherheit. Auch von der Seite gesehen müssen die Gliedmaßen gerade unter dem Körper stehen.

Mängel

Wenn die oben genannten Kriterien nicht erfüllt werden, spricht man von Mängeln. Jeder Mangel wirkt sich auf das Leistungsvermögen, die Gesundheit und das Wohlbefinden des Esels negativ aus – einige können das Tier sogar von jeglicher Arbeit ausschließen:

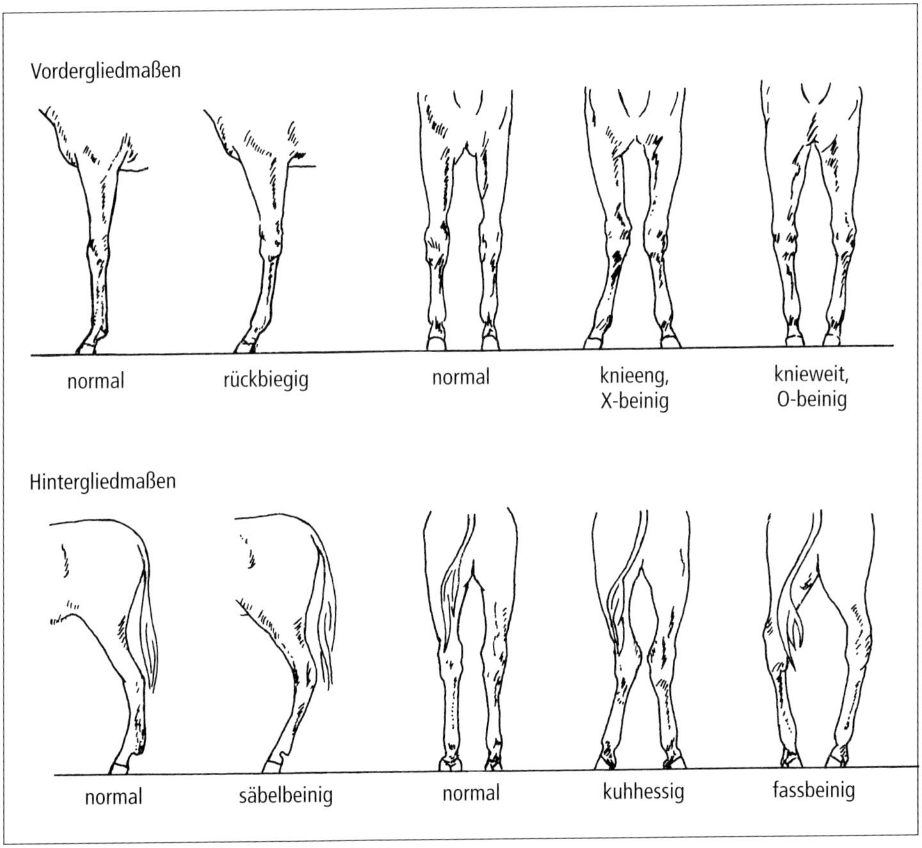

Stellungen der Gliedmaßen.

Exterieurmängel sind nicht „bloß" Schönheitsfehler – sie bereiten dem Esel erhebliche Schwierigkeiten und manchmal auch Schmerzen. Mit zunehmendem Alter verschlimmern sich grobe Mängel und können ein frühes Ende des Esellebens bedeuten.

Mangel	Folgen
Senkrücken	Schwäche, keine Nutzung durch Reiten, problematisch für tragende Stuten
Langer, weicher Rücken	Wird mit zunehmendem Alter zu einem Senkrücken, keine Nutzung durch Reiten
Karpfenrücken	Schließt eine Nutzung durch Ziehen und Tragen aus
Großer Kopf	Stört den Esel in seinem Gleichgewicht, wird oft hängen gelassen
Kurzer Hals	Schlechtes Gleichgewicht
Gebissanomalien	Schwierigkeiten beim Zerkleinern des Futters, schlechte Verwertung, Koliken, häufige und kostspielige Zahnpflege notwendig, mit fortschreitendem Alter Verstärkung der Probleme
Fehlstellungen der Gliedmaßen	Stark eingeschränkte Leistungsfähigkeit, ungleichmäßige Abnutzung der Hufe, intensive Hufpflege notwendig, mit fortschreitendem Alter möglicherweise Arthrose in den fehlerhaft belasteten Gelenken
Schmale Brust	Kleines Lungenvolumen, enge Beinstellung
Enge Beinstellung	Schlechtes Gleichgewicht, Aneinanderstreifen der Gliedmaßen bei der Fortbewegung
Kurze Kruppe	Keine Schubkraft in der Hinterhand, bei Stuten wenig Platz für den Fötus
Steile Schulter	Kein Raumgriff in den Gängen
Eng angelegte Ellbogen	Keine Bewegungsfreiheit für die Beine
Schmal angelegte Rippen	Kleines Lungenvolumen
Weiche Fesseln, lange Fesseln	Überdehnung der Sehnen, Durchtrittigkeit möglich
Steile Fesseln	Stolpern, harter Gang

Fell

Der Esel präsentiert sich in jeder Jahreszeit in einem eigenen „Kleid". Er beginnt im frühen Herbst, wenn die Tage kürzer werden, mit der Bildung des Winterfells. Dieses besteht aus bis zu 10 cm langem, dichtem Haar. Schlecht genährte und kranke Tiere entwickeln naturgemäß ein zu langes und grobes Winterhaarkleid. Sie schützen ihren schwachen Körper damit vor den Unbilden des Wetters. In ihrem Winterfell sehen die Esel richtig kuschelig aus. Auf der Stirn und über den Augen wachsen dichte Schutzhaare, die ihnen ein ganz anderes Aussehen verleihen als im Sommer.

Im Verlaufe des Frühjahrs verlieren die Esel ihre langen Haare nach und nach. Der Frühjahrswechsel geht außerordentlich langsam vonstatten, sodass die Esel bis in den Hochsommer hinein noch vereinzelte Stellen mit Winterpelz tragen. Im Hochsommer erscheinen die Esel, wenn auch nur für kurze Zeit, in ihrem wunderbar feinen seidigen Sommerfell.

Das Fell des Esels ist nicht für regnerische Gegenden geschaffen. Es verhindert durch seine Dichte wohl ein Durchdringen des Wassers bei einem leichten Regenschauer, jedoch ein heftiger Guss oder lang anhaltende Niederschläge vermögen es zu durchnässen. Ein Esel mit vollgesogenem Fell wird von allein kaum mehr trocken und kann sich leicht eine Lungenentzündung holen.

Farbe und Zeichnung

Mit den Fellfarben der Esel verhält es sich ähnlich wie mit der Kleidung der Menschen – alles ist eine Frage des Geschmacks. „Erhältlich" sind die Esel in fast allen Fellfarben, rein schwarze und vollkommen weiße sind aber etwas rar, goldfuchsfarbene sogar sehr selten. Die bei Pferden häufig vorhandenen weißen Abzeichen am Kopf (Blesse, Schnippe, Stern) oder an den Beinen (gefesselt, gestiefelt) sind bei Eseln nicht sehr deutlich vorhanden. Stattdessen besitzen sie ihre eigenen, eseltypischen Abzeichen. Die Mehrheit der Langohren zeichnet sich durch ein mehlfarbenes Maul und weiße Augenringe aus. An der Bauchunterseite und auf der Innenseite der Schenkel sind ebenfalls die meisten Esel weiß. Die auffälligste und zugleich auch berühmteste Fellzeichnung sind jedoch der dunkle Aalstrich und das Schulterkreuz.

Graue und braune Esel sind zahlenmäßig am häufigsten vertreten, wobei diese zwei Fellfarben selbst wieder zahlreiche Nuancen aufweisen. Das Farbspektrum reicht von kräftigen, dunklen Farben bis hin zu Pastelltönen. Auf hellerem Fell zeichnen sich Aalstrich und Schulterkreuz sehr deutlich ab. Das Schulterkreuz selbst ist bei jedem Esel, der eines trägt, anders geformt und von

Das dichte Winterfell schützt die Esel gut gegen Kälte, aber nur bedingt gegen Nässe.

unterschiedlicher Farbintensität. Mitunter weisen die Beine der Esel noch eine Querstreifung auf – ein Überbleibsel der Wildfärbung. Weiße oder sehr helle Esel mit grauen Flecken sowie gesprenkelte Esel haben meistens weder Schulterkreuz noch Aalstrich oder Beinstreifung.

In der Eselzucht sorgen die Fellfarben der Fohlen immer wieder für Überraschungen. Kein Züchter, ausgenommen derjenige, der reinblütige Eselrassen züchtet, kann mit

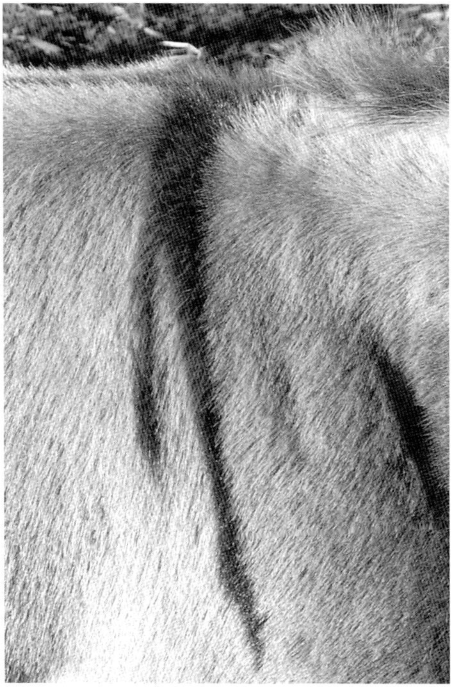

So unterschiedlich die Schulterkreuze auch ausfallen – ein gegabeltes ist eine besondere Rarität.

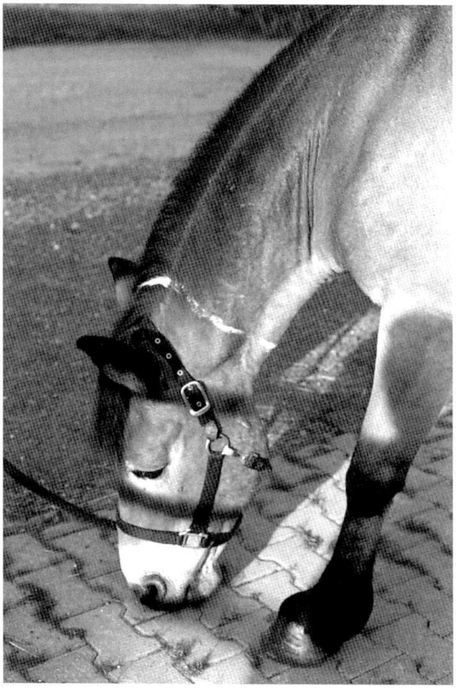

Der weiße Ring um den Hals dieses Maultiers ist ein erworbenes Abzeichen. Er zeugt von vergangenen Wunden.

Bestimmtheit die Farbe des Fohlens, das seine Stute erwartet, voraussagen. Graue Fohlen von braunen Eltern und schwarze Fohlen von weißen Eltern sind keine Ausnahme.

Immer populärer unter den Eseln und Pferden scheinen die Schecken zu werden. Scheckige Pferde wurden wegen ihrer übermäßigen Auffälligkeit von Pferdeexperten nie gerne gesehen. Auch schon In früheren Zeiten mochte man die Färbung nicht. So gab man scheckige Ponys billiger an die Zigeuner ab, die sie als einzige aufkauften. Heute jedoch liegen Schecken wieder im Trend.

Ein Albinoesel hat einen angeborenen, erblich bedingten Pigmentmangel. Bei totalem Albinismus hat das Tier weiße Haare und rötliche Augen. Teilalbinismus kann sich zum Beispiel nur durch blaue Augen äußern. Ein normal weißer Esel kann aufgrund seiner Haut von einem Albinoesel unterschieden werden: Die Haut eines normalen Esels ist schwarz, diejenige des Albinos ist unpigmentiert hell. Die Zucht mit Albinoeseln ist aus tierschützerischer Sicht abzulehnen, in vereinzelten Ländern ist sie sogar gesetzlich verboten, denn Albinismus führt bei Equiden zu vermehrten Totgeburten, Kolikanfälligkeit und Sehschwäche.

Esel besitzen manchmal auch „erworbene" Abzeichen. So nennt man weiße Fellfärbungen, die nicht angeboren sind, sondern durch eine Hautverletzung entstanden sind. Die Haut ist nach einer schweren Verwun-

Albinoesel sind meistens kränklich. Auf das Züchten mit Albinos muss verzichtet werden.

Vollkommen schwarze Esel werden „Schmuggleresel“ genannt.

Auch scheckige Esel kommen häufig vor. Es gibt Zweifarbenschecken und Dreifarbenschecken.

Der **Schritt** ist eine schreitende Bewegung im Viertakt, bei der immer entweder zwei oder drei Hufe am Boden sind.

Dreibeinstütze diagonale Zweibeinstütze Dreibeinstütze laterale Zweibeinstütze

Der **Trab** ist eine Bewegung im Zweitakt, bei der zwei diagonale Beine gleichzeitig vorwärts bewegt werden. Es befinden sich – mit einer Sprungphase dazwischen – immer die diagonalen Hufe am Boden.

diagonale Zweibeinstütze Sprungphase diagonale Zweibeinstütze Sprungphase

Der **Pass** ist eine Bewegung im Zweitakt, bei der die gleichseitigen (lateralen) Beine miteinander vorwärts bewegt werden, so dass immer zwei Hufe gleichzeitig am Boden sind. Der Pass kann in Schritt- und in Trabgeschwindigkeit vorkommen.

laterale Zweibeinstütze laterale Zweibeinstütze laterale Zweibeinstütze laterale Zweibeinstütze

Der **Galopp** ist eine Bewegung im Dreitakt, die aus der Folge von aneinander gereihten Sprüngen besteht. Der Galopp ist eine asymmetrische Gangart. Je nachdem, welches Vorderbein führt, unterscheidet man zwischen Rechts- und Linksgalopp (im Bild Rechtsgalopp).

diagonale Zweibeinstütze Dreibeinstütze Einbeinstütze (rechts) Sprungphase

Gangarten.

dung nicht mehr in der Lage, Farbpigmente zu bilden und dadurch sprießen dort raue, weiße Haare. Oft sieht man diese weißen Flecken in der Sattellage und kann daraus schließen, dass das Tier von schlecht sitzenden Sätteln oder Geschirrteilen Drücke und Wunden erlitten hat. Aber auch am Hals von Hengsten und Wallachen finden sich ab und zu ein paar weiße Haare, die von kräftigen Bissen ihrer Rivalen zeugen. Importesel haben häufig weiße Ringe um die Fesseln oder einen weißen Strich um den Hals. Man kann sich unschwer vorstellen, wie diese Tiere behandelt worden sind!

Mähne und Schwanz

Die Mehrheit der Esel besitzt eine Stehmähne, die ab und zu von ihren Besitzern adrett zurechtgestutzt wird. Aber auch die Hängemähnen, wie Pferde sie tragen, kommen bei Eseln vor, oft fällt sie jedoch nicht sehr üppig aus. Der Schwanz weist lediglich am unteren Teil, an der Quaste Langhaar auf. Meistens sehen Eselschwänze eher kümmerlich aus, denn die Haare wachsen sehr langsam und nicht sehr dicht. Wehe dem, der einen „Schwanzfresser“ im Stall hält! Hat nämlich ein Esel am Langhaarknabbern erst einmal Gefallen gefunden, ist er mit allen bitter schmeckenden Antikaumitteln nicht mehr davon abzuhalten, diesem „Hobby“ zu frönen. Schon manch wunderbarer Pferdeschweif fiel, zum Leidwesen aller Beteiligten (außer dem Esel natürlich) der lästigen Knabberei zum Opfer...!

Gangarten

Der Esel wird als Kreuzgänger bezeichnet, das heißt, die diagonalen Beinpaare sind jeweils in Aktion. Die Fortbewegung erfolgt im Schritt, Trab und Galopp. Ab und zu kann auch der Passgang beobachtet werden.

Esel legen kein atemberaubendes Tempo an den Tag, obwohl sie – wenn nötig – durchaus in der Lage dazu sind. Beobachtungen von Wildeseln ergaben, dass diese im Galopp auf der Flucht eine Geschwindigkeit von bis zu 70 km/h erreichen. Aber bei einem schönen Ausflug befindet man sich ja nicht auf der Flucht! Wenn dieselben Wildesel auf dem Weg zu einer Wasserstelle sind, gehen auch sie langsamer, nämlich im steten Schritt mit 3,2 km/h.

Ein Eselgespann mit Eseln mittlerer Größe legt in einer Stunde, abwechselnd im Schritt und im Trab gefahren, 5 bis 6 km zurück. Die ungefähren Durchschnittsgeschwindigkeiten betragen:

- im Schritt 4 bis 5 km/h
- im Trab 7 bis 12 km/h
- im Galopp 13 bis 20 km/h

Die Spezies Esel

Rassen

Die meisten Eseltypen sind aus territorial bedingter Isolation mit unterschiedlichen Haltungs- und Ernährungsverhältnissen entstanden. Systematisch entwickelte Eselrassen gibt es nur wenige. In früheren Zeiten, als die Esel wertvolle Arbeitstiere in der Landwirtschaft und wichtige Vererber in der Maultierproduktion waren, wurde der Zucht reinblütiger Rassen noch viel Bedeutung beigemessen. Mit zunehmender Mechanisierung aber verloren Esel und Maultiere ihren Stellenwert. Die Menschen hatten kein Bestreben mehr rassenreine Tiere weiterhin zu züchten und zu erhalten. Durch das Desinteresse der Eselzüchter dezimierten sich die Bestände reinrassiger Esel mit den Jahren so stark, dass sie nahezu ausstarben. Sozusagen in letzter Minute haben engagierte Leute Alarm geschlagen und auch die Ministerien der Länder darauf aufmerksam gemacht, dass mit den reinblütigen Eseln ein lebendes Kulturgut verloren zu gehen droht. Verschiedene Interessengemeinschaften und Zuchtverbände haben daraufhin die Initiative ergriffen und versucht wieder Ordnung in die Zucht zu bringen und das Fortbestehen der gefährdeten Rassen mittels sorgfältiger Auswahl der Zuchtesel nach altem Standard zu sichern. Aufgrund der Seltenheit der Esel und der damit verbundenen schmalen Zuchtbasis kommt es leider bei vielen Tieren solcher „geretteten" Rassen zu Erbkrankheiten.

Die wenigen alten Eselrassen besitzen staatlich anerkannte Zuchtbücher. Es handelt sich bei ihnen ausschließlich um Großesel, die früher in der Maultierzucht ihre Bestimmung hatten. In der engen Verbundenheit mit den Pferden liegt wahrscheinlich auch der Grund, warum für diese Esel überhaupt Zuchtbücher angelegt wurden.

Es existieren jedoch noch zahlreiche weitere Eselrassen, die überhaupt nicht oder erst kürzlich offiziell anerkannt wurden. In Frankreich haben sich zum Beispiel in jüngster Zeit Eselzüchter aus vielen Provinzen zu privaten Zuchtverbänden zusammengeschlossen und Standards erarbeitet, nach denen sie ihre angestammten lokalen Eselrassen zu erhalten versuchen. Sie bemühen sich um die Anerkennung ihrer örtlichen Eselrassen durch die nationalen Gestüte. Am „Salon du cheval, du poney et de l'âne", einer Messe, die jeden Dezember in Paris stattfindet, kommt der Eselliebhaber auf seine Kosten, denn die meisten französischen „Esel-Provinzen" sind dort mit einem Stand vertreten und stellen ihre Tiere vor. Bei alten sowie auch bei neu anerkannten Eselrassen gibt stets deren Name auch Auskunft über das ursprüngliche Verbreitungsgebiet.

Jeder reinrassige Esel muss in einem offiziellen Stutbuch eingetragen sein und einen Abstammungsschein in der jeweiligen Sprache des Ursprungslandes besitzen. Dieses Herkunftspapier geht beim Verkauf immer an den Käufer über. Tiere ohne Original-Begleitpapiere können keiner Rasse angehören!

Baudet du Poitou

Der Poitou-Esel ist die Eselrasse mit dem ältesten ununterbrochen geführten Zuchtbuch, das seit 1884 existiert. Der Poitou-

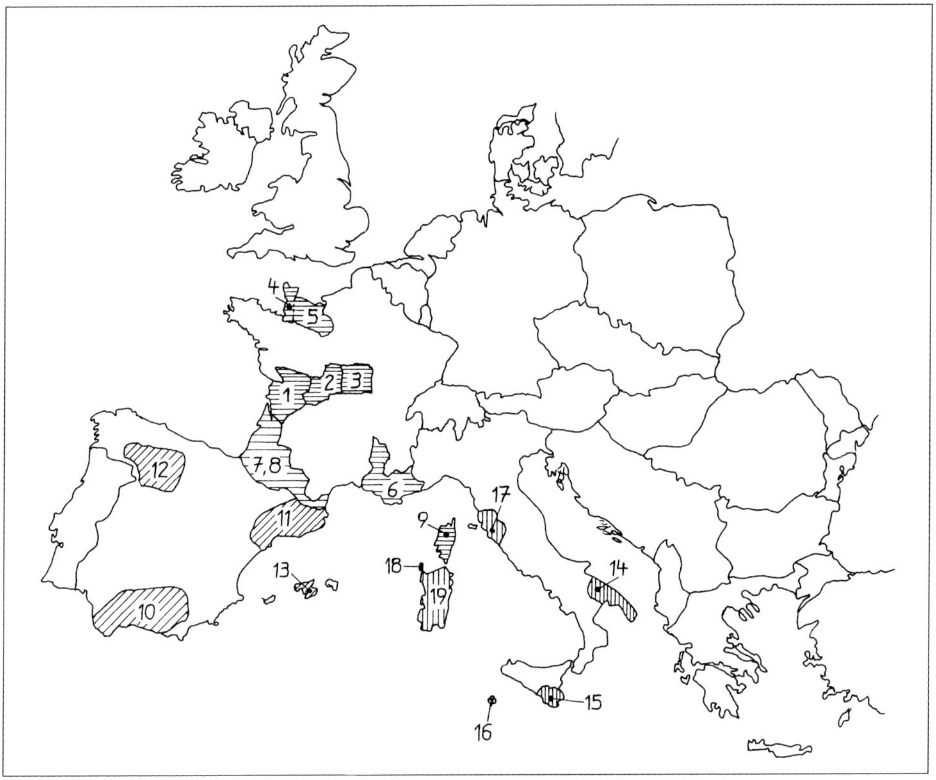

Herkunftsgebiete der bekanntesten Eselrassen in Europa

Frankreich
1 Baudet du Poitou
2 Grand Noir du Berry
3 L'Âne du Bourbonnais
4 L'Âne du Cotentin
5 L'Âne de Normandie
6 L'Âne de Provence
7 L'Âne des Pyrénées
8 L'Âne de Gascogne
9 L'Âne Corse

Spanien
10 Asno Cordobés o Andaluz
11 Asno Catalán
12 Asno Zamorano-Leonés
13 Asno Mallorquin

Italien
14 Asino de Martina Franca
15 Asino Ragusano
16 Asino de Pantelleria
17 Asino dell'Amiata
18 Asino dell'Asinara
19 Asino Sardo

Esel wurde nicht zur Arbeit herangezogen, sondern diente ausschließlich als Vererber in der Maultierproduktion. Die Anpaarung erfolgte stets mit dem Mulassier-Pferd, auch Poitevin genannt. 1988 wurde die SABAUD (Association pour la Sauvegarde du Baudet du Poitou) gegründet, die sich den Erhalt der Rasse zum Ziel gesetzt hat. Das auffälligste Rassenmerkmal des Poitou-Esels ist sein langes Haar, obwohl es auch einen kurzhaarigen Schlag gibt. Das Fell wurde nie gekämmt, sodass es mit der Zeit zu Strähnen und Platten verfilzte. Hengste, deren Haar bis zum Boden reichte, galten als besonders schön und potent. Der Poitou-Esel ist außerordentlich stämmig und massiv gebaut. Ein Hengst wiegt bis zu 450 kg, was ihm den

Das zottelige, verfilzte Fell des Baudet du Poitou ist ein typisches Rassemerkmal.

Ruf als schwerster Esel der Welt einbringt. Trotz seiner imposanten Erscheinung ist er sehr empfindlich und bis heute nicht zum Arbeiten geeignet. Leider wurde bei der Zucht dieser Rasse keinen Wert auf die Gesundheit gelegt. Der Grund, wieso der Gesundheitszustand der Zuchttiere nie von Bedeutung zu sein schien, liegt darin, dass sich erblich bedingte Erkrankungen meistens nicht auf die Maultiere übertragen haben. Beim Baudet du Poitou sind deshalb in fast allen Blutlinien instabile Gelenke anzutreffen. Dieses Leiden wird auch bei der Anpaarung mit Nicht-Poitou-Eseln an die Nachzucht vererbt, was wiederum fast jede Nutzung ausschließt und bei den betroffenen Tieren zu Arthrose führt.

Der Poitou-Esel erreicht eine Widerristhöhe von 135 bis 150 cm. Sein Fell ist von gelbbrauner bis schwarzbrauner Farbe. Weder Schulterkreuz noch Aalstrich oder Beinstreifung sind erlaubt. Maul, Augenringe und Bauch sind weiß. Seine Ohren sind groß, offen und ebenfalls lang behaart. Das Eselfohlen hat bei der Geburt ein unvergleichlich weiches Fell.

Im Jahre 1977 sank die Anzahl der reinrassigen Poitou-Esel auf einen Tiefstand von 44 Tieren (20 Hengste, 24 Stuten). Heute hat sich der Bestand wieder erholt und ist mit über 300 Tieren nicht mehr unmittelbar gefährdet.

Grand Noir du Berry

Beim Großen Schwarzen von Berry handelt es sich um eine Nachzüchtung eines ehemals verbreiteten Eselschlages der Gegend rund um Berry. Als Vorlage für den Zuchtstandard dienten historische Bilder und Postkarten. Der Esel wurde früher von den Bauern für die Feldarbeit und in den Weinbergen als großes, starkes Arbeitstier mit lebhaftem Temperament und mutigem, folgsamem Wesen sehr geschätzt. Marktfahrer hielten ihn als Wagenesel und entlang der Kanäle von Berry wurde er zum Treideln der Schiffe eingesetzt. Heute gilt der Grand Noir du Berry als kräftige, gut entwickelte Nutzeselrasse, die auch zur Maultierzucht verwendet werden kann. Erst im Jahr 1994 wurden das Zuchtbuch eröffnet und die Rasse offiziell vom Nationalgestüt anerkannt. Der Grand Noir du Berry ist 130 bis 145 cm groß und schwarz mit Nuancen. Maul, Augenringe, Bauch und Bein-Innenseite sind weiß. Er hat weder Aalstrich noch Schulterkreuz oder Beinstreifung. 1998 waren bereits 360 Esel im Zuchtbuch eingetragen, davon 21 angekörte Zuchthengste.

Âne du Bourbonnais

Der Bourbon-Esel ist eine seit 2002 offiziell anerkannte Rasse aus dem Norden des französischen Zentralmassivs. Er wurde hauptsächlich in der Landwirtschaft eingesetzt, vor allem für das präzise Arbeiten beim Unterhalt der Weinberge. 1994 wurde ein Zuchtverband gegründet, dessen Hauptzielsetzung die Anerkennung der Rasse durch die nationalen Gestüte ist. Der Bourbonnais ist ein mittelgroßer Esel mit einer Widerristhöhe von 118 bis 135 cm und einem verlässlichen, ausgeglichenen Charakter. Er hat ein braunes Fell, das auch als schokoladenfarben umschrieben wird. Maul, Augenringe, Bauch, Ohren- und Bein-Innenseiten sind hellgrau. Er trägt einen Aalstrich und ein Schulterkreuz. 2002 lag der Bestand bei 197 eingetragenen Zuchttieren.

Âne du Cotentin

Diesen kräftigen Esel findet man hauptsächlich entlang des Ärmelkanals. Er wurde für den Milchtransport und das Ziehen von landwirtschaftlichen Geräten eingesetzt.

Heute hat er seinen festen Platz in der Tourismusbranche. Dank seines zärtlichen Wesens eignet er sich gut als Freizeitpartner und – gebastet oder eingespannt – als Begleiter bei Wanderungen in der schönen Normandie.

1995 wurde eine Organisation zur Erhaltung und Anerkennung dieser Rasse ins Leben gerufen. Sie wurde bereits 1997 vom Landwirtschaftsministerium anerkannt. Die Verwaltung des Zuchtbuches haben die nationalen Gestüte übernommen.

Der Cotentin misst 115 bis 135 cm am Widerrist und sein Fell soll „alle Farben der Erde" tragen. Grundsätzlich ist sein Fell grau in vielen verschiedenen Nuancen mit Aalstrich, Schulterkreuz und manchmal auch mit Zebrastreifen an den Beinen. Maul, Augenringe, Bauch, Ohren- und Beininnenseiten sind hellgrau. Der Bestand wird mit 2500 eingetragenen und elektronisch gekennzeichneten Exemplaren angegeben.

Âne de Normandie

Der Normand wird als robuster und rustikaler Esel bezeichnet. Sein Einsatzgebiet war auf dem Bauernhof. Vor allem die schweren Milchkannen wurden ihm aufgebürdet. Im Jahr 1993 wurde ein Verband zum Schutz und zur Anerkennung des Normandie-Esels gegründet. Seit August 1997 ist er vom Landwirtschaftministerium offiziell anerkannt. Er ist ein mittelgroßer Esel mit einer Widerristhöhe von 110 bis 125 cm. Er hat ein mehr oder weniger dunkles, kastanienbraunes Fell. Maul, Augenringe, Bauch, Ohren- und Bein-Innenseiten sind hellgrau. Schulterkreuz und Aalstrich sind vorhanden. Teilweise trägt er Zebrastreifung an den Beinen. 1998 gab es 225 registrierte und elektronisch gekennzeichnete Esel. 2001 hatte sich die Zahl schon auf 450 Zuchttiere erhöht.

Âne de Provence

Er ist einer der bekanntesten französischen Esel. Der Provence-Esel war schon immer ein Begleiter von Schafhirten auf ihren langen Sommerwanderungen durch die Alpen. Als ruhig, gelassen und mutig wird sein Charakter umschrieben. L'Âne de Provence ist ebenfalls eine von den nationalen Gestüten offiziell anerkannte Rasse. Er wurde sehr häufig mit normalen Hauseseln gekreuzt, deshalb gibt es zahlreiche Esel, die ihm ähnlich sehen. Er ist 120 bis 130 cm groß und von hell- bis dunkelgrauer Farbe. An den eseltypischen Stellen ist er weiß. Ein schöner, schwarzer Aalstrich und ein Schulterkreuz zieren sein helles Fell. Reine Provence-Esel werden zunehmend von ihren fast identisch aussehenden Einkreuzungen verdrängt, folglich nimmt ihr eigener Bestand ständig ab.

Âne des Pyrénées

Der Pyrenäen-Esel hat ein ausgesprochen großes Verbreitungsgebiet. Er stammt ursprünglich von seinem spanischen Nachbarn, dem Katalanen, ab. Durch die geografische Isolation, die Vielfalt der Gegend und die unterschiedlichen Benutzerzielsetzungen haben sich spezifische Typen entwickelt. Es existiert ein Standard, der sich auf die Beschreibung der Gemeinsamkeiten beschränkt. Zu dessen Festlegung sind auch alte Archivbilder von Eseln aus den Pyrenäen verwendet worden. 1994 wurde ein Verein gegründet, der sein Ziel, die Anerkennung dieser Rasse vom Landwirtschaftsministerium, im Jahre 1997 erreichte. Der Verein möchte Ausbildungslehrgänge anbieten und spornt seine Mitglieder an mit den Eseln zu arbeiten. L'Âne des Pyrénées ist von noblem Charakter. Die Größenangaben sind sehr unterschiedlich – es gibt die „Kleinen" mit 120 bis 135 cm Widerristhöhe und die „Großen" mit 135 cm und mehr. Sein Fell ist glänzend schwarz bis dunkelbraun, manchmal schimmert es rostrot. An den eselüblichen Stellen ist es weiß. Schulterkreuz, Aalstrich und Beinstreifung sind nicht vorhanden. Die Rasse hat eine feine Haut und seidiges, kurzes Haar.

Âne de Gascogne

Der Gascogne-Esel ist sozusagen ein Cousin des Pyrenäen-Esels. Er wird jedoch ausschließlich zum Tragen von Lasten verwendet. Seine Rasse ist nicht anerkannt. L'Âne de Gascogne ist ein Gebirgsesel mit 120 bis 125 cm Widerristhöhe und eher gedrungenem, knochigem Körperbau.

Âne corse

Der kleine korsische Esel war seit jeher auf der Insel Korsika heimisch. Er wurde überall eingesetzt, wo es Arbeiten zu verrichten gab. Aber auch die Metzger schätzten ihn als Fleischlieferanten für die Herstellung von Wurstwaren. Da der ursprüngliche Korse nur gerade eine Widerristhöhe von maximal 98 cm erreichte, kreuzte man Katalanen ein. Heute existieren zwei verschiedene Eseltypen auf Korsika: die ursprünglichen Grauen mit höchstens 117 cm Widerristhöhe und die eingekreuzten Schwarzen mit ungefähr 124 cm Widerristhöhe. Die Tiere finden vor allem noch im Tourismus Verwendung, wo sie das Gepäck und die Kinder von Wandersleuten tragen. Weder der eine noch der andere Typ wurde je als Rasse anerkannt.

Asno Cordobés o Andaluz

Eine ganz spezielle Rasse ist der große Weiße von Cordoba, auch Andalusischer Riesenesel genannt. Es wird angenommen, dass er ein direkter Nachfahre der so genannten Pharaonenesel, einer ausgestorbenen ägyptischen Rieseneselrasse, ist. Vor rund 3000 Jahren wurde er vom afrikanischen Kontinent nach Südspanien gebracht. Er diente in ganz Andalusien als Arbeitstier sowie als Vererber in der Maultierzucht. Der Cordobese zeichnet sich durch eine große Widerstandskraft, Energie und eine hohe Hitzeresistenz aus. Er hat ein ruhiges, ausgeglichenes, aber entschlossenes Temperament. Ende der 1980er Jahre gab es so gut wie keine Esel dieser Rasse mehr. Die Erhaltungsbemühungen der ADEBO (Asociation cologista para la denfesa del Borrico) tragen nur sehr langsam Früchte. Das Zuchtbuch wird von der Landwirtschaftsbehörde in Sevilla geführt. Stuten wie auch Hengste sind von imposanter Erscheinung, harmonisch gebaut und gut bemuskelt. Sie werden 150 bis 160 cm groß und haben ein ausgesprochen weiches Fell mit kurzen, feinen Haaren. Die Fellfarben variieren zwischen Reinweiß, Apfelschimmel und Grauschimmel. Schulterkreuz, Aalstrich oder Beinstreifung sind nicht vorhanden. Im Jahr 1999 existierten wieder 40 zuchttaugliche Stuten und 14 zuchttaugliche Hengste. Insgesamt wurden 73 Exemplare des Andalusischen Riesenesels gezählt.

Asno Catalán

In der Regel war der katalanische Esel gemeint, wenn man von Rieseneseln sprach. Der Katalane ist der größte Esel der Welt. Er wurde sowohl als Nutztier in der Landwirtschaft als auch zur Maultierzucht verwendet. Weltweit veredelten die Eselzüchter ihre einheimischen Rassen mit Katalanenblut. Hauptsächlich die italienischen Eselrassen Pantelleria und Martina-Franca sind vom Katalanen beeinflusst, aber auch in den Vereinigten Staaten ist er zu großen Ehren gekommen. Einerseits gibt es dort kaum ein

„Montse", die katalanische Zuchtstute, ist im Besitze der ADEBO in Rute, Cordoba.
Linke Seite: „Golondrino", der reinrassige andalusische Eselhengst, gehört ebenfalls der ADEBO.

Maultier ohne Katalanenblut, andererseits stammt der Mammoth Jack (s. u.) von ihm ab. Der Katalane ist das „Vollblut" unter den Eseln. Er gilt als temperamentvoll, edel, arbeitsfreudig, ausdauernd und kräftig. Sein Zuchtbuch entstand im Jahre 1880. Seit 1978 sind Erhaltungsbemühungen im Gange, denn sein Bestand schrumpfte bis auf wenige reinblütige Exemplare, so dass er vom Aussterben bedroht ist.

Der Katalane besitzt die stolze Widerristhöhe von 135 bis 162 cm. Das Fell ist von glänzendem Schwarz, dessen Tönung mit den Jahreszeiten variiert. Maul, Augenringe und Bauch sind weiß. Seine sehr beweglichen Ohren sind lang und meistens steil aufstehend. Esel dieser Rasse sind frühreif und haben einen starken Fortpflanzungstrieb. Anfang 2001 existierten weltweit nur noch 106 eingetragene Katalanen.

Asno Zamorano-Leonés

Der Zamorano-Esel wurde, wie der Katalane auch, in der Landwirtschaft und in der Maultierzucht eingesetzt. Von ihm soll der berühmte Poitou-Esel abstammen, was aber nie eindeutig nachgewiesen werden konnte. Durch die Modernisierung in der Agrarwirtschaft und das Verschwinden der bäuerlichen Kleinbetriebe verringerte sich die Anzahl der Zamorano-Esel immer stärker. Eine Interessengemeinschaft versucht nun diese vom Aussterben bedrohte Eselrasse zu retten. Der Zamorano-Esel ist etwa 140 bis 155 cm groß, ausgewogen im Gebäude, korpulent und mit einem sehr kräftigen Fundament ausgestattet. Charakteristisch für ihn ist sein großer Kopf und sein üppiges, dunkelbraunes Fell. Es soll noch ungefähr 150 reinblütige Stuten und fünf reinblütige Hengste geben. Die Überalterung der Tiere sowie deren Halter stellt ein großes Problem hinsichtlich des Fortbestandes der Rasse dar. 75 % der Stuten sind steril oder haben das zuchtfähige Alter schon überschritten, und 95 % des Eselbestandes befindet sich in den Händen von pensionierten Landwirten.

Asno Mallorquin

Die Esel der Insel Mallorca stammen ursprünglich vom Katalanen ab, haben sich aber auf der Insel zu einem eigenen Typ entwickelt. 1995 waren nur noch zwei Hengste und vier Stuten registriert – diese Rasse muss daher als ausgestorben bezeichnet werden. Es gibt wohl noch andere Esel auf den Balearen, aber die ursprünglichen Vertreter der Rasse, wie sie auch in den alten Geschichtsbüchern erwähnt werden, existieren nicht mehr.

Asino di Martina Franca

Auch in den Adern des italienischen Martina-Franca-Esels fließt das Blut der edlen Katalanen. Geschichtliche Nachforschungen ergaben, dass in der Gegend um Martina Franca schon in früheren Epochen Esel mit ähnlicher Erscheinung vorkamen. Als aber Anfang des 16. Jahrhunderts die Spanier in Süditalien herrschten, brachten sie ihre eigenen Tiere mit und kreuzten diese mit den lokalen Eseln ein. Daraus entstand schließlich der Martina Franca. Er eignete sich gut für Arbeiten in steinigem Gelände und wurde sogar von der Armee als Reittier eingesetzt. Mit ihm wurden aber auch Maultiere gezüchtet. Die Anpaarung erfolgte stets mit dem Murge-Pferd. Die Martinese-Maultiere waren hoch geschätzt und über ihre Landesgrenzen hinaus bekannt. Das Fell des Martina Franca ist dunkelbraun bis schwarz mit den eseltypischen weißen Stellen. Er ist 135 bis 155 cm groß und eher leicht, aber dennoch kräftig und muskulös gebaut. Sein Temperament soll sehr lebhaft sein. Seit 1925 besteht ein staatliches Zuchtprogramm für diese Eselrasse. Echte Vertreter dieser Rasse erkennt man an ihren drei Brandzeichen: eins auf der Backe, eins am Hals und eins auf dem Schenkel.

Asino di Pantelleria

Pantelleria ist der Name einer kleinen Insel im Südwesten Siziliens. Da die Insel fast näher bei Tunesien als bei Sizilien liegt, erklärt sich der starke afrikanische Einschlag, den der Asino di Pantelleria hatte. Diese edle Rasse ist leider ausgestorben. Die Esel wurden auf der Insel jahrelang den Pferden vorgezogen, weil sie als äußerst temperamentvoll, schnell und ausdauernd galten. Die Eselbesitzer führten mit ihren Tieren regelmäßig Rennen über große Distanzen durch. Es wird berichtet, dass die Esel dabei Durchschnittsgeschwindigkeiten von bis zu 25 km/h erreichten. Die Pantescos, wie man sie auch nennt, galten außerdem als ausgesprochen trittsichere Saumtiere und machten auch vor dem Wagen eine gute Figur. Die Maultiere, die sie zeugten, sollen Vollblütern ähnlich gewesen sein. Anfang der 1990er Jahre wurde ein Projekt zur Rückzüchtung dieser Eselrasse nach altem Standard ins Leben gerufen. Der Asino di Pantelleria hat eine Widerristhöhe von 128 bis 140 cm und ist ebenfalls dunkelbraun mit den typischen, weiß abgesetzten Partien. Seine Beine sind drahtig, stark und muskulös. Das Fell ist

Sehr schön gezeichnet ist der Asino dell' Amiata.

kurzhaarig und fein. Nach elf Jahren sorgfältiger Rückzüchtung wurde im Jahre 2000 eine Stute geboren, die zu 95 % wieder dem alten, ursprünglichen Typ entsprechen soll. Im Jahr 2001 umfasste der zur Zucht verfügbare Bestand 26 Tiere.

Asino Ragusano

Die jüngste anerkannte Eselrasse Italiens stammt aus dem Südosten der Insel Sizilien. Sie entwickelte sich aus den lokalen Eseln, die sich über lange Zeit hinweg wild mit den importierten Pantelleria-Eseln paarten. Die daraus entstandenen Mischlinge wurden später zwecks Veredelung mit Martina-Franca-Eseln gekreuzt. Das Resultat war der Ragusano – ein guter Arbeitsesel und ein geschätzter Vererber in der Maultierzucht. Sein Fell ist dunkelbraun mit hellem Bauch, Maul und Augenringen. Der Kopf ist eher leicht gebaut und er besitzt ausdrucksvolle, große Augen. Seine Widerristhöhe beträgt 130 bis 150 cm. Er ist mit harten, gut geformten Hufen ausgerüstet. Der Ragusano wird als kraftvoll und energisch beschrieben. 1953 ist er vom „Instituto di Incremento Ippico di Catania“ offiziell als Rasse anerkannt worden. Mitte 2001 waren 675 Tiere im Zuchtbuch eingetragen.

Asino dell' Amiata

Die Amiata-Esel fallen durch ihre Zebrastreifen an den Beinen und durch die sehr schön gezeichneten Ohren auf. Sie stammen aus der Gegend des Monte Amiato, einem Berg im Hinterland von Grosseto. Ihre außerordentliche Gelenkigkeit erlaubte ihnen Zutritt zu schwierigstem Gelände. Sie sind 125 bis 140 cm groß, grau und an Bauch, Maul und rund um die Augen hell. Die weißen Haare an der Innenseite der Ohren werden durch eine schwarze Umrandung eingefasst. Neben den zebrierten Beinen zieren ein Aalstrich und ein Schulterkreuz ihr Fell. Der Amiata gilt als gutmütig, aber unnachgiebig. Er soll ausdauernd, widerstandsfähig und selbst in unfruchtbarsten Gegenden überlebensfähig sein. Der Bestand an Amiatas beträgt ungefähr 150 Exemplare.

Asino dell' Asinara

Die Esel der Insel Asinara sind dem sardinischen Esel sehr ähnlich, nur ihr weißes Fell ist ein charakteristisches Merkmal, das sie einzigartig macht. Sie leben in der freien Natur der kleinen Insel. Gezähmt und zur Arbeit herangezogen werden sie nicht. Die weiße Farbe und die blauen, irisfarbenen oder roten Augen deuten auf eine Form von Albinismus hin. Die Esel sind mit 80 bis 105 cm Widerristhöhe recht klein. Ihre Hufe sollen klein, weiß und empfindlich sein. Im Gegenteil zu allen anderen Eseln besitzen die Asinara-Esel einen eher unsicheren Gang. Auch ihr Temperament wird stets als unsicher bezeichnet. 1986 wurden 31 Exemplare gezählt, 1989 bereits 56 und der aktuelle Bestand wird mit 70 Tieren angegeben.

Asino Sardo

Der sardinische Esel war zeitlebens ein Arbeitstier. Er wurde zur Verrichtung sämtlicher Arbeiten, die auf der Insel anfielen, herangezogen. Der Sardo gilt als sehr kräftig, robust und muskulös. Die Italiener vergleichen ihn gerne direkt mit dem Nubischen Wildesel. Der Asino Sardo hat eine Widerristhöhe von 85 cm und ist grau. Sein Fell ist mit Schulterkreuz, Aalstrich und Zebrastreifen an den Beinen gezeichnet. An den eseltypischen Stellen ist es ebenfalls hell abgesetzt. Er besitzt kleine, harte Hufe und ist sehr genügsam. Sein Temperament wird als lebhaft bezeichnet. Auserlesene kleinwüchsige sardische Esel wurden ins Ausland exportiert und bildeten im Wesentlichen die Grundlage der Mini-Esel-Zucht.

Ägyptischer Esel

Der Ägyptische Esel ist in ganz Nordafrika verbreitet. Er ist in der Regel weiß, vereinzelt aber auch hellgrau. Aalstrich, Schulterkreuz oder Beinstreifung sind nicht vorhanden. Der Ägyptische Esel ist ausgesprochen edel, sein Körperbau ist leicht und elegant. Er weist ein Stockmaß von 120 bis 140 cm auf. Ob jemals ein Zuchtbuch existiert hat, ist nicht bekannt. Obwohl es sich beim Ägyptischen Esel um eine der ältesten Eselrassen handelt, sind keinerlei Bemühungen bekannt, sich dieser Eselrasse anzunehmen.

American Mammoth Jack Stock

Der Mammoth Jack Stock ist die einzige anerkannte Eselrasse in den USA. Sie entstand aus einheimischen Eseln, die mit verschiedenen europäischen Rassen aus Andalusien, Mallorca und Malta gekreuzt wurden. 1819 wurde ein reinrassiger Katalane namens „Mammoth“ nach South Carolina gebracht und eingekreuzt. Dieser Hengst vererbte vor allem seine stattliche Größe und verlieh der Rasse zugleich ihren Namen. Im Jahr 1937 kam noch ein Poitou-Hengst namens „Kaki“ als weiterer Vererber hinzu. Eine echte Mammoth-Stute muss mindestens 54" (137 cm), ein Hengst 56" (142 cm)

Widerristhöhe aufweisen. Nach oben sind keine Grenzen gesetzt. Es soll sogar 170 cm große Exemplare geben. Auch die Ohren sind so lang wie möglich erwünscht. Es kursieren Werte von 36" (90 cm) „Spannweite" von Ohrspitze zu Ohrspitze gemessen. Bei den Fellfarben dominieren Schwarze und Rotschimmel. Ursprünglich war der Mammoth Jack dunkelbraun mit weißem Maul, Bauch und Augenringen. Mittlerweile sind jedoch alle Farben zugelassen und die gefleckten Tiere gelten als eine besondere Rarität. Auf einen harmonischen Körperbau und eine gute Bemuskelung wird in den USA besonders viel Wert gelegt. Der Charakter der Mammoth Jacks wird als intelligent, menschenbezogen, ruhig, fügsam und gelehrig beschrieben. Sie eignen sich gut zum Fahren und zum Reiten, werden aber hauptsächlich zur Maultierzucht verwendet. Weltweit existieren 2500 reinrassige Mammoth Jack Stock.

Die Amerikaner legen großen Wert auf Veranstaltungen und die Prämierung ihrer Zuchttiere. Der American Mammoth Jack Hengst „Okie Bill" hat schon zahlreiche Champion-Titel erlangt.

Hausesel

Die Vorfahren unserer Esel wurden ursprünglich aus vielen Ländern importiert. Ihre Besitzer produzierten Nachwuchs, indem sie den nächstgelegenen Hengst wählten, um ihre Stute decken zu lassen. Aus diesen Einkreuzungen entstand schließlich ein Gemisch von italienischen, französischen, spanischen, englischen, großen, kleinen, grauen, braunen und schwarzen Eseln, sodass bis heute nicht einmal mehr kühnste Spekulationen Hinweise auf eine Rassenzugehörigkeit geben könnten. Darum wird von den Eselvereinigungen und -organisationen die Einteilung nach Größe anstelle nach Rasse vorgenommen. Die Widerristhöhe (Stockmaß) ist dabei ausschlaggebend. Abstufung und Bezeichnungen der einzelnen Länder unterscheiden sich.

Deutschland:
- Zwergesel bis 105 cm
- Normalesel bis 135 cm
- Riesenesel über 135 cm

Schweiz:
- Zwergesel bis 105 cm
- Normalesel bis 135 cm
- Großesel über 135 cm

England:
- Miniature bis 91 cm (9 hands)
- Small Standard bis 103,6 cm (10,2 hands)
- Large Standard bis 123 cm (12 hands)
- Spanish Standard über 123 cm (12 hands)

USA:
- Miniature Donkey bis 91,5 cm (36")
- Standard Donkey 94 bis 137 cm (37"–54")
- Mammoth Donkey über 137 cm (54")

Deutsche Zuchtesel

Die Bezeichnung „Deutscher Zuchtesel der Interessengemeinschaft der Esel- und Mulifreunde e. V." ist in der Satzung dieses Vereins verankert. Die IGEM war schon immer bestrebt der ziellosen Vermehrung und Produktion von (schlechten) Tieren entgegenzuwirken. Sie hat einen Standard geschaffen, der es erlaubt die Esel nach dreizehn Kriterien mit einer Punkteskala von 1 bis 10 zu bewerten. Zur Zucht werden nur noch Tiere zugelassen, die der Zuchtwertklasse 1 (130–100 Punkte) und 2 (99–78 Punkte) angehören. Zusätzlich darf keine Einzelnote mit weniger als 6 Punkten bewertet sein. Die Zuchtwertschätzung und die Bewertung des Nutzwertes erfolgen alljährlich beim bundesweiten Esel- und Maultiertreffen der IGEM durch autorisierte Personen. Die Zuchttiere werden mit Mikrochip versehen und im Stutbuch eingetragen.

Der Deutsche Zuchtesel bezeichnet weder eine Eselrasse noch einen Eseltyp, sondern gesunde und leistungsfähige Tiere, die von geprüften und ausgewiesen korrekten Vorfahren abstammen. Im Oktober 2001 waren 2095 Tiere im Stammbuch eingetragen. Das Zuchtbuch umfasste 80 Stuten und 16 Hengste.

Englische Esel

In England werden die Esel schon seit Jahren nach einem Standard, den die „Donkey Breed Society" herausgegeben hat, bewertet. Preisrichter, Eselbesitzer und Züchter richten sich danach. Es besteht ein offizielles Zuchtbuch. Eine eigentliche englische Rasse gibt es aber nicht. Alle Esel werden nach Gestalt, Typ und Aussehen sowie nach Charakter bewertet. Bevorzugt werden allerdings eher kräftige Schläge mit grauem Fell, Aalstrich und Schulterkreuz.

Miniaturesel

Als Miniaturesel werden nicht einfach klein geratene Zwergesel bezeichnet. Echte Miniesel sind schon seit mehreren Generationen systematisch gezüchtete kleinwüchsige Esel. Sie wurden gezielt nach harmonischen Proportionen, korrektem Exterieur und natürlich nach Körpergröße ausgewählt. Grundlage für die Minieselzucht bildeten ursprünglich Esel der italienischen Inseln Sardinien und Sizilien. Diese Esel sind von Natur aus relativ klein mit grauem Fell und der typischen Eselzeichnung: Schulterkreuz, Aalstrich, weiß an Maul, Bauch und Beininnenseite. Heute gibt es bereits Miniesel in sehr vielen Farben. Sogar für Esel eher seltene

Der Miniesel „Fire Ant" mit seiner stolzen Besitzerin. Sie holte ihn aus Texas nach Holland.

Farbschläge wie Rotschimmel oder vollkommen schwarze Tiere ohne Abzeichen sind vertreten. In den USA existiert eine offizielle Registrierung für Miniesel. Die maximale Widerristhöhe darf dort 91cm (36") betragen. Die kleinsten Exemplare aus Amerika messen nur 78 cm (31"). In Frankreich bestehen Angaben von „ein bisschen größer als 60 cm“ für die kleinsten Esel.

Hybriden

Hybriden sind ein Kreuzungsprodukt aus zwei Tieren der gleichen Gattung, aber von unterschiedlicher Art. Esel und Pferd gehören beide der Gattung *Equus* an, was eine Voraussetzung für die erfolgreiche Verpaarung ist. Von Natur aus deckt jedoch kein Esel ein Pferd oder umgekehrt – da muss der Mensch schon nachhelfen. Normalerweise sind Hybriden unfruchtbar, sie können sich nicht fortpflanzen. Es gibt jedoch immer wieder fortpflanzungsfähige Maultierstuten.

Mit der Kreuzung von Esel und Pferd will der Züchter die positiven Eigenschaften beider Arten vereinen. Der Hybride soll ein langlebiges, leichtfuttriges, leistungsfähiges, robustes und trittsicheres Tier sein. Die Zucht und Haltung von Mulis begann nachweislich schon vor 3500 Jahren in Ägypten. Von großer Bedeutung war das Maultier auch für die amerikanische Geschichte. Noch im Jahr 1920 betrug die Maultierpopulation in den USA etwa 5,5 Millionen Tiere. Bis zum heutigen Tag ist Amerika der maultierreichste Kontinent geblieben.

Maultier

Das Maultier ist das Kreuzungsprodukt von Eselhengst und Pferdestute. Die Maultierproduktion wurde früher vor allem für die Landwirtschaft betrieben und hatte eine gewisse Tradition, was die Auswahl der Esel- und Pferderassen, die miteinander gepaart wurden, betrifft. Die wohl berühmteste Maultierzucht aus der Vergangenheit dürfte in Frankreich zu finden sein. Aus dem stämmigen Kaltblutpferd „Le Trait Mulassier“ ging in Anpaarung mit dem eigens für die Maultierzucht gezüchteten Esel „Baudet du Poitou“ das ehemals hoch geschätzte Poitou-Maultier hervor.

Auch Italiens Martina-Franca-Esel ist mit dem Cavallo delle Murge verbunden, ebenso wie der katalanische Riesenesel zum Hispano Bretonen gehört. In der Schweiz verwendete man zur Maultierzucht ursprünglich das Freiberger Pferd. Allerdings wurden dabei nicht reinblütige Eselhengste zum Decken gewählt, sondern ausgesuchte Großeselhengste meist süditalienischer Abstammung. Zuverlässig versorgen auch heute noch die ausdauernden Mulis Gebirgstruppen der Schweizer Armee. Sicher und ruhig transportieren sie Verpflegung, Baumaterial, Waffen und Munition über Geröll und Schnee in schwindelnde Höhen. Pferdestärke vereint mit genügsamer Furchtlosigkeit zeichnet die Maultiere aus.

Eine bemerkenswerte Leistung erbrachten bis zum Sommer des Jahres 1999 die Mulis vom Rotsteinpass. Sie versorgten das auf 2120 m gelegene Bergrestaurant von Mitte Juni bis Mitte Oktober fast täglich mit den nötigen Lebensmitteln für die Wirtsfamilie und Wanderer, die auf dem Rotsteinpass einkehrten. Ein Säumer und zwei Maultiere führten die Transporte durch. Der Aufstieg vom Tal bis zum Bergrestaurant nahm vier Stunden in Anspruch. Jedes der beiden Mulis trug dabei eine Last von 100 bis 120 kg. Für den Abstieg benötigten sie rund eine halbe Stunde weniger. 1260 Höhenmeter in teilweise äußerst anspruchsvollem Gelände überwanden die trittsicheren und leistungsstarken Tiere bei jeder Tour. Die fel-

Ein Poitou-Maultier bei der Arbeit in den Weinbergen

sigen Wege machten sich auch an den Hufen bemerkbar – alle drei Wochen mussten diese mit neuen Hufeisen beschlagen werden! Die letzten Rotsteinpass-Mulis waren die Wallache Jacobo und Franz, beide knapp 160 cm groß und gut 18 Jahre alt.

In jüngster Zeit bestimmt der Verwendungszweck die Auswahl der Stute. Für Mulis, die eingespannt werden, wählt man eher schwere, kaltblütige Pferdestuten aus. Soll das Maultier einmal Rinderarbeit verrichten, wird mit Quarter-Horse-Stuten gezüchtet, und möchte man ein Reitmuli, kommen Halbblutstuten oder Araber in Betracht.

Eine kleine Maultiergeschichte aus Indien beschreibt den Charakter der Mulis (Borwick, 1984): „Ein Militär-Tierarzt der britischen Armee in Indien erzählte von einem Unfall während einer Fahrt mit der Eisenbahn, in deren Wagons eine gemischte Gruppe aus Eseln, Pferden und Maultieren transportiert wurde. Nach einem Zusammenstoß gerieten alle Pferde in Panik, bäumten sich auf und schlugen aus, dass sich die meisten ihre Beine brachen. Die Esel standen da und zitterten, viele von ihnen starben am Herzschlag oder an einem Schock. Die Maultiere aber, halb Esel und halb Pferd, gerieten weder in Panik noch starben sie an Schock. Sie standen ruhig, bis jemand kam, um die Türen ihrer Wagons zu öffnen, dann stiegen sie gelassen aus und suchten sich etwas zum Grasen."

Maulesel

Der Maulesel entsteht aus der Kreuzung einer Eselstute mit einem Pferdehengst. Aus zoologischer Sicht sind die Unterschiede zwischen Maultier und Maulesel noch nicht ausreichend erforscht. In unseren Breiten gelten Maulesel eher als selten. Vereinzelte Maultierzüchter behaupten, dass das Fohlen seine Prägung bevorzugt von einer Pferdestute erhalten sollte und dies der Grund für die sehr viel zahlreicheren Maultiere sei. Doch in Wirklichkeit dürfte der Grund ein Mangel an guten Großeselstuten sein. In Spanien und Portugal, wo noch zahlreiche großformatige Eselstuten existieren und die Pferderassen dafür eher klein sind, kommen Maulesel fast häufiger vor als Maultiere. Im nördlichen Europa fehlt eigentlich das

„Zuchtmaterial“ zur Mauleselzucht, das heißt, die Eselstuten sind zu klein, um mit den gängigen Pferderassen gekreuzt werden zu können.

Wildesel

Somali-Wildesel

Somali-Wildesel leben heute noch vereinzelt in den Wüsten Nordafrikas, sind aber vom Aussterben bedroht. Weltweit soll es nur noch knapp 100 Tiere geben. Sie sind mausgrau und haben eine Widerristhöhe von 125 cm bis 135 cm. Maul, Bauchunterseite und Innenseite der Beine sind hell und an allen vier Beinen sind sie mit Querstreifen gezeichnet. Somali-Wildesel besitzen kein Schulterkreuz und nur einen ganz dünnen Aalstrich.

Nubischer Wildesel

Der Nubische Wildesel ist seit Jahrzehnten ausgerottet. Sein Fell war rötlich grau und mit 113 cm bis 118 cm Widerristhöhe war er relativ klein. Er war mit einem ausgeprägten Aalstrich und einem Schulterkreuz gezeichnet. Seine Bauchunterseite und die Beine waren hell. Eine Querstreifung an den Beinen fehlte oder war höchstens andeutungsweise vorhanden.

Die Erhaltung der Somali-Wildesel ist nur noch durch die Zoos gewährleistet. Über den Bestand in freier Wildbahn liegen keine genauen Angaben vor. Die Zucht gestaltet sich als sehr schwierig, da die Hengste ausgesprochen wählerisch sind.

Die Kiangs der Werner-Stamm-Stiftung zur Erhaltung seltener Einhufer in Oberwil (Schweiz)

Halbesel

Der Halbesel (*Equus hemionus*), auch unter der Bezeichnung Asiatischer Wildesel bekannt, ist kein Kreuzungsprodukt von Pferd und Esel, wie es sein Name vermuten lassen könnte. Er wurde jedoch lange Zeit dafür gehalten. Er ist eine eigenständige Art der Gattung *Equus*. Er gilt als unzähmbar, schnell und anspruchslos.
Asiatische Wildesel werden in sechs Unterarten eingeteilt:

- Dschiggetai (Mongolischer Halbesel)
- Onager (Persischer Wildesel)
- Kulan (Turkmenischer Halbesel)
- Khur (Indischer Wildesel)
- Kiang (Tibetanischer Halbesel)
- Syrischer Halbesel (ausgerottet)

Neuere genetische Untersuchungen sprechen dafür, dass der zahlenmäßig mit Abstand am stärksten vertretene Kiang aus dem Hochland Tibets eine eigenständige Art ist. Die anderen fünf asiatischen Wildesel stehen auf der Roten Liste der vom Aussterben bedrohten Arten. Konkurrenz durch Viehherden, militärische Aktivitäten, Lebensraumzerstörung, illegale Jagd oder Seuchen setzen ihnen zu. Durch die Schaffung von Reservaten und Schutzgebieten konnten sich einzelne Bestände in jüngster Zeit teilweise wieder erholen. Für den Syrischen Halbesel kommt jedoch jede Hilfe zu spät – er ist bereits ausgerottet.

Wild lebende Hausesel

Im Gegensatz zu den ursprünglichen Wildesel-Arten, die vom Aussterben bedroht sind, vermehren sich die wild lebenden Hausesel in vielen Teilen der Welt ausgesprochen gut. Diese Esel sind Nachkommen von Tieren, die ihren Besitzern entliefen oder von diesen absichtlich freigelassen wurden, weil man für sie keine Verwendung mehr hatte. Verwilderte Hausesel vermehren sich zum Teil ausgesprochen stark, weil sie sich sehr gut anpassen können und überdies fast keine natürlichen Feinde haben. Sie werden immer häufiger zu einer „Landplage“, denn sie sind Nahrungs- und Wasserkonkurrenten für Haus- und Nutztiere sowie für heimische Wildtiere. In Amerika werden die verwilderten Hausesel „Burros“ genannt. Um der Überbevölkerung durch Burros Herr zu werden, versucht man die Tiere einzufangen und zu verschenken. In Australien werden die verwilderten Esel in der gleichen tierquälerischen Art wie die Wildpferde verfolgt und getötet.

Eselkauf

Bevor man sich dazu entschließt, einen Esel zu kaufen, ist es vor allem für Laien ratsam und hilfreich, sich einige Adressen von Eselhaltern in der näheren Umgebung zu besorgen und diese Leute um ein Gespräch zu bitten. Vielleicht kann ein Kontakt zu einem erfahrenen und kompetenten Eselhalter geknüpft werden, der sich möglicherweise auch bereit erklärt, dem Neuling beim Verwirklichen seiner Eselpläne ein wenig unter die Arme zu greifen. Falls man von der Eselhaltung eines Bekannten einen positiven Eindruck gewonnen hat, sollte man ihn bitten ein prüfendes Auge auf die eigene vorbereitete Stalleinrichtung und Ausrüstung zu werfen, denn die Praxis lehrt einen manchmal Dinge, über die in den Büchern nichts geschrieben steht! Vielleicht erklärt sich diese Person sogar bereit bei einem eventuellen Eselkauf zur Seite zu stehen. Solch ein Fachmann berät nicht nur, sondern hätte auch die nötige Distanz, falls das Herz des Käufers an ein ungeeignetes Tier verloren zu gehen droht. Aber Vorsicht: Es gibt „Fachleute" aller Art und man darf auch als Laie kritisch sein!

Hat man sich nach gründlichen Überlegungen für den Kauf eines Esels entschieden oder, besser gesagt, hat man sozusagen die Weichen für mindestens die nächsten zwanzig Jahre seiner Zukunft gestellt, kann die Suche nach dem richtigen Langohr losgehen. Vielleicht möchte man auch gleich zwei Esel zusammen erstehen. (Wie später noch zu lesen sein wird, ist die Einzelhaltung von Eseln grundsätzlich abzulehnen.)

Auswahl

Geht man auf „Eselschau", sollte man schon gewisse Vorstellungen von der gemeinsamen Zukunft mit seinem Tier haben. Die Wahl des Esels hängt sicherlich davon ab, welche

Was der zukünftige Eselbesitzer beachten sollte:

- Die Haltung eines Hengstes erfordert viel Fachwissen und ist nur dann gerechtfertigt, wenn das Tier zur Zucht eingesetzt wird.
- Für ein Eselgespann sind zwei gleich große Esel sinnvoll, damit das Geschirr passt und die zwei an der Kutsche ausgeglichen laufen können.
- Als Reitesel kommt nur ein Tier von ausreichender Größe in Frage. Überdies sind die Anforderungen an den Körperbau für Reitesel besonders hoch.
- Soll der Esel Kinder auf seinem Rücken tragen, muss man sich die Frage stellen, wie lange er für die Kleinen attraktiv bleibt und wie die Beschäftigung des Tieres nach dieser Zeit aussehen soll.
- Soll der Esel in eine bestehende Gemeinschaft eingegliedert werden, ist der Zusammenstellung der Gruppe Rechnung zu tragen.
- Zukünftige Zuchttiere müssen über ein perfektes Exterieur und einen sehr guten Charakter verfügen.

Aufgaben er zu erfüllen hat. Vielleicht besteht auch bereits ein gefühlsmäßiger Wunsch nach einer Stute oder nach einem Wallach. Für manche ist die Farbe von großer Bedeutung. Auch das Alter des Esels ist ein Kriterium, über das es sich nachzudenken lohnt. Ein Absatzfohlen zum Beispiel nimmt seinen neuen Besitzer anfänglich sehr stark in Anspruch, denn es hat gerade die Trennung von seiner Mutter, dem Züchter und der gewohnten Umgebung hinter sich und muss deshalb besonders intensiv und fachgerecht betreut werden. Beim Kauf eines Fohlens wäre ein Vertrauensverhältnis zwar am schnellsten aufgebaut, es dauert jedoch Jahre, bis das Tier belastet werden darf. Zu beachten gilt auch, dass Fohlen noch ein schönes Stück an Körpergröße zulegen! Dreijährige hingegen sind ihrer Endgröße schon sehr nahe, haben aber den Kopf voller Unfug und sind schon recht kräftig. Sie brauchen viel Bewegung und verlangen eine konsequente Erziehung und einen selbstsicheren, vitalen Meister. Ungefähr ab dem zehnten Lebensjahr sind die Esel angenehm abgeklärt, aber deswegen längst nicht langweilig. Ein Esel in diesem Alter hat vermutlich bereits eine gewisse Erziehung genossen, was, sofern sie positiv verlaufen ist, für einen Laien bestimmt von Vorteil wäre.

Und noch etwas – man sollte sich viel Zeit bei der Auswahl nehmen! Je mehr Tiere man besichtigen und vergleichen kann, desto reicher an Erfahrungen wird man. Wenn auch die Vorfreude groß und die Ungeduld noch größer ist, sollte man sich dennoch auf die vielen gemeinsamen Jahre, die vor einem liegen, besinnen und nichts überstürzen. Der Käufer darf auch keine Skrupel haben eine so genannte Ankaufsuntersuchung durch den Tierarzt zu veranlassen. Im Pferdehandel ist sie allgemein üblich und beim Kauf eines Esels ebenfalls dringend zu empfehlen!

Vermittlungsstellen der Vereine

Die meisten Eselvereine betreiben eine Eselvermittlungsstelle und führen aktuelle Listen der zum Verkauf stehenden Esel ihrer Mitglieder. Die Vermittlungsstellen haben sich zum Ziel gesetzt möglichst viele Tiere an den Platz zu vermitteln, der ihren Anlagen und Fähigkeiten am ehesten entspricht. Den Kontakt zu einer Vermittlungsstelle aufzunehmen ist sicherlich der klügste erste Schritt. Die Leute dort stehen dem Interessierten zumindest mit Rat und Tat zur Seite, auch wenn sie im Moment kein geeignetes Tier anbieten können. Die Leistungen sind grundsätzlich kostenlos, aber ein Beitritt im entsprechenden Eselverein ist erwünscht. Als Mitglied erhält man überdies regelmäßige Informationen über Kurse und Veranstaltungen sowie Unterstützung beim Lösen von eselspezifischen Problemen. Meistens wird auch eine periodische Zeitschrift veröffentlicht. Wechselt ein Esel durch eine Vermittlungsstelle die Hand, kann der neue Besitzer sich darauf verlassen, dass auch nach dem Kauf noch Ansprechpartner vorhanden sind. Natürlich prüfen die Vermittlungsstellen die Esel in ihrem Angebot nicht auf Herz und Nieren und können keine Garantien abgeben, aber die meisten Tiere stammen von anderen Vereinsmitgliedern und daher kann man von einer gewissen „Professionalität" ausgehen. Manchmal haben die Vereine auch Verbindungen zu Tierschutzorganisationen oder führen selbst einen Hof, wo „Notesel" vorübergehend aufgenommen und weitervermittelt werden.

Zeitungsannoncen

In landwirtschaftlichen Zeitungen, Tier- und Pferdezeitschriften sind ab und zu auch Esel zum Verkauf ausgeschrieben. In den meisten

Fällen wird man jedoch durch die Annoncen an einen Händler geraten. Vielleicht aber hat man Glück und findet wirklich einen privaten Inserenten. Sollte der Verkäufer den Platz, an dem sein Esel in Zukunft leben wird, besichtigen wollen, hat man es bestimmt nicht mit einem unseriösen Händler zu tun, denn die kümmert es nämlich nicht, wo ihre Tiere nach dem Verkauf landen.

Auch eine eigene Annonce kann zu einem Erfolg führen, vor allem dann, wenn man bereits ziemlich konkrete Vorstellungen von seinem Tier hat. Mit einer entsprechenden Anzeige können die Wünsche umschrieben und die Auswahl eingegrenzt werden.

Züchter

Eine sicherlich sehr gute Lösung ist es, wenn ein Esel direkt bei einem seriösen Züchter gekauft wird. Man genießt den Vorteil, die Elterntiere oder Geschwister von seinem zukünftigen Schützling besichtigen zu dürfen, und man ist genauestens über das Geburtsdatum und die bisherige medizinische Versorgung (Impfungen, Wurmkuren usw.) informiert. Der korrekte Züchter wird sich natürlich als Ansprechpartner auch für spätere Fragen zur Verfügung stellen. Eventuell bietet er sogar Ferienpensionsplätze an. Will man allerdings einen ausgewachsenen Esel erwerben, dürfte es schwierig sein, bei einem Züchter fündig zu werden, es sei denn, er ist gerade dabei, seinen Bestand zu reduzieren.

Manchmal lohnt es sich, bei Zoologischen Gärten oder Tierparks nachzufragen, da auch dort ab und zu Nachzuchten verkauft werden.

Händler

Falls man den Esel seiner Träume bei einem Händler entdeckt hat, ist erst einmal Vorsicht geboten! Die meisten Eselhändler arbeiten unseriös. Sie importieren ganze Ladungen von Tieren aus südeuropäischen Ländern. Die Esel müssen oft vor und während des Transports tagelang grausame Qualen durchstehen und landen geschunden, krank, verängstigt und begreiflicherweise manchmal auch aggressiv entweder im Schlachthof oder in einem Handelsstall. Man sollte keinen Esel aus Mitleid kaufen! Man wirkt damit dem Treiben der Händler nicht entgegen, sondern sie werden durch jeden Verkaufserfolg sogar unterstützt.

Meistens unterschätzt man die Gefahr, dass ein Esel aufgrund von schlechten Erlebnissen sehr schwierig im Umgang geworden ist. Für Kinder sind solche Tiere ein Risiko und für einen Laien ebenfalls nicht zu empfehlen. Hinzu kommt, dass fast jede Stute, die durch einen Händler verkauft wird, tragend ist. Oft haben diese armen

Schlachtesel in Rumänien warten auf ihren qualvollen Transport durch Europa. Nicht alle werden lebend ankommen …

Wer sich binnen eines Markttages definitiv für ein Tier entscheiden muss, hat keine leichte Aufgabe!

Tiere noch nicht einmal die Zuchtreife erreicht. Auch bei der Altersangabe wird oft geschummelt: Händler wissen, dass ein Esel nicht vor dem vierten Lebensjahr belastet werden darf – Handelsesel sind darum immer vier Jahre alt ...! Außerdem sind sie auch immer „super zugeritten". Das bedeutet aber lediglich, dass sie mit Wissen des Händlers bis jetzt niemanden abgeworfen haben.

Falls man sich trotz allem für den Kauf bei einem Händler entschieden hat, sollte man eine Ankaufsuntersuchung durch einen Tierarzt veranlassen oder zumindest einen erfahrenen Eselkenner um Hilfe bitten, bevor man sich das Tier in den Stall holt. Ein Handelsesel mag zwar im Moment billiger erscheinen als einer von der Vermittlungsstelle, aber bis man all die unterlassenen Impfungen nachgeholt hat, das Tier entwurmt ist, die Hufe korrigiert und alle Parasiten besiegt sind, ist der Geldbeutel doch arg strapaziert und das Gemüt des neuen Besitzers wahrscheinlich auch!

Markt

Wer Mut, Risikobereitschaft und Fachkenntnisse besitzt, kann seinen Esel auf einem Esel- oder Pferdemarkt kaufen. Man nimmt eine lange Reise und aufreibende Schikanen bei einem möglichen Grenzübertritt in Kauf. Doch auf dem Markt gibt es eine große Auswahl von Eseln und für routinierte Händler lassen sich wahrscheinlich gute Kaufpreise erzielen. Es ist nicht gesagt, dass Markttiere schlechte Tiere sind, aber man muss sich schnell entscheiden und kauft sozusagen „die Katze im Sack", speziell was den Charakter und den Gesundheitszustand der Tiere betrifft.

Ausstellungen

Auf Pferdeausstellungen und Messen gibt es oft auch Eselzuchtverbände, die ihre Tiere präsentieren und ab und zu welche zum Verkauf anbieten. Meistens handelt es sich dabei um Rassetiere, die entsprechend teuer gehandelt werden.

Anschaffungskosten

Die Kosten für einen Esel sind sehr unterschiedlich. Faktoren wie Alter, Geschlecht, Größe, Rasse und Ausbildungsstand bestimmen den Preis. Sogar die Jahreszeit ist maßgebend – im Herbst werden Tiere meistens günstiger gehandelt als im Frühling.

In der Tabelle unten sind die Anschaffungskosten für verschiedene Esel aufgeführt. Es sind Richtpreise für vierjährige, schmiedefromme, halfterführige Tiere. Die Preise können jedoch stark schwanken.

Die Auslagen für einen erwachsenen Mammoth Jack Stock schwanken in den USA zwischen 2500 US-$ und 6000 US-$, es sind aber auch schon Beträge bis 25 000 US-$ bezahlt worden! Von vereinzelten reinblütigen Eselrassen gibt es überhaupt keine Tiere zu kaufen und falls sich trotzdem eine Gelegenheit dazu bieten sollte, werden ebenfalls sehr hohe Liebhaberpreise verlangt. Schlitzohrige Eselhändler haben die Situation erkannt und schlagen aus dem Wunsch einiger Eselkäufer, die „das Besondere" suchen, kaltblütig Profit. Sie erfinden die kühnsten Rassenbezeichnungen für ihre Verkaufstiere. Manch eitler Eselkäufer hat so schon viel Geld für einen normalen Hausesel ausgegeben. Wo die Herkunftspapiere des Stutbuchs in der jeweiligen Landessprache fehlen, kann es sich unmöglich um einen Rasseesel handeln.

Die meisten Gesetzgebungen gewähren beim Pferdekauf ein befristetes Rücktrittsrecht, das auch für Esel Gültigkeit hat. Man sollte sich auf jeden Fall im Voraus über seine Rechte erkundigen und sich mit einem schriftlichen Kaufvertrag absichern.

Unterhaltskosten

„Wir können kein Geld für den Esel bezahlen, aber wir bieten ihm einen schönen Platz!" Auf diese Zeilen stößt man ab und zu in Anzeigen, mit denen sich irgendein Geizhals oder jemand, der wirklich keine

Richtpreise für vierjährige Esel ohne besondere Ausbildung.

	Geschlecht	Deutschland €	Schweiz Fr.
Absatzfohlen 10 Monate	Hengst	360 bis 600	500 bis 700
Absatzfohlen 10 Monate	Stute	560 bis 820	700 bis 900
Normal-Esel	Wallach	770 bis 870	1 500 bis 1 800
Normal-Esel	Stute	920 bis 1 100	1 800 bis 2 500
Riesen-Esel > 135 cm	Wallach	Ab 1 300	Ab 3 000
Riesen-Esel > 135 cm	Stute	Ab 1 500	3 000 bis 3 500
Rasse-Esel mit Papieren		Ab 770	Ab 3 000
Mini-Esel mit Stammbaum		1 000 bis 3 000	
Deutscher Zuchtesel		Ab 770	

Ahnung von Eseln hat, einen Gratis-Esel erschnorren will. Mit dem Besitz vom „Pferd des armen Mannes“ ist es jedoch nicht getan! Die Aufwendungen für den Unterhalt eines Esels sind sicherlich stark von der Eigenleistung (Heugewinnung, Stallarbeit) abhängig, aber es gibt Auslagen, vor denen sich kein pflichtbewusster Eselhalter drücken kann. Wer das Gefühl hat, er könne kein Geld für den Kauf eines Esels ausgeben, der sollte generell auf die Eselhaltung verzichten, denn meistens wird mit einer solchen Einstellung auch am Pflichtunterhalt geknausert!

Das folgende Beispiel zeigt die absolut notwendigen Auslagen pro Jahr für einen mittelgroßen Esel auf. Heu und Stroh wurden zu durchschnittlichen Einkaufspreisen berechnet. Im Sommerhalbjahr reduziert sich der Heubedarf wegen Weidenutzung um 50 %. Für die tierärztliche Versorgung sind die minimalen Auslagen aufgeführt. Die Kosten für Stallmiete, Bodenpacht, Zäune, Elektrizität und Wasser sind nicht mit eingeschlossen:

Notwendige Auslagen für den Pflichtunterhalt eines Esels.

Esel 125 cm groß, 280 kg schwer		Deutschland €	Schweiz Fr.
Heu	6 Monate à 4 kg/Tag = 730 kg 6 Monate à 2 kg/Tag = 365 kg	280,00	450,00
Stroh/Einstreu	4 kg/Tag = 1460 kg	200,00	280,00
Mineralstoffe		33,00	50,00
Hufpflege	6 × pro Jahr	150,00	480,00
Zahnpflege	1 × pro Jahr	40,00	90,00
Impfen	Influenza/Tetanus Jährliche Wiederholungsimpfung	60,00	75,00
Entwurmen	1 × Eqvalan® = 2 Entwurmungen 1 × Panacur® = 2 Entwurmungen	40,00	55,00
Summe		**803,00**	**1480,00**

Bei der Berechnung der Unterhaltskosten muss Folgendes berücksichtigt werden:

- Die Heu- und Strohpreise sind saisonabhängig. Wer günstig einkaufen will (im Sommer ab Feld), braucht einen großen Lagerplatz.
- Regelmäßige Tierarztkosten für Impfungen, Wurmkuren und Zahnbehandlungen fallen auch bei völlig gesunden Tieren an.
- Die gesamte Kostenrechnung kann durch eine unvorhergesehene Krankheit oder einen Unfall gehörig durcheinander geraten.
- Für die Entsorgung des Mistes müssen ebenfalls Auslagen einkalkuliert werden.
- Sobald der Esel einen Hufschutz benötigt, schnellen die Kosten in die Höhe.
- Erneuerungen und Unterhalt im Stallbereich sowie die Anschaffung von Arbeitsgeräten belasten das Budget zusätzlich.
- Die Ausrüstung des Esels und deren Unterhalt und Pflege sind ebenfalls mit Ausgaben verbunden.

In der Tabelle sind die Kosten für einen Esel berechnet. Es ist aus tierschützerischer Sicht grundsätzlich abzulehnen Esel allein zu halten. Berechnet man die Auslagen für zwei Tiere, so sind € 134,– oder SFr. 246,– monatliche Fixkosten zu bestreiten.

Lässt man sich seine Esel von Drittpersonen halten und pflegen, wie es in der Pferdebranche üblich ist, entstehen wesentlich höhere Kosten. Die Einstell- oder Pensionspreise für Esel entsprechen etwa denjenigen für Ponys und Kleinpferde. Die Monatspension für Unterkunft, Weide und Futter beträgt ungefähr € 200,– oder SFr. 350.– pro Tier.

Equidenpass

Nach einer von der Europäischen Union (EU) getroffenen Entscheidung ist der Equidenpass ausnahmslos für alle Einhufer ab dem 1. Juli 2000 Pflicht (trifft nicht zu für die Schweiz). Die Hintergründe dieser Vorschrift sind in arzneimittelrechtlichen Regelungen der EU zu finden. Es geht um das Verbot bzw. die Einschränkung bestimmter Tierarzneimittel im Hinblick auf die Fleischgewinnung.

Diese Vorschrift gilt nicht nur für Pferde, die in ein Zuchtbuch eingetragen sind oder an sportlichen Wettkämpfen teilnehmen, sondern auch für reine Freizeitpferde, Esel, Maultiere, Maulesel und Ponys – eben für alle Equiden unabhängig vom Alter der Tiere oder deren Nutzung.

Mit dem Equidenpass muss eine eindeutige Identifizierung des Tieres möglich sein. Geschlecht, Farbe, Größe, angeborene und erworbene Abzeichen sind darin festgehalten. Mit Hilfe eines ausgefüllten Diagramms (Umrisszeichnung), das den Equiden von allen Seiten darstellt und die Abzeichen zusätzlich aufzeigt, wird eine noch genauere Identifizierung möglich. Im Gegensatz zu den anderen Equiden wird der Esel mittels Mikrochip (Transponder) gekennzeichnet, da er sonst kaum Abzeichen besitzt, die eine sichere Identifizierung zulassen.

Der Besitzer muss beim Ausstellen des Passes eine von zwei Möglichkeiten wählen: Er kann sein Tier entweder als Lebensmittel lieferndes Tier deklarieren. Dann darf der Esel nur mit Medikamenten behandelt werden, die für Tiere, die dem menschlichen Verzehr dienen, zugelassen sind. Bestimmt der Eigner, dass sein Esel ein nicht Lebensmittel lieferndes Tier ist, sind Behandlungen mit fast allen Medikamenten zulässig. Der Eintrag ist unwiderruflich und gilt auch nach einem Verkauf für alle Folgebesitzer. Nicht-Lebensmitteltiere dürfen zwar auch geschlachtet werden, sind aber auf jeden Fall für die Tierkörperverwertung bestimmt.

In diesem Pass sollte möglichst die gesamte Vita des Equiden dokumentiert werden – Impfungen, Behandlungen mit Medikamenten und Besitzerwechsel. Der Pass muss mitgeführt werden, sobald das Tier den Bestand verlässt, sonst droht ein Bußgeldverfahren. Ein Tierarzt ist verpflichtet, Behandlungen mit Medikamenten in den Pass einzutragen. Fehlt der Pass, muss er beim Veterinäramt Meldung erstatten.

Die IGEM bietet allen Mitgliedern und Nichtmitgliedern bundesweit die Registrierung ihrer Esel, Maultiere und Maulesel mit der Ausstellung des Equidenpasses an. Bei der Beantragung des Passes über die IGEM sind ausschließlich die von der IGEM ausgestellten Formulare und Esel-Diagramme zu benutzen. Die Tiere müssen mit einem Mikrochip versehen sein.

Für die Zukunft besteht bereits schon die Forderung nach einer Chipkarte mit dem genetischen Code des Tieres. Sie soll den Verwaltungsaufwand reduzieren und praktischer mitzuführen sein.

Der gesunde Esel

Der gesunde Esel besitzt ein glänzendes, feines Fell ohne verklebte Stellen. Auch das langhaarige Winterfell kann durchaus einen Glanz aufweisen. Es dürfen keine schorfigen, kahlen oder aufgescheuerten Flecken im Fell vorhanden sein. Sie weisen auf Hautkrankheiten oder Parasitenbefall hin. Die Augen des Esels sind normalerweise weit geöffnet, klar und glänzend. Auf keinen Fall darf ein milchiger Schleier das Auge bedecken. Ebenfalls kein gutes Zeichen ist ein verklebtes Fell unter den Augen oder eine lange „Tränenstraße", die von den Augen aus abwärts verläuft. Auch aus den Nüstern darf höchstens ab und zu ein klarer Wassertropfen treten. Ausfließendes Sekret und verklebte Nüstern weisen auf einen Infekt hin. Ein gesunder Esel hat einen wachen Blick und nimmt mit regem Interesse aktiv an allen Geschehnissen in seiner Umgebung teil. Er besitzt ein Ohrenspiel und geht neugierig und zutraulich auf die Menschen zu, wobei er weder kopfscheu ist noch verspannt, verstört oder verängstigt wirkt. Er belastet alle vier Beine gleich stark und geht im Schritt wie auch im Trab in einem gleichmäßigen Takt.

Im Bauch eines gesunden Esels sind die vielfältigsten Töne zu hören. Es gurgelt, gluckst und rumpelt, vor allem während der Nahrungsaufnahme. Ein Esel, der sich wohl fühlt, zeigt auch einen gesunden Appetit und geht mehrmals pro Tag zur Tränke. Er zerkleinert seine Nahrung mit 60 bis 80 regelmäßigen Kauschlägen pro Minute und setzt alle zwei bis drei Stunden gut geformten Kot ab. Er harnt, je nach Wasseraufnahme, mehrere Male pro Tag.

Jeder Esel hat seine spezifischen Durchschnittswerte in Bezug auf Temperatur, Puls und Atmung. Diese Werte sollten ermittelt und aufgeschrieben werden. Wenn der Verdacht auf eine Krankheit besteht, kann man als Erstes diese Daten überprüfen und vergleichen. Bei gesundheitlichen Störungen oder Schmerzen sind Tiere jedoch ängstlicher als üblich, vermutlich weil sie sich instinktiv ihrer Verletzlichkeit und Schwäche (gegenüber Feinden) bewusst sind. In einer solchen Situation fallen die Messwerte höher aus. Hinzu kommt womöglich noch ein besorgter Eselhalter, der zum ersten Mal sein Tier „untersucht", was den Esel in seinem Argwohn bekräftigt. Aus diesen Erkenntnissen heraus ist es dringend zu empfehlen an einem normalen Tag die Durchschnittswerte seiner Tiere aufzunehmen.

Die normalen Werte für einen gesunden, erwachsenen Esel im Ruhezustand:
Temperatur: 37 bis 38 °C
Puls: 36 bis 44 pro Minute
Atmung: 10 bis 12 pro Minute

Die durchschnittliche Körpertemperatur der Fohlen liegt zwischen 38,5 und 38,8 °C. Auch Jährlinge weisen noch eine höhere Temperatur als ausgewachsene Esel auf.

Temperatur

Die Körpertemperatur wird rektal gemessen. Man trägt auf die Spitze des Fieberthermometers etwas Vaseline auf und führt es dann tief genug in den After ein. Kunststoff-Digital-Thermometer eignen sich besser als Glasthermometer. Sie zeigen das Ergebnis binnen kurzer Zeit an und enthalten kein giftiges Quecksilber, das bei einem Defekt austreten könnte. Allerdings sind sie nicht ganz so präzise wie die Quecksilberthermometer. Kratzt man den Esel ein wenig an seiner Schwanzrübe, verzichtet er vielleicht auf das Einklemmen des Schwanzes und gibt bereitwillig Zugang zum Analbereich. Falls er nicht darauf eingehen will, muss der Schwanz seitwärts aus der Umgebung des Thermometers gebracht und mit der Hand festgehalten werden. Das Thermometer wird mit der anderen Hand während der ganzen Zeit fixiert. Bei einem an einer bakteriellen Infektion erkrankten Esel steigt die Temperatur auf 39 bis 40 °C an. Virusinfektionen können sogar Fieber bis zu 41 °C verursachen.

Jeder Esel hat eine individuelle Körpertemperatur, bei der er gesund ist. Wer es ganz genau wissen will, misst bei seinem Tier die Temperatur an mehreren aufeinanderfolgenden Tagen jeweils am Morgen und rechnet den Durchschnitt der gemessenen Werte aus. Das Resultat nennt man Basaltemperatur. Um beurteilen zu können, ob das Tier wirklich krank ist, ist es wichtig, diesen Wert zu kennen, denn was für das eine Tier normal ist, kann für ein anderes Tier bereits krankhaft sein.

Puls

Die Herztöne sind hörbar, wenn man das linke Ohr über dem linken Ellbogenhöcker an den Oberarm anlegt. Sie entstehen durch den Verschluss der Herzklappen. Im gleichen Rhythmus fühlt man an den Schlagadern die Pulswelle. Der Puls wird normalerweise an der Arterie im Unterkiefer gemessen. Der Esel sollte ruhig stehen und nicht kauen. Man stellt sich links vom Kopf des Esels auf, legt die linke Hand auf den Nasenrücken über den Nüstern, um den Kopf ruhig zu halten, und tastet mit der rechten Hand nach der Arterie, die ungefähr in der Mitte der Backenrundung von innen nach außen über den Unterkiefer verläuft. Hat man diese ertastet, muss ein wenig Druck ausgeübt werden, damit der Puls fühlbar wird. Man braucht nicht eine ganze Minute lang zu zählen, sondern lediglich die Werte von 15 Sekunden mit vier zu multiplizieren. Eine weitere Stelle, wo der Puls ertastet werden kann, ist die Mittelfußarterie, die entlang der äußeren seitlichen Fesselbeuge verläuft. Wie bei uns Menschen haben sportliche Esel einen tieferen Ruhepuls als Tiere mit schlechter Kondition. Große Anstrengung, Krankheit oder Aufregung können den Puls in die Höhe treiben. Ein Ruhepuls von über 60 Schlägen pro Minute ist bereits ein Alarmzeichen. Wer mit der Pulsmessung Schwierigkeiten hat, sollte den Tierarzt bei seinem nächsten Routinebesuch um Hilfe bitten.

Atmung

Um die Atemzüge zu zählen, stellt man sich am besten seitlich hinter den Esel und beobachtet seine Flanke. Mit jedem Atemzug hebt und senkt sie sich. Bei sehr kalter Witterung kann auch die kondensierende Atemluft, die aus den Nüstern strömt, beobachtet werden. Ist der Esel erregt oder hat er hart gearbeitet, steigt die Anzahl der Atemzüge auf bis zu 120 pro Minute an. Auch Schmerzen lassen die Atemfrequenz ansteigen.

Beurteilung des Wasserhaushalts

Durch Verweigerung von Nahrungsaufnahme, Durchfall oder starkes Schwitzen kann der Esel an Flüssigkeitsmangel leiden. Mit dem Hautfaltentest lässt sich die Austrocknung nachweisen, da bei mangelnder Wasserversorgung das Gewebe an Elastizität einbüßt. Man nimmt ein Stück Haut im Schulterbereich zwischen Daumen und Zeigefinger und drückt es zusammen. Beim gesunden Esel glättet sich die Hautfalte unmittelbar nach dem Loslassen wieder. Ist die Falte nach drei Sekunden noch zu sehen, ist der Organismus des Esels höchstwahrscheinlich ausgetrocknet. Bei älteren Eseln ist es allerdings normal, dass die vollständige Zurückbildung der Hautfalte etwas länger dauert.

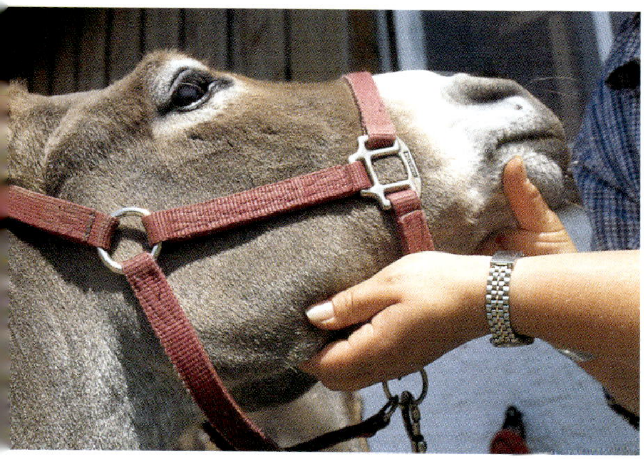

Ertasten des Pulses.

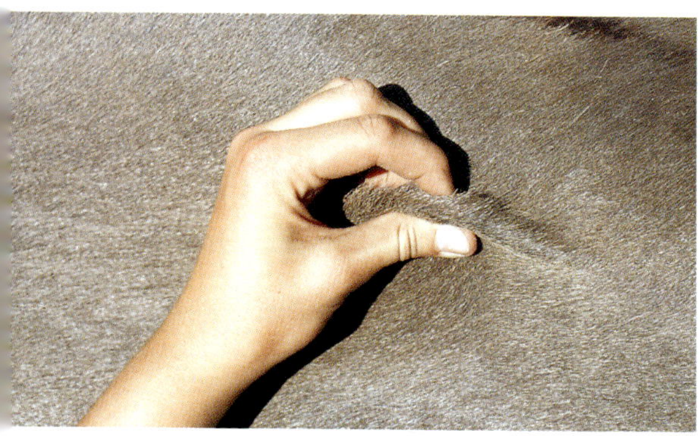

Testen des Wasserhaushalts.

Beurteilung des Kreislaufs

Ein weiterer Hinweis auf die Gesundheit des Esels liefert die Farbe der sichtbaren Schleimhäute. Man schaut sich das Zahnfleisch oberhalb der Schneidezähne an. Normalerweise ist es blassrötlich bis rosafarben und ein wenig feucht. Man sollte das Zahnfleisch regelmäßig betrachten, um die normale Färbung zu kennen. Eine weiße Färbung der Schleimhäute weist darauf hin, dass der Kreislauf zu wenig Blut führt. Eine gelbe Färbung lässt auf Leberprobleme (zum Beispiel Gelbsucht) schließen. Und eine dunkelrote bis bläuliche Farbe ist ein deutliches Zeichen für einen Schockzustand, wie er bei Koliken oder Vergiftungen auftreten kann.

Drückt man mit dem Daumen kräftig auf das Zahnfleisch, so entsteht dort eine weiße Stelle. Diese muss spätestens nach zwei Sekunden wieder verschwunden sein, sonst liegt eine Störung der Blutzirkulation vor. Eine schlechte Blutzirkulation kann in Folge eines Blutmangels oder eines zu niedrigen Blutdrucks eintreten.

Blutwerte

In bestimmten Krankheitsfällen drängt sich eine Untersuchung des Blutes auf. Die Laborreferenzwerte von Eselblut unterscheiden sich von denjenigen des Pferdes. Das Veterinärmedizinische Labor der Universität Zürich hat rund 100 Eseln Blutproben entnommen, um eine statistische Untersuchung durchführen zu können. Die in der Tabelle Seite 64 aufgeführten Werte sind das Resultat dieser Studie. Sie sind im Bedarfsfall dem Tierarzt zur Verfügung zu stellen. Dabei gilt es zu beachten, dass die einzelnen Werte von Labor zu Labor leicht variieren können. Auch wenn ein Messwert deutlich zu hoch

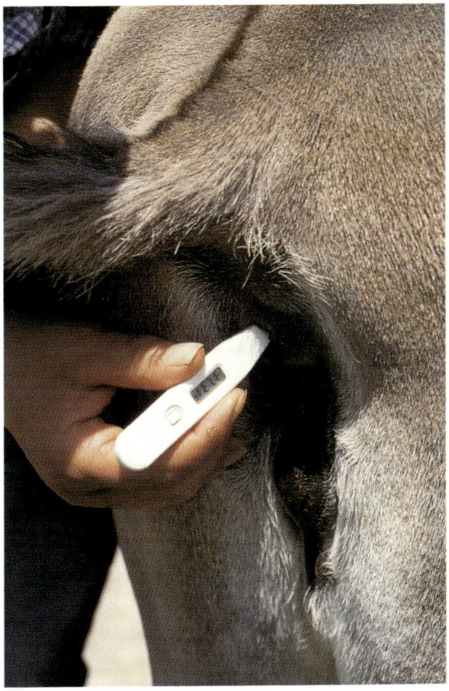

Messen der Körpertemperatur.

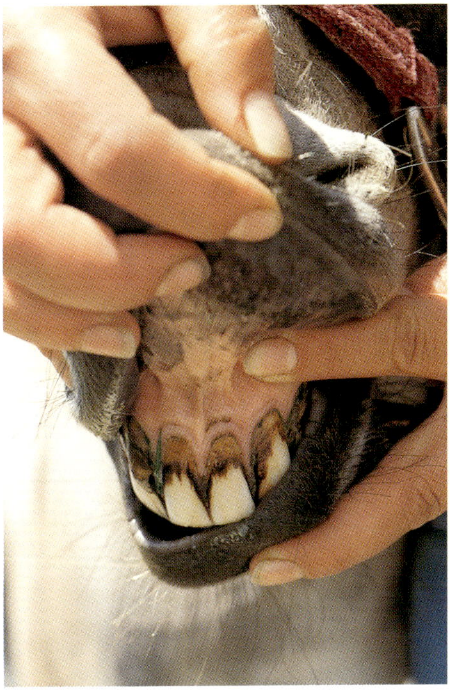

Überprüfung der Blutzirkulation.

oder zu niedrig sein sollte, besteht noch keine Lebensgefahr für den Esel. Der Tierarzt wird immer eine Gesamtbeurteilung des Gesundheitszustandes von erkrankten Tieren vornehmen.

Lebenserwartung

Die durchschnittliche Lebenserwartung eines Esels beträgt ungefähr 30 bis 40 Jahre. Infolge schlechter Aufzucht und Haltung sowie übermäßiger oder falscher Nutzung sterben leider die meisten Esel schon viel eher. Es existieren aber auch Esel, die das stolze Alter von 50 Jahren erlangen. Diese dürften jedoch so selten wie 100-jährige Menschen sein.

Ernährungszustand

Verwahrloste Esel können entweder mager und ausgezehrt oder sehr fett sein. Beim abgemagerten Esel sind die Rippen sichtbar. Der Widerrist, die Schultern und der Nacken zeichnen sich in deutlichen Konturen ab. Die Dornfortsätze der Rückenwirbel, die Hüftknochen und die Sitzbeinhöcker sowie der Schwanzansatz treten hervor. Ein magerer Esel sieht knochig aus. Seine merklich eingefallenen Flanken und die „Hungergruben“ fallen auf. Der dicke Bauch, den er möglicherweise hat, ist kein Beweis für eine ausreichende Ernährung, denn er ist meistens nur aufgrund eines massiven Wurmbefalls aufgebläht.

Blutwerte.

Parameter[1]	Einheit	Median	Referenzbereich[2]
Hämatologie: kleiner Status			
Hämatokrit	%	35	28.45–44.1
Hämoglobin	g/dl	12.7	10.5–16.08
Erythrozyten	10^6/µl	6.29	4.7–8.14
Leukozyten	10^3/µl	9.3	5.1–15.2
MCH	pg	20	17–22.55
MCHC	g/dl	37	35–38
MCV	fl	56	49–61
Thrombozyten	10^3/µl	258	165.55–389
Leukozyten-Differenzierung[3]			
Neutrophile Stabkernige	/µl	0	0–95.2
Neutrophile Segmentkernige	/µl	3428	1778–6740
Eosinophile Granulozyten	/µl	189	0–905
Basophile Granulozyten	/µl	0	0–108.55
Monozyten	/µl	273	67.9–682
Lymphozyten	/µl	4895	2372–9462.4
Chemie: Metabolite[4]			
Bilirubin gesamt	µmol/l	2.4	1.55–15.49
Glukose in Serum	mmol/l	4.8	3.8–6
Harnstoff	mmol/l	4.9	2.77–7.7
Kreatinin	µmol/l	97	70.25–128.25
Protein (Biuret)	g/l	64	55–74
Albumin	g/l	28	22.6–33
Cholesterin	mmol/l	2.1	1.56–2.9
Triglizeride	mmol/l	0.9	0.27–2.3
Enzyme			
Alkal. Phosphatase	U/l	152	94.75–312.75
Amylase	U/l	7	3–15.3
GLDH	U/l	2.6	1.4–19.08
ASAT (GOT)	U/l	356	233.8–511.9
ALAT (GPT)	U/l	10	5–26.6
CK	U/l	156	78–481
GGT	U/l	23	14.5–72.25
Lipase	U/l	18	6–94
SDH	U/l	2.1	0.94–5.84
LDH	U/l	500	290.25–922.25
Elektrolyte			
Natrium	mmol/l	141	132.8–145
Kalium	mmol/l	4.5	2.91–5.36
Chlorid	mmol/l	102	97–107.6
Kalzium	mmol/l	3.08	2.71–3.31
Magnesium	mmol/l	0.91	0.74–1.15
Phosphor	mmol/l	1.15	0.81–1.81
Eisen	µmol/l	19.6	12.1–26.4
Varia:			
Gallensäuren im Serum	µmol/l	4.8	1.4–9.8
Fructosamin	µmol/l	333	283–395
CO2 (tot.)	mmol/l	28	19.8–34.2

[1] Die Werte wurden durch Untersuchung von 68 bis 108 Eseln bestimmt.
[2] Die Werte entsprechen dem 5. und 95. Quantil.
[3] Auf die sonst übliche Prozentangabe wird verzichtet, da nur die absoluten Zahlen von klinischer Bedeutung sind.
[4] Die klinisch-chemischen Parameter wurden nach den Angaben der International Federation of Clinical Chemistry (IFCC) bei 37°C bestimmt.

Nicht zu dünn und nicht zu dick – so fühlt sich der Esel wohl in seiner Haut!

Bei einem Esel in idealem Ernährungszustand sind die Dornfortsätze der Rückenwirbel mit der Hand fühlbar, aber mit dem Auge nicht erkennbar. Ebenso verhält es sich mit den Rippen. Die Muskeln sind straff und fest und die Kruppe ist rund geformt, so dass Hüftknochen, Sitzbeinhöcker und Schwanzansatz nicht hervortreten. Die Flanken sind ausgefüllt, zeichnen sich aber immer noch vom Körper ab.

Der zu üppig ernährte Esel legt sich am Hals und auf dem Rücken Fettdepots an. In der Unterhaut des Mähnenkammes kommt es zunächst zu einer großen Fettansammlung. In extremen Fällen führt das Gewicht des eingelagerten Fettes zum Überkippen

Bei sehr großer Fettansammlung am Mähnenkamm können irreversible Schäden entstehen.

des Kammes. Dies ist ein irreversibler Vorgang. Auch wenn der Esel wieder Gewicht verliert, kann es infolge der Hauterschlaffung zu bleibenden Schönheitsfehlern führen. Auf den Rippen, im Hüft- und im Lendenbereich sowie auf der Kruppe kommt es ebenfalls zu vermehrter Fettansammlung, die bewirkt, dass Dornfortsätze, Hüftknochen und Sitzbeinhöcker weder sicht- noch tastbar sind.

Auffüttern eines mageren Esels

Will man einen abgemagerten Esel auffüttern, muss zuerst die Ursache der Abmagerung beseitigt werden (Zahnprobleme, Parasiten, innere Erkrankungen, schlechtes Futter usw.). Liegt der Grund der Abmagerung „nur" in ungenügendem oder schlechtem Futterangebot, hat die Veränderung im Futterplan langsam und schrittweise zu erfolgen. Gutes Heu in ausreichender Menge, ganz wenig Zusatzfutter sowie Mineralstoffe und Spurenelemente helfen dem Tier. Man darf auf keinen Fall versuchen den Esel zu mästen, um ihn so schnell wie möglich seiner Idealfigur näher zu bringen. Der Verdauungsapparat eines unterernährten Esels ist an riesige, gehaltvolle Futtermengen nicht gewöhnt und das Tier würde bestimmt an Koliken oder Hufrehe erkranken.

Es kann ein ganzes Jahr dauern, bis ein völlig abgemagerter Esel „aufgebaut" ist. Anfänglich werden die inneren Organe mit Fett versorgt und am äußeren Erscheinungsbild verändert sich noch nicht viel. Ausreichend Bewegung zur Förderung des Muskelaufbaus gehört natürlich mit zur Therapie.

Abspecken eines verfetteten Esels

Meistens zieht eine Überernährung schlimmere Folgen als eine Unterernährung nach sich. Dicke Esel leiden oft zusätzlich zum Übergewicht an Lebererkrankungen, Hufveränderungen und eventuell Gelenkschmerzen. Ein Esel darf niemals einfach auf Nulldiät gesetzt werden. Auch beim Abspecken ist schrittweises Vorgehen erforderlich. Die Heurationen werden am besten abgewogen. Häufige Gaben von kleinen Portionen schonen den Patienten physisch und psychisch. Auch dem verfetteten Esel hilft natürlich eine ausreichende Bewegung auf seinem beschwerlichen Weg zu einer gesunden Statur. Plötzliches Fasten kann bei übergewichtigen Eseln Hyperlipämie, eine meist tödlich verlaufende Stoffwechselkrankheit, auslösen. Bis ein stark übergewichtiger Esel wieder ein normales Körpergewicht erreicht hat, vergehen unter Umständen mehrere Jahre. Die ersten Anzeichen stellt man wiederum beim Kontrollgriff in den Mähnenkamm fest: Er wird weicher. Es ist wesentlich schwieriger einen übergewichtigen Esel abzuspecken als einen mageren Esel aufzufüttern.

Gewichtsberechnung

Für den Eselbesitzer ist es wichtig, das Körpergewicht seiner Tiere zu kennen. In folgenden Situationen ist es hilfreich oder sogar notwendig:

- Dosierung von Wurmkuren;
- Dosierung von Beruhigungsmitteln und Narkosen (in der Tierklinik wird gewogen);
- Berechnung von Futterrationen;
- Abschätzen des Zugleistungsvermögens am Wagen;
- Berechnung des zulässigen Reitergewichtes;
- Einhaltung und Überprüfung des erlaubten Gewichtes für Tiertransporter;
- Gewichtskontrolle bei Über- oder Untergewicht.

Natürlich erhält man die genauesten Angaben durch das direkte Wiegen des Esels auf einer Tier- oder Brückenwaage. Nicht alle Eselbesitzer aber haben Zugang zu solchen Einrichtungen. Die IGEM hat anlässlich eines bundesweiten Esel- und Mulitreffens 50 Tiere gewogen, vermessen und anschließend mittels Korrelation eine erstaunlich präzise Berechnungsformel zur Ermittlung des Körpergewichtes ausgearbeitet. Die nachstehenden Maße werden für die Berechnung benötigt:

Das **Stockmaß**, auch **Widerristhöhe** genannt, ist das Maß vom Boden bis zum höchsten Punkt am Widerrist des Esels. Um es zu messen, muss der Esel auf ebenem Untergrund stehen und den Kopf normal halten, also nicht fressen. Die Verwendung einer Wasserwaage empfiehlt sich – das Resultat wird dann genauer. Im Handel sind speziell angefertigte Stockmaße erhältlich. Der **Brustumfang** wird mit einem Messband rund um den Eselkörper gemessen. Die Messung findet an der Stelle statt, wo Sellett, Sattelgurt oder Longiergurt platziert werden.

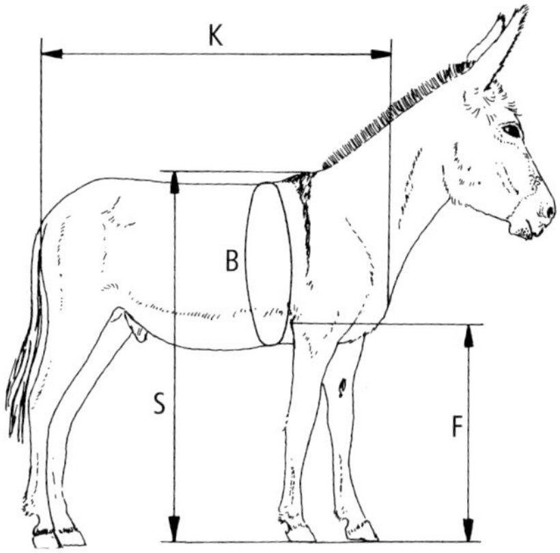

S = Stockmaß oder Widerristhöhe in cm
F = Fußlänge bis zum Ellbogen in cm
B = Brustumfang in cm
K = Körperlänge in cm

$$\text{Gewicht in kg} = \frac{(\text{Stockmaß} - \text{Fußlänge}) \times \text{Brustumfang} \times \text{Körperlänge}}{3500}$$

Maße und Formel zur Berechnung des Körpergewichtes

Zusätzlich sind aus der Wiegung folgende Erkenntnisse hervorgegangen:

- Esel mit weniger als 1 m Stockmaß wiegen maximal 150 kg.
- Esel bis 1,10 m Stockmaß wiegen maximal 205 kg.
- Esel bis 1,30 m Stockmaß wiegen maximal 310 kg.

Der schwerste gewogene Esel besaß ein Stockmaß von 1,45 m und brachte 430 kg auf die Waage.

Die Abweichungen zwischen den gewogenen und den berechneten Daten erwiesen sich als erstaunlich gering und wurden auf Messungenauigkeiten zurückgeführt.

Unterkunft

Haltung und Unterbringung der Esel stellen meistens einen Mittelweg dar zwischen den Bedürfnissen der Tiere, den vorhandenen Räumlichkeiten und Anlagen, der zur Verfügung stehenden Zeit sowie den finanziellen Mitteln des Halters. Oft trifft man letztendlich einen vor allem für den Halter günstigen Kompromiss. Die Unterbringung eines Esels, neben Fütterung und Pflege, beeinflusst aber im Wesentlichen seine körperliche und seelische Gesundheit.

Zunächst sollte man sich darüber klar sein, wie die Tiere in freier Wildbahn leben. Der natürliche Lebensraum der Esel liegt unter freiem Himmel. Doch Esel sind Exoten – sie stammen aus niederschlagsarmen, kargen, trockenen Gebieten, wo sie den größten Teil des Tages mit der Nahrungssuche verbringen. Sie leben in kleineren Gruppen und pflegen ständig sozialen Kontakt mit anderen Gruppenmitgliedern.

Auch die Seite der Gesetzgebung muss betrachtet werden. Das Tierschutzgesetz schreibt zum Thema „Haltung von Tieren" vor, dass…

…das Tier seiner Art und seinen Bedürfnissen entsprechend verhaltensgerecht untergebracht werden muss.

…die Möglichkeit des Tieres zu artgemäßer Bewegung nicht so eingeschränkt werden darf, dass ihm Schmerzen oder vermeidbare Leiden oder Schäden zugefügt werden.

…der Betreuer über die erforderlichen Kenntnisse und Fähigkeiten für eine verhaltensgerechte Unterbringung des Tieres verfügen muss.

„Bedürfnisse", „verhaltensgerecht" und „artgemäß" sind leider Begriffe, die bei der Umsetzung in die Praxis wesentlichen Spielraum offen lassen. Es fehlen konkrete Angaben. Verschiedene Verbände und Arbeitsgruppen haben deshalb Richtwerte für minimale Raum- und Auslaufabmessungen der Pferde-, Pony- und Eselunterkünfte erlassen, die als verbindlich betrachtet werden sollten.

Haltungssysteme und Gestaltung

Oft orientiert man sich bezüglich Haltung heute noch an den überholten Pferdeunterkünften, wie sie früher üblich waren. Damals jedoch mussten die Tiere tagsüber hart arbeiten und waren zufrieden, wenn sie abends ihre Ruhe im Stall fanden. Sie wurden, bis der neue Arbeitstag anbrach, in Ständen oder bestenfalls in Boxen untergebracht. Die Zeiten haben sich aber geändert – viele Haltungsformen leider kaum. Die Tiere werden immer noch in geschlossenen Einzelboxen eingesperrt, wo sie den größten Teil des Tages verbringen. Eine Stunde Reiten pro Tag und bei trockenem Boden ein bisschen Weidegang sind die einzige Abwechslung, die ihnen zuteil wird. Auch bezüglich Qualität der Unterkunft herrschen da und dort noch veraltete Meinungen vor. Esel haben in miefigen, düsteren Kuhställen, wo im Winter das Kondenswasser von der Decke tropft, nichts zu suchen. Der gesunde Eselstall gestattet auch im Winter den Sonnenstrahlen Eintritt. Natürliches Licht und die Zufuhr frischer Luft gehören in jede Stallung, wo Tiere untergebracht sind. Zusätz-

Während der Aufenthaltszeit in der Box sollte der Esel zumindest Licht, frische Luft und Kontakt zur Außenwelt haben.

lich brauchen Esel täglich genügend Auslauf auf einem Allwetterplatz und einer Weide. Dies gilt auch für Tiere, die regelmäßig spazieren geführt, geritten oder gefahren werden. Je kleiner die dem Esel zur Verfügung stehende Fläche ist, desto mehr Abwechslung und Bewegung in Form von Weidegang oder Arbeit muss ihm zukommen.

Im Folgenden werden die verschiedenen Haltungsformen beschrieben.

Weidehaltung

Ausschließliche Weidehaltung kommt in unseren Breiten für Esel nicht in Frage. Esel müssen vor Durchnässung geschützt werden. Vor allem Fohlen sind bei anhaltender Feuchtigkeit und Regen gefährdet. Überdies brauchen die Hufe der Esel vorwiegend trockenen Untergrund. Während der kalten Jahreszeit ersetzt ein Witterungsschutz auf der Weide keinesfalls den Stall.

Anbindehaltung in Ständen

Es ist leider keine Seltenheit, dass Esel tagelang im Stall stehen müssen. Wenn die Tiere dabei noch gezwungen werden angebunden an eine Wand zu starren, sprechen die Fachleute zu Recht von grober Tierquälerei. Bei der Standhaltung werden möglichst viele Esel mit geringem Aufwand auf kleinstem Raum untergebracht. Solche desolaten Zustände in der Eselhaltung sind bei einigen

Eselhändlern, Mietställen und Reitschulen leider immer noch anzutreffen. Die Anbindehaltung in Ständen widerspricht auch den Grundsätzen des Tierschutzes. Sie ist aufs Schärfste zu verurteilen.

Boxenhaltung

Wird ein Esel in einer Einzelbox gehalten, muss zumindest der Sicht- und Riechkontakt zu einem Artgenossen gewährleistet sein. Während des Tages muss sich der Esel mehrere Stunden gemeinsam mit anderen Tieren auf einem Allwetterplatz oder auf der Weide aufhalten können. Durch Spaziergänge, Reiten oder Fahren wird diese Art der Bewegungsfreiheit nicht kompensiert. Reine Boxenhaltung ohne täglichen Auslauf im Freien überfordert die Anpassungsfähigkeit des Esels. Folgen davon sind Verhaltensstörungen und Krankheiten.

Die Grundfläche der Box ist abhängig von der Größe des Esels. Sie wird mit der doppelten Widerristhöhe (Wh) im Quadrat berechnet, soll aber mindestens 5 qm betragen. Beispiel für einen Esel von 1,20 m Widerristhöhe: $(2 \times \text{Wh})^2 = (2 \times 1{,}20\ \text{m})^2 = 5{,}76$ qm.

Die Raumhöhe muss 1,5 × Widerristhöhe betragen, mindestens jedoch 2 m. Die Höhe der Boxentrennwand zur Nachbarbox oder zum Stallgang misst 0,8 × Widerristhöhe.

Gruppenhaltung im Stall

Auf einer ausreichend großen Grundfläche können zwei oder mehrere Esel gemeinsam im Stall untergebracht werden. So gehaltene Esel können einen Teil ihrer Bedürfnisse

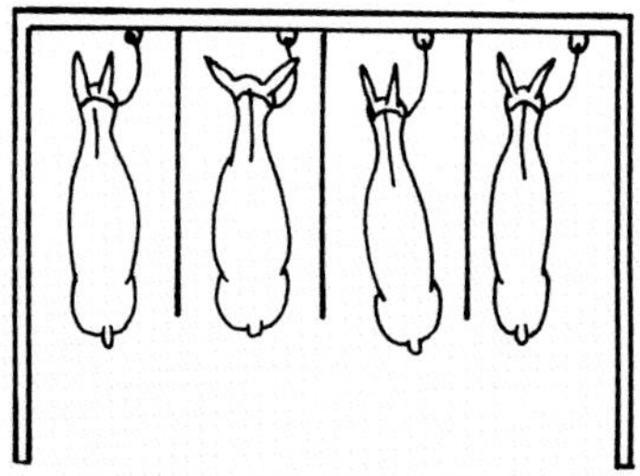

Anbindehaltung in Ständen ist tierquälerisch und in jedem Fall zu verwerfen.

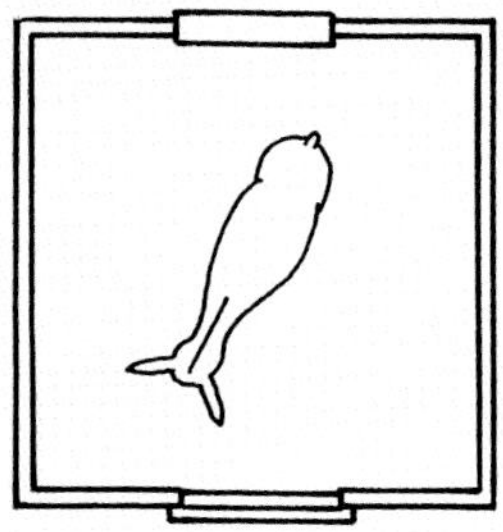

Die Haltung in Einzelboxen erfordert tägliche Auslaufmöglichkeit im Freien sowie ständigen Kontakt zu Artgenossen.

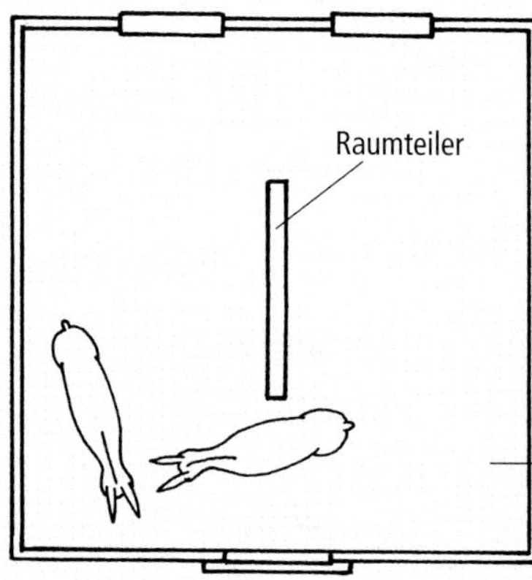

Schematische Darstellung der verschiedenen Haltungssysteme.

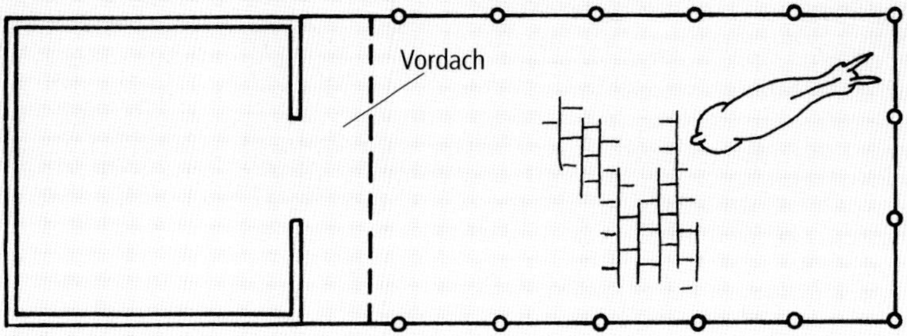

Die Einzelauslaufhaltung ist eine empfehlenswerte Haltungsform, bei der jedoch der Kontakt zu Artgenossen gegeben sein muss.

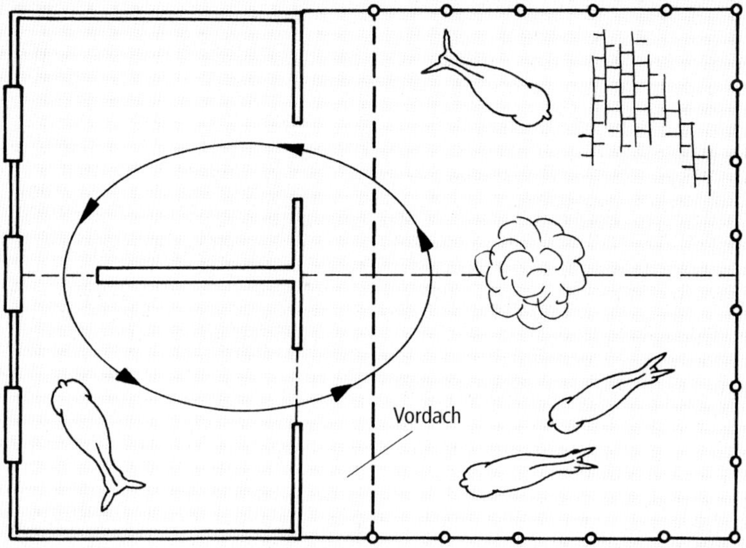

Gruppenauslaufhaltung ist eine optimale Haltungsform für Esel. Eine Abtrennmöglichkeit in Einzelställe muss jedoch vorhanden sein, weil es zeitweise notwendig ist, einen oder mehrere Esel, zum Beispiel bei der Fütterung, bei Stuten mit neugeborenen Fohlen oder bei kranken Tieren, von den anderen abzusondern.

Bei einer Gruppenhaltung im Stall muss ebenfalls täglicher Aufenthalt an der frischen Luft gewährleistet sein.

befriedigen. Aber auch sie müssen täglich die Möglichkeit haben, während mehrerer Stunden freien Auslauf an der frischen Luft zu genießen.

Die Berechnungsgrundlage für die Größe der Grundfläche entspricht derjenigen für die Boxenhaltung. Das Ergebnis wird mit der Anzahl der Tiere multipliziert. Es ist empfehlenswert einen Raumteiler in Form einer kurzen Trennwand einzurichten, sodass auch ängstliche und zurückhaltende Tiere einen ruhigen Platz aufsuchen können. Die Trennwand muss so platziert werden, dass auf beiden Seiten genügend Durchgang frei bleibt, damit kein Tier in die Enge getrieben werden kann.

Beispiel für vier Esel von 1,20 m Widerristhöhe: $(2 \times \text{Wh})^2 \times n = (2 \times 1{,}20\ \text{m})^2 \times 4 = 23{,}04$ qm.

Boxenhaltung mit Auslauf

Diese Haltungsform erlaubt dem Esel sich vermehrt etwas Bewegung und Abwechslung zu verschaffen. Der Auslauf besteht aus einem befestigten, stets begehbaren Boden in der ungefähr zweifachen Boxengröße. Der Kontakt zu Artgenossen muss auch hier gewährleistet sein. Die Zeit auf dem Allwetterplatz oder der Weide kann bei dieser Haltungsform etwas reduziert werden, da sich der Esel jederzeit nach Belieben an der frischen Luft aufhalten kann und genügend Licht hat.

Beispiel für einen Esel von 1,20 m Widerristhöhe: Auslauf = $(2 \times \text{Wh})^2 \times 2 = (2 \times 1{,}20\ \text{m})^2 \times 2 = 11{,}52$ qm. Insgesamt zur Verfügung stehende Fläche: etwa 17 qm.

Gruppenauslaufhaltung

Sämtliche Bestrebungen sollten darauf abzielen, eine Gruppe von Eseln (zwei oder mehr) in einem Offenstall mit einem ständig zugänglichen Auslauf zu halten. Diese Haltungsform kommt den natürlichen Bedingungen und Ansprüchen des Esels am nächsten. Die Tiere können sich während der ganzen Zeit nach Belieben bewegen und – wie es ihre Natur ist – mit Artgenossen zusammenleben. Ein Offenstall weist einen eingestreuten Liegebereich, einen überdachten Vorplatz und einen befestigten Trockenplatz auf.

Die Größe des eingestreuten Liegebereichs muss wie bei der Gruppenhaltung im Stall berechnet werden: $(2 \times \text{Wh})^2 \times n$. Er muss mit zwei genügend breiten Ausgängen versehen sein, damit kein Tier ein anderes in die Enge treiben oder ihm den Zugang zum Stall versperren kann. Die großen Vordächer von landwirtschaftlichen Bauten sollten genutzt werden. Ein Platz unter dem Vordach ist bei Eseln äußerst beliebt.

Die Fläche des Auslaufs sollte mindestens doppelt so groß wie der Liegebereich sein. Auf dieser Minimalfläche dürfen aber nur Esel zusammen gehalten werden, die sich sehr gut verstehen. Die ideale Größe eines Auslaufs beträgt 100 qm pro Esel. Die Unterteilung der Stallanlage sollte so geplant werden, dass ein Kreislauf entsteht. Wichtig ist bei Gruppenställen auch eine genügend hohe Decke, damit sich die Esel bei einem möglichen Aufbäumen nicht verletzen. Die Stallanlage ist so zu konzipieren, dass bei Bedarf kranke Tiere oder Stuten mit Fohlen abgetrennt werden können.

Stallgebäude

Wer sich mit dem Gedanken trägt, einen Eselstall neu zu errichten oder in einem bestehenden Gebäude einzubauen, muss sich vorher genauestens bei den zuständigen Behörden nach den baurechtlichen Vorschriften informieren.

Gebäude

Ein Stallgebäude besteht grundsätzlich aus einem Heu- und Strohlager, einem Putzplatz mit Anbindevorrichtung, einer Sattel-, Geschirr oder Gerätekammer und dem Bereich, wo sich die Esel aufhalten. Der Heuboden ist normalerweise über den Stallräumen angelegt und sollte gut durchlüftet sein. Dies ist ganz besonders dann wichtig, wenn frisch geerntetes Raufutter eingelagert wird. Die Unterkünfte der Esel werden bevorzugt an die Außenwand eines Gebäudes platziert, da dort genügend große Fenster für frische Luft und Licht vorhanden sind oder nachträglich eingebaut werden können. Die Fensterscheiben dürfen der Verletzungsgefahr wegen nicht aus Glas bestehen oder müssen durch ein Gitter geschützt werden.

Als Materialien kommen natürliche und atmungsfähige Baustoffe wie Holz und Backsteine in Frage. Es hat sich bewährt, Bauteile aus Holz zum Schutz gegen Verbiss mit Maschendraht zu belegen oder auf deren Ecken und Kanten Aluminium- oder Stahlwinkel zu montieren. Manche Esel lassen monatelang die Stalleinrichtung in Ruhe und fressen plötzlich in einer einzigen Nacht riesige Löcher aus Bretterwänden heraus. Meistens ist das Holznagen ein Zeichen von Ernährungsmangel, Langeweile oder Frustration über anhaltende Schlechtwetterperioden. Auch zahnende Jungesel verspüren oft den Drang zum Nagen und animieren natürlich den Rest der Bande ebenfalls dazu. Da hilft selbst die Darreichung von Knabberästen nicht, weil feste Bauteile mit genügend Widerstand zum kraftvollen Zubeißen bevorzugt werden. Mit Holzschutzmitteln behandelte Bauteile müssen unbedingt geschützt werden, da sich die Esel durch das Belecken oder Benagen Vergiftungen zuziehen können. Auch dürfen keine giftigen Chemikalien gegen das Nagen eingesetzt werden, da Esel mit großer Wahrscheinlichkeit trotzdem nicht davon abzubringen sind.

Für Anstriche von Massivwänden und Decken sind atmungsaktive Kalkfarben und Mineralfarben geeignet. Flächen und Öffnungen sind so zu gestalten, dass sich die Esel nicht verfangen oder an scharfen und hervorstehenden Teilen verletzen können. Besonderes Augenmerk ist auf kleine Zwischenräume zu legen, an denen sich der Esel mit den Hufen oder mit den Gliedmaßen einklemmen könnte. Aber auch die Futterlöcher der umgebauten Kuhställe haben schon Todesopfer unter den Eseln gefordert, nachdem diese neugierig den Kopf hindurchzwängten, beim Rückzug hängen blieben und sich dabei das Genick brachen. Die Breite von Durchgängen muss mindestens 1 m, besser 1,20 m betragen. Die Türen sollten stets nach außen zu öffnen sein. Eine Alternative sind Schiebetore. Sie nehmen viel weniger Platz ein und sind leicht zu bedienen. Um Durchzug zu vermeiden, können Ausgänge mit PVC-Bahnen (Streifenvorhänge) versehen werden. Da Streifenvorhänge sehr gut abschließen, muss der ausreichenden Frischluftzufuhr auf andere Weise Rechnung getragen werden.

Massivbauten sind bezüglich Brandschutz sicherer als reine Holzbauten. Die Stalldecke sollte jedoch aus Holz bestehen, da Holz die Luftfeuchtigkeit besser regulieren kann. Schalter und Leitungen von elektrischen Anlagen dürfen sich nie in Reichweite der Esel befinden. In den Ställen ist das Rauchen unbedingt zu unterlassen.

Einrichtung

Falls Futterkrippen angebracht werden, muss die Krippensohle (Fressebene) auf einer Höhe von $0{,}3 \times$ Wh liegen. Auf die Verwendung von Heunetzen sollte man der Unfallgefahr wegen verzichten. Auch die

Stahlpanels sind schnell aufgestellt und ausbruchsicher, jedoch im Bezug auf Unfälle nicht ganz unbedenklich.

Fütterung von Raufutter aus den früher gebräuchlichen Wandraufen ist ungeeignet, da die Esel beim Fressen eine unnatürliche Körperhaltung einnehmen müssen und zudem beim Herauszupfen von Heu ständig dessen Staub einatmen. Die Fütterung vom sauberen (!) Boden ist am natürlichsten.

Wenn möglich sollten in Gruppenauslaufhaltungen zwei Tränkemöglichkeiten vorhanden sein, damit jedes Tier ausreichend Wasser bekommt. In Boxen werden die Tiere meistens durch eine Selbsttränke mit Wasser versorgt. Sofern diese kein beheizbares Modell ist, muss das Wasser bei Minustemperaturen aus Eimern angeboten werden. Auf keinen Fall dürfen der Frostgefahr wegen Fenster und Türen des Stalles verschlossen werden.

Kleine Freilaufanlagen und Einzelausläufe sollte man nicht mit einem Elektrozaun einzäunen – die Verletzungsgefahr wäre zu groß. Ein Esel könnte der beschränkten Platzverhältnisse wegen aus Unachtsamkeit in Berührung mit dem Zaun geraten und dabei so stark erschrecken, dass er sich ernsthaft verletzt. Geeignete Einzäunungen sind Stahlpanels oder Holzzäune, wobei zu bemerken ist, dass aus Sicht der Verletzungsgefahr auch die Stahlpanels nicht ganz unbedenklich sind. Da sich Esel gerne und häufig hinlegen oder wälzen, können sie sich mit ihren Beinen unglücklich in den Querstangen der Panels verfangen.

Als „Luxusartikel" kann an einem Pfosten, Balken oder an einer Wand eine kräftige Bürste montiert werden. Diese Scheuerhilfe wird von den Eseln gerne angenommen, schont das Haar und wird besonders während des Fellwechsels eifrig benutzt. Im Fachgeschäft gibt es durchdachte Bürstenkombinationen, die, an Federn befestigt, das Scheuergefühl noch optimieren.

Belüftung

Eine gute Belüftung des Stalles ist außerordentlich wichtig. Esel vertragen aber keinen Durchzug. Schädlich sind insbesondere kontinuierliche Luftströmungen, die nur Teilbereiche des Körpers berühren. Die Raumhöhe trägt wesentlich zu einem gesunden Stallklima bei – je höher der Raum ist, desto besser ist die Stallluft. Ein genügend hoch angebrachtes, stets offenes Stallfenster sorgt für eine dauernde Luftströmung, indem frische Luft nach unten einströmt und verbrauchte, warme und feuchte Luft oben abzieht. Gesunde Frischluft besteht aus 78,08 % Stickstoff, 20,95 % Sauerstoff, 0,03 % Kohlendioxid und Edelgasen. Im geschlossenen Raum verändert sich dieses Verhältnis durch die Atmung der Bewohner. In erster Linie benötigt ein Lebewesen Sauerstoff. Die ausgeatmete Luft enthält weniger Sauerstoff und mehr Kohlendioxid als die Frischluft. Kann dem geschlossenen Stall keine oder nur ungenügend Frischluft zugeführt werden, nimmt der Sauerstoffgehalt stetig ab und die Stallluft lässt mit der Zeit eine ungestörte Atmung nicht mehr zu.

Mit der Sauberhaltung der Einstreu kann ebenfalls ein wesentlicher Beitrag zu einer gesunden Stallluft geleistet werden. Ein für die Lungen schädliches Reizgas ist Ammoniak, eine Verbindung von Stickstoff und Wasserstoff. Ammoniak entsteht unter anderem bei der Zersetzung des Harnstoffs, der im Eselurin enthalten ist. Bei einem zu hohen Ammoniakgehalt in der Stallluft werden die Atmungsorgane nachweislich geschädigt.

Auch die Luftfeuchtigkeit beeinflusst das Stallklima. Sie darf im Stall maximal 10 % höher sein als in der Außenluft. Die Stalltemperatur sollte vor allem im Winter gleich oder ähnlich sein wie die Außentemperatur, denn große Temperaturunterschiede verursachen Kondenswasser im Gebäude und belasten den Körper. Gesunde Esel vertragen ohne Probleme Temperaturen unter der Nullgradgrenze, vorausgesetzt es handelt sich um eine trockene Kälte. Um die Staubbelastung so gering wie möglich zu halten, ist es empfehlenswert Heu und Stroh außerhalb des Stalles aufzuschütteln. Der Stall sollte nur in Abwesenheit der Esel mit dem Besen gekehrt werden.

Stallboden

Der Boden im Stall muss wichtige Anforderungen erfüllen: Er wird ständig mechanisch und chemisch beansprucht, er muss rutschfest sein und die Tiere sollten sich darauf wohlfühlen können. Ein Naturgrund ist wegen der Bodenbeschaffenheit und des herrschenden feuchtkalten Klimas in unseren Breiten undenkbar. Er ist schlecht sauber zu halten und kann nicht desinfiziert werden. Meistens werden Betonplatten verwendet. Ein betonierter Stallboden ist nach Entfernen der Einstreu gut sauber zu halten. Gleichzeitig ist Beton jedoch sehr hart und kalt. Eine dicke Einstreu im Liegebereich ist deshalb unerlässlich. Verbundsteinpflaster eignet sich ebenfalls gut als Stallboden. Es ist wohl hart, aber weniger kalt und feuchtigkeitsanziehend als ein Betonboden, weil Verbundsteine auf Sand verlegt werden. Ferner entsteht kein Betonstaub.

Ziegelsteinböden (Klinker), wie sie früher sehr oft verwendet wurden, sind leicht zu reinigen und bedeutend wärmer als Verbundsteine oder Beton. Da die meisten Esel keine Hufeisen tragen, fällt ihre Verschleißanfälligkeit kaum ins Gewicht. Beschädigte Partien können außerdem ausgewechselt werden. Klinker sind hart gebrannte Steine aus Tonerde, die frostbeständig sind und in

Befindet sich der Auslauf eines Esels angrenzend an einen öffentlichen Weg, muss man unter Umständen die Passanten mit einem Schild darauf hinweisen, dass das Füttern der Tiere verboten ist. Es gibt verschiedene Möglichkeiten, seine Wünsche auszudrücken…!

schönen Erdfarben hergestellt werden. Sie eignen sich auch für den Außenbereich. Holzpflasterböden aus Stirnholz sind sehr angenehm, aber sie trocknen nicht so schnell ab und sind als organische Materialien Bakterien gegenüber anfälliger als Stein. Sie eignen sich sehr gut für die Stallgasse, wo sie eine warme und angenehme Atmosphäre verbreiten. Falls ein großer maschineller Aufwand in Kauf genommen werden kann, gibt eine raue, rutschfeste Teerplatte ebenfalls einen soliden Stallboden ab. Sie ist eher warm und problemlos sauber zu halten.

Eine kostspielige, aber gute Lösung sind dicke, schwere Stallgummimatten. Die Matten sollten aber mit dem Boden verklebt und die Fugen verschweißt werden, da sich sonst zwischen Gummi und Untergrund schädliche Keime einnisten. Eine vielversprechende Lösung bieten neuere Systeme, bei der die Gummischicht direkt auf den Untergrund aufgegossen wird. In Offenstall-Liegebereichen wird häufig auch die oberste Humusschicht entfernt und durch Sand ersetzt und über den Sand mit Stroh eingestreut. Die ganze Kombination ergibt einen außerordentlich liegefreundlichen Untergrund, auf dem sich alle Esel wohl fühlen. Die Einstreu wird normal gepflegt und der Sand muss turnusmäßig ausgetauscht werden. Wo ein Ablauf oder eine Jaucherinne vorhanden ist, sollte der Boden ein Gefälle von 1 % in diese Richtung aufweisen.

Einstreu

Ein großer Teil der täglichen Arbeiten rund um die Esel entfällt auf die Stallreinigung. Nicht nur der Arbeitsaufwand und die Haltungskosten werden von der verwendeten Einstreu beeinflusst, auch das Ruheverhalten der Esel hängt sehr stark von der Bodenbeschaffenheit im Liegebereich ab. Maßgebend für die Wahl der Einstreu ist in erster Linie der Stallboden. Harte, kalte Böden verlangen nach einer dicken, gut isolierenden und liegefreundlichen Streuschicht. Gummibeläge schirmen zwar die Strahlungskälte des Untergrundes ab, aber auch auf diesen Böden ist aufgrund der Liegefeuchte ebenfalls eine Einstreu notwendig.

Aus Bequemlichkeit, falsch verstandener Sparsamkeit und mangelnden Kenntnissen werden Esel in vielen Ställen vollkommen unnatürlich auf Matratzen aus Kot, Stroh und Urin gehalten. Die Tiere sind sozusagen dazu verdammt sich auf einem Misthaufen niederzulegen. Die Arbeit des Halters besteht lediglich darin, den Misthaufen täglich mit einer Lage von frischem Stroh zu überdecken. Abgesehen von der Belastung der Atmungsorgane und der Zersetzung des Hufhorns halten sich in solchen Matratzen eine Unmenge von Keimen und Parasiten, vor allem Fliegenbrut, Palisadenwürmer und Spulwürmer, auf. Neu im Trend ist die Beimengung ätherischer Öle zur Einstreu. Durch das Kaschieren lästiger Gerüche wird jedoch weder deren schädliche Wirkung gebannt noch enthebt es den Halter von der gewissenhaften Stallreinigung.

Bei der so genannten Wechselstreu, die als einziges System für die Eselhaltung in Frage kommt, wird das Einstreumaterial in liegefreundlicher Schichtstärke aufgeschüttet. Täglich werden mehrmals Exkremente entfernt und das damit entfernte Einstreumaterial wieder ergänzt. So gehaltene Esel können sich auf einer sauberen Liegefläche ausruhen, werden weniger durch Parasiten belastet und leben in einer gesunden Stallluft.

Das Bedürfnis des Esels nach kontinuierlicher Aufnahme von strukturierter Nahrung veranlasst ihn Einstreu zu verzehren. Das Fressen von Einstreu stellt grundsätzlich ein Problem dar. Die Gefahr besteht einerseits im Aufquellen der Streu im Magen und andererseits in der Verstopfung des Schlundes und der Därme. Vor allem Esel mit einem Raufutterdefizit neigen dazu, sämtliche Einstreuarten, sogar holzige, zu verspeisen.
Die Einstreu wird nach unterschiedlichen Punkten beurteilt:

- Unschädlichkeit
- Nahrungsmittel, Beschäftigung
- Isolierung, weiche Liegefläche
- Feuchtigkeitsbindung, Geruchsbindung
- Staubfreiheit, Keimfreiheit
- Handhabung, Säuberung
- Beschaffung, Lagerplatz
- Kompostierbarkeit, Verrottung
- Kosten

Getreidestroh

Die gebräuchlichste Einstreu ist seit jeher Getreidestroh. Die verwendete Sorte ist dabei wenig ausschlaggebend: Hafer- und Weizenstroh werden am liebsten verzehrt, Gersten- und Roggenstroh haben etwas bessere Einstreueigenschaften. Da Stroh nicht sehr saugfähig ist und auch nicht so gut verrottet, wird es industriell zu einer Einstreu mit günstigerer Beschaffenheit verarbeitet. Nachbehandelte Strohprodukte haben den Vorteil, dass sie das ganze Jahr hindurch in gleich bleibender Qualität zu konstanten Preisen erhältlich sind. Es gibt sie in Säcken und stapelbaren Ballen, sie sind jedoch zum Teil ziemlich teuer. Dafür braucht man keinen großen Lagerplatz. Als Knabberzeug kommen diese Erzeugnisse dann allerdings nicht mehr in Frage – was leider manch ein Esel nicht zu wissen scheint und sich bei dessen Verzehr eine Kolik zuzieht. Langstroh ist das einzige Produkt, das als Streu dient und gleichzeitig ohne Bedenken verzehrt werden darf. Voraussetzung dafür ist natürlich eine einwandfreie Qualität. Gerade die lässt aber oft zu wünschen übrig. Viele Bauern halten das Stroh aus Sicht der Nutztierhaltung nicht für sehr wichtig. Aus rationellen Gründen wird es dann vor dem Pressen nicht ausreichend gewendet und getrocknet. Hinzu kommt, dass tief eingestellte Pick-Ups zu viel Erde aufnehmen. Die Folge davon sind Strohballen mit hohem Bodenstaubgehalt, Fäulnisbakterien, Schimmelpilzsporen und Milbenkot – für die Eselversorgung unbrauchbar! Auch die Chemikalien, mit denen die Getreidepflanzen während ihres Wachstums behandelt werden, sind nicht unbedenklich. Nicht jeder Organismus verträgt deren Rückstände und manch ein Esel wird dadurch zum Allergiker. Biologisch kultiviertes Getreide ist frei von schädlichen Wirkstoffen, hat aber einen hohen Grasanteil und muss daher besonders sorgfältig getrocknet werden.

Erhältlich ist das Stroh bei den meisten Landwirten in Form von Kleinballen, Quadrantballen oder Rundballen. Die Kosten schwanken je nach Jahreszeit. Im Sommer, wenn das Stroh direkt ab Feld bezogen werden kann, sind die Preise am günstigsten.

Kurz- oder Häckselstroh nennt man in 5 bis 10 cm lange Stücke zerkleinertes Langstroh. Es ist besser in der Handhabung, etwas saugfähiger und es verrottet ein bisschen schneller als unzerkleinertes Stroh. Wer eine Strohmühle besitzt, kann die Strohballen direkt im Stall zerkleinern. Häckselstroh wird aber auch als industrielles Fertigprodukt, nachgetrocknet und entstaubt, sackweise angeboten. Auf die Qualität des Ausgangsmaterials lassen sich jedoch keine Rückschlüsse ziehen.

Strohpellets werden aus zerkleinertem und entstaubtem Stroh hergestellt. Die gepressten, futterwürfelähnlichen Pellets sind in verschiedenen Größen erhältlich. Zertretene Pellets sind äußerst saugstark und verrotten schnell. Vereinzelt stehen sogar Entsorgungsdienstleistungen mit im Angebot. Aber auch bei Strohpellets kennt der Verbraucher die Qualität des verwendeten Erntegutes nicht. Esel, die auf Pellet-Einstreu gehalten werden, müssen ausreichend Raufutter zur Verfügung haben, da sonst die Gefahr von Schlundverstopfungen und Verdauungsstörungen durch übermäßige Aufnahme von Pellets nicht auszuschließen ist.

Holzspäne

Hobelspäne und Sägespäne aus Weichholz sind mittelmäßig saugfähig, geruchsbindend und staubfrei. Das Holz enthält keimhemmende Stoffe, was sich günstig auf die Hygiene auswirkt. Die Beschaffung ist problemlos, die Kosten liegen aber höher als beim Stroh. Späne werden von den Eseln weniger gern als andere Einstreuarten gefressen. Die Verrottung ist allerdings schlecht. Die stark verbreitete Meinung, dass durch das Streuen von Mist mit Spänen die Böden versauern, ist nicht nachgewiesen.

Ähnlich wie Weichholzspäne ist das teurere Weichholzgranulat. Es ist sägemehlartig, aber nicht staubend und besitzt eine höhere

Saugfähigkeit als die Späne. Das Sauberhalten der Einstreu erweist sich als äußerst leicht. Weichholzgranulat ergibt eine weiche Liegefläche und haftet nicht so hartnäckig im Fell wie andere Einstreuarten.

Papier ist eine hervorragende Einstreu für Allergiker, es ist jedoch schwer zu bekommen. Verwendet werden dürfen ausschließlich Papierschnitzel aus sortiertem Zeitungspapier. Das Papier ist saugfähig, verrottet schnell, aber droht den Miststock zu ersticken. Papierschnitzel aus Aktenvernichtern dürfen nicht verwendet werden – sie enthalten Hochglanzpapier und Papier mit „giftigem" Vierfarbendruck.

Sägemehl wird manchmal von Schreinereien oder Sägereien gratis für Selbstabholer angeboten. Dieses frische Sägemehl ist jedoch als Einstreu nicht geeignet. Es saugt schlecht und staubt, weil es im Gegensatz zu Fertigspänen nicht nachbehandelt ist. Außerdem kann es Hartholz oder mit Chemikalien behandeltes Holz enthalten. Ebenso ungeeignet ist das Schreddermaterial aus Gärtnereien, da Giftpflanzen, Spritzmittel oder sonstige Fremdkörper darin enthalten sein könnten.

Leinenstroh

Ein sehr hohes Saugvolumen und eine gute Kompostierbarkeit zeichnen die Leinenstrohprodukte aus. Bei der Herstellung von Leinen aus Flachs fallen sie als Nebenprodukt an. Leinenstroh soll überdies verdaulicher als anderen Erzeugnisse sein, aber grundsätzlich weniger gerne aufgenommen werden. Um den Tieren den Appetit auf die Einstreu zusätzlich zu verderben, mischen vereinzelte Hersteller Bitterstoffe in die Streu oder bieten Mixturen zum Aufsprühen an. Leinenstroh hat gegenüber dem Getreidestroh den Vorteil, dass während des Pflanzenwachstums keine Spritzmittel verwendet werden. Flachs ist so schnellwüchsig, dass Schädlinge gar kein Thema sind. Getreidestroh indes wird gegen Schimmelpilze und Schädlinge gespritzt sowie mit Halmverkürzungsmitteln behandelt.

Hanf

Die Eigenschaften der Hanfeinstreu sind mit denen der Leineneinstreu vergleichbar. Hanf stammt ebenfalls aus herbizid-, fungizid- und pestizidfreiem Anbau und ist für Allergiker geeignet. Mit den eigens für die Pflege der Einstreu entwickelten Plastikmistgabeln ist ein leichtes und zeitsparendes Ausmisten gewährleistet.

Chinaschilf und Gemische

Chinaschilf findet vielleicht in Zukunft ebenfalls einen Markt in der Tiereinstreu. Zur Zeit sind Chinaschilfprodukte noch nicht sehr verbreitet und demzufolge bestehen auch so gut wie keine Produktionsanlagen und Erfahrungswerte. Ein weiteres Einstreuprodukt ist ein Gemisch aus Strohhäcksel und Zellulose. Es ist saugfähiger als Stroh und besser zu kompostieren, wird aber von Eseln auch gerne verzehrt. Neu auf dem Markt ist ein Stroh-Späne-Torf-Gemisch, das zusätzlich einen Kompoststarter enthält.

Torf

Torf wäre an und für sich eine gute Einstreu, aus ökologischer Sicht ist aber die Verwendung von Torf abzulehnen. Torf wird aus Mooren gewonnen und weil die meisten Moore unter Naturschutz stehen, wird Torf aus dem Osten importiert, wo hierfür ganze Landschaften trocken gelegt und zerstört werden. Torfersatzprodukte, die im Handel angeboten werden, sind als Einstreu aus Kostengründen nicht attraktiv.

Auswahl

Die Auswahl der Einstreu muss der Eselhalter selbst treffen. Er wird ein Produkt wählen, das in seiner Region erhältlich ist und den Bedürfnissen seiner Haltungsform am ehesten entspricht. Ein Patentrezept gibt es nicht – zu unterschiedlich sind die Verhältnisse und Wünsche der Anwender. Manchmal kann auch eine Kombination zweier Produkte den gewünschten Erfolg bringen. Beim Testen einer neuen Einstreu muss der Eselhalter seine Tiere auf jeden Fall sehr gut beobachten. Die meisten Hersteller empfehlen zu Beginn eine große Menge ihres Produktes dick einzustreuen, um nachher nur noch die entfernte, verschmutzte Streu zu ergänzen. Hierbei sollte man aber vorsichtig sein, weil die Esel möglicherweise zu große Mengen der neuen Streu verschlingen. Bei einem Wechsel ist es sicherer, die Einstreu nach und nach auszutauschen.

Die Einstreu trägt viel zum Wohlbefinden der Esel bei.

Mistlagerung und Entsorgung

Die einfachste Art den Mist zu entsorgen ist die regelmäßige Abnahme durch einen Landwirt, der damit seine Äcker düngt. Die Behörden schreiben vor, dass Dung auf undurchlässigem Untergrund zu lagern sei, um eine Durchsickerung von schädlichen Stoffen zu verhindern. Eine betonierte Platte oder Auffangwanne ist also für eine ordnungsgemäße Lagerung Voraussetzung. Soll der Landwirt den Mist abholen, muss die Zufahrt zur Lagerstelle mit dem Traktor, Mistkran oder Miststreuer gewährleistet sein.

Eine weitere Möglichkeit zur Beseitigung des anfallenden Dungs ist das Kompostieren. Fachgerecht kompostierter Eselmist darf im Gegensatz zum Stapelmist als wertvoller Humusdünger wieder zurück auf die Weiden gebracht werden, denn durch die hohen Temperaturen in den Kompostmieten werden sämtliche Parasiten sowie Unkrautsamen abgetötet. Die Umwandlung von Mist zu Kompost ist nach sieben bis acht Monaten abgeschlossen. Damit die Reifung des Mistes den richtigen Verlauf nimmt, sind Beigaben wie Algenkalk, Lehm und Kompoststarter nötig. Kleinere Mengen Dung werden auch auf städtischen Kompostieranlagen angenommen oder können in Säcke abgefüllt an Hobbygärtner verschenkt werden.

In stark besiedelten Gebieten werden aber oft keine Dunghaufen geduldet und nicht jeder Eselbesitzer hat so viel Land zur Verfügung, dass er den ganzen Kompost herstellen und auch ausbringen kann. In diesen

Fällen ist die Miete oder der Kauf eines Mistcontainers eine gute Lösung. Die Rechnung für die Entsorgung summiert sich aus Miete/Kauf, Kubikmeter Ladung und Fahrstrecke.

In Deutschland gibt es zum Beispiel eine Firma, die ihren Einstreu-Kunden gleich auch einen Mistcontainer auf den Hof stellt und den Mist gratis entsorgt. Die Nutznießer dieser kostenlosen Dienstleistung sind dafür verpflichtet, ausschließlich die Einstreu dieser Firma zu verwenden und penibel genau deren Hygiene-Vorschriften einzuhalten.

Böden im Außenbereich

Zu einer tierfreundlichen Eselhaltung gehört ein Platz draußen, der im Sommer und Winter bei jedem Wetter benutzbar ist. Klimatische Bedingungen, Platzangebot und Bodenstruktur in unseren Breiten erlauben eine Benutzung von Weiden nur während der trockenen Wetterperioden. Da ein naturbelassener Erdboden den Eselhufen auf die Dauer unmöglich Stand hält, mutiert eine Koppel in Kürze zu einer tiefgründig vermatschten Fläche, die kaum jemals mehr abtrocknet. Unzählige morastige Ausläufe und Esel, die sie gar nicht mehr betreten wollen und an Strahlfäule oder Mauke leiden, haben die Untauglichkeit eines Naturbodens längst bewiesen. Der Mist kann auf solchen Ausläufen kaum mehr abgesammelt werden und in der Winterkälte erstarren die tiefen Löcher zu einer unbegehbaren, höckerigen Hügellandschaft. In der Verzweiflung schüttet manch ein Geplagter eine Fuhre Hackschnitzel darauf und nach einem Jahr haben sich die Schnitzel mit dem Boden vermischt und der Matsch ist schlimmer denn je. Es ist deshalb unabdingbar, dass der Allwetterplatz einen besonderen Bodenbelag aufweist.

Befestigter Auslauf

Der Auslauf in Stallnähe ist wegen der starken Frequentierung zu betonieren oder zu teeren. Verbundsteine und Gartenplatten halten den hohen Anforderungen ebenfalls stand und können zudem selber verlegt werden. Ungeeignet sind Rasengittersteine, da sie trotz Verfüllung noch immer scharfe Kanten und Unebenheiten aufweisen. Es ist wichtig, dass der unmittelbare Bereich um den eingestreuten Liegeplatz mit dem Besen gereinigt werden kann. Die Esel schleppen immer wieder Teile der Einstreu, die an Fell und Hufen haftet, nach draußen. Beim Bau darf das Gefälle zur Ableitung des Wassers nicht vergessen werden.

Allwetterplatz

Dem Eselhalter bleibt viel Ärger erspart, wenn er die Investitionen für einen Allwetterplatz von Anbeginn mit einkalkuliert. Die Kosten für eine dauerhafte Lösung belaufen sich auf mindestens € 15,– / SFr. 30,– pro m^2 (nur Material). Diese Auslagen lassen sich längerfristig nicht vermeiden, wenn man gesunde und ausgeglichene Tiere in einer sauberen Umgebung halten will.

Ein Allwetterplatz sollte an allen Seiten ungefähr 50 cm größer gebaut werden, als später die Einzäunung erstellt wird. Die Einzäunung sollte aus einem festen Zaun bestehen. Eine Einfassung aus Beton, Randsteinen, Holzschwellen oder dergleichen verhindert ein Abrutschen des Belags. Eine Patentlösung für Allwetterplätze gibt es nicht, zu unterschiedlich sind die regionalen Bodenbeschaffenheiten. Auch die Topografie und das Klima sowie die spätere Beanspruchung beeinflussen die Bauart und die Wahl der Materialien wesentlich. Der Bodenaufbau des Auslaufes sollte grundsätzlich aus drei unterschiedlichen Schichten bestehen:

Tragschicht

Die Tragschicht oder der Unterbau ist ein künstlicher Untergrund, der das Wasser aufnehmen und ableiten soll, damit die Oberfläche trocken bleibt. Zuerst muss man den Humus abtragen. Um das versickernde Wasser abzuleiten, werden bei großen Flächen mit wenig Gefälle Drainagerohre verwendet. Die Rohre werden in Kies verlegt, um sie vor Beschädigungen zu schützen. Für kleinere Flächen reicht ein Gefälle von 2 bis 3 % aus, damit das Wasser abfließen kann. Dann wird grober Schotter oder Kies in der Körnung 4 bis 50 mm aufgeschüttet und durch Walzen und Rütteln verdichtet. Die Dicke der Tragschicht hängt davon ab, wie gut der natürliche Boden das Wasser versickern lässt. Sie beträgt in der Regel 5 bis 30 cm. Je nach Trennschicht sollte der obere Teil des Schotterbettes aus feinkörnigerem Material bestehen.

Werden Kunststoffgitterelemente verlegt, kann bei durchlässigem Naturboden auf eine Tragschicht verzichtet werden. Es müssen lediglich der Humus abgestoßen und ein Gefälle von 2 % erstellt werden.

Trennschicht

Die Trennschicht muss ebenfalls wasserdurchlässig sein und darf dabei auf längere Sicht nicht verstopfen. Sie trennt die Tragschichtmaterialien von der feiner gekörnten Tretschicht. Die einfachste und billigste Lösung ist die Verwendung von Vlies. Dieses ist auf Rollen erhältlich und wird in überlappenden Bahnen verlegt. Eine große Auswahl an Gummimatten mit Entwässerungslöchern, Wabengittern oder Gitterelementen,

Die Esel wälzen sich gerne im Sand oder legen sich für ein Sonnenbad hin.

Sandplätze sollten bei lang anhaltender Trockenheit bewässert werden. Es gibt sogar Esel, die sich an heißen Tagen genüsslich unter die kühle Berieselung stellen.

die eine gute Trennschicht bilden, sind außerdem im Handel erhältlich. Diese Baumaterialien sind zwar etwas teurer, garantieren aber eine dauerhafte und gut funktionierende Lösung. Die Waben und Löcher in den Elementen werden mit Splitt, Sand, Rundkornkieseln oder poröser Lava aufgefüllt.

Tretschicht

Die Tretschicht ist die oberste Schicht des Platzes und zugleich die beim Bauablauf zuletzt aufgefüllte Schicht. Sie sollte weich, wasserdurchlässig und leicht zu reinigen sein. Die am häufigsten verwendete und bewährte Tretschicht ist normaler, handelsüblicher Maurersand oder Estrichsand mit einer Körnung bis 2 mm. Die Bezugsmöglichkeit ist einfach und die Verteilung vor Ort kein Problem. Besteht die Trennschicht lediglich aus einem Vlies, muss die Tretschicht mindestens 30 cm dick sein, denn die Esel lieben es das Vlies auszugraben und daran herumzuzerren. Bei der Verwendung von Kunststoffelementen reicht bereits eine Tretschicht von 10 cm aus. Von Zeit zu Zeit muss die Tretschicht aufgefüllt werden. Bei lang anhaltender Trockenheit ist es sinnvoll, einen Sandauslauf mit Wasser zu besprengen, weil er zu Staubbildung neigt. Knabberäste oder Heu dürfen nicht auf dem Sandplatz angeboten werden, da die Gefahr besteht, dass die Esel zu viel Sand aufnehmen und sich eine Kolik zuziehen. Die Hufe werden durch den Sand immer schön sauber ausgerieben, aber gleichzeitig auch stärker abgeschmirgelt. Vor allem in Kombination

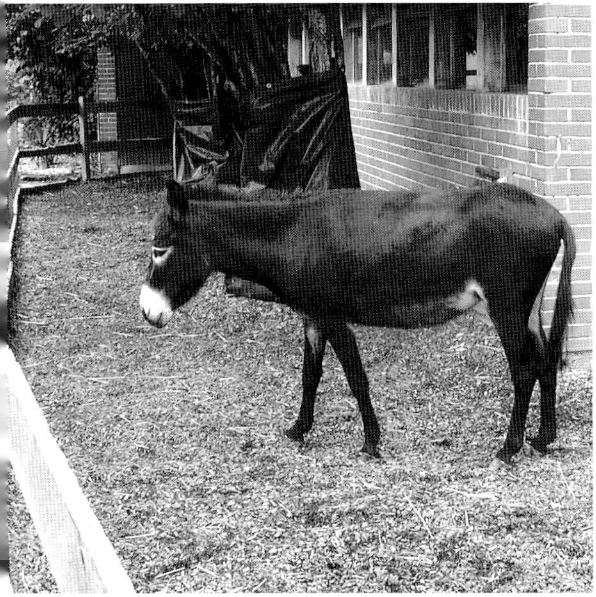

Weil sie verrotten, müssen die Schnitzel alle drei bis fünf Jahre vollständig entfernt und durch neue ersetzt werden.

mit Beton- oder Verbundsteinplätzen macht sich der Abrieb in der Angewöhnungsphase bei sehr aktiven Tieren deutlich bemerkbar. Als Nachteil kann die Verschleppung des Sandes angesehen werden. Er bleibt an den Hufen haften und wird überall im restlichen Stallbereich verteilt.

Dem Sand können so genannte Zuschlagstoffe, die ihn auflockern und die Elastizität der Tretschicht erhöhen, beigemischt werden. Der meist verwendete Zuschlagstoff sind Sägespäne von Weichhölzern. Sie haben allerdings den Nachteil, dass sie mit der Zeit verrotten.

Eine weitere Variante ist eine Tretschicht aus Weichholzschnitzeln. Sie sind sehr liegefreundlich und kostengünstig. Das Mistabsammeln gestaltet sich allerdings etwas schwieriger als bei Sand. Mistpartikel bleiben an den Schnitzeln haften, was sich negativ auf die Hygiene auswirkt. Als organisches Material verrottet der Hackschnitzelbelag nach drei bis fünf Jahren und muss dann vollständig ausgetauscht werden.

Eine Tretschicht aus Splitt oder Rundkies ist nicht zu empfehlen. Diese Plätze trocknen nach einem Regenguss zwar sehr schnell ab, wirken aber bewegungshemmend. Die Tiere laufen nicht gerne auf solchen Böden, zudem sind sie schwer sauber zu halten. Scharfkantiger Splitt und auch Rundkiessteine setzen sich in der weißen Linie und der seitlichen Strahlfurche fest und verursachen Drücke. Esel mit empfindlichen Hufen können sich sogar Hufabszesse zuziehen. Außerdem wird sich kaum ein Esel auf Splitt oder grobem Kies hinlegen oder wälzen.

Die Verwendung von Recyclingprodukten für die Tretschicht ist nicht zu empfehlen – man kennt weder deren stoffliche Zusammensetzung noch die Entsorgungsmöglichkeiten zu einem späteren Zeitpunkt. Produkte aus der Reststoffverwertung sind unter Umständen umweltbelastend und gesundheitsschädigend. Ebenso darf Rindenmulch nicht verwendet werden. Er ist unhygienisch und für die Esel besteht Vergiftungsgefahr!

Stallgefährte

Es kann nicht oft genug wiederholt werden: Die Einzelhaltung von Eseln ist abzulehnen. Weder der Mensch noch ein anderes Tier können dem Esel einen Artgenossen als Sozialpartner ersetzen.

Häufig werden Esel gemeinsam mit Schafen gehalten. Das Schaf hat jedoch weder körperliche Eigenschaften noch Sozialverhalten mit dem Esel gemeinsam. Junge Eselhengste greifen Schafe oft sogar an, ob aus Übermut oder Langeweile sei dahingestellt.

Dasselbe gilt auch für Ziegen, die ab und zu als Gesellschafter für Esel gehalten werden. Natürlich gewöhnen sich die verschiedenartigen Tiere mit der Zeit aneinander, aber eine artgerechte Kommunikation zwischen Esel und Ziege oder Schaf ist genauso unmöglich, wie sie es auch mit einem Schwein wäre. Hofhund oder Katzen können auch nicht des Esels Partner sein. Sie werden vom Esel zwar akzeptiert, aber er ruft kaum nach ihnen, wenn sie ihn verlassen. Esel sind nicht gerade hundefreundlich eingestellt. Vielleicht ist es ihre instinktive Verknüpfung mit dem Feindbild Wolf, die sie auf Hunde einerseits ängstlich und andererseits aggressiv reagieren lässt. Fremde Hunde wecken im Esel zwar großes Interesse, sobald sie jedoch in sein Revier eindringen, werden sie kategorisch verjagt und manchmal sogar mit den Vorderhufen und den Zähnen traktiert.

Pferd und Pony eignen sich nur eingeschränkt als Stallgefährten. Sie gehören, wie der Esel auch, zu den Equiden. Sie kommunizieren mit einer nahezu identischen Körpersprache. Teilweise entsteht eine so starke Bindung zwischen Pferd und Esel, dass sie gegenseitige Fellpflege betreiben. Probleme bei der gemeinsamen Haltung entstehen aber vielfach im Zusammenhang mit der Fütterung und der Beschäftigung, denn in diesen zwei Belangen sind die Ansprüche und Bedürfnisse von Esel und Pferd unterschiedlich. Der beste aller Stallgefährten für einen Esel ist und bleibt ein zweiter Esel!

Akklimatisation

Unter Akklimatisation versteht man die Anpassung des Esels an eine neue Umgebung. Das frisch eingetroffene Tier muss sich an die veränderten Klima-, Nahrungs- und Haltungsbedingungen zuerst gewöhnen. Der Esel ist von Natur aus sehr standorttreu und leidet deshalb unter Veränderungen aller Art. Selbst wenn ein Esel aus schlechten Verhältnissen an einen guten Platz wechselt, scheint ihn die Umstellung körperlich und seelisch zu belasten. Oft wirkt sich diese Strapaze auf sein Immunsystem aus. Bakterielle Infektionen, Pilzbefall oder Ausbrüche von Sarkoiden werden nach Standortwechseln vermehrt beobachtet.

Auch wenn der Esel bereits körperlich angepasst ist, kann es noch eine ganze Weile dauern, bis er das Vertrauen zu seinem neuen Besitzer vollständig erlangt hat. Teilweise entwickeln die Esel erst nach einem Jahr ihr charakterbezogenes, wirkliches Verhalten.

Aufwand für Stallarbeiten

Tägliche Arbeiten:

07:00 Uhr: Mist absammeln, nasse Einstreu entfernen und frische nachschütten

07:30 Uhr: Heu füttern, Wasser auffüllen oder Tränke kontrollieren

08:30 Uhr: Wenn nötig Krippenfutter geben, Mist absammeln, Hufe reinigen

12:00Uhr: Mist absammeln, Heu füttern, Wasser auffüllen

13:00 Uhr: Mist absammeln

17:00 Uhr: Mist absammeln, nasse Einstreu entfernen und frische nachschütten

17:30 Uhr: Heu füttern, Wasser auffüllen

18:30 Uhr: Wenn nötig Krippenfutter geben, Mist absammeln, Vorplatz besenrein kehren

21:00 Uhr: Kontrollgang, Mist absammeln, eventuell Stroh nachschütten

Gleich und gleich gesellt sich gern …

Nicht immer hat man die Möglichkeit, so häufig wie hier aufgeführt den Mist im Stall abzusammeln. Aber wie das Füttern sollte das Absammeln des Mistes mindestens dreimal täglich erfolgen.

Ist kein Freilaufstall vorhanden, kommt hinzu, dass die Esel im Winter täglich auf den Allwetterplatz und im Sommer auf die Weide geführt und nachher wieder aufgestallt werden müssen.

Im Frühling ist das Angewöhnen an die Weide mit einzurechnen: täglich 15 bis 30 Minuten, nach einer Woche knapp eine Stunde und später nach Bedarf.

Mindestens alle zwei Tage muss der Mist von der Weide abgesammelt werden.

Einmal pro Woche muss der Miststock gestapelt werden. Mindestens einmal pro Woche muss der Allwetterplatz gepflegt werden (z. B. Stroh auflesen, Sand rechen, Schnitzel gleichmäßig verteilen usw.).

Mindestens einmal pro Woche sollte man sich auf die Suche nach Knabberholz für die Esel machen.

Nachdem all diese Arbeiten verrichtet worden sind, ist immer noch kein Esel geputzt, noch sind irgendwelche Aktivitäten mit ihm unternommen worden. Wenn auch der zeitliche Aufwand dank guter Organisation in Grenzen gehalten werden kann, so muss man sich doch bewusst sein, dass eine sehr hohe Präsenzzeit nötig ist!

Weide

Die Weidehaltung kommt einer artgerechten Lebensform für Esel theoretisch am nächsten. Die Tiere genießen nahezu uneingeschränkte Bewegungsfreiheit und ihre Bedürfnisse als Dauerfresser werden befriedigt. Sie können ihren Spieltrieb ausleben und sich nach Herzenslust wälzen und toben. Eine Weide bietet viel Abwechslung für die neugierigen und aufgeweckten Esel. Sie atmen frische Luft, haben genügend Licht und können die Natur in vollen Zügen genießen. Alles in allem ist die Weide Entspannung pur für die Esel, aber sie birgt auch Gefahren in sich:

- Kolik- und Hufrehegefahr, wenn die Umstellung auf Gras zu schnell vorgenommen wird.
- Hufrehegefahr durch schwer verdauliche Kohlenhydrate, die im Gras als „Fruktan" gespeichert sind.
- Übergewicht und Verfettung bei dauerndem Aufenthalt auf üppigen Weiden.
- Durchfall- und Kolikgefahr durch rohfaserarmes, saftiges und eiweißreiches Gras im Frühjahr.
- Mangel an Mineralien und Spurenelementen auf ungepflegten Weiden.
- Degenerierter Hornstrahl mit Zwangshufen durch ständigen Aufenthalt auf weichem Untergrund.
- Strahl- und Huffäule, wenn die Hufe über längere Zeitspannen Feuchtigkeit ausgesetzt sind.
- Haut- und Fellschäden durch anhaltend nasskalte Witterung.
- Hochgradiger Befall mit Weideparasiten, wenn nicht aufwändiges Weidemanagement betrieben wird.

Wildesel finden in ihren Lebensräumen eine große Anzahl an mageren Gräsern und Kräutern, die sie während ihres ständigen Umherziehens zusammensuchen. Auf unseren Weiden hingegen brauchen sich die Esel minutenlang nicht vom Fleck zu bewegen, bis sie alles abgegrast haben. Hinzu kommt, dass das Gras auf unseren Weiden von der heutigen Zusammensetzung her eher als Hochleistungsfutter für Milch- und Mastvieh ausgelegt ist und mit dem ursprünglichen, für die Esel gut verträglichen mageren Gras nichts mehr gemeinsam hat. Oder die Tiere „grasen" auf völlig verarmten und kaputten Weiden, die überhaupt nichts Verwertbares mehr enthalten. Um unseren Eseln die gewünschte Erholung auf der Weide bieten zu können, ohne dass sie (und die Weide) Schaden nehmen, ist eine durchdachte und organisierte Weideführung nötig.

Nutzungsdauer und Größe

Die Weidesaison startet, je nach Bodenlage und Klima, im April und endet im November. Kaum hat die Saison begonnen, treten auch die Probleme auf: Entweder ist die Weide zu groß und die Esel werden zu fett oder sie ist zu klein und die Esel stehen im Matsch.

Die erforderliche Größe einer Weide liegt bei 2000 bis 3000 qm (20 bis 30 Ar) pro Tier. Mit einer Weide in dieser Größenordnung kann sich ein mittlerer Esel während der Saison ausschließlich von dem dort wachsenden Gras ernähren. Allerdings muss darauf hingewiesen werden, dass in der Eselfütterung nie ganz auf die Gabe von Heu verzichtet werden darf. Jede Weide sollte mindestens in zwei, besser in drei Koppeln unterteilt sein. Wenn eine Koppel abgegrast ist, werden die Esel umgetrieben, damit sich die Grasnarbe erholen und regenerieren kann. Während dieser Pause werden Reinigungsschnitte durchgeführt, lichte Stellen nachgesät und Dünger ausgestreut. Eine Ruhepause sollte, je nach Wachstumsgeschwindigkeit des Grases, vier bis sechs Wochen dauern. Das Gras auf den unbenutzten Weiden sollte jedoch nicht höher als 30 cm wachsen, da sich die Esel sonst schon wieder wählerisch die jungen Halme aussuchen und die dickeren Stängel dabei zertrampeln. Um einer Verseuchung der neuen Weide vorzubeugen, sollten Wurmkuren, falls nötig, drei Tage vor dem Umtrieb durchgeführt werden. Aus Sicherheitsgründen ist es empfehlenswert, den Weideaufenthalt auf einer frischen Parzelle – ähnlich wie bei der Angewöhnung im Frühjahr – am Anfang wieder zeitlich einzuschränken. Die Gefahr besteht sonst, dass sich die Esel vor Begeisterung über das neue Futterangebot den Bauch so voll schlagen, dass sie eine Kolik bekommen.

Die richtige Größe der Koppeln muss erst ausgetestet werden. Wenn möglich sind die Koppeln als lange Rechtecke anzulegen, damit die Esel auch mal richtig galoppieren können. Ist eine Koppel zu klein, ist sie in Kürze ruiniert. Huftritte und der scharfe Biss des Esels zerstören die Grasnarbe sehr schnell.

Um eine kleine Parzelle nur notdürftig am Leben zu erhalten, bedarf sie bester Pflege. Ganztägiger Aufenthalt der Esel ist tabu. Sie dürfen zwar jeden Tag, aber nur stundenweise und bei Nässe überhaupt nicht darauf. Ist die Weide erst einmal matschig, wird sie von den Eseln gemieden! Aber auch zu große Weiden verursachen Probleme. Es wächst überschüssiges Gras, das zu Heu verarbeitet werden muss. Einfach nicht düngen, um die Grasmenge einzuschränken, funktioniert nicht. Ohne Nährstoffe verändert sich der Pflanzenbestand – die Weide verkrautet. Das Gras als Futterreserve stehen zu lassen kommt ebenfalls nicht in Frage, da die Stängel mit der Zeit verholzen und in Bodennähe verfaulen. Kein noch so genügsamer Esel wird dieses Futter noch fressen. Er tritt es nur zu Boden auf der Suche nach etwas Genießbarem.

Weidehygiene

Oberstes Gebot der Weidehygiene ist das Absammeln von Mist mindestens alle zwei Tage!

Aus Sicht der Weidehygiene gilt eine wechselweise oder gemeinsame Beweidung mit Wiederkäuern als unerlässlich. Nicht nur zur Schonung der Grasnarbe sind Rinder oder Schafe ideale Weidepartner für Esel. Im Verdauungstrakt der Wiederkäuer geht zudem ein großer Teil der Eier und Larven von Esel-Innenparasiten zu Grunde. Das hilft, die meistens stark verseuchten Eselweiden einigermaßen sauber zu halten. Natürlich müssen bei einer Wechselwirtschaft mit Wiederkäuern auch diese regelmäßig entwurmt werden, da sie einzelne Wurmarten (z. B. Magenfadenwürmer, Leberegel) auf Esel übertragen können. Leider ist es in den meisten Fällen nicht möglich, die Weide abwechselnd mit Rindern oder Schafen zu benutzen. Dann ist es um so wichtiger, dass der Mist immer gründlich entfernt wird!

Pflanzen auf der Weide

Auf der Weide dürfen natürlich keine Giftpflanzen wachsen. Auch Wildkräuter wie zum Beispiel Hahnenfuß, Sauerampfer, Bärenklau, Wiesenkerbel, Farne, Sumpfdotterblumen, Sumpfschachtelhalm und Kreuzkrautarten sind mehr oder weniger giftig. Überdies rauben sie den Gräsern, die ja in erster Linie erwünscht sind, den Platz. Klee ist auf der Eselweide ebenfalls nicht gerne gesehen. Der Klee ist für Milchvieh bestimmt und daher viel zu reichhaltig. Abgesehen davon mögen ihn die Esel nicht besonders. Daher sollte er nur in geringen Mengen auf einer Eselweide wachsen. Lästig ist auch das Überhandnehmen von Disteln und Brennnesseln an bestimmten Stellen der Weide. Die legendäre Vorliebe der Esel für Disteln bewahrheitet sich in der Praxis kaum. Die Disteln aus den Ursprungsgebieten der Esel (z. B. Mariendistel) entsprechen auch nicht denjenigen, die in nördlicheren Breiten gedeihen (Kratzdistelarten). Meist beißen die Esel hier nur die Blütenstände ab, so dass die Pflanzen zumindest nicht weiter aussamen. Allerdings sind Disteln und Brennnesseln im getrockneten Zustand ein wertvolles und gesundes Zusatzfutter für den Winter und werden dann auch gerne angenommen.

Futterweide

Eine entscheidende Rolle bei der Auswahl des Saatgutes für eine Eselweide spielt die Nutzung der Weide. Eine Futterweide muss eine gesunde, ausgeglichene Ernährung bieten. Als Futterpflanzen wählt man Arten von gut schmeckenden Süßgräsern. Besonders empfohlen werden hoch wachsende Nutzarten wie:

- Deutsches Weidelgras/Englisches Raygras (*Lolium perenne*)
- Italienisches Weidelgras (*Lolium multiflorum*)
- Wiesen-Rispengras (*Poa pratensis*)
- Rotschwingel (*Festuca rubra*)
- Rohrschwingel (*Festuca arundinacea*)
- Wiesenschwingel (*Festuca pratensis*)
- Wiesen-Kammgras (*Cynosurus cristatus*)
- Fioringras (*Agrostis gigantea*)
- Wiesen-Lieschgras (*Phleum pratense*)
- Gemeines Knäuelgras (*Dactylis glomerata*)

Gute Kräuter, wie zum Beispiel Wiesenkümmel, Schafgarbe, Wilde Möhre, Wildpetersilie, Kamille, haben einen hohen diätischen Wert und schmecken den Eseln zweifellos. Ihr Anteil in der Saatgutmischung sollte theoretisch 10 % betragen. Da sich die Kräuter, wenn die Saat überhaupt aufgeht, auf der Eselweide leider sehr schlecht halten, wird auf das teure Saatgut aber meistens verzichtet. Die jungen Kräuter leiden unter dem frühen Verbiss durch die Esel und exotische Sorten überleben klimatisch bedingt höchstens eine Saison. Heimische Kräuter wie Löwenzahn oder Spitzwegerich stellen sich dafür von alleine ein und müssen nicht angesät werden.

Die Wahl der Samen ist jeweils abhängig von Bodenbeschaffenheit, Höhenlage, Nährstoffversorgung und Klima. Die Kombination der unterschiedlichen Gräserarten und -sorten hat ebenfalls einen großen Einfluss auf die Qualität der Weide. Durch die Aussaat von beispielsweise frühen, mittleren und späten Sorten kann ganzjährig ein attraktives Angebot zur Verfügung gestellt werden.

Spielwiese

Soll die Weide in erster Linie als Spielplatz für die Esel dienen, ist eine Saatmischung von Gräsern mit hoher Regenerationsfähigkeit und starker Narbenbildung zu empfehlen. Geeignete Gräser für eine Weide mit starker Bestoßung sind:

- Weidelgras/Englisches Raygras
- Wiesenrispe

Weide bedeutet Erholungsraum für die Esel, sie muss aber mit Verstand „konsumiert" werden.

- Rohrschwingel
- Rotschwingel (Ausläufer treibende Sorte)

Von den genannten Gräsern kommen niedrig wachsende Züchtungen zum Einsatz. Wiesenrispe und Rotschwingel bilden Ausläufer und wurzeln tief. Anfänglich braucht die Wiesenrispe ausreichend Zeit und Stickstoff, um sich festzusetzen. Hat sie sich einmal etabliert, ist sie außerordentlich regenerationsfreudig. Um ein befriedigendes Ergebnis zu erzielen, ist eine dichte Saat (3 kg/100 qm) nötig.

Saatmischungen

Das Saatgut ist in Deutschland im Landhandel und in der Schweiz in der Landi erhältlich. Die Samenproduzenten haben das Problem mit den Weiden längst erkannt und bieten mittlerweile fertig zusammengestellte Mischungen für die unterschiedlichsten Verwendungszwecke an. Da stehen Spezialmischungen für höchste Ansprüche, zum Beispiel Pferde- und Ponyweide mit Futternutzung, Pferde-Regeneration oder Reitbahn- und Auslaufmischungen, im Angebot. Die Saatgutfachleute können über die Zusammensetzung, Saatmenge, Saatzeitpunkt und Düngung Auskunft geben.

Obstbäume

Weiden mit Obstbäumen ist im Herbst besondere Beachtung zu schenken. Natürlich dürfen die Esel nicht massenweise Fallobst verspeisen, denn das kann zu Blähungen führen und macht die Tiere zu fett. Außerdem krabbeln viele Wespen auf und in den Früchten umher, die vom Esel nicht unbedingt bemerkt werden. Ein Wespenstich ins Maul oder in den Rachen kann lebensbedrohlich sein! Da Esel sehr gerne Holz nagen, sollten die Baumstämme mit einem Schutz (z. B. feinmaschiges Drahtgitter) versehen werden.

Unterhalt und Pflege

Mit der fachgerechten Pflege der Weiden steht und fällt ihre Qualität. Nur mit Ansäen ist es nicht getan – die Bewirtschaftung wird letztendlich den Bestand bestimmen!

Walzen

Wenn der Boden nach dem letzten Frost abgetrocknet ist, wird die Grasnarbe mit einer Wiesenwalze eingeebnet. Das ist vor allem bei lockeren Böden wichtig. Durch das Walzen werden die vom Frost hochgedrückten Pflanzen wieder mit dem Boden verbunden, damit sie fest wurzeln und sich mit Wasser versorgen können.

Abschleppen

Unter Abschleppen versteht man das Bürsten der Weide, um Laub, Moos, Filz und altes Gras auszureißen. Erdhügel von Maulwürfen und Wühlmäusen werden auseinander gezogen, Trittschäden ausgeglichen und die Grasnarbe erhält gleichmäßig Licht und Luft. Abgeschleppt wird eine Weide im zeitigen Frühjahr, wenn der Boden trocken ist. Die meisten Weidebesitzer und Hobby-Bauern werden die dazu nötigen Geräte (Wiesenegge, Traktor) nicht besitzen und müssen sich an einen Bauern wenden, der für einen Lohn diese Arbeit verrichtet. Vorsicht – durch Abschleppen der Misthaufen wird die gesamte Weide hochgradig mit Wurmeiern verseucht, denn die meisten von ihnen überleben den Winter ohne Problem!

Nachsaat

Von Zeit zu Zeit benötigt die Weide eine Ausbesserung, das heißt, man muss die sich lichtende Grasnarbe mit einer Nachsaatmischung reparieren. Grundsätzlich ist das vom März bis zum September jederzeit möglich. Die besten Zeiten dafür sind der April und der September, da die bestehende Grasnarbe noch nicht oder nicht mehr so dicht ist und die Samen dadurch leichter auf den Boden gelangen. Dass die Saat Bodenkontakt hat, ist sehr wichtig. Die Esel dürfen darum die Weide weiterhin benutzen, denn sie treten mit ihren Hufen die Samen zu Boden und halten mit ihren Zähnen gleichzeitig die bestehende Grasnarbe kurz, damit die neuen Gräser genügend Licht bekommen und nicht überwuchert werden.

Falls Bedarf für eine Nachsaat besteht und die Esel nicht weiden, sollte die Wiese nach dem Säen abgeschleppt und dann gewalzt werden.

Sanierung verarmter Weiden

Eine heruntergewirtschaftete Dauerweide sollte zur Sanierung neu angesät und gezielt gedüngt werden. Ein Umbruch ist zu vermeiden, weil der Boden viele Monate braucht, bis er sich gesetzt hat und die Grasnarbe wieder trittfest geworden ist. Eine Neuansaat erfolgt im Frühling zwischen März und April. Es muss dicht gesät werden, um ein gutes Ergebnis zu erzielen. Wichtig ist auch, dass frühe, mittelfrühe und späte Gräser angesät werden, um ein gleichmäßiges Wachstum während der Weideperiode zu gewährleisten. Die Unkräuter, die natürlich zeitgleich mit den Gräsern sprießen, müssen bekämpft werden. Sie überwuchern und ersticken mit der Zeit das Gras. Unkräuter leiden unter häufigem Schneiden. Um sie erfolgreich zu bekämpfen, macht man sich diesen Umstand zunutze. Sobald sie 10 bis 15 cm hoch sind, werden sie mit dem hoch gestellten Mähwerk geschnitten. Eine genaue Beobachtung der Wuchshöhe ist wichtig, um den geeigneten Schnittzeitpunkt zu erwischen. Die Blütenstände des Unkrauts werden so „geköpft" und können keine Samen mehr bilden. Das Gras bekommt mehr Licht und Luft und kann besser wachsen.

Neu angesäten Weiden sollte man im Gegensatz zu nachgesäten Flächen eine Ruhepause gönnen, damit die jungen Gräser Zeit zum Anwachsen haben. Das Optimum erreicht man, wenn der erste Schnitt nach der Saat abgeführt wird, bevor sich wieder Esel darauf tummeln. Heuen wäre in diesem Fall schlecht, da die mechanischen Geräte am Boden kratzen und dabei die jungen Pflanzen ausreißen.

Düngung

Weidegräser sind anspruchsvolle Kulturpflanzen, die ohne Düngung den Boden auslaugen und mit der Zeit selbst nicht mehr existieren können. Stickstoff ist als natürliches Lebenselixier unverzichtbar. Eine naturgemäße Nutzung des Stickstoffs aus organischen Düngern kann nur mit Kompost erreicht werden. Eselhalter, die jedoch nicht noch fachgerechtes Kompostieren zum Hobby haben, müssen auf Handelsprodukte zurückgreifen. Die im Verkauf erhältlichen organischen Stickstoffdünger sind sehr teuer. So bleibt noch der Griff zum Handelsdünger. Um das natürliche Bodenleben so wenig wie möglich zu belasten, bringt man davon sehr kleine Mengen aus. Stickstoff wird durch Wasser ausgewaschen und kann daher nur in der Wachstumsperiode eingesetzt werden. Vorzugsweise wird eine erste Gabe zu Beginn der Wachstumsperiode und später nach jedem Umtrieb oder nach der Heuernte ausgestreut. Solange die Düngerkörner noch sichtbar sind, dürfen die Esel selbstverständlich nicht auf die Weide!

Da man die Gesundheit der Tiere nicht gefährden will, darf die Düngemenge nicht zu hoch angesetzt sein. Die Düngung soll nicht große Futtererträge fördern, sondern lediglich den nötigen Nährstoffbedarf für ein gesundes Wachstum der Gräser decken. Für Eselweiden kommen meist nur basische Stickstoffdünger in Frage. Im Zusammenhang mit der Stickstoffaufnahme kann der Vorteil des Klees genannt werden. Klee hat die Fähigkeit, Stickstoff aus der Luft aufzunehmen und auch für andere Pflanzen verfügbar zu machen. Aber auch Phosphor, Kalium und Kalzium gehören zu den wichtigsten Hauptnährstoffen für Pflanzen. Grundsätzlich unterscheidet man zwischen organischen und mineralischen Düngemitteln. Mineralische Düngemittel wirken schneller, organische bleiben lange an der Oberfläche und geben die Nährstoffe langsam und schrittweise ab.

Dünger sollten nicht auf gefrorene Böden und bei großer Nässe oder Trockenheit ausgebracht werden. Gute Weidepflanzen gedeihen am besten bei einem pH-Wert von 6,5 bis 7. Der pH-Wert gibt an, ob eine Lösung sauer (< 7) oder basisch (> 7) ist.

Es gibt unzählige Düngerprodukte im Handel zu kaufen. Der „Eselbauer" lässt sich am besten von einem Fachmann beraten oder er wählt einen Volldünger, denn damit wird sein Boden mit allen nötigen Nährstoffen, einschließlich der Spurenelemente, versorgt.

Düngerprodukte

- Verrotteter Rinder- oder Hühnermist und Kompost sind Volldünger und müssen vor Vegetationsbeginn oder im Herbst ausgebracht und mit einer Schleppe eingearbeitet werden.
- Ein guter organischer Bodenverbesserer für kleine Flächen ist Hornmehl (200 kg/ha). Dadurch wird das natürliche Bodenleben gefördert. Hornmehl wird im Frühjahr bei Vegetationsbeginn ausgebracht und ist ein biologischer Stickstoffdünger.
- Mineralische Dünger, z. B. Basalte (basisch) und Granit- oder Gneismehle (sauer), enthalten eine Fülle an Spurenelementen und regenerieren mit einem regen Bodenleben zusammen die Weiden. Sie werden im Herbst oder während des Winters gestreut (400–800 kg/ha).
- Kalk (Algenkalk, Hüttenkalk) trägt ebenfalls zur Bodenverbesserung bei, zu viel kann allerdings mehr schaden als nützen. Der Sauerampfer auf der Wiese verlangt nach einer Kalkdüngung. Die Wirkung einer Kalkgabe (600 kg/ha) im Herbst, Winter oder im zeitigen Frühjahr zeigt sich erst Jahre später. Kalk wirkt desinfizierend, denn er vernichtet Parasiteneier auf der Weide.
- Eine reine Stickstoffdüngung ist zum Beispiel eine Gabe von Ammonsalpeter (30 kg/ha).

Gülle, Jauche und Klärschlamm kommen für die Eselweide nicht in Frage, ebenso Pferde- oder Eselmist, weil dieser immer infektiöse Wurmeier und Larven enthält.

Wer ganz gezielt düngen will, nimmt Bodenproben, lässt sie analysieren und wendet sich anschließend an eine Beratungsstelle (Saatgutberatung, landwirtschaftliche Lehr- und Versuchsanstalten, Düngerhersteller). Eine Bodenanalyse ist nicht so teuer und mit gezielten Nährstoffgaben schont man die Natur und macht Einsparungen beim Düngerkauf.

Reinigungsschnitt

Auf den abgeweideten Koppeln bleiben immer allerlei Gräser und Kräuter, die den Eseln einfach nicht schmecken, stehen. Auch in der Umgebung ihrer Mist- und Urinierplätze meiden sie das Gras. Diese so genannten Geilstellen entstehen auf jeder Weide und müssen ein- bis zweimal jährlich abgemäht werden. Wird die Weide von überalterten Pflanzen befreit, haben die jungen Gräser bessere Chancen wieder kräftig zu gedeihen. Durch wiederholtes Mähen lassen sich auch Unkrautstellen (z. B. Brennnesseln) besser in Schach halten. Da die Schnitthöhe 6 bis 8 cm betragen sollte, fällt auch nicht sehr viel Schnittgut an und kann auf der Weide liegen bleiben. Während der Erholungspause der Koppel verrottet es dann von selbst. Liegt das Schnittgut zu dick, muss es entfernt oder getrocknet und als Heu geerntet werden. Dass es als „Schnittgras" nicht gefüttert wird, sollte selbstverständlich sein.

Einzäunung und Ausrüstung

Zäune sollen stabil und sicher sein, Wind und Wetter ertragen und jahrelang einwandfrei funktionieren. Zuweilen kann das Einzäunen von Eseln ganz schön nervenaufreibend sein. Hat erst einmal ein findiger Kopf das Ausbrechen entdeckt, ist es äußerst schwierig ihn vom effektiven Zweck einer Abgrenzung zu überzeugen. Esel sind wahre Bewegungskünstler, was das Überwinden menschlich errichteter Barrieren betrifft. Überspringen, Überklettern, Umrennen,

Eindrücken und sogar Untendurchkriechen gehört zu ihrem Ausbruch-Repertoire.

Zäune sind teuer in der Anschaffung sowie arbeitsintensiv und aufwändig im Unterhalt. Es ist also klug, sich vor deren Errichtung Gedanken über die gestellten Anforderungen zu machen. Nachstehende Kriterien beeinflussen im Wesentlichen die Bauart eines Zaunes:

- Dauerweide oder temporäre Weide
- Topografie (Abgründe, Hügel, Gräben)
- Angrenzende Grundstücke (Autostraßen, Bahndämme, Siedlungsgebiet, Spazierwege, Wald, Wiesen, Gewässer)
- Zufahrt mit Maschinen und Geräten
- Überwachungs- und Kontrollmöglichkeit
- Stromanschluss
- Kosten- und Zeitaufwand für Erstellung und Unterhalt
- Länge

Flexible Zaunsysteme

Bewegliche Zaunsysteme kommen überall dort in Frage, wo der Zaun nur temporär errichtet wird. Solche Zäune sind nicht sehr stabil und brauchen deshalb Strom, um die Ausbruchsicherheit zu gewährleisten.

Kunststoff-Weidenetze

Die Kunststoff-Weidenetze werden vor allem zur Einzäunung von Schafen und Geflügel verwendet. Sie sind für Esel ungeeignet, da die Verletzungsgefahr sehr groß ist. Esel respektieren den elektrischen Schlag nicht sehr und kommen deshalb dem Netz zu nahe. Die Gefahr, dass sie sich dabei mit ihren Hufen im Geflecht verfangen, ist groß. Aber auch wenn die eingezäunte Weide nicht besetzt ist, weil die Esel sich im Stall aufhalten oder unterwegs sind, birgt das Weidenetz Gefahren für Wildtiere. Es kommt häufig vor, dass Igel in die Netze geraten und sich dabei strangulieren.

Elektrozaun

Ein Elektrozaun als Außenzaun für eine Eselweide ist nicht absolut zuverlässig. Er birgt sehr viele Unsicherheitsfaktoren, die ein Ausbruchrisiko bedeuten. Ganz unbemerkt wird zum Beispiel durch Gras oder Äste der Strom abgeleitet oder im Winter mindert Schnee auf den Isolatoren den Schlag. Alte Kunststoffbänder oder solche mit wenig oder beschädigten Leiterdrähten reduzieren die Hütesicherheit zusätzlich. Außerdem lässt sich manch ein dick bepelzter Esel von dem schwachen Schlag nicht mehr beeindrucken!

Werden Esel mit einem Elektrozaun eingezäunt, muss dieser regelmäßig überprüft werden. Für die Eckpfosten verwendet man stabile Pfähle, dazwischen genügen leichte Steckpfähle. Die zwei bis drei horizontal verlaufenden Litzen müssen straff gespannt sein. Der unterste Strom führende Draht sollte mindestens 30 cm Abstand vom Boden haben. Das Weidezaungerät darf für Dritte nicht zugänglich sein. An batteriebetriebenen Geräten muss ab und zu der Ladezustand überprüft werden. Die Spannung muss ebenfalls regelmäßig mit einem Prüfgerät kontrolliert werden. Sie sollte mindestens 2500 Volt betragen.

Als Weideunterteilung oder als Innenzaun, um den Außenzaun vor Verbiss oder Scheuern zu schützen, leistet der Elektrozaun gute Dienste. Elektrozäune, bestehend aus Kunststoff-Steckpfählen und Elektro-Zaunbändern, sind im Handumdrehen aufgestellt. Die verschieden breiten Zaunbänder werden in auffälligen Warnfarben angeboten, damit sie für die Tiere gut sichtbar sind. Gerade bei nicht permanenten Zäunen ist der Sichtbarkeit große Bedeutung beizumessen. Nicht nur die Esel müssen ihren Zaun als Begrenzung sehen, auch für die Wildtiere ist das Erkennen dieser Hindernisse außerordentlich wichtig.

Feste Zaunsysteme

Holzzaun

Der Klassiker unter den Zäunen ist der Holzzaun. Ein Holzzaun ist gut sichtbar und fügt sich gleichzeitig sehr schön in das Landschaftsbild ein. Allerdings ist er kostspielig in der Anschaffung, vor allem wenn größere Flächen eingezäunt werden sollen. Ein Holzzaun kann mit einigem Aufwand selbst montiert werden. Wer einen wirklich haltbaren Holzzaun errichten möchte, muss zumindest für die Pfähle anstatt des gewöhnlichen Kiefernholzes teures Hartholz wie Eiche oder Akazie auswählen. Unabhängig von der verwendeten Holzart müssen Pfähle und Querlatten imprägniert werden, wenn man für die nächsten zwanzig Jahre Ruhe haben will.

Die Holzpfähle können rund oder quadratisch gewählt werden. Sie sollten etwa 10 cm dick sein und in einem Abstand von 2,5 m bis 3,0 m mindestens 50 cm tief in den Boden gerammt werden (vorlochen empfehlenswert). Das obere Ende wird abgeschrägt oder abgedeckt, damit das Regenwasser besser abfließen kann. Die zwei bis drei Querlatten werden von innen an die Pfosten geschraubt, damit die Esel sie nicht nach außen wegdrücken können. Die Zaunhöhe sollte je nach Eselgröße 1 m bis 1,40 m betragen. Um Kosten und Arbeit zu sparen, besteht die Möglichkeit eine oder zwei untere Querlatten durch einen gespannten 3,8 bis 4 mm dicken Glattdraht zu ersetzen. Dabei dürfen die Krampen, mit denen der Draht an den Pfählen befestigt wird, nicht ganz festgeschlagen werden. Der Draht muss sich mit Hilfe von zwischenmontierten Drahtspannern nachträglich noch nachspannen lassen und soll deshalb unter den Krampen verschiebbar bleiben.

Der Holzzaun hält länger, wenn er von Zeit zu Zeit mit Holzschutzmitteln gestrichen wird. Nach Möglichkeit sind ungiftige

Auf die Sicherheit seiner Einzäunung muss sich der Eselhalter verlassen können. Die Ausbrechvarianten der Esel umfassen ein großes Spektrum.

Anstriche zu verwenden, vor allem dann, wenn die Esel direkten Kontakt zum Zaun haben. Ab und zu muss vielleicht eine Querlatte ersetzt werden.

Kunststoffzäune

Zäune aus Kunststoff erfreuen sich zunehmender Beliebtheit. Sie bestehen aus splitterfreiem PVC, Vinyl oder Recycling-Material. Als absolut wartungsfrei und garantiert unverwüstlich werden sie angepriesen. Die Sichtbarkeit ist hoch und das Verletzungsrisiko für die Tiere ist äußerst gering. Auch die Montage ist meistens einfach und in Eigenleistung durchführbar. Leider sind Zäune aus Kunststoff ebenfalls ziemlich kostspielig. Es existieren diverse Anbieter mit unterschiedlichen Lösungen für Kunststoffzäune wie zum Beispiel:

- hohle, mit Rippen verstärkte Pfähle und Latten,
- Spannzäune aus mit Stahlseilen verstärkten PVC-Bändern und
- Spannzäune aus gummierten Gewebebändern (ausgediente Förderbänder).

Wer die leuchtend weißen Zäune nicht gerne sieht, kann sie auf Anfrage beim Lieferanten auch in diskreterem Braun oder bei großen Bestellungen in anderen Farben bekommen. Vorsicht ist bei gummierten Gewebebändern geboten. An Stellen, wo die Gummischicht beschädigt ist und das darunter liegende Gewebe ausfranst, beginnen die Esel zu knabbern. Verschluckte Nylonfransen können zu Koliken führen.

Eine Wartung ist nicht nötig, es sei denn, der Zaun wird durch Moos und Witterung unansehnlich und muss gereinigt werden.

Knotengitter

Ein Knotengitterzaun aus verzinktem Stahldraht ist robust, sehr ausbruchsicher und dabei noch erschwinglich. Das Gitter wird an Holz-, Kunststoff- oder Metallpfosten montiert. Metallpfosten müssen einbetoniert, die anderen Pfähle können eingerammt werden. Die Beanspruchung der Eckpfosten ist außerordentlich hoch. Durch die Montage von diagonalen Stützen oder die Verwendung von dickeren Pfosten, die tiefer in den Boden gerammt werden, wird die nötige Stabilität erreicht. Als oberer Abschluss dient ein starker Draht, eine Holzlatte oder ein Metallrohr. Knotengitterzäune haben den Vorteil, dass sie nicht nur die Esel am Ausbrechen hindern, sondern auch unerwünschte Besucher am Eindringen. Um ein Überklettern oder Herunterdrücken des Knotengitters durch Passanten zu verhindern, kann zuoberst ein Strom führender Draht gezogen werden.

Um ungepflegt aussehendes Überwuchern zu vermeiden, sollte der Knotengitterzaun von hoch wachsendem Gras regelmäßig befreit werden. Im Laufe der Zeit muss er vielleicht einmal nachgespannt werden.

Elektroweidezaun

Unter den permanenten Zäunen hat der Elektrozaun ebenfalls einen festen Platz eingenommen. Er bietet eine kostengünstige und schnell erstellte Alternative zu den Holz-, Plastik- oder Gitterzäunen. An fest eingerammten Pfählen werden Isolatoren eingeschraubt. Durch die Isolatoren können dann Stahldrähte, Drahtlitzen, Kunststofflitzen, -kordeln oder -bänder geführt werden. Teilweise ist sogar die Verwendung von Isolatoren überflüssig, da selbstisolierende Hölzer (Insultimber) oder Kunststoffpfosten zur Anwendung kommen. Die Strom führenden Drähte werden mit Spezialklammern an diesen Pfählen befestigt. Alle Drähte müssen mit Drahtspannern versehen sein, da man sie, vor allem eine Weile nach der Montage, nachspannen muss. Spannfedern gleichen Temperaturunterschiede aus und halten immer die richtige Zaunspannung.

Die Eckpfosten müssen einbetoniert oder zumindest gut verstrebt werden, da sie durch das Spannen der Drähte einer großen Belastung ausgesetzt sind. Der Abstand von Pfahl zu Pfahl kann dafür bis 10 m betragen. Als Stromquelle für elektrische Festzäune empfiehlt sich ein Weidezaungerät mit Netzanschluss oder eines der relativ neu auf dem Markt erhältlichen Solar-Weidezaungeräte für den Ganzjahresbetrieb. Die Auswahl des Gerätes ist abhängig von der Länge des Zaunes. Es gibt Weidezaungeräte, die sogar ein gewisses Maß an Bewuchs vertragen, ohne an Leistung einzubüßen. Besondere Beachtung muss der Erdung zukommen. Für Hochleistungsgeräte sind etwa 1 m lange, speziell leitfähige Erdungsstäbe unerlässlich. In Trockenzeiten kann es sogar notwendig sein, das Erdungssystem regelmäßig mit Wasser zu begießen. Die elektrifizierten Festzäune müssen entlang von öffentlichen Straßen und Anlagen mit Warnschildern gekennzeichnet sein. Eventuell ist das zusätzliche Anbringen von Schreckbändern zur Erhöhung der Sicherheit notwendig. Der unterste Strom führende Draht muss mindestens 30 cm Abstand zum Boden haben, um kleine Wildtiere und Amphibien nicht zu gefährden.

Die Wartung eines Elektrozaunes beschränkt sich auf das regelmäßige Schneiden des Grases und das Entfernen von anderen Strom ableitenden Gegenständen. Von Zeit zu Zeit sollten die Spannung von mindestens 2500 V kontrolliert und die Drähte nachgespannt werden.

Weidetore

Die Weidetore sind in der Regel aus dem gleichen Material wie der Zaun gefertigt. Die Breite sollte ungefähr 3,5 bis 4 m betragen. Holztore lassen sich mit einigem Geschick selbst herstellen. Die Torpfosten müssen, wie die Eckpfosten auch, sehr gut verankert sein. Es ist sinnvoll Weidetore mit Vorhängeschlössern zu sichern. Vorzugsweise lassen sie sich nach innen zur Weide öffnen. Lieferanten von Kunststoffzäunen bieten auch die zum Zaun passenden Tore an. Für flexible Elektrozäune verwendet man isolierte Torgriffe. Wer ein bisschen Komfort schätzt und am Boden liegende Griffe mit Bändern oder Drähten vermeiden möchte, kann sich einen Torgriff mit Feder oder mit Zaunband-Aufroller anschaffen. Offene Weideausgänge mit herumliegenden Bändern sind tückische Unfallquellen. Für elektrische Festzäune oder Knotengitterzäune eignen sich auch Weidetore aus feuerverzinkten Stahlrohren, die man fertig im Handel beziehen kann. Die Tore sollten aus Sicherheitsgründen nicht in die Ecke des Zauns platziert werden.

Tüdern, Fußfesseln

Tüdern nennt man das Anbinden eines Esels an einem Pflock, der in den Boden eingeschlagen wird. Der Esel trägt dazu ein Halfter mit einem langen Strick oder einer Kette, die am Metallring des Pflocks befestigt wird. Die Tiere verheddern sich dabei leicht im Strick, hässliche Wunden in der Fesselbeuge sind die Folgen. Die Unfallgefahr beim Tüdern ist so groß, dass das Tier ständig unter Aufsicht sein muss und unter diesen Umständen kann es ebenso gut auch geführt werden! Junge Tiere dürfen überhaupt nicht angepflockt werden. Wenn es sein muss, dann kommt Tüdern nur für ältere, ruhige Tiere in Frage.

In südlichen Ländern sieht man häufig Esel und Pferde, die durch Fußfesseln, so genannte Hobbles, am Weglaufen gehindert werden. Entweder sind die Vorder- oder ein Vorder- und ein Hinterbein zusammengebunden. Diese Methode ist Tierquälerei. In Deutschland ist weder das Tüdern noch das Hobble (Fußfesseln) erlaubt.

Witterungsschutz

Haben die Esel von der Weide aus keinen direkten Zugang zum Stall, benötigen sie unbedingt einen Schutz gegen Wind, Kälte, Nässe, Sonne und Insekten. Der Witterungsschutz besteht aus einem auf drei Seiten geschlossenen Unterstand mit regendichtem Dach und trockenem Boden. Die Schutzhütte sollte auf einer Bodenerhebung errichtet werden. Hoch gelegene Plätze mit festem, trockenem Untergrund in luftiger Umgebung entsprechen den Bedürfnissen der Esel. Senken sind nicht geeignet. Dort staut sich das Wasser, im Sommer wird es schwül und stickig und im Herbst sammeln sich dort Kälte und Nebel. Die offene Front des Unterstandes sollte zur Wind abgewandten Seite zeigen, in der Regel ist dies der Süden. Als Insektenschutz hat sich das Anbringen von Streifenvorhängen aus etwa 30 cm breiten, transparenten PVC-Streifen bewährt. Das Regenwasser vom Dach darf nicht in Richtung Vorderseite fließen, sondern muss nach hinten vom Eingang weg geleitet werden. Eventuell ist es nötig den Boden in der näheren Umgebung des Unterstandes zu befestigen, um tiefem Morast vorzubeugen. Der Unterstand muss ausreichend Platz für alle Esel gewährleisten, sodass es keinem Tier möglich ist einem Artgenossen den Zutritt zu verwehren. Pro Esel rechnet man mit einer Fläche von dreifacher Widerristhöhe im Quadrat. Beispiel für vier Esel mit 1,10 m Stockmaß: $3 \times Wh^2 \times n = 3 \times 1{,}1^2 \times 4 = 14{,}52$ qm.

Wasser

Eine Tränkemöglichkeit in Form eines Troges, Tränkewagens oder einer Selbsttränke auf der Weide ist von Vorteil und unerlässlich, wenn sich die Tiere längere Zeit dort aufhalten. Stehendes Wasser aus Behältern wird, vor allem an heißen Tagen, sehr schnell schal und abgestanden und muss

Auf die Verwendung von Stacheldraht sollte unbedingt verzichtet werden, da es immer wieder zu Unfällen mit schlimmen Verletzungen kommt.

deshalb täglich erneuert werden. Die Behälter sind von Algen und anderem Schmutz zu reinigen.

Falls sich die Esel mit Wasser aus natürlichen Gewässern versorgen können, muss ein sicherer und befestigter Zugang bestehen. Werden die Tiere längerfristig aus natürlichen Gewässern versorgt, ist es sinnvoll und beruhigend, Wasserproben analysieren zu lassen, um Vergiftungen durch belastete Gewässer zu vermeiden.

Mit einer so genannten Weidepumpe kann mittels Saugschlauch Wasser aus für die Esel unzugänglichen Stellen gepumpt werden. Es gibt verschiedene Systeme, aber bei allen muss der Esel die Pumpe mit der Nase in Betrieb setzen. Durch längere Beobachtungen muss sicher gestellt werden, dass alle Esel die Pumpe benutzen.

Sicherheitsvorkehrungen

Um sich unnötigen Ärger und Streitigkeiten mit Nachbarn zu ersparen, sollten vor der Errichtung eines Festzaunes die gesetzlichen Bestimmungen über geltende Grenzabstände studiert werden. Diese sind von Ort zu Ort verschieden und bei den jeweiligen Ämtern erhältlich.

Die Weide muss regelmäßig auf unachtsam oder mutwillig weggeworfene Gegenstände von Passanten abgesucht werden. Gerade entlang von öffentlichen Wegen besteht immer wieder die Gefahr, dass Müll einfach über den Zaun geworfen wird. Nach stürmischem Wetter sind oft Plastikfetzen auf der Weide zu finden. Alle Gegenstände gilt es umgehend zu entfernen, bevor sie von den Eseln gefressen werden.

Unter Umständen ist es sinnvoll oder sogar notwendig, entlang von öffentlichen Wegen eine Schutzhecke aus Weißdorn, Hainbuche, Hasel, Weiden, Schwarzdorn, Wildrosen oder Brombeeren anzulegen. Es ist äußerst unerwünscht, wenn Esel dauernd von Dritten gefüttert oder – wie so oft der Fall – geneckt werden. Die Gefahr, dass Esel schlechte Nahrungsmittel oder irgendwo abgerissene Giftpflanzen angeboten bekommen, ist nicht zu unterschätzen! Zusätzlich bietet eine Hecke den Tieren Abwechslung auf dem Speiseplan. Sie wird auf der Innenseite des Zaunes automatisch kurz gehalten. Eine Hecke allein genügt jedoch als Einzäunung nicht – die Esel würden sich in Kürze durch sie hindurch fressen!

Weiden an stark befahrenen Straßen sind zu meiden. Die Schadstoffe der Autos lagern sich bis weit ins Weideland hinein auf dem Gras und im Boden ab. Die Weide sollte keine spitzen Winkel aufweisen, damit die Tiere bei Auseinandersetzungen nicht in Bedrängnis geraten. Esel neigen zwar nicht zu Panikreaktionen, aber man sollte jedes unnötige Risiko möglichst vermeiden. Einzäunungen aus Stacheldraht sind gänzlich abzulehnen. Vielerorts ist deren Verwendung entlang von öffentlichen Wegen sogar gesetzlich verboten. Gewässer stellen keine sichere Eingrenzung dar. Wenn Esel auch nicht gerne durchs Wasser gehen, so sind sie jederzeit in der Lage sich für eine Durchquerung zu entscheiden.

Ernährung

Des Esels liebstes Geschäft ist das Fressen. Das ist nicht weiter verwunderlich, verbrachte doch sein wilder Vorfahre mehr als die Hälfte des Tages mit der Nahrungsaufnahme. Dass dies ein unbedingtes Muss für ihn war, begründete sich in dem kargen Nahrungsangebot seines Herkunftsgebietes. Das Verdauungssystem unserer Hausesel ist ebenfalls an den Lebensraum Wüste angepasst. Es ist auf optimale Ausnutzung der Nahrung ausgelegt. Der Esel kaut und frisst langsam. Die Futterverwertung von Eseln soll 30 % höher sein als die von Pferden. Darum werden üppige Weiden den Eseln oft zum Verhängnis. Sie verfetten oder leiden unter Kolik, Hufrehe und Lebererkrankungen. Futtermittel für Hausesel müssen mit dem ursprünglichen Futterangebot der Wildesel verglichen werden, wenn man sie bezüglich ihrer Eignung und Verträglichkeit überprüfen will.

Grundfutter

Heu

Gutes Heu ist das wichtigste Grundnahrungsmittel für Esel. Jedes Jahr vor der Heuernte stellt sich wieder die bange Frage, ob das Wetter wohl gut bleibt, damit das Heu nicht verregnet. Das Wetter spielt eine große Rolle bei der Gewinnung von qualitativ hochwertigem Futter und trotz erfolgreicher Ernte entstehen immer noch Qualitätsverluste durch die Konservierung. Zusätzlich fallen feine Blätter, Blüten und Samen durch das häufige Wenden sowie beim Pressen ab.

Das Alter der Futterpflanze zum Zeitpunkt der Ernte bestimmt den Nährwert des Heus entscheidend. Bei späten Schnitten steigt der Rohfaseranteil an, während Rohprotein- und Energiegehalt sinken. Dabei nimmt auch die Verdaulichkeit ab. Älteres Heu ist als Eselfutter geeigneter, weil es einen niedrigen Eiweißgehalt aufweist. Außerdem nehmen die Esel gerne grob strukturiertes Futter auf und speicheln es durch gutes Kauen auch besser ein. Doch Vorsicht, spät geschnittenes Heu von intensiv bewirtschafteten (gedüngten) Weiden ist nicht unbedingt ideales Eselheu! Oft sind die Stängel durch das lange Stehen braun, verholzt oder in Bodennähe halb verfault. Solches Heu füttert der Landwirt seinen Rindern, aber für Esel ist es nicht geeignet. Späte Schnitte (nach Mitte Juni) sind nur von extensiv bewirtschafteten Flächen sinnvoll. Um die Heuqualität beim Einkauf zu beurteilen, können chemische Analysen oder eine gefühlsmäßige Bewertung nach verschiedenen Qualitätsmerkmalen dienen. Die Eigenschaften, die ein gutes Heu auszeichnen, sind nachfolgend in abnehmender Qualität aufgeführt:

- Farbe: zartgrün, gelblich, ausgeblichen, gebräunt, schwärzlich, schimmlig
- Geruch: aromatisch, gut, fade, brandig, muffig, faulig
- Struktur: blattreich, griffig, rau, blattlos, holzig, sperrig
- Verunreinigung: staubfrei, wenig Bodenstaubgehalt, Erdklumpen und Steine
- Zusammensetzung: Gräser, Kräuter, Klee (eiweißhaltig!), Unkräuter, Giftpflanzen
- Schnittzeitpunkt: unmittelbar nach der Blüte, vor der Blüte, sehr spät

Ideales Eselheu sollte also eine zartgrüne Farbe haben, aromatisch riechen und genügend Blattmasse aufweisen. Es soll aus Gräsern und Kräutern bestehen und am besten unmittelbar nach der Blüte geschnitten worden sein. Zu früh geerntetes Heu ist zart und eiweißreich und muss bei der Verfütterung unbedingt durch ausreichend Futterstroh ergänzt oder mit älterem Heu vermischt werden. Wenn das Heu in der Hand beim Zusammendrücken sticht, ist es ein Hinweis auf einen hohen Verholzungsgrad, also einen geringen Nährwert und eine schlechtere Verdaulichkeit.

Beim Aufschneiden eines Heuballens sollte dieser in lockere Scheiben zerfallen, die gut aufgeschüttelt werden können. Maschinell geerntetes und belüftetes Heu muss vor dem Füttern außerhalb des Stalls aufgeschüttelt werden, damit der Staub entweichen kann. Finden sich im Ballen verklebte, braun-graue Nester, darf das Heu weder gefüttert noch eingestreut werden. Es deutet darauf hin, dass das Heu zu früh und zu feucht gepresst worden ist und dadurch faulig und schimmlig wurde. Das Heu von diesen Ballen ist wie verklebt und lässt sich nur sehr mühsam aufschütteln, wobei es einen feinen, intensiven Staub verbreitet. Durch den Verzehr von schimmligem Futter erkranken die Esel an Durchfall und Koliken oder leiden bald an Atemwegserkrankungen, die durch das Einatmen der Schimmelsporen im Staub entstehen.

Feldgepresstes Heu ist kritisch zu prüfen, weil in nördlicheren Regionen die vier Tage Sonnenschein, die notwendig sind, um das Heu optimal zu trocknen, oft nicht gegeben sind. Im Gegensatz zum Belüftungsheu ist das feldgepresste Heu weniger staubig und die Heuhalme sind bedeutend länger. Bis das Heu nämlich auf dem Heustock liegt, wird es von Ladewagen und Dosiergeräten mindestens dreimal geschnitten, um leichter verarbeitet werden zu können. Zusätzlich wird durch das Gebläse der Heubelüftung Jahr für Jahr derselbe Staub und Schmutz durch das Heu geblasen, sofern der Landwirt seinen Heuboden nicht regelmäßig entleert und reinigt.

Frisch geerntetes Heu darf niemals sofort gefüttert werden – es muss mindestens zehn Wochen lang lagern. „Ausschwitzen“ nennt man diesen Prozess. Auch wenn zehn Wochen vorüber sind, mischt man es zuerst mit altem Heu vom Vorjahr in täglich größer werdenden Anteilen.

Jede Veränderung in der Fütterung muss schrittweise durchgeführt werden.

Abrupte Futterwechsel können Koliken zur Folge haben, weil sich das Verdauungssystem der Esel nur langsam auf neues Futter umstellen kann. Bis es so weit ist, wird die bisher ungewohnte Nahrung schlecht verdaut. Dies gilt vor allem auch im Frühjahr, wenn die Weidesaison beginnt.

Grummet (Emd, Öhmd), also alle folgenden Ernten nach dem Heuen, ergeben kein geeignetes Eselfutter.

Stroh

Auch Stroh eignet sich, allerdings nur in begrenzter Menge, als Raufutter. Getreidepflanzen zählen ebenfalls zu den Gräsern, sie enthalten wenig Eiweiß, dafür aber die für Esel wichtigen Rohfasern. Nähr- und Mineralstoffe hingegen liefern sie sozusagen keine. Wegen der Verholzung ist Stroh schlecht verdaulich. Es bindet im Darmtrakt weniger Wasser als Heu, deshalb ist die Gefahr einer Verstopfung im Dickdarm und somit einer Anschoppungskolik groß. Stroh muss immer einwandfrei sein, ob es als Futter oder Einstreu verwendet wird. Muffig, brandig riechendes oder angeschimmeltes Stroh ist zu verwerfen. Die meist verbreiteten Strohsorten, die sich zum Füttern und als

Wildesel verbringen den größten Teil des Tages mit der Futtersuche und -aufnahme. Auch unsere Hausesel sind „auf Fressen programmiert".

Streu bewähren, sind Hafer- und Sommerweizenstroh, Gersten- und Roggenstroh. Die Grannen der Gerste können beim Verzehr die Esel im Hals kratzen oder kitzeln. Leider wird Getreidestroh immer öfter mit Halmverkürzern gespritzt. Hierdurch scheint es vermehrt zu Allergien und Koliken zu kommen. Biologisch angebautes Stroh weist immer einen hohen Grasanteil auf, weshalb auf die einwandfreie Trocknung vor dem Pressen besonders gut geachtet werden muss.

Grassilage

Die Verwendung von Silage hat ihren Ursprung in der bäuerlichen Viehfütterung und gewinnt in jüngster Zeit unter den Pferdehaltern zunehmend an Beliebtheit. Man lässt das geschnittene Gras lediglich anwelken. Dann wird es in Ballen gepresst und in eine Folie verpackt. Anwelksilage wird von den Eseln gerne aufgenommen, wenn sie sich erst einmal an den Geschmack gewöhnt haben. Die Fütterung von Silage kommt allerdings für Eselhalter kaum in Frage, weil eine zu große Menge, die schnell aufgebraucht werden soll, anfällt. Geöffnete Siloballen müssen innerhalb von vier Tagen verbraucht sein, will man kein verdorbenes Futter erhalten. Außerdem muss bei der Silageherstellung sehr sauber gearbeitet werden, da sonst bakterielle Vergiftungen drohen: Der Erreger des Botulismus, *Clostridium botulinum*, kommt in der Natur relativ häufig vor, kann jedoch in einer eiweißhaltigen und sauerstofflosen Umgebung mit einer Temperatur zwischen 15 und 35 °C ein tödliches Nervengift entwickeln. Silage bietet dafür ideale Bedingungen. Den Eseln droht eine tödliche Lähmung. Überdies steigt bei reiner Silagefütterung das Risiko von Verstopfungen, da Silage im Allgemeinen nicht so gut gekaut wird.

Relativ neu auf dem Markt ist Haylage, ein siliertes Grünfutter mit höherem Rohfaseranteil und mehr Trockensubstanz als herkömmliche Grassilage. Haylage wird in Kleinballen angeboten, so dass es auch bei Beständen mit wenig Tieren in kurzer Zeit aufgebraucht werden kann. Trotzdem bleiben Anwelkprodukte grundsätzlich für Esel unnatürliche Futtermittel und sollten höchstens Stauballergikern oder alten Eseln mit Zahnproblemen angeboten werden.

Gras

Die Umstellung von der Winterfütterung auf Gras sollte sehr langsam und in kleinen Schritten erfolgen. Das junge Gras ist eiweiß-, kalium-, phosphor- und wasserreich und der Rohfasergehalt ist noch äußerst gering. Zu Beginn der Weidesaison dürfen die Esel nur eine Viertelstunde grasen. Von Tag zu Tag kann dann die Aufenthaltsdauer auf der Weide ein wenig verlängert werden. Da unsere Weidegräser sehr energiereich sind und viel Kohlenhydrate enthalten, macht ein zu großzügig bemessener Weidegang die Esel dick. Hinzu kommt, dass zahlreiche Grassorten überschüssigen Zucker aus der Photosynthese in Zuckermolekülen speichern, und zwar dann, wenn ausreichend Licht vorhanden ist, aber die Pflanze aus unterschiedlichen Gründen (Kälte, mangelnde Nährstoffe im Boden, Stress durch übermäßigen Verbiss) die Energie nicht ins Wachstum stecken kann. Dieses so genannte Fruktan ist für Esel sehr schwer verdaulich und gilt als Auslöser futterbedingter Hufrehe. Der Weidegang muss also über die ganze Saison hinweg begrenzt bleiben. Hierfür gibt es folgende Möglichkeiten:

- Einteilen der Weidefläche in Parzellen;
- zeitliche Einschränkung des Weideaufenthaltes;
- vorgängiges Abweiden durch Kühe, Rinder oder Schafe;
- Nutzung von Nachmahdflächen;
- Anziehen eines Maulkorbes, damit der Esel nur eingeschränkt Gras aufnehmen kann.

Während der Wachstumsperiode sollte an sonnigen und gleichzeitig frostigen Tagen auf den Weidegang verzichtet werden, dies gilt auch im Herbst. Heu und/oder Stroh sollten trotz Weidegang angeboten werden, da die Esel von ihrer Herkunft her trockene Nahrung gewohnt sind.

Schnittgras

Von Hand geschnittenes Gras muss ganz frisch sein und darf nur in begrenzten Mengen gefüttert werden. Es darf nur kurz an einem trockenen, schattigen Ort gelagert werden. Das Gras muss sich beim Verfüttern immer noch kühl und knackig anfühlen. Um einem hastigen Aufnehmen des Grases vorzubeugen, kann es mit etwas Heu oder Stroh abgedeckt werden. 3,5 bis 4 kg frisches Gras entsprechen etwa 1 kg Heu.

Oft erhalten Eselbesitzer die Erlaubnis Straßenränder, Eisenbahnböschungen oder Feldränder für ihre Esel abzumähen. Meistens ist dieses Schnittgras jedoch mit Hundekot oder Pestiziden verseucht und kann beim Esel Vergiftungen verursachen.

Mit dem Rasenmäher geschnittenes Gras darf niemals verfüttert werden. Es ist viel zu fein und wird dadurch zu hastig aufgenommen. Schlimme Koliken sind die Folge.

Zusatzfutter

Der Esel benötigt neben dem Grundfutter Zusatzfuttermittel, die Mangelerscheinungen vorbeugen und die Gesundheit fördern. Zusatzfutter muss stets nach dem Heu gereicht werden!

Getreide

In den traditionellen „Eselländern" gilt die Fütterung von Hafer als unverzichtbar, da er sehr reich an wichtigen Inhaltsstoffen ist. Auch in der altertümlichen Pferdefütterung wird ausschließlich Heu und Hafer genannt. In der Regel benötigen Esel nur sehr wenig Getreide. Viele Eselhalter verzichten ganz darauf. Eine „Überdosierung" von Hafer, Gerste, Mais oder Mischfutter ist für den Esel auch mit Sicherheit schädlicher als ein völliger Verzicht darauf, denn diese Futtermittel liefern sehr viel Eiweiß und Energie, weshalb sie auch unter der Bezeichnung „Kraftfutter" bekannt sind. In folgenden Ausnahmefällen kann es aber trotzdem sinnvoll sein, zusätzlich Kraftfutter anzubieten:

- für Esel, die körperliche Leistungen erbringen müssen;
- für laktierende Stuten;
- für Tiere, die sich in schlechter Verfassung befinden (abgemagert);
- während eines sehr kalten Winters;
- wenn altes, nährstoffarmes oder verregnetes Heu gefüttert wird.

Die Futtermittelindustrie bietet eine große Auswahl von fertigen Mischungen an, deren Gehalte an Rohprotein, Rohfaser, Rohfett, Mineralstoffen, Vitaminen und Spurenelementen auf die unterschiedlichsten Bedürfnisse von Pferden abgestimmt sind. Die Palette reicht vom Aufzuchtfutter für Fohlen über Sportpferdemischungen bis hin zum Seniorenmüsli. Um den Eseln bei der Verfütterung solcher Produkte nicht zu schaden, müssen bei der Dosierung folgende Überlegungen angestellt werden: Wenn für ein Pferd 1 kg/Tag empfohlen wird, bekommt zum Beispiel ein 1,10 m großer Esel noch ganze 200 g in die Krippe, denn er wiegt nur ein Drittel des Pferdes und verwertet das Futter ungefähr zu 30 % besser als sein großer Vetter. Da der Bedarf an Mineralien, Spurenelementen und Vitaminen meistens erst bei größeren Futtereinheiten gedeckt wird, kommt der Esel mit seinen „Miniportionen" unter Umständen zu kurz. Ein weiterer Nachteil dieser Mischfutter liegt in der oft sehr undurchsichtigen Zusammensetzung, die nur mit den Worten „Erzeugnisse und Nebenerzeugnisse der …" deklariert werden. Auf empfindliche Esel wirken vereinzelte Inhaltsstoffe oder Konservierungsmittel unverträglich, zum Teil sogar Allergie auslösend.

Salz und Mineralien

Ein reiner Salzleckstein ist unverzichtbar und darf in keinem Stall fehlen. Salzlecksteine werden im Fachhandel mit der dazu passenden Halterung angeboten. Sie sollten in der Nähe einer Tränke montiert werden. Staubige, trockene und schmutzige Lecksteine werden verschmäht. Esel haben ein gutes Gespür für ihren Salzhaushalt, nicht aber für den Mineralienhaushalt. Wenn ein Esel zum Beispiel viel schwitzt, hat er nur einen erhöhten Salzbedarf, Mineralien benötigt er deswegen kaum zusätzlich. Deshalb sollten keine Minerallecksteine angeboten werden. Es hat sich bewährt den Eseln täglich eine niedrige Dosis Mineralfutter als Zusatz zu geben, da, u. a. wegen Mangel an holzigem Futter, in nördlichen Breiten sonst nicht für eine optimale Ernährung gesorgt ist. Die Mineralstoffe können in ihrer Funktion nicht isoliert betrachtet werden. Es besteht sowohl eine Wechselbeziehung der einzelnen Elemente untereinander als auch eine Wechselbeziehung mit den Vitaminen. Darum ist es empfehlenswert, auf Fertigprodukte zurückzugreifen und sich dabei vom Fachhändler oder im Krankheitsfalle vom Tierarzt beraten zu lassen, als selber Vitamin- und Mineralstoff-Cocktails zu mixen.

Ein bewährtes Mineralfutter sind zum Beispiel die Produkte von Dr. Schaette. Die Dosierung kann sehr viel geringer als auf der Packung angegeben sein (ein Teelöffel pro Tag). Ein spezielles Ergänzungsfuttermittel für Pferde mit Huf-, Haar- und Stoffwechselproblemen ist Huf-Vital® von Atcom Horse. Auch dieses wird nur in geringer Dosis verabreicht. Natürlich werden auf dem Markt noch weitere verschiedene Zusatzfuttermittel angeboten.

Holz

Als ebenfalls sehr wichtiges Zusatzfutter sollte der Esel immer ungiftiges Holz zur Verfügung haben. Am besten eignen sich Kirsche, Pflaume, Birke, Schwarzdorn, Haselnuss, Weißbuche und Weide. Walnuss und Eiche dürfen nur in kleinsten Mengen angeboten werden. Apfelholz wird nicht gefressen. Auch mit der Fütterung von Tanne, Fichte, Kiefer und Lärche sollte man zurückhaltend sein, denn Rinden, Nadeln und Sporen enthalten chemische Verbindungen, die den Eseln nicht bekommen. Von Ziergehölzen lässt man am besten die Finger, denn sehr viele unter ihnen sind giftig!

Mash

Eine buchstäblich „heiß geliebte" Abwechslung im Futterplan stellt das Mash dar. Mash ist ein diabetisches Ergänzungsfutter mit Leinsamen, das vor allem bei Verdauungsproblemen, Schwerfuttrigkeit, Kauproblemen, Kolikanfälligkeit und Rekonvaleszenz Anwendung findet. Früher musste die Mischung mit Leinsamen noch selber gekocht werden, heute gibt es fertiges Mash zu kaufen. Dieses muss man nur noch mit heißem Wasser anrühren, etwas stehen lassen und dann warm füttern. Die meisten Esel reagieren im ersten Moment vielleicht skeptisch auf Mash, aber wenn sie es erst einmal kennen, wird der Futtermeister seine liebe Not haben einen geordneten Fütterungsbetrieb bei der Verteilung von Mash aufrechterhalten zu können. Einmal pro Woche Mash – vor allem im Winter – ist zwar nicht unbedingt nötig, aber leistet sicherlich gute Dienste für die Verdauung.

Mash-Rezept für zwei Esel mittlerer Größe

1 kg Quetschhafer, 100 g Leinsamen und ein Esslöffel Glaubersalz gut mischen und mit heißem Wasser anbrühen. Dann mit einer etwa 5 cm dicken Schicht aus Haferschälkleie abdecken und zwei Stunden ziehen lassen. Anschließend gut mischen und handwarm füttern. Mash darf nicht zu dünnflüssig sein. Falls die Esel Mash nicht kennen, sollte die Menge am Anfang klein sein. Sie können dem neuen Futter gegenüber sehr zurückhaltend reagieren und nur wenig davon fressen.

Obst und Gemüse

Karotten und Futterrüben gehören ebenfalls auf die Hitliste des Eselmenüs. Es versteht sich, dass die Knollen von Erde befreit werden und keine schimmligen oder fauligen

Holzige Nahrung ist für die Esel von großer Bedeutung.

Stellen besitzen dürfen. Vereinzelt reagieren Esel und Pferde mit Hautproblemen und stumpfem Fell auf Karotten. Äpfel sind weniger problematisch und nicht minder beliebt, selbstverständlich auch nur in einwandfreiem Zustand und vernünftigen Mengen. Jüngere Tiere haben allerdings den Trick mit dem Abbeißen noch nicht so gut raus, darum sollten die Äpfel in Stücke geschnitten werden. So beugt man der gefährlichen Schlundverstopfung vor. Auch ab und zu eine Banane darf den Speisezettel bereichern, aber ohne die Schale, da sich dort die Schadstoffe aus der „Produktion" eingelagert haben. Eingeweichte Rübenschnitzel sind ebenfalls ein willkommenes Ergänzungsfutter, sie dürfen aber niemals trocken verabreicht werden. Saftfutter wird vor allem im Winter gerne angenommen, wenn auf das Grün der Wiese verzichtet werden muss. Küchenabfälle, vor allem Kohlarten, gehören nicht in die Eselkrippe.

Brot

Zahlreiche Menschen beruhigen ihr schlechtes Gewissen in punkto Lebensmittelverschwendung, indem sie ihr überschüssiges Brot sozusagen „einem guten Zweck" vermachen und es den Eseln und Pferden von Bekannten bringen. Meistens finden sich halbe Brotlaibe, verderbliches Buttergebäck oder sogar Fleischsandwiches unter den Gaben. Wer Brot füttern will, muss es in kleine Stücke schneiden, trocknen und in einer Stoff- oder Papiertüte aufbewahren. Schimmliges Brot führt zu Krankheiten wie Kolik, Hufrehe und Vergiftungen. Gutes Brot als Belohnung ist den Eseln sicherlich zu gönnen, aber es muss wirklich einwandfrei sein und man sollte wissen, dass auch bei der Brotfütterung über die genauen Inhaltsstoffe und deren Verträglichkeit für Esel keine Angaben vorhanden sind.

Belohnung und Leckerli

Belohnung in Form von Futter ist wirksam und beliebt. Im Handel sind unzählige, teilweise ausgesprochen fantasievolle Produkte erhältlich, die als Leckerli oder Belohnungswürfel angeboten werden. Sie sind bequem in der Jacken- oder Hosentasche mitzuführen, damit man sie stets greifbar hat. Wer aber nicht sehr bewusst und konsequent mit der Fütterung aus der Hand umgeht, hat im Nu lästige, aufdringliche, bettelnde und sogar bissige Esel. Die Angaben über die genauen Inhaltstoffe sind meistens unklar.

Futtermittel für andere Tiere

Die meisten Eselbesitzer halten auch noch andere Tiere auf dem Hof und die Futtermittel werden oft gemeinsam gelagert. Wenn Esel Zugang zu Mischfuttermitteln für Hühner und Kaninchen haben, können nach dem Genuss dieses Futters Vergiftungssymptome auftreten, denn diese Futtermittel enthalten antimikrobielle Leistungsförderer, die Esel nicht vertragen.

Futtermenge

Über die Menge des dargebotenen Futters soll letztendlich das wachsame und prüfende Auge des Halters entscheiden. Als Faustregel kann eine Tagesration von 1 bis 1,5 kg Heu pro 100 kg Körpergewicht angenommen werden. Ein ausgewachsener Esel mit 1,25 m Stockmaß wiegt etwa 280 kg und braucht demzufolge 3 bis 4 kg Heu pro Tag. Natürlich wird der Futterbedarf von weiteren Faktoren wie Arbeit, Klima, Wachstum und Eseltyp (temperamentvolle und nervöse Tiere verwerten schlechter) beeinflusst. Wenn Zusatzfuttermittel verabreicht werden oder wenn das Tier Weidegang genießt, muss die Grundfuttermenge entsprechend gekürzt werden. Bei in der Gruppe gehaltenen Tieren kann es nötig sein, diese während der Fütterung voneinander zu trennen, damit auch jüngere, ältere oder zurückhaltende Tiere auf ihre Kosten kommen.

Fütterungsintervalle

Da der Esel von Natur aus ein Dauerfresser ist, produziert sein Magen, anders als beim Menschen, ständig Säure, um zu verdauen. Normalerweise saugen Heu, Stroh oder Gras einen Großteil der Verdauungssäfte auf. Bei fehlendem Nachschub sammelt sich die Säure im Magen und greift die Magenschleimhaut an. Magengeschwüre sind die Folge. Darum sollte die Tagesfuttermenge auf mindestens drei Rationen aufgeteilt werden. Häufiges Füttern kleiner Mengen beugt außerdem gierigem Schlingen, Verdauungsproblemen und Langeweile vor.

Wasser

Frisches, sauberes Wasser sollte jederzeit ausreichend vorhanden sein. Der tägliche Bedarf eines Esels liegt bei 8 bis 10 l Wasser pro 100 kg Körpergewicht, wobei Futter, Klima und Leistung diese Menge noch wesentlich beeinflussen können. Esel sind, was die Wasserqualität betrifft, sehr anspruchsvoll. Sie würden es eher vorziehen durstig zu sein, als Wasser zu trinken, das ihnen nicht schmeckt. Es gibt verschiedene Möglichkeiten, den Tieren Wasser anzubieten.

Selbsttränken

Vorteil: Kein Wasserschleppen.
Nachteil: Muss täglich auf Funktion und Sauberkeit überprüft werden. Keine Kontrolle über Wasserverbrauch (Überwachung der Gesundheit). Frostanfälligkeit. Bei beheizbaren Tränken Unfallgefahr durch Verbiss der Wärme- und Elektroisolation. Wasserschäden (Überschwemmungen) durch defekte Tränken möglich. Nicht sehr beliebt bei den Eseln.

Brunnen

Vorteil: Kein Wasserschleppen. Wird von den Tieren gerne angenommen. Weniger frostempfindlich, da fließendes Wasser nicht so schnell gefriert.
Nachteil: Nicht überall realisierbar. Keine Kontrolle über Wasserverbrauch.

Natürliche Tränken (See, Fluss)

Vorteil: Kein Wasserschleppen. Diese Art der Wasseraufnahme kommt der Natur des Esels am nächsten.
Nachteil: Sozusagen nicht realisierbar. Unterschiedliche, plötzlich wechselnde Wasserqualität (Umweltgifte). Der Zugang wird oft verschmutzt und morastig. Keine Kontrolle über Wasserverbrauch.

Eimer

Vorteil: Trinkverhalten der Tiere kann kontrolliert werden. Wird von den Eseln gerne angenommen. Wasser kann im Winter temperiert werden.
Nachteil: Aufwändigste Art Tiere mit Wasser zu versorgen. Wassereimer werden gerne demoliert. Unfallgefahr durch Eimerhenkel.

Falls ein Wasseranschluss vorhanden ist, kann statt einer Selbsttränke ein Eimer nahe beim Anschluss montiert werden. Mit einem Stück Gartenschlauch am Wasserhahn lässt sich der Eimer mehrmals pro Tag bequem füllen, ohne ihn schleppen zu müssen.

Pflege

Fell

Die Pflege des Eselfells dient nicht nur der Schönheit, sondern während der Fellpflege wird die Haut auch auf Verletzungen und Unregelmäßigkeiten untersucht. Dies ist besonders wichtig, wenn die Esel ihr Winterfell tragen. Unter den langen Haaren kann die Haut nur mittels Tasten und Fühlen inspiziert werden, vom Hinsehen allein erkennt man noch nicht einmal größere Verletzungen. Die Pflege des Esels beinhaltet auch die Säuberung und Kontrolle der Augen, Nüstern, Ohren und Genitalien. Für Esel, die nicht beschäftigt werden, stellt die Zeit während der Körperpflege den einzigen intensiven Kontakt zum Menschen dar und hat darum einen hohen Stellenwert.

Bürsten

Die Utensilien zur Fellpflege sind sehr verschieden und können ganz nach Geschmack des Tieres und seines Pflegers ausgewählt werden. Das Winterfell erfordert eine andere Pflege als das Sommerfell. Viele Esel genießen es zum Beispiel während des Sommers, wenn ihre Haut mit einem Metall- oder Gummistriegel in kreisförmigen Bewegungen massiert wird, was auch den Staub und den Schmutz optimal löst. Dabei beginnt man auf der einen Seite des Esels vorne am Hals und arbeitet sich über Rücken, Brust und Bauch nach hinten zu Kruppe und Oberschenkel vor. Danach wird die andere Seite aufgestriegelt. Für den Kopf und die Beine dürfen keine Metallstriegel verwendet werden. Das Nachbürsten mit einer feinen Bürste scheint manche Esel zu kitzeln, außer man arbeitet mit relativ kräftigem Druck. Der mit der Bürste entfernte Talg und Staub wird wiederholt am Striegel abgestrichen und am Boden ausgeklopft.

Im Winter empfinden die Esel die kreisenden Bewegungen mit dem Striegel eher als unangenehm, denn das lange Haar wird dabei gegen den Strich aufgewühlt und zerzaust. Dann pflegt man es am besten mit einem feinen Hundekamm. Gefühlvoll angewendet fühlt man dabei jede Unebenheit auf der Haut und Schuppen, Ekzeme, Schorf oder Verletzungen werden zuverlässig aufgespürt. Im Winter verwendet man eine gröbere Bürste zum Nachbürsten. Auch für die Beine eignet sich die grobe Bürste sehr gut. Zur Kontrolle sollten die Beine ebenfalls mit den Händen abgetastet werden.

Den Augenschmutz im unteren Augenwinkel entfernt man mit einem feuchten Tuch oder sehr vorsichtig von Hand. Die Nüstern sind meistens sauber und bedürfen keiner speziellen Pflege, es sei denn ein klarer Nasenausfluss hat sich mit Staub vermischt und klebt am Rande der Nüstern. Dann wird man sie ebenfalls mit einem feuchten Tuch reinigen. Vertraute Esel mögen es, wenn ihre Ohren auf der Innenseite gebürstet oder mit einem Tuch ausgerieben werden. Es darf aber kein nasses Tuch sein, da dann Wasser ins Innere der Ohren tropfen kann. Die Genitalien müssen auf verklebte Ausscheidungen überprüft und wenn nötig vorsichtig davon befreit werden. Dies kann, je nach Wohlbefinden, mit einem Schwamm oder mit einem feuchten Tuch

Der Inhalt einer Putzkiste

geschehen. Beim Reinigen der Genitalien, der Hinterhand und des Schwanzes sollte man sich stets seitlich des Esels aufstellen – denn man kann nie wissen…!

Waschen

Viele Esel werden ihr Leben lang nie gewaschen, das ist auch nicht weiter schlimm. Aber ein erfrischendes „Bad" an einem heißen, windstillen Sommertag ist wohltuend und pflegend. Ein- bis zweimal pro Sommer, vielleicht vor einem Auftritt oder anderen Anlass, ist das Waschen des Esels eine nützliche Sache und schadet ihm keinesfalls. Es gibt spezielle Shampoos für Pferde, die man auch beim Esel verwenden darf. Ein gewöhnliches Babyshampoo tut aber seine Dienste auch. Die Ohren und den Kopf sollte man nicht waschen. Die Gefahr, dass Wasser oder Schaum an die falschen Stellen gerät, ist zu groß. Außerdem mag kaum ein Esel im Gesicht vollgespritzt werden.

Staub saugen

Hat sich der Esel erst einmal an Staubsauger, Lärm und Schlauch gewöhnt, ist das Saugen für seinen Halter, besonders während der Sommerzeit, eine große Hilfe. Vor allem für Fahrer reduziert sich die Vorbereitungszeit dadurch erheblich. Zwei Esel reinigen, aufschirren, eventuell mit Hufschutz versehen und einspannen nimmt nämlich fast so viel Zeit wie eine kleine Ausfahrt in Anspruch. Die „Kenner" unter den Eseln genießen das Staubsaugen an heißen Tagen sogar, vielleicht weil der Luftsog etwas Kühlung verschafft. Im Fachhandel sind spezielle Striegel- und Bürstenaufsätze erhältlich. Es muss nicht unbedingt ein teurer Pferdestaubsauger sein, ein ausrangiertes Haushaltsgerät tut es auch. Indem man zwei gewöhnliche Schläuche mit einem starken Klebeband verbindet, erhält man einen genügend langen Schlauch, der die nötige Bewegungsfreiheit zulässt. Während des Winters sollten Esel nicht abgesaugt werden, weil dadurch die schützende Talgschicht auf der Haut, worauf die Esel in der Kälte angewiesen sind, reduziert wird.

Scheren

Es gibt zwar gute Gründe dafür einen Esel zu scheren, aber man muss sich im Klaren darüber sein, dass der Esel nach einer Schur vorübergehend eingedeckt werden muss, damit er sich weiterhin wohl fühlt und gesund bleibt. Ein Kälteeinbruch wird nämlich für das „nackte" Tier zu einer Qual und im schlimmsten Fall wird es sich schwer erkälten. Wer einen Esel scheren möchte, tut dies gegen Ende des Frühlings. Die Esel wechseln ihr Fell sehr spät – die letzten Haare fallen teilweise erst Ende Juli aus. An warmen Tagen stehen die Tiere dann da und schwitzen vor sich hin. Überdies ist das alte Winterfell für Parasiten ein beliebter Unterschlupf. Vor allem die lästigen Kriebelmücken verkriechen sich gerne im Langhaar, wo sie ungestört ihre Blutmahlzeit einnehmen können, denn die Abwehrmaßnahmen der Esel sind erfolglos. Durch das Schwitzen an warmen Tagen werden die Plagegeister zusätzlich angelockt. Ein Fliegenmittel auf das lange Winterhaar aufzutragen ist nutzlose Zeit- und Geldverschwendung. Auch Läuse haben im Frühling Hochsaison. Eventuelles Einpudern oder Waschen sowie die anschließende Kontrolle sind bei geschorenem Fell wesentlich leichter durchzuführen.

Vor der Schur muss das Fell trocken und sauber sein. Verwendet wird eine Schermaschine für Pferde. Mittlerweile sind spezielle Schermesser für Tiere in Laufställen erhältlich, welche die Haare etwas länger stehen lassen. Die Tasthaare darf man auf keinen Fall abscheren und auch die Ohren sind tabu. Beim Scheren arbeitet man, gemäß Empfehlung der Schermaschinenfabrikanten, gegen den Strich des Fells. Um das Haar ein wenig länger stehen zu lassen, ist aber auch eine Schur „mit dem Strich" möglich. Man beginnt an einer Stelle, wo der Esel nicht gerade direkt mit dem Geräusch der Schermaschine konfrontiert wird, also eher hinten. Auch vom Fellverlauf her gesehen ist der Beginn hinten zu empfehlen. Bis man sich in Kopfnähe vorgearbeitet hat, ist der Esel bereits mit dem Geräusch vertraut. Die abgeschnittenen Haare muss man laufend aufsammeln und entfernen, sonst werden sie von den Eseln gefressen und können Verstopfungen im Verdauungstrakt verursachen. Von Zeit zu Zeit ist eine Pause notwendig, weil sich die Platte des Schermessers erwärmt und den Esel irritiert.

Besondere Aufmerksamkeit ist dem Stromkabel beizumessen. Neugierig und verspielt, wie Esel sind, schnappen sie schnell einmal das Kabel und bearbeiten es mit den Zähnen. Auch wenn sie mit den Hufen auf ein Kabel treten, kann es so stark beschädigt werden, dass ein Stromschlag möglich ist.

„Neulinge" lässt man zunächst bei der Schur eines „Profis" zusehen. Auf diese Weise können sie sich zumindest davon überzeugen, dass ihrem Artgenossen dabei nichts geschieht. Kehrt ein geschorener Esel zurück in seine Gruppe, wird er von neugierigen Nasen bedrängt.

Erleichterung verschafft auch eine Teilschur Anfang Mai. So haben die Esel bereits etwas Kühlung an schwülen Tagen und die kalten Nächte überstehen sie trotzdem, ohne zu frieren. Eine Teilschur ist zu empfehlen, wenn man Decken fressende Esel besitzt. Wird über einen längeren Zeitraum in mehreren Etappen geschoren, kann nämlich auf das Eindecken verzichtet werden.

Eindecken

Die Konfektionsgröße der Decken ist entweder mit der Rückenlänge von Widerrist bis Schwanzansatz oder mit der gesamten Körperlänge angegeben. Spezielle Eseldecken können zwar nicht als solche fertig gekauft werden, aber mit ein paar Einnähern im Schulterbereich passt eine Ponydecke auch sehr gut. Es gibt sie in verschiedenen Materialien: Wasser abweisend, gefüttert, leicht, warm, fest. Da Esel gerne knabbern und hoffentlich freien Zugang nach draußen haben, empfiehlt sich eine feste, Wasser abweisende Oberschicht mit einem weichen Futter auf der Innenseite. Die Decke muss jeden Tag einmal abgenommen und ausgeschüttelt werden. Der Esel sollte regelmäßig auf Druckstellen hin untersucht werden.

Hufe

Des Esels Hufe sind sozusagen die „Visitenkarte" seines Besitzers! Sie geben Aufschluss über Haltung und Pflege sowie über die Fachkenntnisse des Betreuers. Da unsere Esel in Gefangenschaft keine Möglichkeit haben, die Hufe auf natürliche Art und Weise abzunutzen, sind sie darauf angewiesen, dass der Mensch mit seinem Eingriff die Funktionstüchtigkeit ihrer Hufe erhält.

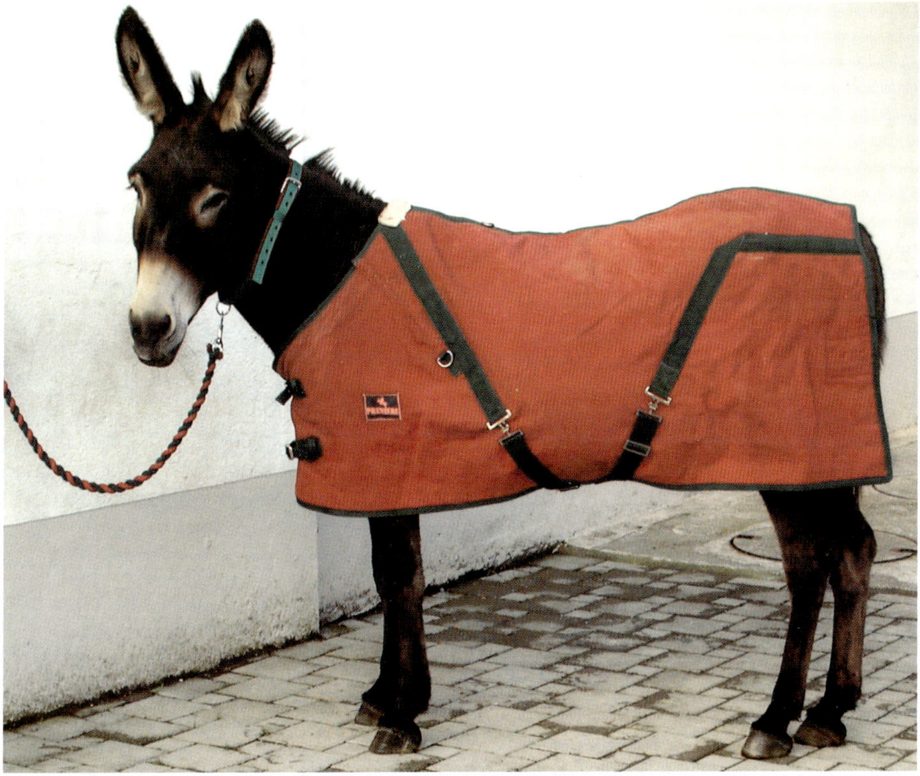

Ein vollständig geschorener Esel muss bei kalter Witterung unbedingt eingedeckt werden.

Regelmäßige Hufbearbeitung ist bei jeder Haltung und Nutzung notwendig! Die Bodenverhältnisse und die Aktivitäten der Esel können nirgends so gut der Wildnis angepasst werden, dass sich eine Hufbearbeitung erübrigen würde. In den Zoos wird zum Beispiel Quarzsand ausgestreut, um den natürlichen Abrieb der Hufe zu fördern. Damit können zumindest die Bearbeitungsintervalle verlängert werden, da das Feilen der Hufe bei Wildeseln nur im narkotisierten Zustand möglich ist. Verwahrloste Hufe sind zwangsläufig auch mit Fehlstellungen der Gliedmaßen verbunden, die sich auf die Sehnen, Bänder und Muskeln des gesamten Bewegungsapparates negativ auswirken und Dauerschäden verursachen können.

Aufbau des Hufes

Der Eselhuf unterscheidet sich vom Pferdehuf, denn auf dem harten, steinigen Untergrund ihrer Heimat haben sich die Hufe des Esel anders entwickelt als die des Steppenbewohners Pferd. Die felsigen Böden bearbeiteten die Hufe der Esel wie Schleifwerkzeuge. Sie konnten sich nur anpassen, indem sie sehr schnell nachwuchsen. Das Wandhorn des Eselhufes ist wohl hart, aber zugleich elastisch. Gegen Feuchtigkeit sind die Hufe äußerst anfällig. Halten sich die Tiere zu oft auf nassen Böden auf, entwickelt sich in Kürze Strahlfäule und das Wandhorn verliert seine natürliche Härte.

Der Huf ist keinesfalls so robust und unempfindlich, wie es den Anschein hat. Im Inneren des Hufes liegt das Hufbein, ein Knochen, der selbst aussieht wie ein kleiner Huf. Die mit Blutgefäßen und Nervenbahnen durchzogene Huflederhaut hüllt das Hufbein ein. An deren Oberfläche wiederum sind Zotten und Blättchen angebracht, die den Übergang zwischen der empfindlichen Lederhaut und der unempfindlichen Hornkapsel bilden und an der Sohle als weiße Linie sichtbar werden. Die Sohle selbst ist

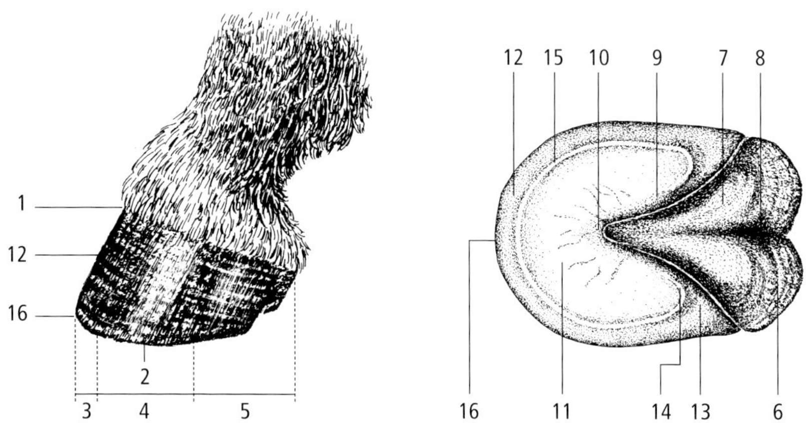

Teile des Eselhufs.

1 Kronrand
2 Tragrand
3 Vorderwand/Zehenwand
4 Seitenwand
5 Trachtenwand
6 Ballen
7 Strahl
8 Mittlere Strahlfurche
9 Seitliche Strahlfurche
10 Strahlspitze
11 Sohle
12 Hornwand/Hufwand
13 Eckstrebenwinkel
14 Eckstrebe
15 Weiße Linie
16 „Zehe"

konkav und hat ihren höchsten Punkt etwa bei der Strahlspitze.

Das Gewicht des Esels steht nicht im Huf, sondern ist in der Hornkapsel aufgehängt. Der dreieckige Strahl ist aus elastischem Horn und federt das empfindliche Innenleben des Hufes ab. Er ist ein wichtiges Stützelement des Hornschuhs. Der Strahl gibt dem Huf Form und Festigkeit und wirkt als starker Keil zwischen den Trachten, die fast senkrecht stehen und dazu neigen sich zu verengen. Wird der Esel über einen längeren Zeitraum auf weichem Untergrund gehalten, degeneriert der Strahl und es entsteht ein Zwanghuf. Im hinteren Teil geht der Strahl nahtlos in die Ballen über, vorne endet er in der Strahlspitze. Seitlich des Strahls liegen die Eckstreben. Sie sind eine Fortsetzung der Hornwand nach innen und geben dem Huf Stabilität. Die Eckstreben sollten aber nur in Wandnähe den Boden berühren. Der Tragrand besteht aus der Hornwand, der Weißen Linie sowie einem schmalen Streifen der Sohle, der parallel zur Weißen Linie verläuft.

Die Hornwand eines gesunden, gepflegten Hufes ist gleichmäßig und glatt. Häufig nimmt man aber an den Hufen waagrecht verlaufende Rillen oder Wülste wahr. Diese deuten auf eine plötzliche Futterumstellung oder auf eine überstandene Krankheit hin.

Die weit verbreitete Meinung, dass Esel so genannte Bockhufe haben sollten, ist falsch. Eselhufe sind lediglich etwas steiler gestellt als die von Pferden. Der Bockhuf ist eine fehlerhafte Stellung des Hufes, die einer schrittweisen Korrektur durch den Fachmann bedarf. Fehlstellungen von Hufen und deren Auswirkungen können dem Esel vor allem während der Nutzung Schmerzen bereiten. Der korrekte Zehenwinkel am Eselhuf beträgt durchschnittlich 55° bis 60°.

Der so genannte „Schnabelschuh" ist ein stark vernachlässigter Huf, dessen Zehe so lange gewachsen ist, dass sich das Horn nach

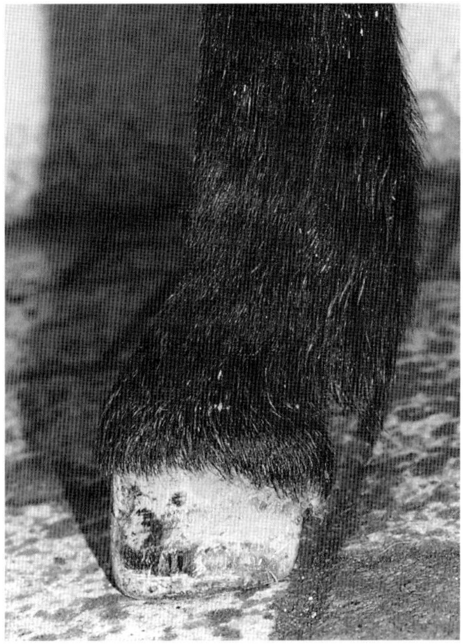

Der Bockhuf ist eine fehlerhafte Stellung des Hufes, bei dem die Huf-Fessel-Achse gebrochen ist.

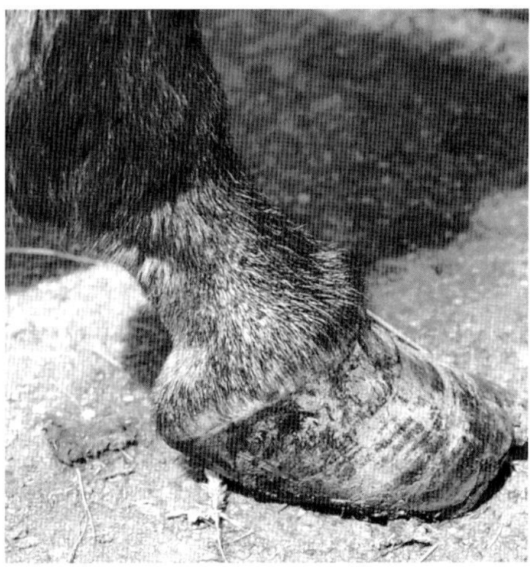

Vernachlässigter Huf. Deutlich zu sehen sind die unter den Huf gekippten und verengten Trachten.

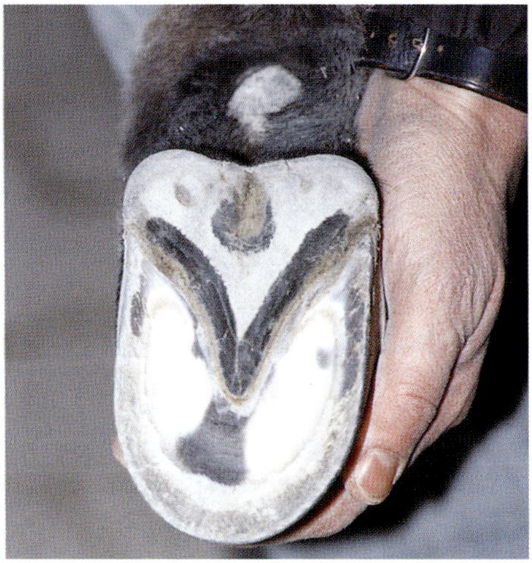

Ein kräftiger Strahl gibt dem Huf Stabilität.

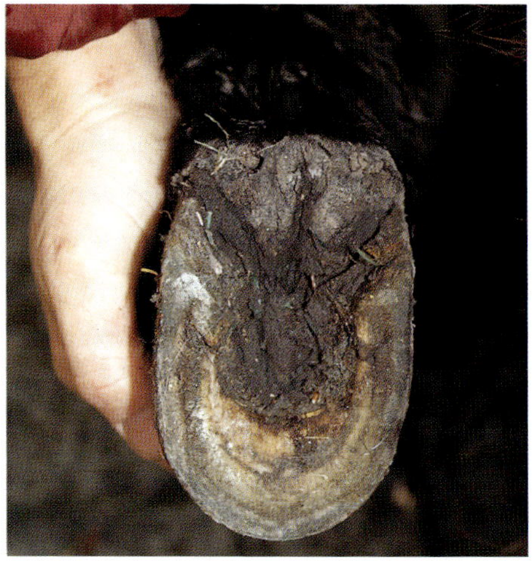

Bockhufe lassen kein gesundes Strahlwachstum zu. Meistens ist der Strahl verfault und verkümmert, was wiederum einer Verengung der Trachten Vorschub leistet.

oben biegt und der Esel nur noch auf den Ballen gehen kann. Dabei wird seine Beugsehne überdehnt und die Huflederhaut gequetscht, da sich die Trachtenwände zusätzlich nach innen rollen.

Der Fesselstand

Der Huf muss von vorne und von der Seite zum Fesselstand passen. Von vorne gesehen soll der Huf symmetrisch zur senkrecht stehenden Zehenachse aufgebaut sein. Bei Bockhufen und „Schnabelschuhen" ist die Zehenachse von der Seite gesehen gebrochen.

Für den Laien ist es relativ schwierig, all die oben genannten Kriterien überhaupt zu erkennen. Grobe Abweichungen sind sicher einfach festzustellen, aber Feinheiten, die zweifellos ebenfalls Auswirkungen auf den Huf haben, sind oft nur sehr schwer erkennbar. Dazu bedarf es des geschulten Auges eines Fachmanns. Hufe bearbeiten heißt also

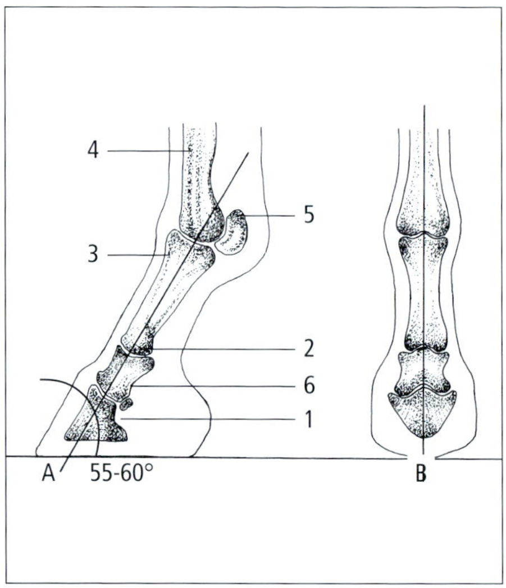

Korrekte Zehenachse von der Seite und von vorne betrachtet.

1 Hufbein
2 Kronbein
3 Fesselbein
4 Röhrbein
5 Gleichbein
6 Strahlbein
A Zehenachse von der Seite
B Zehenachse von vorne

nicht nur den Strahl schneiden, die Eckstreben kürzen und den Tragrand feilen, sondern den Huf in seiner Stellung zum ganzheitlich betrachteten Esel passend in Form bringen.

Hufe aufheben

Der Eselhalter wird schnell Wert darauf legen, dass seine Tiere manierlich die Hufe geben. Ungezogene Esel sind nicht nur lästig, sondern auch gefährlich! Die Esel müssen mit Geduld, Konsequenz und Lob dazu erzogen werden, sich jederzeit alle Hufe brav aufheben zu lassen. Dabei darf nicht in Vergessenheit geraten, dass junge Tiere noch Schwierigkeiten mit dem Gleichgewicht haben und nicht zu lange in der ungewohnten Stellung auf drei Beinen verharren können, ohne zu ermüden. Falls ein Esel über eine längere Zeitdauer immer beim selben Huf verweigert, aber sonst kooperiert, könnte es auch ein Hinweis auf gesundheitliche Beschwerden sein, was überprüft werden sollte.

Es liegt in der Hand des Eselhalters, dass sich seine Tiere auch während der Bearbeitung durch den Huffachmann anständig verhalten. Ein Esel, der an die Hufbearbeitung gewöhnt ist, wird als schmiedefromm bezeichnet. Es kann nicht vom Hufschmied erwartet werden, dass er die Tiere, die er zu behandeln hat, auch noch erzieht. Wer diese Aufgabe vernachlässigt und die Hufpflege nicht zur Tagesordnung macht, riskiert, dass sein Esel zu einem Hufschmiedschreck mutiert und der Hufschmied dann zwangsläufig auch zum Eselschreck!

Das Aufheben der Hufe sollte wie ein Ritual durchgeführt werden, immer genau gleich. Das hilft vor allem Eseln und Haltern, die noch etwas unsicher sind. Man wählt einen ebenen, sauberen Platz mit einer eselgerechten Anbindevorrichtung. Die anderen Esel der Gruppe sollten sich nicht frei im Bereich des angebundenen Tieres bewegen, denn sie stören bei der Arbeit und verunsichern den angebundenen Esel, weil er ihnen „ausgeliefert“ ist. Zum Aufheben des Hufes stellt man sich, nach hinten gewandt, neben das Vorderbein und lässt seine Hand am Bein entlang Richtung Huf gleiten. Dann lehnt man sich mit dem eigenen Körper leicht gegen die Schulter des Esels, sodass er sein Gewicht auf das andere Vorderbein verlagern muss, und hebt den Huf so an, dass die Sohle nach oben zeigt. Wer mit seinem Tier dabei spricht, erleichtert ihm, das Ungewohnte zu akzeptieren. Eine ruhige Stimme gibt dem Esel die Gewissheit, dass trotz der seltsamen Übung die Welt noch in Ordnung ist. Will man den Hinterhuf aufheben, stellt man sich ebenfalls seitlich neben das Hinterbein und streicht mit der Hand, beginnend bei der Kruppe, ebenfalls nach unten zum Huf. Manche Esel versuchen das Hinterbein unter Ihren Bauch zu ziehen. Das lässt sich verhindern, indem man, gleich nach dem Aufheben, sein eigenes Bein unter das des Esels schiebt und es damit fixiert und zugleich abstützt. Der Huf darf nicht zu hoch genommen werden, denn sonst zieht ihn der Esel weg, weil das Gefühl für ihn unangenehm ist. Auch zu weit nach außen drehen darf man den Huf nicht, da das Karpalgelenk nur wenig Spiel zulässt.

Geht man immer nach dem gleichen Muster vor, gewöhnt sich der Esel so sehr daran, dass er eines Tages den nächsten Fuß schon hochnimmt, bevor man selbst dort angekommen ist. Manchmal stellen Esel ihren Pfleger aber auch auf die Probe und verlagern gerade in dem Moment, wenn er mit der Hand das Bein hinunter fährt, ihr Gewicht diskret auf den verlangten Huf und stemmen ihn unschuldig in den Boden!

Ob man zum Aufheben der Hufe Stimmkommandos geben will oder nicht, bleibt

Hufkratzer, Bürste und Wasser reichen für die tägliche Hufpflege aus. Dafür ausgebildete Eselhalter können kleinere Korrekturen mit Feile und Hufmesser selbst ausführen.

jedem selbst überlassen. Mit ihrer Gabe kleinste Details der Körpersprache zu deuten, wissen die Esel mit der Zeit genau, worum es geht. Aber ein paar aufmunternde Worte schaden nie, und wenn es nur darum geht die Aufmerksamkeit des Esels zu erlangen.

Schwierigen Tieren, die schlechte Erfahrungen gemacht haben, muss man viel Zeit lassen. Anfänglich ist es hilfreich, wenn sie zuerst gebürstet werden, dann auf einen Spaziergang dürfen und zum Schluss erst die Hufe (nur!) zeigen müssen. Der vorherige intensive Kontakt gibt dem Tier Gelegenheit, Vertrauen zu fassen. Man darf nicht vergessen, dass sich der Esel beim Hufe geben für seine Begriffe dem Menschen ausliefert. Bei Machtkämpfen verbeißen sich die Esel nämlich mit Vorliebe in die Vorderbeine ihrer Rivalen, um sie zu Fall zu bringen. Folglich kann ein verstörtes und verängstigtes Tier auch das Berühren seiner Beine durch den Menschen als Angriff verstehen. Wichtig ist die kontinuierliche und konsequente Durchführung der Übungen und die langsame Steigerung der Anforderungen sowie natürlich ausgiebiges Loben für richtiges Verhalten.

Reinigung und Pflege

Einmal pro Tag muss jeder Huf aufgehoben und gereinigt werden. Mist, Erde und verklemmte oder eingetretene Steine löst man zuerst mit dem Hufkratzer. Anschließend fegt man mit einer Bürste gründlich nach, vor allem in den seitlichen Strahlfurchen.

Manche Esel treten bevorzugt in jeden Haufen, auch wenn genügend sauberer Platz vorhanden ist. Dann muss man schon mal mit Wasser und Bürste eingreifen, damit sich keine Strahlfäule entwickelt. Ab und zu setzen sich kleine, spitze Steinchen in der Weißen Linie fest, die mit einem Nagel entfernt werden. Wenn durch das Herauslösen der Steinchen mit der Zeit Furchen entstehen, kann es notwendig sein mit dem Hufmesser eine flache Rille einzuschneiden, damit sich weitere Steinchen nicht so leicht festsetzen können.

Huffett oder Huföl dienen eher kosmetischen Zwecken, als dass sie eine positive Wirkung auf die Gesundheit der Hufe haben. Fette verschließen die Poren, so dass der Feuchtigkeitshaushalt blockiert wird. Um dem Huf die nötige Feuchtigkeit zu geben, reicht der Weidegang meistens aus. Eselhufe sind für Trockengebiete geschaffen. In unseren Breitengraden ist die Gefahr, dass die Hufe zu feucht sind, wesentlich größer als die Wahrscheinlichkeit, dass sie zu trocken werden.

Hufschmied und Hufpfleger

Die Hufe, ob beschlagen oder nicht, müssen regelmäßig von einem Hufschmied oder

Hufpfleger bearbeitet werden. Ein Hufschmied hat vor allem Erfahrung in der Vorbereitung des Hufes für einen Eisenbeschlag und natürlich im Beschlagen selbst, ein Hufpfleger betreut hauptsächlich Barhuftiere. Ein ausgebildeter Hufpfleger absolviert seine Prüfung vor der Gesellschaft der Huf- und Klauenpflege e.V. (GdHK). Anschließend bietet sich ihm die Weiterbildungsmöglichkeit zum Huftechniker, wobei Wissen über innovative Hufschutzmöglichkeiten wie Aluminiumbeschläge, Kunststoffbeschläge, Klebebeschläge und Hufschuhe vermittelt wird. Auch hier erfolgt eine Abschlussprüfung vor der GdHK. Gerade Eselbesitzer, die die Hufe ihrer Tiere vorwiegend naturbelassen halten oder auf speziellen Hufschutz angewiesen sind, finden im geprüften Huftechniker einen kompetenten Fachmann.

Etwa alle zwei Monate benötigen die Hufe eine Bearbeitung. Je nach Abnutzung müssen Hornwand und Zehe ausgeglichen oder gekürzt, die losen Teile des Strahls entfernt, Eckstreben gekürzt oder die Sohle von totem Horn befreit werden. Ein echter Huffachmann lässt sich den Esel vor dem Bearbeiten des Hufes immer an der Hand vorführen, um zu sehen, wie das Tier auffußt. Bei einer Hufkorrektur müssen stets der ganze Esel, seine Hufstellung und seine Gangmechanik berücksichtigt werden. Korrekturen von Fehlstellungen und vernachlässigten Hufen müssen in mehreren kleinen Schritten erfolgen, weil zu plötzliche große Veränderungen dem Tier Schmerzen bereiten. Man sollte den Termin mit dem Hufschmied so buchen, dass man bei seinem Besuch auf jeden Fall anwesend ist, denn nicht jeder Huffachmann ist auch Eselfachmann. Außerdem kann die Zeit genutzt werden, um ihm bei der Arbeit über die Schulter zu sehen und Fragen zu stellen.

Wer sich mit der Hufbearbeitung intensiver befassen möchte, um selber Hand anlegen zu können, erkundigt sich am besten nach Hufkursen. Manchmal werden von Freizeitreiter-Organisationen Workshops zum Thema Huf veranstaltet. Ein wenig teuer, aber sehr gut ist „Die kleine Hufakademie", ein von der BESW-Hufpflegeschule angebotener Lehrgang. Wer nach einem Kurs die Hufe seiner Esel selber bearbeitet, tut trotzdem gut daran, einmal pro Jahr einen Termin beim Fachmann zu buchen, um die Hufe kontrollieren zu lassen und eventuelle Probleme zu besprechen. Dies bewahrt ihn vor groben Fehlern.

Eine maschinelle Bearbeitung der kleinen, grazilen Eselhufe ist grundsätzlich abzulehnen. Mit Geräten, gleich welcher Art, kann niemals so präzise geschnitten werden, wie es der Huf erfordert. Außerdem ist der Einsatz von Maschinen gar nicht notwendig, da sich die Hufe mit den üblichen Werkzeugen ohne Probleme bearbeiten lassen.

Hufschutz

Eselhufe benötigen in der Regel keinen Hufschutz. Sobald jedoch ein Tier regelmäßig auf Straßen mit Hartbelägen und auf Schotterwegen gefahren oder geritten wird, ist der ungeschützte Barhuf einem zu starken Abrieb ausgesetzt und man muss sich mit dem Thema Hufschutz auseinander setzen. Man geht davon aus, dass ein Esel höchstens 50 km pro Monat auf Hartbelägen ohne Schutz bewältigen kann, ohne dabei auf Grund unzureichender Hornsubstanz Schmerzen zu erleiden. Sind die Hufe infolge intensiver Beanspruchung zu stark abgenutzt, wird der Esel „fühlig". Auf Kieswegen geht er dann verhalten, schaut ständig zu Boden (tun wir übrigens beim Barfußlaufen auf Kies auch) und knickt häufig kurz ein. Er verliert die Freude am zügigen Vorwärtsgehen und seine Bewegungen werden klamm und unsicher. Dann ist es höchste Zeit, etwas

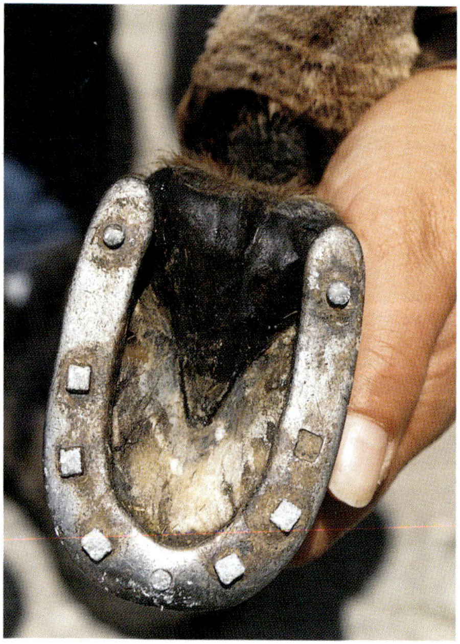

Mit Hufeisen beschlagener Eselhuf

zu unternehmen! Eine Möglichkeit besteht im konventionellen Beschlagen mit Eisen. Es gibt aber auch den „Hufschutz auf Zeit“ – anschnallbare Hufschuhe. Mit Hufschuhen kann der Huf während der Arbeit geschützt werden, ohne dass der Esel die restliche Zeit auf das natürliche Barhuflaufen verzichten muss. Im Handel sind zahlreiche verschiedene Hufschuhmodelle erhältlich, aber für die kleinen Eselhufe kommen hauptsächlich drei Typen in Frage:

- der Swiss Horse Boot (kleinste Breite laut Hersteller 8,5 cm),
- der Easy Boot (kleinste Breite laut Hersteller 6,98 cm) und
- die Marke „Eigenbau“ (ein maßgeschneiderter Lederschuh).

Hufschuhe wurden natürlich in erster Linie für Pferde und Ponys entwickelt, so auch der Swiss Horse Boot und der Easy Boot. Da Ponyhufe generell eine rundliche Hufform

Swiss Horse Boot

Easy Boot

Lederschuh

haben, passen die Schuhe in den meisten Fällen nicht ohne Nacharbeit auf die ovalen Eselhufe. Meistens ist ein 7 cm breiter Schuh zu kurz und die nächst größere Ausführung zu breit. Der Swiss Horse Boot kann mit seitlichen Einlagen versehen und mittels Heißluft in der Form verändert werden. Bei den Easy Boots ist häufig ein Tieferlegen der Schnalle erforderlich, um Druckstellen auf dem Kronrand zu vermeiden. Diese Anpassungen sollte ein Huftechniker der GdHK durchführen. Der Ankauf und das Anpassen von Hufschuhen ist eine kostspielige Angelegenheit, aber die Schuhe halten laut Hersteller etwa 1000 km (an Pferden gemessen) aus.

Wer auf dem Markt keinen passenden Schuh findet, kann die Hufe seines Esels mit einer Pappschablone nachbilden und beim Sattler einen maßgeschneiderten Lederschuh mit einer normalen Schuhsohle in Auftrag geben. Auch diese Schuhe haben sich in der Praxis schon gut bewährt.

Falls der Abrieb des Hufes nur während einer begrenzten Zeit (z. B. im Sommer) vermindert werden soll, reicht die Anwendung von flüssigen Hufhärtern möglicherweise aus. Sie werden ein- bis zweimal wöchentlich direkt auf den Tragrand und die Hufsohle aufgetragen. Dort wird das Horn gefestigt und wesentlich strapazierfähiger. Bereits nach zweiwöchiger Anwendung bemerkt man einen festeren Klang der Hufe auf hartem Boden. Huffestiger können auch nur partiell zur Unterstützung einer Hufkorrektur angewendet werden. Wenn zum Beispiel ein X-beiniger Esel die Innenwand seiner Hufe stärker abreibt als die Außenwand, wird der Huffestiger nur auf den inneren Tragrand aufgetragen.

Ein befristeter Hufschutz bietet das Auftragen von Kunsthorn. Moderne Zweikomponenten-Produkte weisen bei sauberer Verarbeitung eine gute Haftung auf dem Huf auf, sind aber nicht sehr beständig gegen Abrieb und auf gewissen Bodenbelägen rutschig. Für einen kurzzeitigen Schutz oder zum Ausfüllen von großen Rillen entlang der Weißen Linie leisten sie gute Dienste.

Zähne

„Einem geschenkten Gaul, schaut man nicht ins Maul!“ heißt ein altes Sprichwort. Dieser Ausspruch zeigt deutlich, wie wichtig eben gerade der Blick ins Maul des Pferdes oder des Esels ist! Auch in punkto Zähne schlägt sich nämlich wieder die artfremde Haltung in unseren Breitengraden in negativer Form nieder und auch hier trägt der Mensch die Verantwortung dafür, dass durch fachgerechtes Eingreifen die Mängel behoben und die Tiere vor Schmerzen bewahrt werden.

Die Milchzähne

Der Esel hat, wie andere Säugetiere auch, Milchzähne und permanente Zähne. Der Durchbruch der Milchschneidezähne beginnt schon in der ersten Lebenswoche. Mit ungefähr neun bis elf Monaten besitzt das Fohlen einen vollen Satz Milchzähne (24 Stück), der im Ober- und Unterkiefer je sechs Schneide- und sechs Backenzähne aufweist.

Das permanente Gebiss

Beim männlichen Esel hat das permanente Gebiss 40 bis 44 Zähne, beim weiblichen 36 bis 40 Zähne. Die Teile des Gebisses werden wie folgt benannt:

Schneidezähne: Sie bestehen aus den Zangen, den Mittelzähnen und den Eckzähnen.

Hakenzähne: Sie kommen nur bei männlichen Tieren vor oder sind in Ausnahmefällen bei Stuten gering ausgebildet.

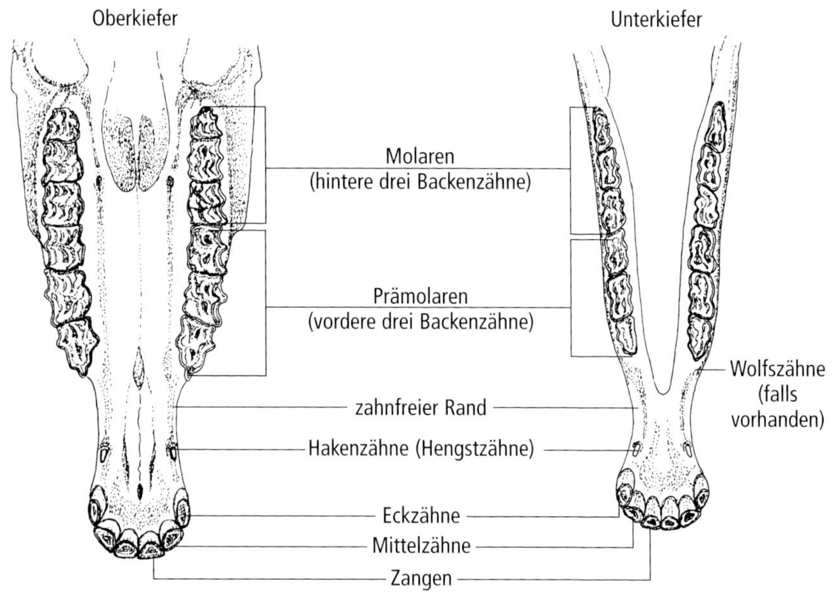

Gebiss eines ausgewachsenen, männlichen Esels.

Zahnfreier Rand: Das ist der Bereich zwischen den Schneidezähnen und den Backenzähnen, wo das Reit- oder Fahrgebiss zu liegen kommt.
Wolfszähne: Das sind vier Zähne, die nur selten vorkommen. Sie wachsen jeweils vor dem ersten Backenzahn am Ende des zahnfreien Randes. In der Regel werden sie entfernt, denn sie können Probleme im Zusammenhang mit dem Reit- oder Fahrgebiss verursachen.
Backenzähne: Prämolaren und Molaren, wobei die Molaren nicht zuerst als Milchzähne angelegt werden.

Der Zahnwechsel

Anhand des Zahnwechsels lässt sich das Alter des Esels bis zum fünften Lebensjahr gut abschätzen. Bei älteren Tieren sind die Kauflächen, auch Kunden genannt, der Zahnstellungswinkel und die Form des Zahnquerschnittes Anhaltspunkte zur Altersbestimmung. Diese Indizien sind aber nur für sehr routinierte Fachleute interpretierbar.

Etwa mit 2 1/2 Jahren brechen die ersten bleibenden Zangen durch, mit 3 1/2 Jahren die Mittelzähne und mit etwa 4 1/2 Jahren findet der Wechsel der Eckzähne statt. Die Zähne des Oberkiefers brechen meistens zuerst durch, diejenigen des Unterkiefers folgen kurze Zeit später. Bei männlichen Eseln brechen die Haken- oder Hengstzähne etwa im Alter von vier bis fünf Jahren durch.

Während der Zahnungsphase leiden viele Tiere an Zahnfleischentzündungen. Die Esel zeigen mangelnde Fresslust und verweigern manchmal gänzlich die Futteraufnahme. Der Wechsel der ersten drei Backenzähne (Prämolaren) im Alter von drei bis vier Jahren verursacht die häufigsten Komplikationen. Beim Wechsel sitzen die weichenden Milchzähne kappenartig über den neuen, bleibenden Zähnen. Solange sie nicht abgelöst sind, irritieren sie den Esel und beeinträchtigen den Kauvorgang. Zudem sind die neuen permanenten Zähne am Anfang sehr scharf. Zähne wachsen bis ungefähr zum zehnten Lebensjahr, so lange legen sie also an Substanz zu. Danach werden sie nur noch nachgeschoben, das heißt, sie werden allmählich aus dem Kiefer geschoben, bis sie schließlich im hohen Alter des Tieres ausfallen.

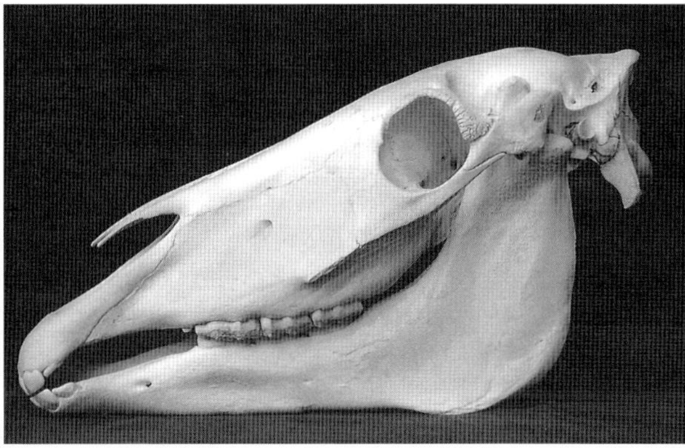

Schädel eines ca. 3- bis 4-jährigen Esels mit noch fehlenden Molaren. Oben ist ein Wolfszahn sichtbar.

Zahnmedizinische Kontrollen

Ein Wildesel verbringt mehr als die Hälfte des Tages mit der Futtersuche und -aufnahme. Um die groben, faserartigen Pflanzen zu zermahlen, muss viel Kauarbeit geleistet werden. Die Essgewohnheiten unserer domestizierten Esel unterscheiden sich stark von denjenigen ihrer Vorfahren. Sie müssen weitaus weniger zähe und abrasive Nahrung zerkleinern und die Zeit, die sie zum Fressen aufwenden, ist bedeutend kürzer. Daraus ergibt sich eine veränderte Beanspruchung der Zähne.

Das Kauen erfolgt durch eine Rotationsbewegung des Unterkiefers gegenüber dem stationären Oberkiefer. Dabei entsteht eine Abreibung der Zähne von durchschnittlich 2 mm pro Jahr. Da die Backenzähne des Unterkiefers enger stehen als die des Oberkiefers, bilden sich an den unbenutzten Rändern Zahnspitzen. Diese so genannten Spitzzähne werden mit der Zeit messerscharf und verursachen Verletzungen der Backenschleimhaut an der Außenseite des Gebisses und Verletzungen an der Zunge auf der Innenseite. Überdies schränken sie die Mahlbewegung immer stärker ein und behindern den Esel bei seiner natürlichen Kautätigkeit. Werden diese Spitzen nicht regelmäßig abgefeilt, funktioniert die Zerkleinerung des Futters nur noch ungenügend. Folgen davon sind eine schlechte Futterverwertung, eine überbeanspruchte Verdauung und Koliken.

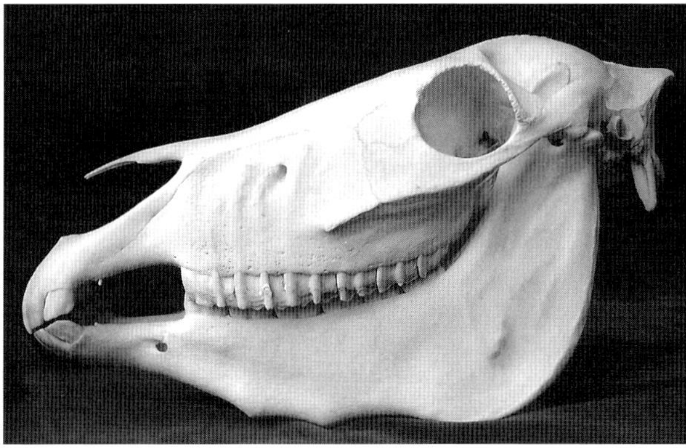

Schädel eines ca. 6-jährigen Esels mit permanentem Gebiss und sämtlichen Backenzähnen. Die Hengstzähne sind als kleine Spitzen sichtbar.

Auch die Schneidezähne bedürfen ab und zu einer Korrektur. Werden sie im Verhältnis

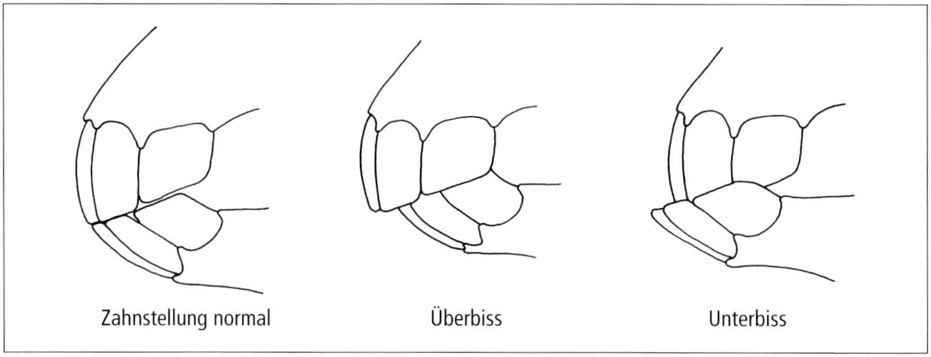

Korrektes Gebiss, Überbiss (Karpfengebiss), Unterbiss (Hechtgebiss).

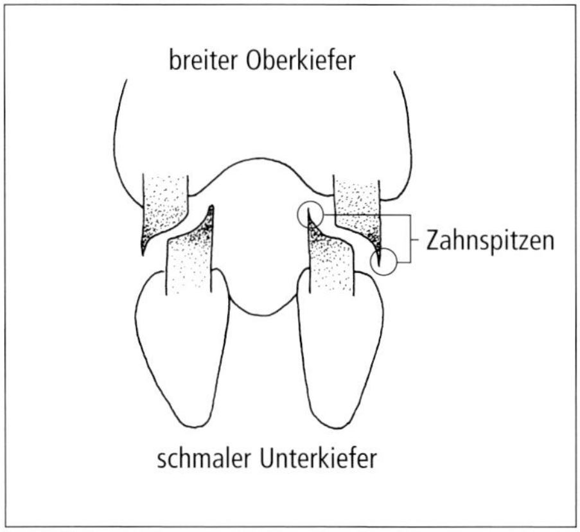

Entstehung der Zahnspitzen. Schematischer Schnitt durch die Kiefer des Esels auf Höhe der Backenzähne.

zu den Backenzähnen zu lang, treffen diese beim Zerkleinern des Futters nicht mehr vollständig aufeinander und können ihre Aufgabe nicht mehr optimal erfüllen. Sämtliche Fehlstellungen des Gebisses (Wellengebiss, Stufengebiss, Scherengebiss) bereiten vor allem mit zunehmendem Alter erhebliche Unannehmlichkeiten. Der angeborene Überbiss oder Unterbiss lässt zum Beispiel eine normale Abnutzung der Zähne gar nicht zu. Davon betroffen sind nicht nur die Schneidezähne, die deutlich sichtbar versetzt zueinander stehen, sondern auch die Backenzähne, die ebenfalls nicht aufeinander treffen und deshalb ungleichmäßig abgerieben werden. Auch Zahnlücken verursachen Probleme. Verliert der Esel durch einen Unfall, eine Erkrankung oder altersbedingt einen Zahn, hat der gegenüberliegende keine Reibfläche mehr und ragt bald in die Lücke hinein, wodurch die Rotationsbewegung blockiert wird. Jede Unregelmäßigkeit im Maulbereich kann das Tier in seinem Allgemeinbefinden und in seinem Verhalten beeinträchtigen. Alle Gebisse mit Fehlstellungen erfordern Zahnkontrollen und -behandlungen in kürzeren Intervallen, als es für normale Gebisse üblich ist.

Esel mit einem gesunden, korrekten Gebiss sollten routinemäßig einmal pro Jahr einer Zahnkontrolle unterzogen werden!

Wer einmal erlebt hat, wie viel anstrengende Arbeit geleistet werden muss, um größere Zahnspitzen wegzuraspeln, wird dem Tierarzt und dem Esel zuliebe einer regelmäßigen, feineren Korrektur den Vorzug geben. Die Behauptung, Esel benötigten erst mit fortgeschrittenem Alter Zahnbehandlungen, trifft nicht zu.

Die Behandlung

Der Tierarzt oder der speziell ausgebildete Pferdezahnarzt sollte ein so genanntes Maulgatter mitbringen, damit auch die hintersten Backenzähne problemlos bearbeitet werden können. Auf die Verwendung von metallenen Maulkeilen (Spiralen) sollte wegen der Bruchgefahr der Backenzähne verzichtet werden. Eine korrekte Zahnbehandlung setzt ein fundiertes Wissen über Anatomie und Funktionalität des Kauapparates voraus. Außerdem wird ein umfangreiches Instrumentarium benötigt. Falls sich ein Esel während der Behandlung sehr unruhig verhält, sollte er ein Beruhigungsmittel bekommen. Es ist sinnvoller, einen Esel schon vor Beginn der Behandlung leicht zu sedieren, als ihn mit Gewalt festzuhalten. Die nachträgliche Sedation eines sehr aufgeregten Esels bringt nicht mehr den gewünschten Erfolg. Die Gefahr, dass der Tierarzt das sich wild gebärdende Tier mit seinen Arbeitsgeräten in der Maulhöhle verletzt, ist zu groß und überdies leidet die Qualität der Arbeit, wenn sie nicht mit der nötigen Ruhe und Sorgfalt durchgeführt werden kann.

Anzeichen einer zahnmedizinischen Erkrankung:

- Fallenlassen halb zerkauter Futtermassen
- Langsames Kauen
- Übermäßiges Speicheln
- Ungewöhnliche Kieferbewegungen
- Ungewöhnliche Gesichtsschwellung
- Übler Maul- und Nasengeruch
- Abmagern
- Unzerkaute Nahrung im Kot
- Anschoppungskoliken
- Kopfschütteln, abnormales Verhalten beim Reiten oder Fahren

Das Maulgatter wird wie ein Halfter angelegt und dann geöffnet. Es erlaubt eine gefahrlose Behandlung der Zähne bis zum hintersten Backenzahn und verschont zugleich den Esel vor Kiefergelenkspannungen.

Entwurmen

Ausgewachsene Würmer und deren Larvenstadien finden sich beim Esel in Darm, Leber, Magen, Luft- und Speiseröhre, Lunge, Zunge, Blutgefäßen und teilweise sogar im zentralen Nervensystem. Es ist keineswegs so, dass Würmer dem Körper lediglich Nährstoffe entziehen oder eine große Massierung zu tödlichen Verstopfungen des Darmes führen können. Einzelne Wurmarten wandern bei ihrer Entwicklung von der Larve zum Wurm durch den Eselkörper und richten dabei enorme Schäden an inneren Organen an, die teilweise erst Jahre nach einer Infektion zu Beschwerden führen. Es gibt Esel, die von Natur aus über eine gute Konstitution verfügen und unter gleichen Haltungsbedingungen einen geringeren Wurmbefall als ihre Stallgefährten aufweisen.

Grundsätzlich bewirtet jeder Esel Würmer. Man versucht daher den Bestand auf einem unschädlichen Niveau zu halten. Das korrekte Entwurmen der Esel ist nicht ganz einfach, jedoch von großer Bedeutung für die Gesunderhaltung der Tiere. Sehr viele Faktoren beeinflussen die Auswahl der Mittel, die Intervalle und den idealen Zeitpunkt der Behandlungen. Über die Durchführung von Wurmkuren sollte unbedingt Buch geführt werden.

Vorbeugung

Eine entscheidende Voraussetzung für ein erfolgreiches Entwurmungsmanagement stellt die Hygiene dar. Hierfür müssen folgende Bedingungen erfüllt sein:

- Mist mindestens dreimal täglich aus Stall und Auslauf entfernen;
- so genannte „Matratzeneinstreu“ vermeiden;
- mindestens zweimal pro Woche, besser alle zwei Tage Aufsammeln von Kot auf der Weide, denn Strongyliden sind typische Weideparasiten, deren Larven nach ein bis zwei Tagen den Kothaufen verlassen und bis zu 30 cm weit über die Weide kriechen;
- Abmähen von Geilstellen auf der Weide;
- wenn möglich Weideumtrieb drei Tage nach dem Entwurmen vornehmen;
- nicht zu viele Tiere auf einer Weide halten;
- Weiden nicht mit Esel- oder Pferdemist düngen;
- frische Weiden immer zuerst Stuten mit Fohlen zuteilen;
- sofortiges Entwurmen neuer Tiere mit einem Mittel der Gruppe makrozyklischer Laktone und erst nach einer Woche in die Gruppe eingliedern;
- gleichzeitiges Entwurmen aller Tiere eines Bestandes;
- auf keinen Fall Gras von Säuberungsschnitten füttern;
- Esel nicht im taunassen Gras weiden lassen. Die Larven befinden sich dann auf den Gräsern. Bei trockener Witterung verkriechen sie sich in Bodennähe.

Zeitpunkt und Häufigkeit der Entwurmung

Drei bis vier Wurmkuren pro Jahr, abhängig von Hygiene, Tierbestand und Haltungsform, sind empfehlenswert. Nach neuesten Erkenntnissen sollte eine erste Behandlung im Frühling, drei bis vier Wochen nach Weideaustrieb, durchgeführt werden. Die meisten Wurmeier bleiben im Winter auf der Weide erhalten, so dass die Frühlingsweide kontaminiert ist. Die Esel hingegen weisen von der winterlichen Stallhaltung eine eher geringe Belastung mit Parasiten auf. Deshalb macht es wenig Sinn, wie bisher empfohlen drei Tage vor Weidebeginn zu entwurmen. Eine zweite Behandlung sollte zur Mitte der Weidehaltung (Juni/Juli) erfolgen, idealerweise kombiniert mit einem Umtrieb drei Tage danach. Eine dritte Wurmkur ist gegen Ende der Weideperiode (September) sinnvoll, da im Herbst ein starker Anstieg der „Weidelarven“ nachgewiesen ist. Eine vierte Behandlung sollte noch im Winter (Dezember) durchgeführt werden. Bei Tieren, die nicht auf einer Weide gehalten werden, kann auf die Behandlung während der Weidesaison verzichtet werden.

Mutterstuten müssen kurz vor der Geburt mit einem geeigneten Präparat entwurmt werden, deren Fohlen ab der 4. Lebenswoche alle sechs bis acht Wochen bis zum Absetzen. Dann werden sie nach dem gleichen Schema wie die erwachsenen Tiere behandelt.

Falls ein Tier zwei bis drei Tage nach Verabreichen einer Wurmkur Würmer mit dem

Kot ausscheidet, ist ein starker Befall vorhanden und die Kur muss wiederholt werden (Tierarzt benachrichtigen). Auf jeden Fall wäre unter diesen Umständen eine Kotprobe angebracht, um das Wurmmittel gezielt auswählen zu können.

Dasselfliegenlarven können nur Anfang Dezember, wenn sie sich im Larvenstadium befinden, wirksam bekämpft werden. Die Dasselfliege ist eine hummelartige Fliege, die in den Sommermonaten ihre ovalen, gelblich weißen Eier hauptsächlich auf das Fell der Vorderbeine ablegt. Die Eier werden von den Eseln abgeleckt und gelangen über Mundschleimhaut, Zunge und Speiseröhre in den Magen.

Eine prophylaktische Behandlung gegen die lange Zeit unterschätzten Bandwürmer sollte zu Beginn der Weidesaison durchgeführt werden. Bei sicheren Anzeichen für eine Infektion mit Bandwürmern muss natürlich sofort gehandelt werden.

Wurmmittel

Die Medikamente zur Entwurmung müssen unter Angabe des zuletzt verwendeten Produktes beim Tierarzt bezogen werden. Es gibt kein Wurmmittel, das alle Parasiten eliminieren kann. Es ist auch bekannt, dass sich Würmer langsam an bestimmte Wirkstoffe eines Wurmmittels gewöhnen können – sie werden resistent und eine Wurmkur bleibt ohne Effekt. Darum ist es von Vorteil die Entwurmungsmittel aus unterschiedlichen Wirkstoffgruppen abwechslend einzusetzen. Grundsätzlich lassen sich die Wurmmittel in vier Wirkstoffgruppen, die sich durch ihre chemische Struktur und ihre Wirkung unterscheiden, einteilen:

- Benzimidazole
- Organophosphate
- Pyrantel-Salze
- Makrozyklische Laktone

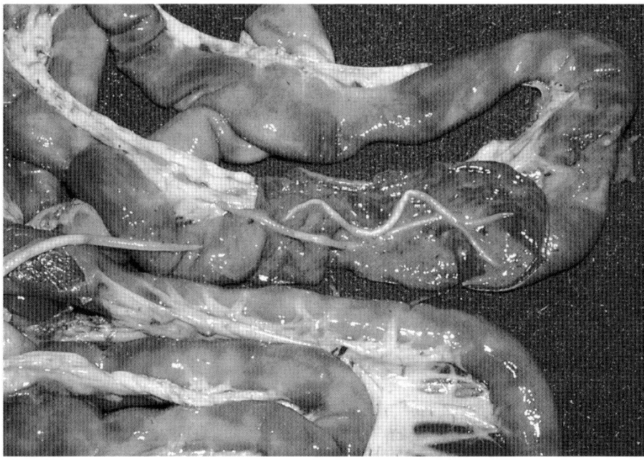

Fohlen und Jungtiere werden häufig von Spulwürmern befallen, die einen lebensbedrohlichen Darmverschluss erzeugen können.

Viele Stämme von kleinen Strongyliden sind resistent gegen die Mittel aus der Wirkstoffgruppe der Benzimidazole. Die Organophosphate wirken gegen Dassellarven, belasten aber den Körper und können Nebenwirkungen haben. Die Mittel aus der Gruppe der Pyrantel-Salze sind gut verträglich und wirken in der doppelten Dosis verabreicht auch gegen Bandwürmer. Normalerweise vermögen die Wurmmittel nur erwachsene, geschlechtsreife Würmer abzutöten. Die Mittel aus der Gruppe der makrozyklischen Laktone erreichen jedoch auch Parasiten, die sich in den eingekapselten Larvenstadien befinden. Zusätzlich wirken sie auch gegen Dasselfliegenlarven. Eine zweimalige Behandlung im Abstand von 30 Tagen tötet Lungenwürmer ab.

Eine Verwendung von diesen Präparaten ist jedoch nicht ganz unbedenklich, da sie die Umwelt erheblich belasten, wenn sie mit dem Kot wieder ausgeschieden werden. Sie sind daher nur sehr gezielt (strategisch) einzusetzen.

Die Paste wird auf den Zungengrund gegeben. Das Maul des Esels muss danach für einen Moment zugehalten werden, damit der Esel das Medikament nicht ausschütteln oder an einem Gegenstand abstreifen kann.

Wurmkuren mit dem seit Frühjahr 2002 ganz neu für Equiden zugelassenen Wirksoff Praziquantel werden erfolgreich in der Bandwurmbekämpfung eingesetzt. Gegen Leberegel wird nicht routinemäßig entwurmt. Wenn sie ausnahmsweise bei Eseln nachgewiesen werden, muss mit dem Wirkstoff Triclabendazol behandelt werden.

Naturheilmittel

Die Naturheilmittel dienen in erster Linie der Kräftigung des Darms. Ihnen fehlt eine überzeugende Wirkung in der Wurmbekämpfung. Sie sind aber geeignet, um eine Milieu-Umstimmung im Darm zu bewirken, damit sich die Lebensbedingungen für Parasiten verschlechtern.

Dosierung, Verabreichung

Die Menge der zu verabreichenden Paste ist abhängig vom Körpergewicht des Esels. Da die Wurmkuren auf das Durchschnittsgewicht von Pferden ausgelegt sind, reicht deren Inhalt, je nach Produkt, zur Entwurmung eines 500 bis 600 kg schweren Tieres aus. Für Esel wird demzufolge nur ein Teil eines Injektors benötigt. Die Injektoren sind mit einem Einstellring und einer Gewichtsskala versehen, sodass die erforderliche Menge genau eingestellt werden kann. Danach werden sie seitlich ins Maul geschoben und der Inhalt auf den Zungengrund gedrückt. Es dürfen sich keine Futterreste im Maul des Esels befinden, da die Paste sonst daran kleben bleibt und „ausgeschüttelt" werden kann. Es ist ratsam dem Esel noch einige Sekunden das Maul zuzuhalten, da es immer wieder findige Köpfe unter ihnen gibt, die es schaffen einen Teil der Paste wieder loszuwerden. Eine Überdosierung des Mittels ist übrigens weniger problematisch als eine Unterdosierung. Diese hat nämlich nicht nur mangelnde Wirksamkeit zur Folge, sondern führt überdies noch zu einer Resistenzentwicklung seitens der Würmer, denn Parasiten leben nach dem Motto: „Was mich nicht umbringt, macht mich stärker!". Die häufigste Handelsform für Wurmpräparate sind die erwähnten Pasten. Pulver sind heute kaum mehr auf dem Markt und Pellets haben kein großes Wirkspektrum. In spezifischen Fällen ist eine Injektion durch den Tierarzt erforderlich.

Kotproben

In bestimmten Fällen ist eine Laboruntersuchung des Kotes erforderlich. Mit einer einfachen Kotuntersuchung wird jedoch bei weitem nicht jeder Wurmbefall nachgewiesen. Es ist zu bedenken, dass bei den meisten Wurmarten die Wanderung der Larven durch den Körper den wirklich großen Schaden anrichtet. Erst im letzten Entwicklungsstadium der Würmer, wenn sie den Darm erreicht haben, um Eier auszuscheiden, kann der Wurmbefall durch eine Kotuntersuchung nachgewiesen werden. Das Vorhandensein mancher Wurmarten lässt sich überhaupt nicht oder nur durch mehrere Untersuchungen in kurzen Abständen im Kot nachweisen. Also aufgepasst, eine negative Kotprobe garantiert kein parasitenfreies Tier!

Impfungen

Wer einen Esel verantwortungsbewusst halten will, kommt nicht um eine gewisse regelmäßige Impfpraxis herum. Eine Impfung ist eine Immunisierung des Körpers gegen bestimmte Krankheitserreger und bedeutet zugleich auch eine Belastung für das Abwehrsystem des Körpers. Verschiedene Beobachtungen legen die Vermutung nahe, dass bei Eseln mit Sarkoiden nach einer Impfung ein Wachstumsschub der Geschwüre stattfinden kann. Auch ein bestehendes Sommerekzem kann nach einer Impfung intensiver auftreten als sonst üblich. Bei empfindlichen Risikotieren muss in Abwägung der Nebenwirkungen eine nicht unbedingt nötige Impfung weggelassen werden. Es dürfen nur gesunde, parasitenfreie Tiere geimpft werden. Nach einer Impfung sollten die Tiere ein paar Tage geschont werden, damit der Organismus den Impfstoff optimal verarbeiten kann. Impfungen müssen regelmäßig vorgenommen werden, sonst nützen sie nichts.

Impfpass

Der Tierarzt, der die Impfungen durchführt, muss das Datum der Impfung und die verwendeten Impfstoffe in einen Impfpass eintragen. Für Esel gibt es keine eigenen Papiere, es wird der Internationale Impfpass für Pferde verwendet. Dieser ist kostenlos beim Tierarzt erhältlich. Ein seriöser Eselhändler hat für jedes Tier einen Impfpass. Ist dies nicht der Fall, wurde das Tier wahrscheinlich noch nie geimpft. Für Esel im EU-Raum muss die Impfung neu im Equidenpass eingetragen werden.

Tetanus

Tetanus oder Wundstarrkrampf ist eine sehr gefährliche Erkrankung. Sie entsteht durch Bakterien, die durch kleinste Wunden in den Körper eindringen und dort ein Nervengift bilden. Dieses Gift wandert in den Nervenfasern zum zentralen Nervensystem. Bei einer Tetanusinfektion verkrampft sich die Skelettmuskulatur. Der Esel leidet anfänglich unter Kau- und Schluckbeschwerden, die in einer völligen Kiefersperre enden. Will man dem Esel das Maul öffnen, spürt man einen unüberwindbaren Widerstand. Beim Heben des Kopfes fällt das dritte Augenlid vor. Im fortgeschrittenen Stadium wird der gesamte Körper steif und der Esel steht verkrampft (Sägebockstellung). In den meisten Fällen erleidet das Tier einen qualvollen Tod.

Jeder Esel muss regelmäßig gegen Tetanus geimpft werden, das ist die wichtigste Impfung überhaupt! Einen Equiden nicht gegen Tetanus zu impfen ist grob fahrlässig! Der Impfschutz besteht nach der Grundimmunisierung (zwei Impfungen im Abstand von sechs bis zwölf Wochen) mehrere Jahre, eine Auffrischung alle zwei Jahre ist aber zu empfehlen. Meistens wird der Tetanusimpfstoff kombiniert mit der Pferdegrippeimpfung gespritzt. Diese muss aber innerhalb von einem Jahr wiederholt werden. Auf Verlangen des Eselhalters kann der Tierarzt auch ausschließlich gegen Tetanus impfen. Verantwortungsbewusste Halter lassen ihre Fohlen im Alter von vier bis sechs Monaten erstmals impfen. Vorher ist das Fohlen durch die Antikörper, die es von der ausreichend geimpften Mutter erhalten hat, geschützt.

Pferdegrippe (Influenza)

Bei der Pferdegrippe handelt es sich um eine Virusinfektion, die mit der Grippe des Menschen vergleichbar ist. Husten, Nasenausfluss, Fieber und Appetitlosigkeit sind die Symptome. Eine Impfung ist nur für Esel sinnvoll, die oft Kontakt zu anderen Equiden haben. Das betrifft Tiere, die in einem Pferdepensionsstall untergebracht sind, oder Esel, die häufig an Veranstaltungen oder Ausstellungen teilnehmen. Auch geimpfte Tiere können an einer Grippe erkranken, zum Beispiel wenn der Infektionsdruck zu groß wird oder wenn gegen den spezifischen Erreger nicht geimpft wurde. Die Grundimmunisierung wird im Abstand von drei bis zwölf Wochen vorgenommen. Eine Auffrischung erfolgt nach sechs bis zwölf Monaten; bei starker Gefährdung kann die Wiederholungsimpfung sogar schon nach drei bis vier Monaten ratsam sein. Die Dauer des Impfschutzes variiert von Impfstoff zu Impfstoff und wird jeweils vom Hersteller deklariert.

Tollwut

Tollwut ist eine auf Menschen und Tiere übertragbare Infektion des Nervensystems, die immer tödlich verläuft. Sie wird durch das Eindringen von frischem Speichel eines erkrankten Tieres in die Blutbahn eines anderen Tieres oder eines Menschen übertragen, also durch einen Biss. Der Erreger wandert über die Nervenbahnen zum Gehirn, wo dann die Vermehrung und die Ausbreitung in den Körper beginnt. Die Krankheitsdauer, bis der Tod eintritt, beträgt vier bis fünf Tage. Von einer generellen Impfung der Esel gegen Tollwut raten Veterinärmediziner ab. Die Impfung ist dort empfehlenswert, wo die Esel Kontakt mit Wildtieren haben könnten und in besonders gefährdeten Gebieten mit bekannter Wildtollwut. Sie muss jährlich wiederholt werden.

Herpes

Herpes-Viren werden ähnlich wie Grippe-Viren übertragen und können bei tragenden Stuten zum Verfohlen (Virusabort) führen. Die Infektion ist stark ansteckend und beginnt mit hohem Fieber und Nasenausfluss. Häufig lösen Herpes-Viren auch chronische Atemwegsinfektionen aus. Bei der Impfung ist eine Immunisierung nicht hundertprozentig garantiert. Die Herpes-Impfung muss halbjährlich durchgeführt werden. In der Regel impft man ausschließlich die Zuchttiere eines Zuchtbetriebes.

Fohlenlähme (Septikämie)

Fohlenlähme ist eine Infektionskrankheit, bei der Gelenksentzündungen, Blutvergiftung, Fieber, Schwäche und manchmal auch Durchfall auftreten. Die Infektion erfolgt während oder kurz nach der Geburt. Früher wurde als vorbeugende Maßnahme unmittelbar nach der Geburt ein Fohlenlähme-Serum gespritzt. Wegen der Vielzahl der möglichen Krankheitserreger ist aber die Wirkung dieser Behandlung zumindest fraglich und wird in jüngster Zeit nicht mehr empfohlen. Wenn das neugeborene Fohlen frühzeitig in ausreichender Menge Kolostralmilch (enthält viele Abwehrstoffe) aufnimmt und die hygienischen Vorkehrungen strikt eingehalten werden, ist das Infektionsrisiko klein.

Druse

Die Druse ist eine hochansteckende Infektionskrankheit, die vor allem junge Esel befällt. Der Impfstoff bietet nur unzureichenden Schutz gegen die Krankheit.

Hautpilz

Beim Hautpilz handelt es sich um eine Hauterkrankung, die durch direkten Körperkontakt oder durch Putzzeug übertragen wird und auch auf Menschen übergehen kann. Der Patient leidet unter Haarausfall und eventuell Juckreiz. Durch das Scheuern können bakterielle Sekundärinfektionen auftreten. Die Impfung kann sowohl vorsorglich als auch bei einer bereits bestehenden Infektion mit Hautpilzen vorgenommen werden. Es sind zwei Impfungen im Abstand von zwei Wochen nötig. Durch das Impfen eines Pilzvakzins ist der Esel dann für ein Jahr vor Neuinfektionen geschützt. Gegen Hautpilz soll nur geimpft werden, wenn die Tiere bereits erkrankt sind oder sich durch wiederholten Befall als besonders anfällig erwiesen haben.

Der Senior

Wenn Esel langsam in die Jahre kommen, verändern sie sich nicht nur im Wesen, sondern auch an ihrem Körper geht die Zeit nicht spurlos vorüber. Der Stoffwechsel verlangsamt sich, es gibt Veränderungen im Mineralhaushalt, das Gewebe verliert an Elastizität und da und dort haben sich Stoffwechselschlacken und Kalk eingelagert. Die Alterung ist jedoch von Tier zu Tier verschieden. Die einen sind mit dreißig noch topfit und vital. Andere Esel leiden schon ab zwanzig, also relativ früh unter Alterserscheinungen. Der Gesundheitszustand im Alter hängt unbestritten von der Haltung, der Pflege und der Nutzung in jungen Jahren ab, ist aber auch genetisch bedingt.

Ältere Esel sollten genau wie ältere Menschen, aktiv am Leben teilnehmen können, wenn auch in etwas langsamerem Tempo. Die Spaziergänge werden kürzer und gemütlicher und das früher streng verbotene Grasen zwischendurch wird vielleicht eher gestattet. Auf gar keinen Fall dürfen alte Esel einfach auf die Weide gestellt und sich selbst überlassen werden!

Haltung

Alte Esel brauchen mindestens so viel Zuwendung und Pflege wie junge Tiere. Die Art der anfallenden Arbeiten verändert sich allerdings. Die Zeit, die ein junger Esel für Ausbildung, Training und Austoben erfordert, muss beim Methusalem in Sonderpflege und Futterzubereitung, langsamen Spaziergängen und zeitweiligem Eindecken oder Aufstallen investiert werden.

Da die älteren Semester an Beweglichkeit verlieren, brauchen sie ausreichend Platz im Liegebereich, damit sie sich problemlos hinlegen und wieder aufstehen können. Der Boden darf nicht rutschig sein. Eine tiefe Einstreu (nicht Matratzenstreu) hält schön warm und bietet ein weiches Polster. Die Esel werden im Alter kälteempfindlicher. An sehr kalten Tagen tut eine Infrarotlampe im Stall gute Dienste. Eine warme Decke schützt ebenfalls vor Kälte.

Alte Esel bekommen längeres und dichteres Winterhaar. Das dicke Fell muss eventuell im späten Frühjahr geschoren werden, weil der Haarwechsel nicht mehr so gut funktioniert. Der alte Esel ist dankbar für eine ebene, flache Weide und für eine geschützte Ecke, in die er sich vor den ungestümen jungen Artgenossen zurückziehen kann. Das heißt nicht, dass ihn ein flotter Galopp nicht auch erfreuen würde, aber er ermüdet schneller und möchte sich seine Ruhezeit nehmen, wenn er sie braucht.

Regelmäßige Bewegung ist für die Senioren sehr wichtig. Enge Wendungen machen ihnen manchmal Mühe und schnelle Gangarten auf harten Böden sollten vermieden werden. Das Reiten oder Fahren reduziert man mit zunehmendem Alter und irgendwann, der aufmerksame Halter wird es spüren, sollte ganz darauf verzichtet werden.

Gebiss und Ernährung

Bei alten Eseln ist der Zahnkontrolle und -pflege besondere Aufmerksamkeit zu schenken. Eventuell muss der Zahnarzt sogar zweimal pro Jahr kommen, um die Zahnspitzen zu feilen oder manchmal einen losen Zahn zu ziehen. Die Verdauungsleistung des alten Esels nimmt ohnehin schon ab und wenn das Futter nicht mehr optimal zerkleinert wird, besteht schnell die Gefahr von Verstopfungskoliken und Abmagerung.

Die meisten älteren Esel sind nicht mehr so aktiv und verbrauchen daher auch weniger Energie. Aber auch die Verwertung des Futters ist schlechter geworden, weil der Darm mit zunehmendem Alter spärlicher mit Mikroorganismen besiedelt ist. Alte Esel benötigen deshalb Futter mit hochwertigem Eiweiß und hohem Nährwert. Oft fehlt es ihnen an B-Vitaminen und an Vitamin C sowie an Spurenelementen. Manchmal mangelt es ihnen auch an Mineralien, weil diese nicht mehr ausreichend resorbiert werden.

Solange der Esel keine Schwierigkeiten beim Kauen hat, einen munteren Eindruck macht und seine Figur so bleibt, wie sie sein soll, braucht am Futterzettel nichts verändert zu werden. Wenn die Verdauung und der Kauapparat nicht mehr einwandfrei funktionieren, kann mit folgenden Mitteln geholfen werden:

- Das Heu häckseln, aber nicht kürzer als etwa 3 cm, damit keine Schlundverstopfungen entstehen. Stroh ist zu schwer verdaulich.
- Heu durch Haylage ersetzen.
- Gut eingeweichte Heupellets oder weiche Graswürfel füttern.
- Eingeweichte Rübenschnitzel lassen sich leicht fressen und sind durch den hohen Wassergehalt gut für die Verdauung.
- Regelmäßiges Füttern von Mash schmiert die Därme.
- Der veränderte Vitamin- und Mineralstoffbedarf kann durch im Handel erhältliche Spezialfuttermischungen für alte Pferde und Ponys (gequetschte Müslis) gedeckt werden.

Damit die Esel ihren Futterbrei nicht zu schnell und zu gierig fressen, kann man ein oder zwei runde, große Steine in den Futtertrog legen.

Alte Esel trinken oft zu wenig, obwohl die Versorgung mit Wasser außerordentlich wichtig ist. Das Wasser sollte deshalb während der kalten Jahreszeit temperiert werden, um es ihnen ein wenig schmackhafter zu machen.

Leben alte Esel gemeinsam mit Jungtieren, sollten sie während der Fütterung getrennt werden.

Altersgebrechen

Falls der Esel in jungen Jahren an einer schweren Krankheit gelitten hat, ist es möglich, dass die Gebrechen im Alter wieder zum Vorschein kommen. Zum Beispiel können Folgen von starkem Blutwurmbefall in der Jugend mit fortgeschrittenem Alter Probleme verursachen. Auch schwere Lungenerkrankungen machen sich oft mit den Jahren wieder bemerkbar. Wer unsicher ist, lässt den Esel am besten einmal pro Jahr vom Tierarzt untersuchen. Unter Umständen müssen Blutproben entnommen werden, um Erkrankungen innerer Organe festzustellen.

An erster Stelle der Altersgebrechen steht die Arthrose. Die altersbedingte Arthrose ist oft auf die Fehlbelastung von Gelenken, hervorgerufen durch unkorrekte Stellung der Gliedmaßen, zurückzuführen. Übergewicht, Verletzungen und chronische Gelenksentzündungen (Arthritis) sind ebenfalls mögliche Ursachen von Arthrose. Anfänglich äußert sich der Gelenkverschleiß durch ein Spannungs- und Steifigkeitsgefühl in den betroffenen Gelenken. Später treten Schmerzen auf, vor allem zu Beginn einer Belastung (Anlaufschmerz). Da auch die Elastizität von Sehnen und Bändern

Graue Eminenz im doppelten Wortsinn: Eselin Jutta im Basler Zoo ist mit weit über 40 Lenzen wohl der älteste Esel der Schweiz.

abnimmt und die Muskeln langsam ihre Kräfte verlieren, wird der Esel insgesamt etwas steif und unbeweglich. Vor allem das Stehen auf drei Beinen während der Hufbearbeitung bereitet ihm dann Mühe. Zur Vorbeugung und als Therapie ist regelmäßige Bewegung von großer Wichtigkeit, denn auch für Esel gilt: Wer rastet, der rostet!

Die Anfälligkeit für Hautinfektionen und Parasiten wird mit zunehmendem Alter ebenfalls größer. Weil ältere Esel öfter liegen, muss man eventuell da und dort ihre Haut einfetten, um Liegewunden zu vermeiden. So wie die Haut verliert auch der Huf an Elastizität und die Hornqualität verschlechtert sich.

Eine weitere Alterserkrankung sind Darmverschlingungen, die durch gestielte Fettgewebstumoren (Lipome) verursacht werden. Dabei schlingt sich der Tumor mit seinem Stiel um den Darm und schnürt ihn ab. Impfungen und Wurmkuren müssen bei Senioren ebenso wie bei jungen Eseln durchgeführt werden.

Abschied nehmen

Jeder Eselhalter muss sich zwangsläufig auch mit dem Tod seines Esels auseinander setzen. Der Tierarzt wird den Besitzer eines Tieres informieren, wenn es aus gesundheitlichen Gründen getötet werden muss, aber die endgültige Entscheidung muss immer der Besitzer des Esels fällen. Dies erfordert Mut und Kraft, aber der Esel darf nicht aus falsch verstandener Tierliebe am Leben erhalten werden, wenn er dabei leiden muss.

Für den Besitzer stellt sich die Frage nach der Art, wie die Tötung vorgenommen werden sollte. Die gängigen Methoden sind der Bolzenschuss und das Einschläfern (Euthanasie) mit intravenösen Injektionen. Die Tötung durch den Bolzenschuss sieht für die Anwesenden brutal aus, der Esel aber spürt weder Angst noch Schmerzen, da durch den Schuss alle Empfindungen in Bruchteilen von Sekunden erlöschen. Der so genannte klinische Tod tritt aber erst nach dem anschließend notwendigen Entbluten ein. Falls der Gang zum Schlachter erfolgt, sollte der Halter sein Tier dorthin begleiten. Sieht er sich dazu außerstande, muss er eine Vertrauensperson damit beauftragen. Allzu oft schon hat ein Pferd oder Esel den Schlachthof wieder durch die Hintertür verlassen und wurde von skrupellosen Menschen aus Profitgier unter falschen Angaben wieder verkauft. Als Nachteil der Tötung durch den Bolzenschuss, der kaum im heimischen Stall vorgenommen wird, kann der Stress des Transportes und die Reaktion der Stallgefährten angesehen werden, die jeweils lange nach ihrem Kollegen rufen, da sie nicht wissen, was mit ihm geschehen ist.

Der Tod in der gewohnten Umgebung während der ganz normalen Alltagsroutine ist das Beste, was man für seinen Esel tun kann. Wer sich dafür entscheidet, muss sich vorher bei einer Tierkörperbeseitigungsanstalt anmelden und die Entsorgung des toten Esels organisieren. Der Tierarzt wird den Esel ähnlich wie für eine Operation narkotisieren, bevor er ihm die Todesspritze gibt. Helfer müssen anwesend sein, damit der einschlafende Esel langsam und auf einen weichen Untergrund zu liegen kommt. Lärm und Hektik müssen vermieden werden. Nach der zweiten Injektion dauert es ungefähr eine halbe Minute, bis der Tod eintritt. Der Tierarzt wird beim Esel bleiben, bis keine Herztöne mehr hörbar sind. Die Stallgenossen sollten die Gelegenheit haben den toten Körper zu beschnuppern. Sie brauchen Zeit zu begreifen, was mit ihrem Herdenmitglied geschehen ist. So werden sie später nicht mehr nach ihm rufen oder auf ihn warten.

Zucht

Eselstuten können bereits in ihrem ersten Lebensjahr die Geschlechtsreife erlangen. Sie dürfen aber frühestens mit drei Jahren belegt werden und danach auf gar keinen Fall jedes Jahr. Der Nachwuchs wird gesünder und kräftiger, wenn die Stute im Zwei-Jahres-Turnus fohlt. Auch die Stute selbst benötigt eine ausreichend lange Erholungsphase, damit sie bis ins hohe Alter gesund bleiben kann. Bei Beobachtungen von verwilderten Hauseseln konnte festgestellt werden, dass die Stuten zwei Fohlen innerhalb von drei Jahren hatten. Eine zu frühe Bedeckung der Stute führt zu Wachstumsdepressionen, die nicht wieder aufgeholt werden können. Es sind Fälle von erst einjährigen Eselstuten bekannt, die bereits trächtig wurden.

Hengste werden in der Regel mit zwei Jahren sexuell aktiv und entwickeln sich bis zum Alter von fünf Jahren zur vollen sexuellen Reife. Aber auch bei Hengsten gibt es frühreife Tiere, die bereits mit 15 Monaten ein Fohlen zeugen können! Im zweiten Lebensjahr produzieren die Hoden das männliche Hormon Testosteron. Das Hormon fördert nicht nur Muskelwachstum und Imponierverhalten, es sorgt auch dafür, dass sich die Wachstumsfugen der Knochen schließen. Hengste stellen ihr Wachstum daher früher ein und bleiben kleiner als Wallache. Entfernt man die Hoden vor dem fünften Lebensjahr, wächst der Esel möglicherweise noch um Zentimeter.

Eine gezielte und seriöse Auswahl von Hengst und Stute entspricht in der Realität leider eher einem Wunschdenken als der Praxis. Trotz der vielen Hinweise aus Fachkreisen, die immer wieder auf die Folgen von wil-

Was bei der Zucht beachtet werden muss:

- Die Zuchtstute muss hinsichtlich Gesundheit, Charakter und Exterieur einwandfrei sein.
- Der Hengst muss korrekt sein und in Größe und Gebäude zu der Stute passen.
- Es muss berücksichtigt werden, dass beide Elterntiere sowie deren Vorfahren physische und psychische Attribute an ihre Nachkommen vererben. Dazu gehören auch Neigungen zu Krankheiten (z. B. Sommerekzem, Sarkoide) sowie Albinismus.
- Das Fohlen muss mindestens acht Monate lang bei der Mutter bleiben.
- Die Stallanlage muss ermöglichen, Stute und Fohlen von anderen Tieren zu trennen, aber den Sicht- und Geruchskontakt zu erhalten.
- Wird das Fohlen vom Züchter selbst behalten, muss es erzogen und ausgebildet werden.
- Ein Fohlen muss mit Artgenossen und gleichaltrigen Spielkameraden aufwachsen.
- Soll es verkauft werden, ist der Züchter verpflichtet, für das Fohlen einen geeigneten Platz mit Artgenossen zu finden.
- Ein Züchter muss sich eine Menge zusätzliches Wissen aneignen.
- Eine tiergerechte und seriöse Eselzucht ist nicht rentabel. Die Freude an den Tieren und nicht finanzielle Interessen sollte im Vordergrund stehen.

der „Eselvermehrung" aufmerksam machen, wird meistens mit den gerade verfügbaren Tieren gezüchtet. Dabei wird nicht einmal Halt vor Anpaarungen unter Geschwistern oder Mutter und Sohn gemacht. Darum ist es nicht weiter verwunderlich, dass absolut gesunde Esel mit einem korrekten Exterieur so schwer zu finden sind.

Hengsthaltung

Hengste müssen ihren ureigenen Instinkten folgend laufend ihre Sinne und Kräfte trainieren. Da einem Hengst in Einzelhaltung ein geeigneter Partner dazu fehlt, benutzt er alles, was sich in seiner eingeschränkten Umgebung anbietet: Kinder und Erwachsene, Schafe, Ziegen, Hühner, Schweine und Hunde. Häufig kommt es vor, dass gerade Schafe die rauen „Spiele" des Hengstes nicht überleben. In diesem Zusammenhang von Verhaltensstörungen zu reden, wäre nicht angebracht. Vielmehr wurden die arteigenen Bedürfnisse des Eselhengstes missachtet. Da Esel Artgenossen brauchen, aber Hengste in der Regel nicht zusammen gehalten werden können, müssen fundiertes Wissen sowie eine optimale Infrastruktur zur Hengsthaltung vorhanden sein. Stuten und ruhige Wallache eignen sich als Partner für Hengste, aber für eine Stute allein kann der Hengst ebenfalls zu einem Plagegeist werden und sie in Dauerstress versetzen.

Eine Eselgruppe mit Hengst benötigt sehr viel Platz, damit die Tiere einander ausweichen können. Es muss gewährleistet sein, dass der Hengst tragende Stuten in Ruhe lässt. Die gemeinsame Haltung von Fohlen und Hengsten ist schon für zahlreiche Fohlen tödlich ausgegangen! Die Haltung eines Hengstes ist nur dann gerechtfertigt, wenn er zur Zucht verwendet und fachmännisch betreut wird.

Rosse

Die Eselin rosst während des ganzen Jahres alle 21 bis 28 Tage. Allgemein dauert die Rosse sechs Tage, wobei der Eisprung gegen Ende der Rosse stattfindet. In der wärmeren Jahreszeit kann die Rosse ausgeprägter sein als üblich. Während des Winters verläuft sie manchmal ohne Eisprung. Das ist ein natürlicher Schutzmechanismus, der verhindern soll, dass in der ungünstigen Jahreszeit Fohlen geboren werden. Eine Stute kann auch durch den Anblick eines erregten Hengstes außerhalb ihres Zyklus rossig werden. Die Eselhengste sind in der Lage, am Geruch des frischen Harns die Rosse der Stute präzise zu erkennen. Rossige Stuten urinieren häufiger als sonst. Manche Stuten können während der Rosse ganz schön zickig werden. Sie sind gereizt und kapriziös und rufen nach dem Hengst.

Paarung

Die Stute wird ein Jahr vor der gewünschten Ankunft des Fohlens zum Hengst gebracht. Eine Abfohlzeit im späten Frühjahr ist günstig, denn die Fohlen werden dann mit nährstoffreicher Milch ernährt, weil zu dieser Jahreszeit das Futterangebot für die Stute am besten ist. Außerdem werden sie von der wärmenden Sonne verwöhnt. Das Zusammenführen von Hengst und Stute soll gut geplant werden und an einem sicheren Ort ohne Verletzungsgefahr stattfinden. Zuerst sollte durch den Tierarzt eine Tupferprobe entnommen und untersucht werden, um eine Besiedelung der Scheide mit krank machenden und ansteckenden Bakterien auszuschließen. In der Regel wird dann die Stute zum Hengst gebracht.

Die natürlichste Art der Bedeckung ist der Natursprung. Der Deckakt ist alles andere als zärtlich und romantisch. Die Tiere brauchen genügend Platz, damit sie einander ausweichen können und sich bei der wilden Treibjagd nicht in Gefahr bringen. Um Unfällen vorzubeugen, sollte die Stute den Ort, wo sie später auf den Hengst trifft, zuerst in aller Ruhe auskundschaften dürfen. Können sich Hengst und Stute zuerst über einen sicheren Zaun beschnuppern, zeigt die Stute von alleine an, wenn sie so weit ist. Sie wird in der Nähe des Hengstes in Harnstellung Schleim abgeben und „Blitzen". Dabei zieht sie die Schamlippen kurz zusammen, sodass die Klitoris sichtbar wird. Einige Stuten zeigen auch das Rossigkeitsgesicht oder werfen den Kopf mit kurzem Quietschen auf. Das sind sichere Anzeichen der Paarungsbereitschaft. So kann eine zu frühe Zusammenführung von Hengst und Stute weitgehend ausgeschlossen werden.

Das „Vorspiel" kann von zehn Minuten bis zu einer Stunde dauern. Die Stute wehrt sich heftig und keilt gegen den Hengst aus, der sie immer wieder unerbittlich vor sich her hetzt. Bleibt die Stute schließlich stehen, reitet der Hengst auf und beißt sich im Nacken der Stute fest. Die Stute zeigt dann das typische Rossigkeitsgesicht. Nach der Kopulation wird sie urinieren. Der Hengst inspiziert die Gerüche und harnt ebenfalls. Wenn sich die Esel auf diese natürliche Weise paaren dürfen, können sie ihr Paarungsverhalten voll ausleben und es entstehen kaum Aggressionen. Um sicher zu gehen, dass die Stute aufnimmt, ist das zweimalige Decken im Abstand von einem Tag empfehlenswert.

Der Sprung an der Hand wird von vielen Eselzüchtern vorgezogen. Pferdehalter verzichten aus Angst vor Verletzungen, aus hygienischen und rationellen Gründen gänzlich auf den Natursprung. Für die Eselin kann jedoch ein erzwungener Deckakt ohne Vorspiel zu einem traumatischen Erlebnis werden und oft nimmt die unter Zwang gedeckte Stute gar nicht auf. Die Paarung aus der Hand verläuft hektisch und unnatürlich, weil der Stute die Hinterbeine gefesselt werden, sodass sie nicht nach dem Hengst schlagen kann. Auf den Widerrist der Stute wird eine Decke gelegt, damit der Hengst seinerseits die Stute nicht verletzen kann. Die Stute kommt gar nicht in Paarungsstimmung und verhält sich recht aggressiv dem Hengst gegenüber.

Vereinzelte Hengsthalter bieten gefrorenes Sperma zur künstlichen Besamung von Esel- und Pferdestuten an. Die künstliche Besamung bei Eselstuten zeigt in den USA gute Ergebnisse, macht aber in Europa noch Probleme – die Eselinnen nehmen meistens nicht auf. Auch übergewichtige Stuten werden in der Regel erfolglos gedeckt. Die Paarung der Esel gestaltet sich generell oft schwieriger als erwartet. Esel sind außerordentlich anspruchsvoll, was die Partnerwahl betrifft. Häufig geht deshalb die Rechnung des Züchters nicht auf und er muss sich dem Naturgesetz beugen.

Die trächtige Stute

Wenn die Stute nach drei Wochen nicht wieder rossig wird, hat sie mit großer Wahrscheinlichkeit aufgenommen. Durch eine Ultraschalluntersuchung kann die Trächtigkeit ab dem 18. Tag nach der letzten Bedeckung festgestellt werden. In der Frühträchtigkeit kommt es häufig zu Fruchtresorptionen. Ultraschalluntersuchungen nach 40 und 90 Tagen bringen Gewissheit über die Fruchtentwicklung. Zur Vorbeugung des Virusabortes kann auch noch während der Trächtigkeit die Impfung nachgeholt werden. Viele Züchter glauben, dass trächtigen Stuten keine Wurmkuren verabreicht werden sollten. Das ist falsch. Der normale Entwurmungsplan sollte beibehalten werden

Die Stute wehrt sich und keilt gegen den Hengst aus.

Wenn die Stute bereit ist, lässt sie den Hengst aufreiten.

und kurz vor der Geburt sollte noch einmal entwurmt werden. Es gibt Wurmmittel, die für trächtige Stuten nicht in Frage kommen (Organophosphate), der größte Teil der Präparate ist aber unproblematisch.

Die Tragzeit der Eselstute beträgt theoretisch zwölf Monate, schwankt aber in der Praxis zwischen elf und 13 Monaten. Großesel können nach einer Tragzeit von 14 Monaten noch ein gesundes Fohlen zur Welt bringen. Die Tragzeit wird auch von der Ernährung und der Haltung beeinflusst. Gute Bedingungen verkürzen sie, schlechte Fütterung und Haltung sowie Bewegungsmangel verlängern sie.

Wenn die Stute kaltes Wasser trinkt, kann man manchmal das Fohlen zappeln sehen. Legt man die Handfläche auf den Bauch, ganz hinten beim Euter, kann man das Fohlen eventuell auch spüren. Ein Trächtigkeitsbauch sieht anders aus als einer, der durch üppige Ernährung entstanden ist. Der Bauch der trächtigen Eselin ist unsymmetrisch, er dehnt sich auf der einen Seite weiter aus als auf der anderen.

In den letzten zwei bis drei Monaten der Trächtigkeit sollte die Stute qualitativ hochwertigeres Futter erhalten, da das Fohlen rasch wächst und die Stute zusätzlich noch Eutergewebe bilden muss. Aber sie sollte vernünftig ernährt werden. Fette Eselinnen sind mit ihrem Eigengewicht und dem Fohlen zu stark belastet! Heu und Stroh sollte zur freien Verfügung stehen. Die Umstellung auf Gras sollte Schritt für Schritt vorbereitet werden. Ein abrupter Futterwechsel ist zu vermeiden. Aufbaupräparate oder Medikamente dürfen nur nach Absprache mit dem Tierarzt verabreicht werden, denn nicht alle Mittel sind für tragende Stuten und ungeborene Fohlen zugelassen und verträglich. Auch für Zuchtstuten hat der Futtermittelhandel fertige Mischungen im Angebot, wobei der eselgerechten Portionierung immer Rechnung getragen werden muss.

Für die tragende Stute ist regelmäßige Bewegung sehr wichtig. Gegen eine gemütliche Fahrt ins Grüne ist bis zum zehnten Monat nichts einzuwenden, natürlich nur, wenn die Stute schon vorher immer gefahren wurde. Sie darf dabei aber nicht ermüden und auf einen flotten Galopp sollte man natürlich verzichten. Das Reiten sollte man bereits ab der zweiten Hälfte der Trächtigkeit einstellen. Spaziergänge an der Hand sind vor der Geburt das Richtige. Da die Stute während der Trächtigkeit sowieso anhänglicher ist, tut ein täglicher Spaziergang mit ihrem Menschen nicht nur dem Körper, sondern auch der Seele gut. Die so gefestigte Beziehung zwischen Mensch und Tier schafft überdies Vertrauen im Hinblick auf die Geburt und die Betreuung des Fohlens.

Geburt

Wenn der Geburtstermin naht, sollte die Stute gut, aber diskret beobachtet werden. Vielleicht duldet sie die Gesellschaft ihrer Artgenossen nicht mehr, dann muss sie mit Sichtkontakt abgetrennt werden. Die meisten Eselinnen bevorzugen eine Geburt in ruhiger Umgebung. Das ist wahrscheinlich auch der Grund, warum Nachtgeburten häufiger sind als Geburten während des Tages. Demzufolge kommt das Kleine wahrscheinlich eher in einer speziell hergerichteten Abfohlbox als bei Sonnenschein auf der grünen Weide zur Welt. Die Box sollte mindestens 3 × 3 m groß sein und keine Löcher oder Spalten aufweisen, in denen sich die zierlichen Fohlenhufe verkeilen könnten. Natürlich dürfen auch nirgends scharfe Kanten oder Gegenstände vorstehen. Der Boden muss tief mit sauberem, gutem Stroh eingestreut werden. Das Stroh kann an den Stallwänden angehäuft werden, sodass ein richtiges Nest entsteht. Der Stall muss luftig, aber frei von Zugluft sein. Equiden verschieben die Geburt, wenn es ihnen zu unruhig ist. Also wird ein nervöser, vor der Box auf und ab patrouillierender Züchter die Geburt eher verzögern, unter Umständen sogar gefährden. Hat die Stute von der Box aus freien Zugang zu einem Paddock oder zu einer Weide, muss auch der Außenbereich sauber gepflegt sein. Der Mist sollte so oft wie möglich abgesammelt werden. Es ist wichtig für die Gesundheit der Stute und des Fohlens, dass sie schon einige Tage vor der Geburt in der Umgebung lebt, wo das Fohlen zur Welt kommen wird. Dadurch hat ihr Körper Gelegenheit, sich an die dort anwesenden Bakterien zu gewöhnen und gegen sie immun zu werden.

Die Anzeichen einer bevorstehenden Geburt sind eher Orakel als Wissenschaft. Einige Stuten bekommen harzähnliche Tropfen an den Zitzenspitzen, aber wie lange es danach noch dauert, kann nicht gesagt werden. Einfallende Beckenbänder und das Anschwellen des Euters und der Zitzen weisen ebenfalls auf das Nahen der Geburt hin, wobei auch bei diesen Zeichen von Stute zu Stute noch unterschiedlich viel Zeit verstreicht, bis es dann wirklich so weit ist. Den meisten Stuten tropft unmittelbar vor dem Abfohlen Kolostralmilch aus dem Euter. Als sicheres Anzeichen aber gilt das außergewöhnliche Verhalten der Eselin, ihre Nervosität, Schwitzen oder Zittern.

Wenn der Züchter bei der Geburt dabei sein kann, sollte er sich im Hintergrund bereithalten um bei eventuellen Schwierigkeiten eingreifen zu können. Das Telefon und die Nummer des Tierarztes liegen in Griffnähe. Vor der Box steht ein Eimer warmes Wasser, eine milde, desinfizierende Seifenlösung, Handtücher, Schere, steriler Bindfaden, antibiotischer Spray oder Puder, Jodtinktur aus der Apotheke und eventuell Einweghandschuhe und ein Klistier.

Höchstwahrscheinlich kommt die Stute aber bestens alleine zurecht. Bei den Eröffnungswehen wird sie unruhig und beginnt zu scharren. Sie legt sich möglicherweise vorübergehend hin. Sie setzt auch mehrmals Kot und Harn ab.

Spätestens zu diesem Zeitpunkt sollte sie von den anderen Tieren getrennt werden. Bis die Fruchtblase platzt und die Stute das Fruchtwasser verliert, können mehrere Stunden vergehen. Dann erst beginnt die Stute zu pressen. Abwechselnd legt sie sich hin und steht wieder auf. Dann wird zuerst eine Wasserblase sichtbar, die den Geburtsweg vorbereitet. Diese platzt meistens am Scheidenausgang und gibt den Blick auf die Fruchtblase frei. In der Normallage ist jetzt der Kopf des Fohlens auf den ausgestreckten Vorderbeinen sichtbar. Es kann sein, dass sich die Stute mit dem halb geborenen Fohlen erhebt und herumgeht oder dass sie sich sogar hart auf den Boden wirft. Das ist aber normal. Ein Eingreifen ist nicht notwendig. Auch wenn sie eine Pause macht und die Geburt vorübergehend zum Stillstand kommt, besteht kein Grund zur Panik. Bis das Fohlen ganz ausgetrieben ist, können 10 bis 30 Minuten vergehen.

Es ist möglich, dass die durchsichtige Eihaut, die das Neugeborene umschließt, nicht von alleine platzt. Dann muss sie sofort mit desinfizierten Händen vor den Nüstern des Neugeborenen zerrissen werden, weil das Fohlen sonst erstickt! Die häufigste Todesursache bei Fohlen ist das Ersticken, weil niemand anwesend war, um die Nüstern von Schleim und Eihaut zu befreien. Das Fohlen muss auf jeden Fall atmen können, bevor die Nabelschnur reißt, denn durch sie wurde es bis dahin mit Sauerstoff versorgt. Die Nabelschnur besitzt eine dünne Stelle ganz in der Nähe des Foh-

Der Huf des Fohlens ist bereits zu sehen. Er ist vom weichen Hornsaum umgeben, damit die Stute nicht verletzt wird.

Auch die zahlreichen erfolglosen Aufstehversuche haben einen Sinn. Sie regen die Atmung des Fohlens an.

lenbauchs, wo die Natur die Trennung vorgesehen hat. Wenn alles normal läuft, reißt die Schnur an dieser Sollbruchstelle von alleine. Ist dies nicht der Fall, wird wie folgt nachgeholfen:

Hände gründlich desinfizieren, Nabelstrang dicht über der Abrissstelle fassen und mit der anderen Hand abdrehen oder mit einem sterilen Band etwa 3 cm unter dem Bauch des Fohlens abbinden und nochmals 3 cm unterhalb davon mit der Schere abschneiden. Den Nabelstumpf mit Jodtinktur desinfizieren und anschließend mit einem antibakteriell wirksamen Arzneimittel bepudern oder besprühen.

Mit dem Durchtrennen der Nabelschnur kann ruhig gewartet werden. Frühestens 10 Minuten nach der Geburt des Fohlens darf der Züchter eingreifen. Der Nabel sollte so wenig wie möglich berührt werden, und wenn, nur mit desinfizierten Händen, da die Gefahr einer Infektion sehr groß ist. Der Nabelstumpf sollte noch zwei Tage lang mit Jodtinktur desinfiziert werden, damit er besser trocknet.

Nach der Geburt geht meistens innerhalb einer halben bis einer Stunde die Nachgeburt ab, die sofort weggeräumt werden sollte. Wenn sie nach drei Stunden immer noch nicht ausgetrieben wurde, muss der Tierarzt gerufen werden, um sie zu entfernen. Die Stute könnte an Hufrehe oder Blutvergiftung erkranken, wenn die Nachgeburt nicht vollständig ausgestoßen wird. Auch in den Tagen nach der Geburt scheidet die Stute noch immer etwas Flüssigkeit aus, was durch ausreichende Bewegung erleichtert wird.

Das neugeborene Fohlen

Die Stute beginnt gleich nach der Geburt ihr Fohlen intensiv zu lecken. Ein gesundes Fohlen macht 30 Minuten nach der Geburt erste Aufstehversuche. Das verlangt ihm einiges an Ausdauer und Geschick ab. 60 Minuten nach der Geburt sollte es sicher stehen können und sich auf die Suche nach dem Euter machen. Dabei berührt es immer wieder seine Mutter und die Stute selbst verbringt ihrerseits sehr viel Zeit damit ihr Fohlen zu beschnuppern. Bei dieser gegenseitigen Geruchsaufnahme werden Mutter und Kind aufeinander geprägt. Der Züchter sollte in dieser Phase nicht eingreifen, um den natürlichen Ablauf der Dinge möglichst wenig zu stören.

Bis das Fohlen in den Genuss der lebenswichtigen Kolostralmilch kommt, hat es schon einiges geleistet.

Die erste Milch, die das Fohlen bei seiner Mutter trinkt, ist von lebenswichtiger Bedeutung für das Neugeborene. Diese Milch enthält alle Abwehrstoffe, die das Fohlen zum Überleben braucht. Sie wird Kolostralmilch genannt und wirkt fast wie eine Impfung. Etwa drei Tage lang produziert die Eselin solche Kolostralmilch. In dieser Zeit nimmt das Fohlen Abwehrstoffe gegen ansteckende Krankheiten auf. Falls die Mutter das Fohlen nach mehrmaligen Versuchen nicht trinken lässt, kann ihr ein Vorderbein hochgehoben und das Fohlen sachte ans Euter geführt werden. Unter normalen Bedingungen saugt das Fohlen im ersten Monat seines Lebens etwa dreimal pro Stunde, im Alter von zwei bis drei Monaten saugt es nur noch einmal pro Stunde.

Das Fohlen wird in den ersten Tagen den frischen Kot seiner Mutter „fressen". Dies hilft dem Fohlen seine eigene Darmflora zu entwickeln. Es impft dabei seinen Darm mit B-Vitaminen und Mikroorganismen. Alter Kot hingegen ist eine Ansteckungsquelle für Wurmerkrankungen.

Nach der Geburt duldet die Stute keine Artgenossen in ihrer Nähe. Sie positioniert sich immer schützend zwischen einem anderen Tier oder Menschen und ihrem Fohlen. Der Züchter sollte allerdings ein so gutes Verhältnis zu seiner Stute haben, dass er das Fohlen streicheln und untersuchen darf. Falls das Fohlen aus irgendeinem Grund getragen werden muss, wird es mit einem Arm um die Hinterbacke und mit dem anderen Arm um die Brust aufgehoben. Beim Aufheben unter dem Bauch würden die inneren Organe zusammengedrückt und könnten Schaden nehmen. In den ersten Tagen ist es sinnvoll, während der Nacht ein schwaches Licht im Stall brennen zu lassen, damit die Stute sich orientieren kann und nicht auf das Fohlen tritt.

Imprint-Training

Nach der Theorie des kalifornischen Tierarztes Robert Miller soll ein menschliches Eingreifen in die Prägungsphase unmittelbar nach der Geburt ein Fohlen besser und nachhaltiger an den Menschen gewöhnen. Noch während das Fohlen liegt, wird es vom Imprint-Trainer eine Stunde lang durch Berührungen am ganzen Körper und in den Körperöffnungen desensibilisiert. Etwas später erfolgt dann eine Sensibilisierung. Manche Verhaltensfachleute halten Imprinting für überflüssig, andere befürchten durch das frühe Eingreifen des Menschen sogar Fehlprägungen und spätere Störungen im Herdenverhalten des Pferdes.

Angesichts der unzähligen liebenswerten, menschenbezogenen, vertrauten und leistungsbereiten Esel, die bis zum heutigen Tag auch ohne Robert Miller gediehen sind, ist ein solches Vorgehen eher fragwürdig. Vielleicht wäre anstelle einer egoistischen und Besitz ergreifenden Haltung nach einer Geburt ein wenig Achtung, Respekt und Dankbarkeit angebrachter. Zudem muss auch das Imprint-Training, wenn es richtig angewandt werden will, ausgesprochen genau studiert und praktiziert werden. Um einen „Erfolg" zu erzielen, braucht diese Methode mindestens so viel Sachkenntnisse wie die spätere Erziehung eines Fohlens oder Jungtieres. Das „Imprint-Training" kann jedoch für Maultiere einen Nutzen bringen, weil die Kreuzung von Pferd und Esel einige Verhaltensprobleme mit sich bringen kann.

Künstliche Ernährung

Klappt das Säugen aus irgendwelchen schwerwiegenden Gründen wie Tod der Mutterstute, Verstoßen des Fohlens durch die Stute oder mangelnde Milchproduktion innerhalb von sechs Stunden nicht, muss der

Tierarzt verständigt werden. Er kann gefrorene Stutenkolostralmilch besorgen. Für Züchter, die regelmäßig Nachwuchs haben und mehrere Zuchtstuten halten, empfiehlt es sich, Kolostralmilch zu melken und diese einzufrieren (mindestens zwölf Monate haltbar). Zum Füttern müssen die Flaschen schonend im Wasserbad aufgetaut und auf Körpertemperatur gebracht werden, damit die Antikörper erhalten bleiben.

Bei Fohlen, die kein Kolostrum erhalten haben, kann der Tierarzt auch so genannte Paraimmunitätsinducer spritzen, damit das Immunsystem angeregt wird. Je nach Zustand des Fohlens kann auch die Gabe eines Langzeitantibiotikums erforderlich sein. Unter Umständen lässt sich eine Ammenstute organisieren, aber die Kolostralmilch sollte, wenn immer möglich, der eigenen Mutter abgemolken werden.

Eine künstliche Handaufzucht mit Milchpulver ist sehr mühevoll, aber grundsätzlich möglich. Verwendet wird dafür Pferdemilchpulver oder Babymilchpulver, da die menschliche Muttermilch von der Zusammensetzung her der Eselmilch sehr ähnlich ist. Das Milchpulver wird gemäß Angaben der Herstellerfirma aufbereitet. Zur besseren Verdauung werden der Babymilch einige Tropfen schwarzer Johannisbeersaft beigegeben. Die Temperatur von 39 °C muss genau eingehalten werden. Zur Verabreichung kann eine sterilisierte Säuglingsflasche mit Schnuller benutzt werden. Eine andere Möglichkeit besteht darin, einen abgeschnittenen Gummihandschuhfinger mit einem kleinen Löchlein zum Saugen über die Öffnung einer Kunststoffmilchflasche zu stülpen. Dabei muss man aufpassen, dass das Fohlen den Sauger nicht abschluckt. Besteht Hoffnung, dass die Stute zu einem späteren Zeitpunkt das Fohlen doch noch selber säugen kann, sollte das Fohlen besser aus einer Schüssel trinken. Erfahrungen haben gezeigt, dass sich dadurch die Wahrscheinlichkeit vergrößert, dass das Fohlen später das Euter der Mutter annimmt und saugt.

Das Fohlen muss in der ersten Lebenswoche im Abstand von zwei Stunden rund um die Uhr gefüttert werden. In der zweiten und dritten Woche kann das Intervall auf zweieinhalb Stunden am Tag und drei Stunden in der Nacht verlängert werden. Wenn in der Not zuerst gewöhnliches Pferdemilchpulver gefüttert wird und erst nach ein paar Stunden Kolostralmilch zur Verfügung steht, erfüllt sie auch dann noch ihren Zweck. Künstlich ernährte Fohlen müssen von einem Tierarzt überwacht werden, da die Gefahr von Rachitis besteht, weil ihnen die Vitamine A und D möglicherweise fehlen. Da besonders eine Überdosierung von Vitamin D zu schlechter Knochenzusammensetzung und Brüchen führen kann, sollten Vitamingaben nicht von Laien durchgeführt werden.

Darmpech-Verhaltung

Während der Entwicklungszeit in der Gebärmutter hat sich im Darm des Fohlens eine zähe, klebrige Kotmasse von dunkelbrauner bis schwarzer Farbe angesammelt. Die Kolostralmilch der Stute hat während der ersten Tage nach der Geburt eine abführende Wirkung, sodass dieser erste Kot, auch Darmpech genannt, innerhalb der ersten zwölf Stunden portionsweise ausgeschieden wird. Danach muss das Fohlen gelbbraunen Milchkot absetzen. Wenn das Fohlen Schwierigkeiten mit der Abgabe des Darmpechs hat, wird es unruhig und schlägt lebhaft mit dem Schwänzchen. Vielleicht wälzt es sich oder dreht seinen Kopf immer wieder in Richtung Bauch. Bevor der Tierarzt eingreifen muss, kann der Züchter noch versuchen, frisch gemolkene Stutenmilch mit zwei Esslöffeln Rizinusöl mittels Schoppen einzugeben. Auch ein Einlauf mit körperwarmem Seifenwasser hilft, sollte aber nicht von Laien durchgeführt werden, da die Darmschleimhaut des Neugeborenen sehr verletzlich ist und die Därme bei zu hohem Druck zerreißen könnten. In der Apotheke sind auch fertige Klistiere erhältlich, die ebenfalls verwendet werden können.

Die Darmpech-Verhaltung ist ein spezielles Problem von Hengstfohlen, weil deren Becken enger und V-förmig ist, im Gegensatz zu dem der Stuten, das U-förmig und breiter ist.

Bei allen Tätigkeiten rund um das Fohlen ist auf gute Hygiene zu achten. Die Hände müssen immer desinfiziert werden.

Schwierigkeiten beim Säugen

Es sollte jeden Tag kontrolliert werden, ob beide Zitzen etwa gleich groß sind und das Euter nicht heiß und hart, schmerzhaft oder einseitig ist. Falls die Stute plötzlich dem Fohlen das Euter verweigert und offensichtlich Schmerzen hat, wenn das Kleine zu trinken versucht, muss sofort der Tierarzt gerufen werden. Es könnte sich um eine Mastitis (Milchdrüsenentzündung) handeln. Frühzeitig erkannt und mit Antibiotika behandelt bestehen durchaus Heilungsaussichten, aber eine verschleppte Mastitis kann den dauernden Verlust eines Teils des Euters oder des ganzen Euters nach sich ziehen.

Das Fohlen sollte abwechslungsweise an beiden Zitzen saugen und danach zufrieden und gesättigt sein. Wenn es dauernd zur Stute läuft, sie mit der Nase in die Flanken und ans Euter stößt und immer trinken möchte, erhält es vermutlich zu wenig Milch. Die Stute braucht dann hochwertiges Futter und muss viel trinken. Meistens lässt sich dadurch die Milchproduktion anregen. Wird das Fohlen aber apathisch und ist offensichtlich unterernährt, muss ebenfalls der Tierarzt konsultiert werden. Entweder kann er durch eine Injektion die Milchausschüttung fördern oder sie wird mittels Hormonsprays aus der Humanmedizin, die in die Nase gesprüht werden, angeregt. Wenn überhaupt nichts hilft, muss das Fohlen zusätzlich künstlich mit Fohlenmilch ernährt werden.

Auch eine zu hohe Milchproduktion, verursacht durch üppiges Futter, kann schädlich sein. Das Fohlen saugt das übervolle Euter nicht ganz leer, wodurch sich die Beschaffenheit der Milch verändert, was letztendlich zu Durchfall führt. Die zurückgebliebene Milch ist außerdem ein idealer Nährboden für Bakterien. Falls die Milch zu stark fließt, sollte gutes Wiesenheu anstelle von saftigem Frühlingsgras gefüttert werden.

Nach ungefähr acht bis zehn Tagen wird die Stute wieder rossig, sie kommt in die so genannte Fohlenhitze. Die Milch wird davon in Mitleidenschaft gezogen. Dem Fohlen schmeckt sie nicht mehr so gut und es bekommt unter Umständen Durchfall. Dieser Durchfall hört normalerweise nach drei Tagen von selbst auf. Falls nicht, muss ein Tierarzt konsultiert werden.

Die Haltung des Fohlens

Eselfohlen sind manchmal echte Plagegeister. Sie sind voller Leben und scheinen nur Schabernack im Kopf zu haben. Ihren Bewegungsdrang befriedigen sie, indem sie ihre Mutter im Galopp umkreisen. Die Ausbruchsicherheit von Umzäunungen wird wahrscheinlich stark in Frage gestellt werden. Lustig sind die Bemühungen eines Fohlens, das zu trinken wünscht, wenn seine Mutter sich zum Ausruhen hingelegt hat. Es wird mit allen Mitteln versuchen, seine Mutter zum Aufstehen zu bewegen. Es wird sie

Frische Luft und Bewegung sind für Mutter und Kind sehr wichtig.

mit dem Kopf in die Flanke stoßen, ihr die Ohren anknabbern und das Gesicht lecken, bis sie endlich nachgibt und sich erhebt, damit es trinken kann.

Nach einigen Tagen erst fangen die Fohlen an, sich für Artgenossen zu interessieren. Mit drei Wochen spielen sie mit anderen Fohlen. Spielerisch werden die gesamten Verhaltensformen der Erwachsenen nachgeahmt und geübt. Für die normale Entwicklung des Fohlens ist die Gemeinschaft mit anderen Eseln und Eselfohlen äußerst wichtig. Der Nachwuchs muss mit Spielkameraden rangeln und toben, sonst drohen körperliche und seelische Spätschäden. Durch Bewegung entsteht die notwendige Belastung, die Knorpel und Sehnen erst in ihre eigentliche Form bringt. Die Gelenke werden praktisch in den ersten fünf Monaten „eingelaufen". Eine Boxenhaltung für Fohlen ist tierquälerisch und zu unterlassen!

Fütterung und Pflege

Die Fohlen beginnen schon früh an Gräsern zu zupfen und Heuhalme zu kauen. Der Salzleckstein und der Wasserkübel dürfen natürlich auch für das Fohlen zugänglich sein. Nur wenn das Fohlen übergroßes Interesse am Salzleckstein zeigt, muss er entfernt werden, denn die Nieren des Fohlens können Salz nur schlecht ausscheiden. Mit der Zeit muss die Heuration der Stute beträchtlich erhöht werden, damit beide auf ihre Kosten kommen. Das Heu deckt den Rohfaser-Bedarf und beugt Durchfällen vor. Ab der vierten Woche frisst ein Fohlen immerhin bis zu 100 g Heu täglich. Spezielle Fohlenfuttermischungen (Flocken) dürfen ab dem zweiten Monat zugefüttert werden, ist aber bei Eseln nur in Sonderfällen erforderlich.

Das Fohlen kann schon einige Tage nach der Geburt vorsichtig gebürstet werden. Jeden Tag sollten seine Hufe angehoben werden, damit es sich daran gewöhnt. Wenn der Hufschmied das nächste Mal die Stute besucht, spätestens aber nach drei Monaten, muss er sich auch das Fohlen ansehen. Er wird die Hufe und deren Stellung beurteilen und gegebenenfalls eine Korrektur anordnen oder die Hufe berunden. Eine Korrektur von groben Stellungsfehlern sollte im dritten oder vierten Monat erfolgen, denn beim Jährling kann es schon zu spät sein.

Fohlenkrankheiten

Durchfall

Der Durchfall ist zweifellos die häufigste Erkrankung von Fohlen. Er entsteht, wenn die heikle Darmflora „kippt", das heißt, wenn sich die normalen Darmbakterien vermehren oder absterben und sich daraufhin der Darm entzündet. Die Ursachen sind ungeeignetes Futter oder eine Infektion. Der Kot ist von auffallend schlechtem Geruch und das Fohlen wird matt bis apathisch. Der Fohlendurchfall muss binnen kürzester Zeit vom Tierarzt behandelt werden.

Lungenentzündung (Fohlenpneumonie)

Das Fell des Eselfohlens ist nicht wasserabstoßend, weil es keine Eigenfettung der Haare besitzt. Aus diesem Grund müssen die Stuten mit ihren Fohlen zumindest einen zugluftfreien Unterstand haben. Ideal ist der ständige Zugang zu dem trocken eingestreuten Stall. Kälte und Nässe setzen dem labilen Immunsystem zu. Bei schlechter Witterung sollte die Stute mit ihrem Fohlen über Nacht aufgestallt werden, damit es sich nicht auf dem kalten, nassen Boden zum Schlafen niederlegt. Anzeichen einer Erkältung wie Prusten, Atemgeräusche oder eitriger Nasenausfluss sind ernst zu nehmen und durch den Tierarzt zu behandeln. Meistens sieht man einem Fohlen sofort an, ob es sich wohl fühlt oder nicht.

Weißmuskelkrankheit

Die Weißmuskelkrankheit beruht auf Selenmangel. Sie kann Eselfohlen von der Geburt bis ins Absetzalter befallen. Seine Muskeln entzünden sich und degenerieren. Neugeborene, deren Mütter schon an Unterversorgung litten, sind schwach, liegen fest und können nicht saugen. Prophylaktisch kann in bekannten Gebieten mit selenarmen Böden der Stute durch den Tierarzt Vitamin E und Selen zugeführt werden.

Körpertemperatur

Kranke Fohlen liegen oft und machen einen matten Eindruck. Fühlt sich ein Fohlen nicht wohl, sollte nicht zu lange mit dem Herbeirufen eines Arztes gewartet werden. Fohlen haben eine höhere Körpertemperatur als erwachsene Esel. Die Normaltemperatur während der ersten Lebenstage beträgt 38,8 °C. Je älter das Fohlen wird, desto tiefer sinkt die normale Körpertemperatur. Jährlinge haben bereits eine Temperatur von 38,2 bis 38,4 °C.

Entwurmung

Mit vier Wochen sollte das Eselfohlen zum ersten Mal entwurmt werden, dann alle sechs Wochen, bis es ein Jahr alt ist. Falls Verdacht auf starken Wurmbefall besteht, kann die erste Entwurmung auch vorgezogen werden. Die säugende Stute scheidet mit der Milch während der zweiten bis zur vierten Woche nach der Geburt besonders viele Larven des Zwergfadenwurmes (*Strongyloides westeri*) aus, was beim Fohlen ebenfalls zu Durchfall führen kann. Die Dosierung des Wurmmittels verändert sich von Mal zu Mal mit zunehmendem Gewicht des Fohlens. Der Tierarzt verordnet geeignete, wirksame Mittel zur Entwurmung von Fohlen. Die Stute muss ebenfalls entwurmt werden.

Die Entwöhnung des Fohlens

Die Entwöhnung geschieht in der freien Natur allmählich. Die Mutter hindert ihr Fohlen immer häufiger am Trinken und die Milchproduktion nimmt gleichzeitig ab. Bei Wildeseln wurde beobachtet, dass die Fohlen mit durchschnittlich zwölf Monaten entwöhnt werden. Auch die Hauseselinnen entwöhnen ihre Fohlen, wenn man sie gewähren lässt, mit etwa einem Jahr. Man sollte den Zeitpunkt der Entwöhnung den Tieren selbst überlassen. Falls Stute und Fohlen im gleichen Bestand verbleiben, besteht kein Grund eine vorzeitige Entwöhnung zu erzwingen, außer die Stute wird zu stark beansprucht, weil eventuell eine erneute Trächtigkeit vorliegt. Soll das Fohlen verkauft werden, darf man es frühestens mit acht Monaten absetzen. Falls es plötzlich und gewaltsam von der Mutter getrennt wird, ist die Gefahr groß, dass die Stute an einer Mastitis erkrankt und das Fohlen von Infektionskrankheiten befallen wird.

Kastration

Das Hengstfohlen kann kastriert werden, sobald sich die beiden Hoden vollends in den Hodensack abgesenkt haben. Dies kann bereits mit sechs bis acht Monaten der Fall sein. Gelegentlich bleiben die Hoden jedoch bis zu zwei Jahre lang „oben". Es gibt sogar Hengste, bei denen sich die Hoden überhaupt nicht absenken. Spitz- oder Klopphengste nennt man Tiere, bei denen beide oder nur ein Hoden sich nicht im Hodensack, sondern in der Bauchhöhle oder im Leistenkanal befinden. Sie zeigen normales bis extremes Hengstverhalten und sind teilweise sogar normal fruchtbar, aber unbedingt von der Zucht auszuschließen.

Die Kastration von jungen Tieren wird meistens im heimischen Stall oder auf der

Wiese, wo die Keimzahl geringer ist, durchgeführt. Vereinzelte Tierärzte ziehen es vor, den leicht betäubten Eselhengst unter lokaler Schmerzausschaltung im Stehen zu kastrieren. Das ist eigentlich die günstigste und rationellste Art der Kastration und birgt für das Tier das geringste Risiko. Diese Methode kommt aber nur für Hengstfohlen im ersten Lebensjahr in Frage. Die Kastration eines Fohlens kann durchaus erfolgen, solange es noch gesäugt wird. Nach dem Eingriff wird es am Euter seiner Mutter Trost finden.

Junghengste, die älter als ein Jahr sind, werden unter Vollnarkose im Liegen kastriert. Idealerweise sollte der Esel vier bis sechs Wochen vor dem Operationstermin eine Tetanus-Auffrischungsimpfung erhalten und zur Zeit der Operation fit und entwurmt sein. Narkosen stellen für Equiden immer ein gewisses Risiko dar, deshalb ist es wichtig für die Dosierung des Narkosemittels das genaue Gewicht des Esels zu kennen. Der Esel darf sechs Stunden vor dem Eingriff keine Nahrung mehr zu sich nehmen. Er sollte auf ein dickes, weiches Strohbett zu liegen kommen. Sein Auge muss geschlossen und mit einem Tuch unterlegt werden, damit es von den Strohhalmen nicht versehrt wird. Das Tier muss ständig überwacht werden. Beim Niederlegen sowie beim Aufwachen sind Helfer nötig, damit es sich nicht verletzt. Nach einer Vollnarkose friert und zittert der Patient und muss für ein paar Stunden eingedeckt werden.

Zur Durchführung der Operation macht der Tierarzt einen langen Schnitt in den Hodensack, bindet den Samenstrang ab und trennt ihn anschließend durch, sodass der Hoden abfällt. Der Arzt wird den Hodensack mit einem lokalen Antibiotikum auswaschen. Auf der anderen Seite verfährt er genauso. Die Schnitte werden nicht genäht, damit Blut und Wundsekret abtropfen können. Manchmal wird dazu auch eine Drainage gelegt. Am nächsten Tag nach der Operation bietet der Wallach einen schrecklichen Anblick! Hodensack und Penis sind dick geschwollen und auf den offenen Wunden sowie an den Beinen klebt eingetrocknetes Blut. Das ist normal. Im Laufe der folgenden Tage tropft noch immer Blut, später eher Wundsekret aus der Wunde. Das Tier muss sich von Anfang an frei auf der Weide bewegen oder auf Spaziergänge mitgenommen werden. Ohne Bewegung schließt sich die äußere Hautwunde zu schnell und ein mit Sekret gefüllter Hohlraum bleibt zurück – eine Brutstätte für Bakterien.

Ältere Hengste, die möglicherweise sogar schon gedeckt haben, sowie Spitzhengste müssen zur Kastration stationär in die Tierklinik gebracht werden.

Der Kastrationstermin sollte in das Frühjahr oder den Herbst gelegt werden. In diesen Jahreszeiten ist das Klima gemäßigt und die Infektionsgefahr durch Fliegen minimal. Mit moderner Fliegenabwehr weist eine Kastration im Sommer den Vorteil auf, dass die Wundheilung bei Wärme besser fortschreitet. Die Unfruchtbarkeit tritt nicht sofort nach der Kastration ein – also Vorsicht mit frisch kastrierten Hengsten! Sie bleiben noch ungefähr vier Wochen nach der Kastration befruchtungsfähig, denn so lange befinden sich noch Spermien im Samenleiter-Stumpf.

Krankheiten und Verletzungen

Wenn Esel artgerecht gehalten und gepflegt werden, sind sie eigentlich robuste Gesundnaturen und eher selten krank. Ein Eselhalter sollte seine Tiere so oft wie möglich beobachten. Dazu kann er sich zum Beispiel während der Heufütterung einfach zu seinen Eseln setzen und ihnen dabei zuschauen, wie sie mit den Lippen die Gräser aussortieren und anschließend zermahlen. Nach der Stallarbeit wirken die rhythmischen Kauschläge und die zufriedenen Esel übrigens sehr beruhigend. Mit der Zeit wird der aufmerksame Eselhalter auf das normale Verhalten seiner Tiere sensibilisiert. Das ist sehr wichtig, da Esel Unregelmäßigkeiten und Schmerzen nicht sehr deutlich anzeigen. Werden bei einem Esel Schmerzen offensichtlich, muss man davon ausgehen, dass es schon recht schlimm um ihn steht. Wer seine Esel gut kennt und kleinste Veränderungen wahrzunehmen vermag, ist in der Lage ein kränkelndes Tier frühzeitig zu behandeln. Ein stark leidender Esel braucht neben der tierärztlichen Versorgung viel Trost und Zuwendung von seinem Menschen, da sonst die Gefahr besteht, dass er aufgibt und stirbt.

Früherkennung von Krankheiten

Wenn ein Esel aufgrund einer akuten Verletzung nicht gerade lahmt oder festliegt, gibt es keine typischen Merkmale für Schmerzen. Akute Schmerzen lassen sich grundsätzlich besser feststellen als chronische Schmerzen, die eine schleichende, fast unmerkliche Wesensveränderung des Tieres hervorrufen können. Der Esel wird depressiv, freudlos und stumpf. Ein sicheres Indiz für eine gesundheitliche Störung ist aber die Futterverweigerung.

Neben den allgemeinen medizinischen Symptomen wie erhöhter Puls, Atmung oder Temperatur kann auch ein mattes oder gesträubtes Fell ein Anzeichen dafür sein, dass mit dem Esel etwas nicht in Ordnung ist. Versucht man ihn an einer schmerzenden Stelle zu berühren, läuft er möglicherweise weg oder legt aggressiv die Ohren an, schlägt mit dem Schwanz, schwenkt drohend den Kopf oder schnappt in die Luft. Ein Esel, der Schmerzen hat, bewegt sich in der Regel nicht. Meistens zieht er sich zurück und sondert sich von der Gruppe ab. Er kann teilnahmslos dastehen mit gesenktem Kopf und aufgewölbtem Rücken. Wenn es ihm möglich ist, beriecht, beleckt oder benagt er seine schmerzende Stelle. Manche Esel knirschen mit den Zähnen, stöhnen oder seufzen. Das Ohrenspiel fehlt meistens gänzlich. Die Ohren sind starr seitlich nach hinten gerichtet. Die Augen sind weit geöffnet und glasig, manchmal aber werden sie auch ganz klein. Der Blick ist stumpf und apathisch. Die Nüstern sind schmal und um die Maulspalte entstehen Falten – sie wirken wie hoch gezogen. Manche Esel kauen leer oder beißen die Zähne zusammen, wodurch ein verkrampfter Gesichtsausdruck entsteht.

Eine Früherkennung von Krankheiten ist sehr wichtig, weil dann

- das Tier weniger leidet,
- die Heilpflege sich einfacher gestaltet,
- die Genesungszeit kürzer ist und
- die Tierarztkosten und die Auslagen für Medikamente geringer ausfallen.

Die Stallapotheke

Eine Stallapotheke sollte in jedem Stall greifbar sein. Sie muss aber sauber, trocken und staubfrei aufbewahrt werden. Am besten eignet sich ein dicht geschlossener Schrank oder eine Kunststoffkiste.

Vom Arzt verschriebene und nicht aufgebrauchte Medikamente gehören entsorgt, denn jede Krankheit bedarf einer spezifischen Behandlung. Dies gilt vor allem für Augensalben und Antibiotika sowie für kortisonhaltige Salben. Jede Erkrankung muss von neuem beurteilt und mit entsprechenden Medikamenten behandelt werden. Medikamente mit überschrittenem Haltbarkeitsdatum und solche, die nicht fachgerecht gelagert wurden, sind ebenfalls zu entsorgen.

Folgende Artikel sollten in einer Stallapotheke vorhanden sein:

- wichtige Telefonnummern von Tierarzt, Pferdeambulanz, Notruf, Feuerwehr, Stallpartner
- Impfausweise oder Notizzettel mit Datum der letzten Tetanusimpfung
- sterile Gazekompressen
- Watte
- Klebeband
- elastische Binde
- Pinzette
- Schere
- Kamillosan®
- flüssiges Desinfektionsmittel (Jod, Alkohol)
- desinfizierende Salbe
- Wundpuder
- Wundsalbe (Zinksalbe, Ringelblumensalbe)
- Vaseline
- Fieberthermometer
- Messbecher zur Dosierung von Flüssigkeiten
- eventuell Notfalltropfen (Bachblüten) oder homöopathische Mittel

Das Eingeben von Flüssigkeiten ist bei Eseln mit einem erheblichen Risiko verbunden. Verschluckt sich der Esel, gerät die Flüssigkeit in die Lunge und kann leicht zu einer Lungenentzündung führen!

Den Tierarzt rufen

Muss der Tierarzt für einen Notfall geholt werden, braucht er genaue Angaben über den Unfallhergang oder eine Beschreibung der Krankheitssymptome und des momentanen Zustandes. Der Eselhalter sollte sich seinerseits am Telefon erkundigen, wie er sich bis zum Eintreffen des Tierarztes zu verhalten hat. Eine präzise Wegbeschreibung sowie die Rückruftelefonnummer erleichtern dem Tierarzt den Anfahrtsweg. Bei sehr abgelegenen Höfen ist es unter Umständen sogar sinnvoll einen Treffpunkt zu vereinbaren, um den Tierarzt von dort abzuholen, damit keine kostbare Zeit verloren geht.
In folgenden Fällen muss der Tierarzt unverzüglich geholt werden:

- Knochenbrüche
- stark blutende Wunden, wenn die Blutung trotz Pressverbänden nicht zu stillen ist
- Atemnot und Würgen
- akute, krampfartige Schmerzen
- Kolik
- starke Lahmheit und Hufrehe
- Verdacht auf Vergiftungen
- Geburtskomplikationen
- kranke Fohlen

Bei Unsicherheiten ist es bestimmt klüger, den Tierarzt telefonisch um Rat zu bitten. Eine gute Beobachtungsgabe sowie eine genaue Beschreibung der Krankheitssymptome sind nötig, damit der Tierarzt die Situation am Telefon beurteilen und entscheiden kann, ob es sich um einen Notfall handelt oder ob eine Behandlung im Laufe des Tages genügt.

In folgenden Fällen sollte eine intensive Beobachtung des Esels und eine Besprechung mit dem Tierarzt erfolgen:

- Fieber
- Appetitlosigkeit
- Husten, schwere Atmung, Ausfluss aus der Nase, geschwollene Drüsen
- Durchfall, Verstopfung
- Tränenfluss, Lichtempfindlichkeit, geschlossenes Auge
- leichte Lahmheit
- Stichwunden, größere Wunden
- abnormale Schwellungen

Die Untersuchung

Die Stallanlage sollte eine Möglichkeit aufweisen, den kranken Esel von seinen Artgenossen zu trennen, ohne ihm aber den Sicht- und Geruchskontakt zu nehmen. Der Tierarzt ist dankbar, wenn er eine trockene, helle Umgebung sowie einen sauberen Patienten vorfindet. Verletzte Tiere oder Tiere mit Schmerzen sind unberechenbar. Um Unfälle zu vermeiden, muss der Esel aufgehalftert oder gezäumt werden und ständig unter Kontrolle sein. Esel, die täglichen Umgang mit Menschen gewohnt sind, lassen sich leichter untersuchen und sind angenehmere Patienten als halb verwilderte Esel. Der Halter sollte den Tierarzt informieren, wenn es sich beim Patienten um ein schwer kontrollierbares Tier handelt.

Zur Untersuchung eines kranken oder verletzten Esels kann es notwendig sein Zwangsmittel einzusetzen. In der Tierklinik gibt es spezielle Untersuchungsstände. In der Regel aber findet eine erste Untersuchung durch den Tierarzt im heimischen Stall statt. Manchmal reicht eine Augenblende oder das Aufheben eines Beines, um ein Tier ruhig zu stellen. Ausreichend Zeit, genügend Helfer und ein ruhiges Umfeld tragen ebenfalls zu einem reibungslosen Ablauf eines Arztbesuches bei.

Für länger dauernde Behandlungen und Untersuchungen kommt eine Sedierung (Verabreichung von Beruhigungsmitteln) des Esels in Frage. Sedierte Esel dürfen nicht gleich nach der Behandlung in ihre Gruppe von Artgenossen zurück. Sie müssen zu ihrer eigenen Sicherheit noch eine Zeit lang isoliert bleiben. Ebenfalls sollten sedierte Esel noch ungefähr ein bis zwei Stunden nicht gefüttert werden.

Wenn nun aber bei einer starken Verletzung oder Kolik Zeitnot herrscht und eine Sedierung zu lange dauern würde, muss eventuell zum Schutze der Beteiligten zur Nasenbremse gegriffen werden. Diese besteht aus einem kurzen Holzstock, der am vorderen Teil eine Seilschlaufe aufweist. Die Oberlippe des Esels wird in die Schlaufe gelegt und durch Drehen des Stockes wird diese zugezogen. Durch das Zusammenpressen der Nerven werden Endorphine, also Glückshormone, ausgeschüttet. Diese morphiumähnlichen Substanzen versetzen den Esel in eine Art Trancezustand. Die Nasenbremse darf nur unter Anleitung des Tierarztes angewendet werden. Sie gehört nicht in die Hände von Anfängern!

Hautverletzungen

Bei Hautverletzungen fließt meistens Blut. Spritzt es hellrot und pulsierend aus der Wunde, ist eine Arterie verletzt. Fließt hingegen kontinuierlich dunkelrotes Blut, liegt eine Venenverletzung vor. Meistens sehen blutende Wunden gefährlicher aus, als sie sind. Der Blutanteil im Körper beträgt 8 bis 9 % des gesamten Körpergewichtes. Ein Verlust von 50 % der Blutmenge bedeutet für den Esel Lebensgefahr, über 25 % Verlust sind kritisch für ihn. Ein erwachsener, mittelgroßer Esel kann problemlos einen Blutverlust von zwei Litern verkraften.

Bei jeder Verletzung ist jedoch sicherzustellen, dass der Patient vorbeugend gegen Wundstarrkrampf geimpft worden ist. Falls das Tier noch nie eine Impfung erhalten hat, ist auch bei kleinsten Verletzungen der Tierarzt zu rufen und eine sofortige Notimpfung, auch passive Impfung genannt, durchzuführen.

Schürfwunden

Abschürfungen und oberflächliche Wunden, die nicht stark bluten, kann der Eselhalter selbst versorgen. In die Wunde ragende Haare sollten abgeschnitten werden. Sichtbare Fremdkörper entfernt man mit einer Pinzette, auf keinen Fall mit bloßen Fingern. Generell soll man nie mit den Händen in eine Wunde fassen. Die Wunde kann mit Wasser, Kamillentee oder Kamillosanlösung gereinigt werden. Die Desinfektion der Wunde ist nach der Reinigung sehr wichtig. Jod ist das gängigste Desinfektionsmittel. Es trocknet nässende Wunden und vernichtet Bakterien, Pilze und andere Krankheitserreger. Überdies hält seine Wirkung sehr lange an. Zum Schutz vor erneuter Verunreinigung kann eine Salbe aufgetragen werden. Dazu eignen sich zinkhaltige Salben sehr gut, weil sie die Wundheilung stark fördern. Unter den Naturheilmitteln ist die Ringelblumensalbe eines der bekanntesten Wundheilmittel. Sie reinigt, desinfiziert, wirkt entzündungshemmend und regt die Wundgranulation an. Ist die Wundheilung bereits stark fortgeschritten, muss darauf geachtet werden, dass die Haut elastisch bleibt und gut durchblutet wird. Vaseline oder Melkfett verhindert, dass die verheilte Haut rissig und brüchig wird.

Stichwunden

Stichwunden reichen meistens sehr tief und verletzen empfindliches Gewebe unter der Haut. Da sie nicht stark bluten, sehen sie auf den ersten Blick gar nicht so schlimm aus oder werden überhaupt nicht bemerkt. Bei diesen Wunden besteht aber die Gefahr, dass sich die Haut an der Oberfläche schließt, bevor das darunter liegende Gewebe verheilt ist. Wenn das Wundsekret nicht nach außen abfließen kann, erzeugt es in der Tiefe schwere, fieberhafte Entzündungen. Stichwunden sollten vom Tierarzt behandelt werden. Unter Umständen bedarf es einer Drainage.

Schnitt- und Risswunden

Stark blutende Riss- und Schnittwunden müssen bis zum Eintreffen des Tierarztes versorgt werden. Um die Blutung zu stoppen, legt man sterile Gaze auf die Wunde, polstert mit Watte ab und legt einen Verband an. Falls es aufgrund der ungünstigen Lage der Verletzung nicht möglich ist einen Druckverband anzulegen, wird mit der Hand komprimiert. Auf keinen Fall darf vor dem Eintreffen des Tierarztes Jod, Salbe oder eine Tinktur aufgetragen werden. Die endgültige Wundversorgung muss durch den Tierarzt vorgenommen werden und die weitere Pflege muss nach seinen Anweisungen erfolgen.

Einschuss (Phlegmone)

Als Folge einer Wunde entsteht möglicherweise der so genannte Einschuss. Dabei handelt es sich um eine eitrige Entzündung des Unterhautbindegewebes. Solche Wundinfektionen kommen vor allem an den Hinterbeinen vor. Auch kleinere, scheinbar belanglose Wunden können sich entzünden. Das Bein schwillt an und wird hart und warm. Eine Berührung ist äußerst schmerzhaft. Auch Fieber tritt auf. Das Bein muss gekühlt und nach Anweisungen des Tierarztes behandelt werden. Unterlässt man eine Behandlung, kann es zu einer bleibenden Verdickung der Gliedmaße kommen.

Prellungen

Eine Prellung ist eine Blutung unter der Haut, ohne dass dabei die Haut selber verletzt wird. Die Größe der Prellung ist abhängig von der Menge Blut, die unter der Haut austritt. Die Blutung kann durch Aufdrücken von kalten Packungen gestillt werden.

Satteldruck, Geschirrdruck

Verunreinigte Satteldecken oder schlecht sitzende Sättel und Geschirre können Druckstellen erzeugen. Vorbeugend sollte das Fell während des Sommers an den verschwitzten Auflageflächen von Sattel und Geschirr nach der Arbeit mit Essigwasser abgewaschen werden. Wird ein leichter Druck festgestellt und nicht behandelt bzw. die Ursache nicht beseitigt, bilden sich mit der Zeit harte Knötchen unter dem Fell. Diese scheuern dann erst recht, platzen und es entstehen Wunden. An diesen Stellen wachsen später meistens weiße, struppige Haare. Verschwinden die Knötchen nach Einreiben mit Kortison oder Wärme erzeugenden Salben nicht, werden sie vom Tierarzt mit Kortison unterspritzt.

Sonnenbrand

Nach intensiver Sonneneinstrahlung können Esel, genau wie Menschen, einen Sonnenbrand erleiden. Unpigmentierte Hautpartien und frisch geschorene Esel sind besonders gefährdet. Die Haut rötet sich vorwiegend am Maul, an den Ohren und an den Nüstern. Nach Abklingen der ersten Symptome schält sich die Haut. Um Sonnenbrand vorzubeugen, trägt man an den gefährdeten Stellen Sunblocker für Menschen mit hohem Schutzfaktor auf. Um allergische Reaktionen zu vermeiden, empfiehlt sich die Verwendung von Produkten für Kleinkinder. In erster Linie sollte jedoch ein Weideunterstand für Schatten sorgen oder die Esel müssen über Mittag aufgestallt werden.

Nach dem Verzehr von fotosensibilisierenden Pflanzen wie Jakobskreuzkraut, Johanniskraut, Buchweizen oder Luzerne sowie bei Lebererkrankungen oder Pigmentstörungen reagiert die Haut besonders empfindlich auf starke UV-Strahlung, was zu Hautentzündungen und -ausschlägen führt. In diesem Fall spricht man von Sonnenallergie.

Hautkrankheiten

Esel können an vielfältigen Hautproblemen leiden. Die Haut als ihr größtes Organ ist in ihrer Anpassungsfähigkeit an die klimatischen Bedingungen und an die Zivilisation oft überfordert. Hautveränderungen können aber auch Anzeichen oder Begleiterscheinungen einer inneren Erkrankung sein. Ein struppiges Haarkleid, Haarausfall, kahle Stellen, Juckreiz oder Schorfbildung erfordern eine genaue Untersuchung.
Grundsätzlich kann man krankhafte Hautveränderungen nach folgenden Ursachen einstufen:

- Parasiten
- Pilz- und Virusinfektionen
- Allergien
- Wucherungen

Oft sind es mehrere Faktoren, die eine Hauterkrankung verursachen. Durch das Scheuern dringen zum Beispiel Bakterien in die angegriffene Haut ein und verursachen eine Folgeinfektion.

Parasiten

Sommerwunden, Sommerräude

Bei der Sommerräude handelt es sich weder um eine Räude noch um ein Ekzem. Die Verursacher sind die Larven der Dasselfliege, die in eine offene Wunde gelangt sind und eine Heilung der Wunde verhindern. Die Wunde entzündet sich und kann im fortgeschrittenen Stadium in eine übel riechende Wucherung ausarten. Entwurmen mit Ivermectin® hilft.

Haarlinge

Ungepflegte und vor allem junge Esel werden oft von Haarlingen befallen. Besonders das lange Winterfell ist gefährdet. Die Haarlinge kleben am Haar, ernähren sich von Schuppen und verursachen meistens keinen Juckreiz. Die kleinen, gelbweißen, länglichen Parasiten sind mit bloßem Auge gerade noch erkennbar. Sie werden durch Waschungen oder Besprühen mit einem Insektizid bekämpft. Die Behandlung muss nach einer Woche wiederholt werden. Putzzeug und Geschirr müssen ebenfalls behandelt werden.

Läuse

Ein Befall mit Läusen kommt vor allem im Frühling und Herbst vor. Läuse bevorzugen kühle Wetterperioden. Die Sommerhitze und der frostige Winter verringern das Läusevorkommen deutlich. Läuse verursachen vor allem starken Juckreiz, der die Esel zu exzessivem Scheuern und Beißen treibt. Manchmal ist Durchfall eine Begleiterscheinung, hervorgerufen durch den psychischen Stress. Die Esel reiben sich, bis haarlose Hautpartien entstehen und die Haut sich zusätzlich entzündet. Es gibt Lausarten, die Blut saugen. Diese können bei starkem Befall eine Anämie (Blutarmut) hervorrufen. Mähnenkamm, Schulter, Schwanzansatz und Kötenhaar sind die bevorzugten Stellen der Parasiten. Die Läuse selbst sind nur schwer zu sehen, aber ihre länglich ovalen, leicht gelblichen Nissen (Eier) sind mit bloßem Auge erkennbar. Sie kleben am Haarschaft und fallen dem Beobachter sofort auf, wenn er an Schulter, Mähne oder Schwanzansatz mit den Fingern die Haare scheitelt. Die Läuse sind ein paar Tage in ausgekämmtem Haar, Geschirr und Putzzeug überlebensfähig. Befallene Tiere sowie sämtliche Ausrüstungsgegenstände müssen gewaschen oder eingepudert werden. Der Tierarzt verschreibt das geeignete Präparat. Eventuell muss die Behandlung nach zehn Tagen wiederholt werden, da die meisten Mittel nur unzureichend auf die Nissen wirken.

Zecken (Holzbock)

Auf der Weide oder bei einem Streifzug durch den Wald werden die Tiere vereinzelt von Zecken befallen. Die Zecken bohren ihre Mundwerkzeuge durch die Haut und saugen sich mit Blut voll. Danach fallen sie wieder ab. Sie schädigen die Haut selbst nur gering. Mit ihrem Speichel, der beim Blutsaugen in die Wunde gerät, können sie jedoch gefährliche Viren und Bakterien übertragen. Symptome wie Fieber, Unlust, Appetitlosigkeit oder Apathie nach einem Zeckenstich können auf Borreliose, Ehrlichiose oder Babesiose (Piroplasmose) hinweisen. Bei frühzeitiger Erkennung und Behandlung mit Antibiotika bestehen gute Heilungschancen.

Milben (Räude)

Die mikroskopisch kleinen Milben graben sich in die Haut des Esels, saugen Blut oder ernähren sich von Hautschuppen und erzeugen einen starken Juckreiz. Je nach Milbengattung werden verschiedene Körperstellen befallen. Auf der Haut entstehen schuppige Bezirke mit Haarausfall und schorfigen Knötchen, teils auch nässende Schrunden. Die Esel sind unruhig und benagen oder scheuern sich bei jeder Gelegenheit. Bei Befall des Kötenbehangs an den Fesseln stampfen die Esel häufig mit den Beinen auf den Boden auf. Geschwächte und unterernährte Esel werden besonders häufig befallen. Milben werden von Tier zu Tier, durch verunreinigte Einstreu oder durch Putzzeug übertragen. Der Tierarzt wird eine Behandlung durch Waschungen mit Insektiziden oder eine Behandlung mit Organophosphaten empfehlen. Der dichte Fesselbehang muss geschoren werden.

Hirschlausfliege

Die Hirschlausfliege ist eine platte, knapp 5 mm große Fliege, die auch Esel befällt. Die Weibchen landen auf ihrem Opfer, werfen ihre Flügel ab, krallen sich im Fell fest und saugen Blut. Sie verursachen dadurch Juckreiz und Schwellungen an der Einstichstelle. Hirschlausfliegen lassen sich mit jedem für Pferde zugelassenen Insektizid bekämpfen.

Infektionen

Mauke, Raspe

Als Mauke bezeichnet man einen entzündlichen Hautausschlag in der Fesselbeuge. Tritt diese Erkrankung in der Beuge der Vorderfußwurzelgelenke oder der Sprunggelenke auf, wird sie Raspe genannt. Meistens ist Mauke oder Raspe eine Mischinfektion. Schmutz und Nässe, aber auch Milbenbefall in den Fesselkehlen können die Ursache hartnäckiger Mauke sein. In zahlreichen Fällen wird auch eine Stoffwechselstörung, hervorgerufen durch zu hochwertiges Futter, für das Auftreten von Mauke verantwortlich gemacht. In jüngster Zeit zählen Industrieverunreinigungen des Geländes oder Streusalz ebenfalls zu den Ursachen.

Die Entzündung beginnt mit einer Hautrötung und Bläschen- bzw. Knötchenbildung. In der Folge entstehen schorfige, eitrige Stellen und eine wässrig-gelbliche Flüssigkeit wird abgesondert. Die Hautentzündung kann sehr schmerzhaft werden und sogar ein Anschwellen der Beine bewirken. Zur Behandlung von Mauke empfehlen sich Waschungen mit milder Seife. Nach dem Waschen muss die Haut gründlich abgetrocknet werden. Eine austrocknende Salbe (mit Zink) vom Tierarzt hilft der Regeneration der Haut und bildet zugleich einen Schutzfilm. Falls zusätzlich eine bakterielle Infektion vorliegt, muss unter Umständen auch eine antibiotische Salbe aufgetragen werden.

Es gibt aber auch die so genannte „trockene Mauke“, bei der die Haut in der Fesselbeuge spröde und rissig wird. Eine Behandlung mit Vaseline bringt schnelle Besserung.

Bleibt eine Mauke unbehandelt, kann sie chronisch werden und es kommt zu einer bleibenden Hautverdickung in der Fesselbeuge. Diese Hautveränderungen sind sehr schmerzhaft, führen zu Lahmheit und müssen schließlich chirurgisch behandelt werden.

Pilze, Flechten

Bei einem Befall mit Pilzen ist die Diagnose ziemlich schwierig. Die Symptome gleichen manchmal einem Parasitenbefall. Jeder fleckenförmige Hautausschlag, bei dem ganze Haarbüschel abgehoben werden können, ist pilzverdächtig. Es entstehen schuppige, runde, haarlose Stellen, die aber meistens nicht jucken. Eine Pilzkultur zur genauen Diagnose kann nach der Entnahme einer Hautprobe angelegt werden. Bis das Resultat jedoch bekannt ist, hat sich der Hautpilz bereits stark verbreitet und möglicherweise andere Tiere sowie auch Menschen befallen. Tiere mit schlechtem Immunsystem oder schlechter Allgemeinverfassung sind besonders gefährdet. Häufig tritt ein Pilzbefall auch nach einem Stallwechsel auf. Der befallene Esel muss isoliert und nach Anweisungen des Tierarztes gewaschen werden. Es gibt auch Mittel zum Einnehmen. Jegliches Putzzeug muss desinfiziert werden und der Eselhalter muss sich nach jedem Kontakt mit dem kranken Esel gründlich die Hände waschen. Für Esel, die wiederholt von Pilzen befallen werden, lohnt sich eine Impfung.

Dermatophilose (Schmutzekzem)

Diese Pilzinfektion tritt auf, wenn das Fell ständig Nässe ausgesetzt ist. Zuerst bilden sich Pusteln am Rücken und an den Beinen. Anschließend werden die Haare stumpf und lassen sich büschelweise mitsamt den nässenden Krusten darunter abziehen. Die offenen Hautstellen sind sehr schmerzhaft. Bei falscher Behandlung entstehen zusätzliche Wundinfektionen. Die Dermatophilose kann auf andere Tiere sowie auf Menschen übertragen werden. Dem Pilzbefall wird vorgebeugt, indem man die Esel bei konstantem Regenwetter eindeckt oder aufstallt, sie nicht im Matsch stehen lässt und ihnen eventuell das Fell schert, damit die Haut besser trocknen kann.

Allergien

Sommerekzem

Beim Sommerekzem handelt es sich um entzündliche Hautveränderungen, die vorwiegend entlang der Bauchnaht, am Widerrist, Mähnenkamm, Schopf und im Bereich des Schwanzansatzes auftreten. Zuerst bilden sich kleine Knötchen unter der Haut. Durch den Juckreiz scheuert der Esel teilweise so stark, dass die Haut verletzt wird. In der Folge entstehen sekundäre Entzündungen und nässende bis eitrige Ekzeme.

Das Leiden wird durch Stechmücken, so genannte „Gnitzen" oder Kriebelmücken (*Culicolides*), hervorgerufen. Die befruchteten weiblichen Mücken ernähren sich von Blut. Sie stechen ihre Opfer und geben vor dem Saugen Speichel ab, damit das Blut nicht gerinnt. Der Speichel enthält Substanzen, die bei manchen Tieren Allergien auslösen. Die Stechmücken legen ihre Eier generell an feuchten Stellen ab. Dies können Ränder von stehenden und langsam fließenden Gewässern oder auch Kothaufen und matschige Ausläufe sein. Bei hoher Luftfeuchtigkeit und wenig Wind vermehren sich die Mücken stark und fallen über die Esel her. Bei trockener Witterung oder starkem Wind hingegen sind sie kaum aktiv. Die Hauptflugzeit des Insekts liegt in den Abendstunden und in der Morgendämmerung. Die Kriebelmücken treten von März bis Oktober oder bei Temperaturen über 9 °C auf. Es gibt zahlreiche unterschiedliche Therapieansätze, die von Fall zu Fall ausprobiert werden müssen.

Vorbeugung: Das Trockenlegen von Wasserpfützen und feuchten Stellen dämmt den Lebensraum der „Gnitze" ein. Während der Hauptflugzeiten sollte man Esel mit Ekzemen aufstallen. Eventuell müssen sogar Mückengitter an die Stallfenster montiert werden. An Ekzemtagen sollten allergische Tiere mit ätherischen Ölen (Nelken-, Knoblauch-, Zitronen-, Teebaumöl usw.) oder mit Fliegensprays aus dem Pferdefachgeschäft eingerieben werden, um die Plagegeister zu vertreiben. Einen hundertprozentigen Schutz bieten Ekzemdecken mit Kopfhauben, die aber leider oft den Zähnen der Artgenossen zum Opfer fallen.

Behandlung: Zur Behandlung der erkrankten Haut werden in schweren Fällen Kortisone und Histamine verschrieben. Diese

Behandlungen sind sehr kostspielig und die Nebenwirkungen nicht ganz unbedenklich. Um die Haut geschmeidig zu halten und Entzündungen vorzubeugen, ist die Anwendung von Babyöl empfehlenswert. Im Handel werden zahlreiche Präparate angeboten, die auf die geschädigte Haut aufgetragen werden können, um den Juckreiz zu stillen und die Entzündung einzudämmen. Ferner gibt es verschiedene homöopathische Behandlungsmethoden. Nicht zuletzt hat auch die Futtermittelindustrie das Problem erkannt und versucht dem Sommerekzem durch Spezialfuttermischungen beizukommen.

Es gibt kein Patentrezept, um das Sommerekzem zu bekämpfen. Eigenblutbehandlungen und Desensibilisierung durch Injektionen von Serum sind zwei Ansatzpunkte. Auch Bioresonanztherapie kommt zur Anwendung. Jeder Esel reagiert unterschiedlich auf die Therapieformen. Der Erfolg einer Behandlung ist von Fall zu Fall verschieden. Was dem einen hilft, kann bei einem anderen wirkungslos sein.

Aussichten: Lange Zeit brachte man das Sommerekzem nur mit dem Islandpferd in Verbindung. Weil aber immer häufiger andere Pferderassen davon betroffen sind, wird vermehrt Geld für die Forschung zur Verfügung gestellt. Für alle geplagten Tiere (und deren Besitzer) steht in Zukunft möglicherweise ein Impfstoff zur Verfügung, damit auch sie den Sommer uneingeschränkt genießen können.

Nesselausschlag

Allergische Reaktionen verursachen erbsengroße, glatte Beulen am ganzen Körper, manchmal sogar mit Atemnot oder Fieber verbunden. Im Allgemeinen heilt diese harmlose Krankheit rasch wieder ab. Meistens wird sie durch eine Kombination verschiedener Stoffe ausgelöst. Ursachen finden sich in Futter, Pflegemitteln, Arzneien, Umweltgiften, Giftpflanzen oder Insektenstichen. Ein Nesselausschlag kann, wenn die Ursache nicht gefunden wird, nur symptomatisch behandelt werden. Kühlende Waschungen mit Essigwasser helfen. Auch homöopathische Mittel zeigen oft eine gute Wirkung bei Allergien. In einzelnen, schweren Fällen muss der Esel mit Kortison behandelt werden.

Wucherungen

Wildes Fleisch

Wildes Fleisch nennt man blumenkohlförmige Wucherungen auf Wunden. Das wilde Fleisch ist dunkelrot bis bräunlich und blutet manchmal, wenn der Esel sich scheuert. Entstehen kann es auf offenen Wunden, die nicht genäht wurden. Eine übermäßige Wundgranulation ist die Ursache dafür. Da das wilde Fleisch keine Nerven besitzt, tut es dem Esel auch nicht weh. Es infiziert sich jedoch oft mit Bakterien und Pilzen, wodurch ein Juckreiz entsteht. Durch das Scheuern verschlimmert sich dann die Infektion. Unbehandeltes wildes Fleisch geht oft in eine Narbengeschwulst über und verhornt schließlich. Der Tierarzt muss es operativ entfernen und nachbehandeln, sonst wächst erneut wildes Fleisch. Mit abwechselndem Auftragen von Honig und Salbe wurden schon gute Erfolge im Kampf gegen die Wucherungen erzielt.

Warzen

Warzen treten vor allem an haarlosen Stellen wie Nüstern, Augenlidern und Geschlechtsteilen auf. Sie werden von Viren verursacht und befallen fast ausschließlich junge Esel. Warzen erfordern normalerweise keine Behandlung. Oft verschwinden sie nach Wochen oder Monaten von selbst wieder und der Esel ist anschließend dagegen immun.

Sarkoide

Equine Sarkoide sind Bindegewebstumoren der Haut. Die Tumoren können faustgroß wachsen und treten vor allem an stark durchbluteten Körperpartien wie Bauchnaht, Achselhöhle, Innenseite der Hinterschenkel, Ohransatz, Lidrand und Brust auf. Sie verursachen weder Juckreiz noch Schmerzen, doch sie stören oder behindern den Patienten je nach Lage und Größe. Überdies können sie stark bluten, wenn sie verletzt werden.

Es wird vermutet, dass das Sarkoid eine Viruserkrankung verursacht durch das Bovine Papillomvirus ist. Tiere unter sechs Jahren sind stärker gefährdet als ältere Tiere. Die Neigung zu Sarkoiden scheint sich zu vererben. Verletzungen, Abschürfungen oder Biopsien können das Wachstum der Tumoren beschleunigen oder bei inaktiven Sarkoiden das Wachstum auslösen. Wenn eine Entfernung nicht unbedingt nötig ist, sollte man davon absehen.

Als eine mögliche Behandlung steht der konventionelle chirurgische Eingriff zur Verfügung. Etwa 50 % der Hauttumoren wachsen jedoch kurze Zeit nach der Operation wieder nach. Durch die Kombination mit einer Immuntherapie, die aus mehreren Injektionen in die Wunde besteht, kann die Rückfallquote verringert werden. Bessere Ergebnisse werden auch mit der Kryochirurgie erzielt. Dabei wird zuerst der aus der Haut ragende Teil des Tumors entfernt. Danach werden die noch in der Haut steckenden Tumorzellen mit flüssigem Stickstoff vereist. Eine weitere Möglichkeit besteht in der Lasertherapie, wobei der Tumor mit dem Lichtskalpell entfernt wird. Auch das Einsalben mit ätzenden Substanzen kommt zur Anwendung. Die Wahl der Therapie ist von der Größe, der Form und der Lage des Sarkoids abhängig. Gestielte Sarkoide kann man ganz einfach mit einem Gummi abbinden, dann trocknen sie aus und fallen ab. In jüngster Zeit wird nach der Operation eine Nachbehandlung der Wunde mit Zytostatika durchgeführt, um die Vermehrung von Zellen zu hemmen. Die Rückfallquote soll mit dieser Methode nur noch bei 6 % liegen.

Melanome

Melanome sind schwarze Geschwüre, die vor allem unter der Schwanzrübe und an den Geschlechtsorganen auftreten. Es handelt sich dabei um entartete Pigmentzellen. Vor allem weiße und ältere Esel gehören zur Risikogruppe. Die Melanome können operativ entfernt werden.

Erkrankungen der Atemwege

Es sind viele verschiedene Faktoren, die Atemwegserkrankungen bei Eseln verursachen können. Schlechte Stallluft, Erkältungen, Viren, Bakterien, Parasiten, Schimmelsporen, Milben und Stauballergien treten einzeln oder kombiniert auf. Eine Erkrankung kann die oberen oder die unteren Atemwege betreffen. Wird eine fachgerechte Behandlung unterlassen, können die Leiden unter Umständen chronisch werden. Der Tierarzt muss sich einen Esel mit Husten, Atemgeräuschen oder Nasenausfluss auf jeden Fall ansehen, um Ursachen und Behandlungsmöglichkeiten abzuklären. Nasenausfluss deutet fast immer auf entzündliche Erkrankungen der Atemwege hin. Einzig der Abfluss von wässriger Tränenflüssigkeit durch die Nüstern ist ungefährlich. Dieser Ausfluss ist stets beidseitig, geruchlos und klar oder mit Stallstaub vermischt. Der vereinzelt auftretende Husten, dem meistens ein Niesen und Schnauben folgt, ist ebenfalls harmlos und bedarf keiner Behandlung. Mit diesem Husten werden lediglich die Atemwege von Staub befreit.

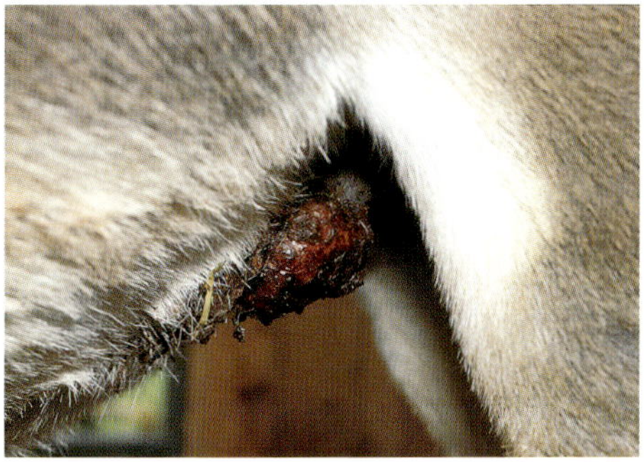

Da Sarkoide stark durchblutet sind, bieten sie einen erschreckenden Anblick. Sie schmerzen aber den Esel nicht.

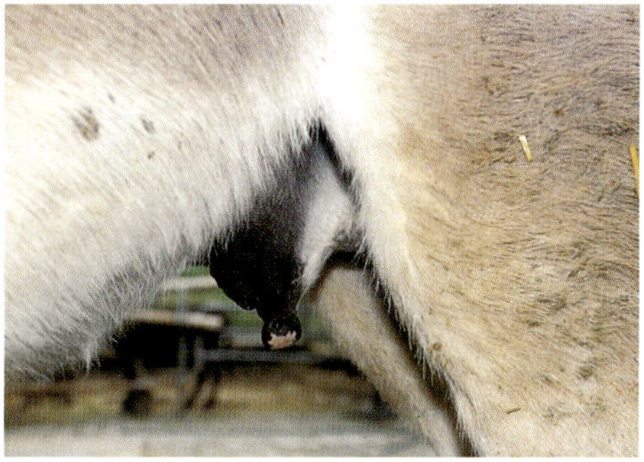

Sarkoide treten häufig an den männlichen Geschlechtsteilen auf. Solange sie den Esel beim urinieren nicht beeinträchtigen und die Größe unverändert bleibt, kann von einer Operation abgesehen werden

Kieferhöhlenentzündung

Die Kieferhöhlen liegen oberhalb der Backenzähne und sind mit einer Schleimhaut ausgekleidet, die sich bei Infektionen der oberen Luftwege entzünden kann. Aber auch Zahnprobleme sind sehr oft Anlass zu einer Entzündung der Kieferhöhle. In der Regel ist die Erkrankung einseitig, darum entsteht ein einseitiger Nasenausfluss.

Nasen- und Kehlkopfschleimhautentzündung

Erkältungen und Infektionen durch Bakterien oder Viren (Grippe, Virushusten, Katarr) befallen meistens zuerst die oberen Atemwege. Ein schmerzhafter, kurzer, knallartiger Husten tritt häufig und anfallsweise auf. Durch Druck auf den Kehlkopf oder durch das Abschlucken von Futter wird er ausgelöst. Der Nasenausfluss ist schleimig-wässrig. Die Körpertemperatur ist erhöht. Der Esel muss in diesem Stadium unbedingt geschont und, wenn man die genaue Ursache der Krankheit nicht kennt, vorsichtshalber von den anderen Eseln isoliert werden. Der Patient sollte warm und trocken, aber an der frischen Luft gehalten werden. Im Winter ist es besser den Esel einzudecken und die obere Hälfte der Stalltüre offen zu lassen, als ihn in einen muffigen Stall zu sperren. Die Einstreu muss staubfrei sein und das Heu wird mit Wasser angefeuchtet, um die ohnehin belasteten Atemwege nicht unnötig zu reizen. Der ansteckende Nasenausfluss wird mit einem angefeuchteten Papiertaschentuch entfernt. Wenn der Esel nicht vom Tierarzt behandelt wird, können Bronchitis, Lungenentzündung und Dämpfigkeit mögliche Folgen sein. Der Esel muss, auch wenn er wieder einen gesunden Eindruck macht, noch mindestens zwei Wochen geschont werden.

Bei Entzündungen der oberen Atemwege hilft das Inhalieren von heißen Dämpfen. Mentholöl, Eukalyptusöl oder Fichtennadelnöl (in Drogerien erhältlich) werden in der empfohlenen Dosis einem Eimer mit kochendem Wasser beigemischt. Damit der Esel sich nicht am kochenden Wasser verbrüht, muss ein Salatsieb eingelegt werden. Es wird zweimal täglich 10 Minuten inhaliert.

Bronchitis

Durch die Bronchien wird die Luft in die Lunge geleitet. Wird eine Erkältung nicht mit der nötigen Umsicht und Pflege behandelt, infiziert sich die Schleimhaut dieser Kanäle durch Bakterien und Viren und es entsteht eine Bronchitis. Aber auch das Einatmen von Staub oder Schimmelpilzen kann Bronchitis auslösen. Der zähe Schleim der geschwollenen Schleimhaut verursacht Hustenreiz und Atembeschwerden. Der Bronchialhusten ist rau, lang gezogen, mit typischer Resonanz. Wird die akute Bronchitis vernachlässigt, entwickelt sich eine chronische Bronchitis mit weichem, trockenem und pfeifendem Husten. In jedem Fall ist eine frühzeitige tierärztliche Behandlung zu empfehlen.

Lungenentzündung

Entzünden sich die Lungenbläschen durch Bakterien oder Viren, spricht man von einer Lungenentzündung. Die Lungenbläschen füllen sich mit einem Sekret. Starke körperliche Anstrengungen, Transporte, Zugluft und schlechte Ernährung begünstigen eine Lungenentzündung, die sich überraschend schnell einstellen kann. Hohes Fieber, rasche und oberflächliche Atmung, Mattigkeit, Appetitlosigkeit und schleimiger Nasenausfluss sind Anzeichen einer Lungenentzündung. Sie kann durch sofortige Behandlung mit Antibiotika geheilt werden. Bis zur vollständigen Ausheilung können jedoch Monate vergehen. Eine schwere, nicht rechtzeitig behandelte Lungenentzündung kann vor allem bei Jungtieren und alten Eseln zum Tod führen.

Dämpfigkeit

Eine häufige Folge der verschleppten Bronchitis ist die Lungenblähung. Die eingeatmete Luft kann nicht mehr vollständig durch die verengten Bronchien ausgestoßen werden. Die Lungenbläschen füllen sich nach und nach mit Luft, bis kleinere oder größere Bezirke der Lunge überdehnt werden. Lungendampf kann sich rasch oder auch schleichend entwickeln. Mit der Zeit nimmt der Esel die Bauchmuskeln zu Hilfe, um die eingeatmete Luft wieder auszupressen. Ein dämpfiger Esel weist eine verminderte Leistungsfähigkeit auf und leidet meistens an einem hauchenden, kraftlosen, kurzen und dumpfen Husten. Durch sorgfältige Haltung und Pflege kann ein Esel mit beginnendem Lungendampf noch jahrelang ohne Beschwerden gehalten werden. Der ausgebildete Lungendampf jedoch ist unheilbar.

Druse

Druse ist eine Schleimhautentzündung der oberen Atemwege, verbunden mit einer Vereiterung der Lymphknoten. Diese bakterielle Infektionskrankheit, die durch Streptokokken verursacht wird, ist besonders ansteckend. Sie befällt vorwiegend Jungtiere. Anfänglich gleicht die Druse einer gewöhnlichen Erkältung, bald aber schwellen die Lymphknoten an und der Esel bekommt Fieber. Es entstehen Abszesse, die sich von selbst eröffnen oder vom Tierarzt gespalten werden müssen. Der austretende Eiter ist äußerst ansteckend. Nach einer durchgemachten Druse sind die Esel für lange Zeit immun gegen die Erreger.

Erkrankungen des Verdauungstraktes

Der Esel ist ein Weidetier. Seine Verdauungsorgane sind auf die stetige Verarbeitung von kleinen Mengen an grob strukturiertem Futter ausgelegt. Nach der Aufnahme wird das Futter zuerst von den Backenzähnen zerkleinert. Die durch das Kauen angeregten Speicheldrüsen liefern den Speichel, der das Futter gleitfähig macht, damit es abgeschluckt werden kann. Durch die Speiseröhre rutscht der Futterbrei in den Magen. Dort findet eine erste Zersetzung durch Bakterien statt. Der Magensaft säuert den Futterbrei an. Dann fließt der Mageninhalt durch den Pförtner in den Dünndarm. Der Darmsaft und das Sekret der Bauchspeicheldrüse neutralisieren dort den sauren Brei. Über die Blutgefäße der Darmschleimhaut wandern Zucker, Stärke und Fettsäuren ins Blut. Direkt aus der Leber fließt Galle hinzu, die bei der Fettverdauung hilft. Anschließend folgt eine weitere Zersetzung des Breies durch Mikroorganismen im Blinddarm und nachfolgend im großen Grimmdarm. Fettsäuren werden von dort als Energiereserve ins Blut abgegeben. Zum Schluss werden dem Brei im kleinen Grimmdarm und im Mastdarm Wasser entzogen und Kotballen geformt.

Kolik

Der Esel hat einen verhältnismäßig kleinen Magen, dessen Eingang von einem kräftigen Schließmuskel verschlossen wird. Dieser wirkt wie ein Rückschlagventil und verhindert, dass das Tier erbrechen oder aufstoßen kann. Pferdeartige, wozu auch der Esel gehört, können nur zu leicht eine Kolik bekommen. Der Ausdruck Kolik wird ganz allgemein verwendet, um eine schmerzhafte Störung im Magen-Darm-Trakt zu bezeichnen. Die Ursachen einer Kolik können sehr unterschiedlich sein, das Verhalten eines Esels mit Kolik hingegen ist ziemlich eindeutig. Im Gegensatz zum Pferd sind die Symptome jedoch weniger heftig:

- starke Schmerzen, erhöhter Puls und schnelle Atmung
- Fressunlust, Teilnahmslosigkeit
- Gähnen, Flehmen
- Unruhe, Scharren, im Kreis gehen, mit dem Schwanz schlagen
- mehrmaliges Hinlegen und wieder Aufstehen, sich auf den Boden werfen, Wälzen
- Umdrehen des Kopfes nach der schmerzenden Stelle, gegen Bauch oder Flanken beißen
- mit den Hinterhufen gegen den Bauch schlagen
- den Bauch hochziehen, verkrampfte Bauchmuskeln
- häufiges Anstellen zum Harnen
- Schwitzen
- keine oder veränderte Darmgeräusche
- nach einer „Ruhepause“ erneutes Einsetzen der Schmerzen

Eine Kolik erfordert unverzüglich die Behandlung durch den Tierarzt!

Bis zu dessen Eintreffen muss der Esel immer beaufsichtigt werden, damit er sich nicht beim Wälzen verletzt und – besonders wichtig bei menschenbezogenen Eseln –, um ihn moralisch zu unterstützen und ihm Trost zuzusprechen. Man kann ihn zudecken oder mit kreisförmigen Bewegungen von der Wirbelsäule her in Richtung Bauch massieren. Auch langsames Herumführen lenkt ihn ab. Die Ursachen einer Kolik sowie deren Verlauf können unterschiedlich sein.

Aufblähung

Gärendes Futter kann im Darm eine übermäßige Gasentwicklung verursachen. Vor allem Rasenmähergrasschnitt, Kohl, schimmliges und verdorbenes Futter, fauliges Obst, Giftpflanzen oder ein jäher Futterwechsel führen zu Blähungen. Das Füttern von frisch geerntetem Heu, das nicht mindestens zehn Wochen gelagert worden ist, verursacht ebenfalls Aufblähungen. Die gasgefüllten Därme drücken auf das Zwerchfell, sodass die Atmung erschwert ist. Oft ist der Bauch nach außen sichtbar aufgebläht.

Magenüberladung

Da der Magen des Esels ein sehr geringes Fassungsvermögen aufweist und das Tier bei einer Überladung nicht erbrechen kann, besteht die Gefahr, dass der Magen zerreißt. Für den Esel bedeutet das den Tod. Zum Beispiel sehr gierig aufgenommenes Futter, bedingt durch unregelmäßige Fütterung oder Futterneid, ist eine mögliche Ursache. Auch die Aufnahme von übergroßen Mengen von Futter können zu einer Magenüberladung führen. Gleichermaßen sind schwer verdauliche Futtermittel wie nasser Klee, welkes Gras oder zu viel Brot mögliche Ursachen für eine Magenüberladung.

Verstopfungskolik, Anschoppung

Die Verstopfung ist eine übermäßige Ansammlung von Futtermassen in einem beliebigen Darmabschnitt. Sie wird hervorgerufen durch die Aufnahme von zu viel Stroh oder anderen rohfaserreichen Produkten wie Stalleinstreu aus Strohpellets, Hanf- oder Leinenstrohhäcksel sowie Zellulose. Kauschwierigkeiten, verursacht durch Zahnprobleme, können ebenfalls zu Verstopfungen führen. Bewegungsmangel begünstigt zusätzlich eine Verstopfung.

Als weitere Ursachen für Anschoppungen kommen auch Geschwüre, Darmverwachsungen, Fremdkörper oder durch Wurmlarven verursachte Durchblutungsstörungen von einzelnen Darmabschnitten in Frage.

Sandkolik

Durch gieriges Fressen von kurzem Gras kann es vorkommen, dass Erde und Sand vom Boden mit verschluckt werden. Der Sand lagert sich im Dickdarm ab und kann erst Tage oder Wochen nach dessen Aufnahme zu Kolikerscheinungen führen. Wer seine Esel auf einem Sandauslauf hält, darf das Knabberholz nicht auf dem Boden anbieten, da die Tiere sonst beim Benagen zu viel Sand aufnehmen.

Schlundverstopfung

Manchmal gelangen Futterpartikel vom Maul nicht bis in den Magen, sondern bleiben aus verschiedenen Gründen in der Speiseröhre des Esels hängen. Symptome sind Unruhe, Kopfschlagen, Würgen, schleimiger, mit Futter vermischter Nasenausfluss bis hin zu kolikähnlichen Symptomen. Meist sind trockenes, pelletiertes Futter, unzureichend eingeweichte Rübenschnitzel oder kurz gehäckseltes Futter die Ursache. Auch großer Hunger mit daraus resultierender schlingender Nahrungsaufnahme kann zu Schlundverstopfungen führen. Gierigen Fressern sollte zur Vorbeugung das Futter in mehreren kleinen Rationen über den Tag verteilt angeboten werden. Futterneidige Esel sollte man während der Fütterung abtrennen, damit sie ihre Ruhe haben und nicht zu hastig fressen. Aufgrund von Zahnproblemen schlecht zerkautes und ungenügend eingespeicheltes Futter kann ebenfalls zu Schlundverstopfungen führen.

Darmkrämpfe

Es gibt Esel, die sehr empfindlich auf Witterungswechsel reagieren und dann an Darmkrämpfen leiden. Auch Erkältungen, unregelmäßige Fütterung, Aufnahme von Giftpflanzen oder Stress können zu Darmkrämpfen führen. Solche anfallsartigen Krampfkoliken, deren Ursachen oft nicht genau geklärt werden können, sind sehr schmerzhaft, dauern oft nur sehr kurz und wiederholen sich mehrfach.

Darmverlagerung, Darmverschluss

Aufblähungen, Anschoppungen, Darmsteine, Haarbälle, Fremdkörper und große

Ansammlungen von Spulwürmern sind mögliche Ursachen dafür, dass der Darm plötzlich seine Lage verändert. Die dadurch entstehende Drehung, Verschlingung, Einklemmung oder Knickung kann den Blutkreislauf in einzelnen Darmabschnitten erheblich stören. Es kommt zu einem völligen Stillstand der Darmbewegung – zum Darmverschluss. Bei einem Darmverschluss entstehen meistens zuerst Blähungen oder durch den Rückfluss des Darminhaltes in den Magen eine Magenüberladung. Nur durch einen sofortigen operativen Eingriff können die abgeklemmten Darmteile entfernt werden. Die Erfolgsquote einer solchen Operation liegt bei ungefähr 60 %. Der Eingriff ist sehr kostspielig.

Durchfall

Durchfall ist an und für sich keine Krankheit, sondern ein Symptom, das verschiedene Ursachen haben kann. Durchfall zählt zu den häufigsten Gesundheitsproblemen bei Eseln. Hervorgerufen wird er zum Beispiel durch eine Infektion (Salmonellen, Kokzidien), verdorbenes Futter, schimmliges Heu und Stroh, plötzlichen Futterwechsel, unregelmäßige Fütterungszeiten, Wurmbefall, Vergiftungen, Darmentzündungen, hastige Nahrungsaufnahme, Trinken von eiskaltem Wasser, Unterkühlung, Nervosität und Stress. Meistens riechen die Ausscheidungen faulig und schlecht.

Der akute Durchfall ist gewöhnlich nach höchstens drei Tagen wieder vorüber. Das Verhalten des Esels verändert sich kaum und seine Körpertemperatur bleibt normal. Der Eselhalter sollte sich Gedanken über die möglichen Gründe der Verdauungsstörung machen. Einem Durchfallpatienten sollte ausschließlich hochwertiges Heu und einwandfreies Wasser – oft und in kleinen Mengen – angeboten werden. Auch Mash eignet sich als heilsame Durchfalldiät. Kohlepräparate, wie sie für Menschen verwendet werden, wirken auch beim Esel. Nur sollte die Dosierung mit dem Tierarzt besprochen werden, sonst leidet der Esel nachher womöglich an Verstopfung. Stullmisan® ist ein pflanzliches Durchfallpulver für Tiere, das ebenfalls gute Wirkung zeigt.

Der chronische Durchfall hingegen zerrt an der Substanz des Esels – er verliert den Appetit und bekommt Fieber. Der Tierarzt muss den Esel behandeln, denn es besteht die Gefahr der Austrocknung. Eventuell muss er mittels Infusion oder Nasenschlundsonde den Flüssigkeits- und Elektrolytverlust ausgleichen. Eine Kot- und Blutuntersu-

Kotbeurteilung:

- Ganze Bestandteile von Futter im Kot weisen auf ungenügende Zerkleinerung beim Kauen durch Fehlstellungen des Gebisses oder Zahnspitzen hin.
- Schleimüberzogene Bollen weisen auf eine mögliche Schleimhautentzündung des Darmes hin.
- Dünnflüssiger Kot zeigt an, dass ungenügender Wasserentzug während der Darmpassage stattfindet.
- Lehmgelber und übel riechender Kot kann auf eine Erkrankung der Leber hinweisen.
- Grüne, feuchte Kothaufen werden von Eseln produziert, die viel frisches Gras fressen.
- Kleine, harte und braun glänzende Bollen zeugen von trockener Kost und langem Aufenthalt im Darm.
- Stinkender, stark muffiger oder sauer riechender Kot deutet auf Parasiten, eine gestörte Darmflora oder eine Darmentzündung hin.

chung gibt näheren Aufschluss über die Ursache des Durchfalls. Bierhefe aus dem Reformhaus oder ein Becher Jogurt pro Tag regenerieren die Darmflora, die nach einem Durchfall oder nach einer Antibiotika-Therapie geschädigt ist.

Verstopfung im Enddarm

Verstopfungen kommen bei Eseln eher selten vor. Eine mögliche Ursache sind Hautverletzungen oder spröde Risse am Darmausgang. Durch den Schmerz, der beim Misten entsteht, hält der Esel den Kot zurück und verstopft. Zur Behandlung muss der Anus mit einer fettenden Salbe eingerieben werden. Für das innerliche Reinigen kann mit Wasser verdünntes Paraffinöl löffelweise eingegeben werden. Dieses wirkt wie ein Schmiermittel, dringt in die Verdauungskanäle ein und putzt sie gründlich aus. Danach tritt innerhalb von ungefähr vier Stunden paraffinglänzender Kot aus.

Erkrankungen des Bewegungsapparates

Die häufigsten Erkrankungen des Bewegungsapparates sind bei Eseln auf eine Veränderung im Huf zurückzuführen. Eine Lahmheit sieht man nicht auf den ersten Blick, vor allem wenn es sich nicht gerade um eine schwere Form handelt. Meistens stellt man lediglich eine Gehunlust oder ein steifer Gang des Esels fest. Esel, die sich selbst überlassen sind, schonen sich, indem sie ihre Aktivität auf ein Minimum reduzieren. Deshalb werden geringe Lahmheiten oft nicht wahr genommen. Bei offensichtlicher Lahmheit muss umgehend der Tierarzt konsultiert werden. Ursachen für starkes Lahmen können Brüche, akute Hufrehe, Hufabszesse und eingetretene Fremdkörper sein

Hufkrankheiten

Die meisten Krankheiten am Huf entstehen aus mangelnder Pflege und schlechten Haltungsbedingungen, sind also vermeidbar.

Strahlfäule

Die Strahlfäule erkennt man an den schmierigen, schwärzlichen und auffallend übel riechenden Stellen am Strahl. Meistens beginnt die Fäulnis in der mittleren oder in der seitlichen Strahlfurche. Gefährdet sind vor allem enge Hufe mit tiefen und schmalen Furchen, wo die Fäulnis lange verborgen bleiben kann. Auslöser von Strahlfäule sind Bakterien und Pilze, die bei mangelnder Pflege und schlechter Haltung (z. B. Matratzeneinstreu, matschige Ausläufe) gedeihen. Auch ein verkümmerter Strahl als Folge von zu engen Hufen neigt zu Fäulnis. Die befallenen Stellen müssen sauber ausgeschnitten und mit einem jodhaltigen Mittel desinfiziert werden. Eine saubere und trockene Umgebung ist wichtigste Voraussetzung fur eine Heilung. Schädlich ist das Auskratzen der aufgeweichten Strahlfurchen mit spitzen Haken oder Nägeln. Besser ist ein gründliches Auswaschen mit Wasser und Bürste. In tiefe Fäulnisherde wird ein mit Strahlätzmittel getränkter Wattebausch gedrückt. Der Tierarzt empfiehlt das richtige Mittel. Sehr wirksam sind Kupferverbindungen, die aber ihrer Giftigkeit wegen nicht in die Blutbahn geraten dürfen. Huffett oder Teer sollten nicht aufgetragen werden, da die Feuchtigkeit nicht mehr entweichen kann und unter Luftabschluss Bakterien und Pilze einen optimalen Nährboden finden.

Erkrankungen der Weißen Linie

Entlang der Weißen Linie entstehen dunkle, poröse Stellen. Das Horn dort wird mürbe und die Weiße Linie löst sich auf. Folgen davon sind ausgebrochene Tragränder und hohle Wände, in fortgeschrittenem Stadium Abszesse und Lahmheit. Verursacher sind Pilze und Bakterien, die das feine, weiche Gewebe der Weißen Linie zersetzen und sich mit der Zeit durch die Hufwand zum Kronrand emporfressen. Feuchtigkeit und ungenügende Pflege begünstigen den Zerfall. Einige Esel erweisen sich als anfälliger als andere. Zur Behandlung müssen die schwarzen Stellen ausgeschnitten und mit Pilz tötenden Mitteln desinfiziert werden. Eingetretene Steine sollte man immer entfernen und anschließend desinfizieren. Tiere mit der so genannten „White Line Disease“ müssen unbedingt in hygienischer, heller und trockener Umgebung gehalten werden. Auch das tägliche Auftragen von Ballistol® Waffenöl oder der Einsatz von Huffestigern hat sich zur Pflege der Weißen Linie bewährt.

Fremdkörper

Geht der Esel plötzlich lahm, hat er vermutlich einen Fremdkörper (Nagel, spitzer Stein, Scherben, Dorn o. Ä.) in Sohle, Strahl oder Ballen eingetreten. Kleinere Gegenstände kann man mit einer Pinzette oder dem Hufmesser selbst entfernen und die Stelle danach desinfizieren. Einstiche von größeren, spitzen Fremdkörpern müssen vom Tierarzt behandelt werden. Falls ein Gegenstand in die Tiefe des Hufes eingedrungen ist, muss man ihn zwar umgehend entfernen, aber für den Tierarzt aufheben und sich Richtung und Tiefe des Einstichs merken. Der Tierarzt benötigt die Information, um das Ausmaß der inneren Verletzung abschätzen zu können. Der Tetanusschutz muss dringend überprüft und das Datum der letzten Impfung dem Tierarzt mitgeteilt werden!

Hornspalten

Hornspalten können vom Kronrand (oben) oder vom Tragrand (unten) ausgehen. Man unterscheidet oberflächliche Windrisse und tiefe, durchdringende Hornspalten. Falls die Tiefe eines Spaltes bis auf die Lederhaut reicht, besteht Infektionsgefahr. Der Kronrandspalt kann in Folge einer Verletzung des Kronrandes entstehen. Wenn er aus dem Kronsaum, wo das Horn gebildet wird, wächst, gibt es keine Erfolg versprechende Behandlung. Die Ursachen des Tragrandspaltes sind Spannungen in der Hornkapsel oder brüchiges Horn. Nach Beseitigung der Spannung durch eine Hufkorrektur oder der Entfernung des brüchigen Horns wächst er sich mit der Zeit aus. Ein Spalt kann auch mittels Einraspeln einer Querrille, die tiefer als der Spalt selbst sein muss, an seiner Ausbreitung gehindert werden.

Hufrehe/Huflederhautentzündung (Laminitis)

Heftige Schmerzen, vorwiegend in den Vorderhufen, deuten auf eine Hufrehe hin. Der erkrankte Esel stellt die Beine zur Entlastung der Zehe schräg nach vorne. Sind die Hinterhufe betroffen, stellt er sie unter den Körper. Im fortgeschrittenen Stadium liegt das Tier fest. Warme Hufe, Erhöhung von Puls und Atemfrequenz, Gehverweigerung und klopfendes Pulsieren der Zehenarterien am Fesselkopf sind deutliche Anzeichen für die Entzündung der Huflederhaut. Sie ist außerordentlich schmerzhaft für den Esel, da die geschwollene Lederhaut in der starren Hornkapsel keine Ausdehnungsmöglichkeit hat. Meistens führen schädliche Stoffwechselprodukte zu Hufrehe. Nach neuesten Erkenntnissen wird die futterbedingte Hufrehe nicht durch Eiweiß, sondern hauptsächlich durch große Mengen von schwer verdaulichen Kohlenhydraten (Fruktanen), die im Weidegras enthalten sind, verursacht. Aber auch andere Fütterungsfehler wie abrupte Futterumstellungen und Aufnahme von Giftpflanzen oder Schimmelpilzen können eine Rehe auslösen. Überbelastete Hufe durch schnelle Gangarten auf harten Böden

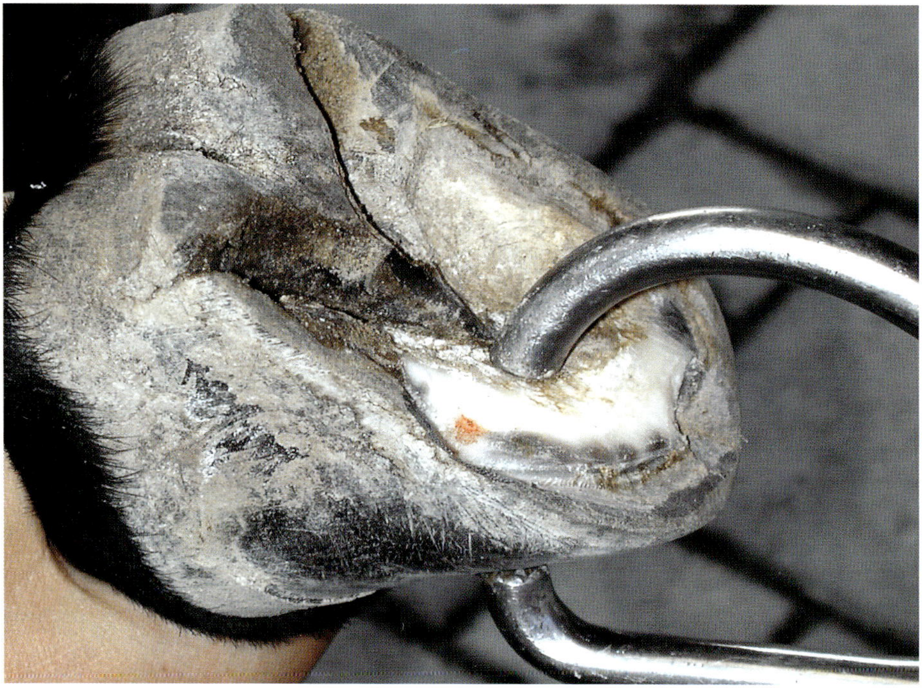

Der Tierarzt versucht mit der Hufuntersuchungszange den Abszess zu lokalisieren.

oder fehlerhafte Hufbearbeitungen kommen ebenfalls als Ursache in Frage. Häufig tritt Hufrehe als Folge einer anderen Krankheit (Kolik, allgemeine Infektionen) oder bei Nichtabgehen der Nachgeburt auf. Risikopatienten sind Esel mit Übergewicht, mit schlechter Hufstellung und solche, die bereits eine oder mehrere Hufrehen durchgemacht haben.

Zur Behandlung muss unverzüglich der Tierarzt verständigt werden. Auf keinen Fall darf man das erkrankte Tier zum Gehen zwingen. Bis der Tierarzt eintrifft, sollten die Hufe gekühlt und der Esel auf einen weichen Untergrund gebracht werden. Nach einer überwundenen Hufrehe muss ein Fachmann alle drei bis vier Wochen die Hufe korrigieren. Futter und Haltung des Tieres bedürfen sorgfältiger Überprüfung. Am Rehehuf entstehen die typischen, unregelmäßigen Wachstumsringe. Sie sind vorne an der Zehe dicht gedrängt und an den Trachten in großen Abständen sichtbar. Eine nicht oder schlecht behandelte Hufrehe kann eine Rotation des Hufbeins zur Folge haben. Im schlimmsten Fall bricht die Spitze des Hufbeins durch die Sohle oder die gesamte Hufkapsel löst sich ab (Ausschuhen).

Hufabszess

Lahmheit, ein heißer Huf, Schmerzen bei Druck und eventuell Fieber sind die Anzeichen eines Hufabszesses. Ein Abszess ist eine eitrige Entzündung, hervorgerufen durch Bakterien, die meistens durch die Weiße Linie in den Huf eingedrungen sind.

Eingetretene Fremdkörper oder starke Schläge an die Hornkapsel können ebenfalls Abszesse hervorrufen. Zur Behandlung muss der Tierarzt den Abszess lokalisieren. Unter Umständen ist das Anlegen eines Schwitzverbandes nötig, um den Abszess zum Reifen zu bringen. Dann wird ein Kanal in das Horn geschnitten, um den Eiter abfließen zu lassen, was in der Regel Erleichterung für das Tier bringt. Desinfiziert wird mit jodhaltigen Mitteln. Auch hier muss sichergestellt werden, dass der Tetanusschutz gewährleistet ist.

Arthrose (Gelenksveränderung)

Die Arthrose ist eine chronische Abnutzungserscheinung des Gelenkknorpels, wodurch auf Dauer die gesamte Knorpelschicht der Gelenkoberfläche und dann das angrenzende Knochengewebe zerstört werden. Sie entsteht aus einem Missverhältnis zwischen mechanischer Beanspruchung und Belastbarkeit des Gelenks. Diese Situation kann durch Überlastung oder Fehlstellungen hervorgerufen werden. Beim Esel tritt die Arthrose häufig an den Gelenken der Beine (Huf-, Kron-, Fessel- und Kniegelenk) auf. Arthrose am Sprunggelenk wird als Spat bezeichnet. Die Erkrankung verläuft meistens langsam und lange Zeit unauffällig. Anfänglich äußert sie sich durch Steifheit zu Beginn einer Belastung. Der Esel ermüdet schnell und hat einen stumpfen Gang. Bis zum Auftreten einer Lahmheit können Jahre vergehen.

Knochenhautentzündungen

Die Knochen sind von einer durchbluteten Knochenhaut umgeben. Durch Druck, Schlag, Stoß, Dehnung und Quetschung können schmerzhafte Entzündungen der Knochenhaut entstehen. Besteht die schädliche Einwirkung über längere Zeit – zum Beispiel an den Laden durch das Gebiss, am Nasenrücken durch das Nasenband, an den Dornfortsätzen durch schwere Reiter – besteht die Gefahr von Verknöcherungen.

Kniescheibenfixation

Die Fixation der Kniescheibe ist beim Esel relativ häufig anzutreffen. Sie entsteht beim heftigen Ausschlagen, Ausgleiten oder Aufstehen durch eine Überdehnung eines Kniescheibenbandes. Das Hinterbein ist plötzlich gestreckt und völlig steif nach hinten gerichtet. Die Kniescheibenfixation kann andauern oder sich von selbst wieder einrenken. Ein Wiederkehren der Fixation ist zu erwarten, weil die Kniescheibenbänder bereits gedehnt sind. Vielfach ist durch Rückwärtstreten eine Wiedereinrenkung möglich, die dann mit einem hörbaren Knacken verbunden ist. In schwereren Fällen wird der Tierarzt von Hand einen Einrenkversuch vornehmen. Durch einen operativen Eingriff, bei dem das innere Kniescheibenband durchtrennt wird, kann eine Besserung erzielt werden. Die Veranlagung zur Kniescheibenfixation kann erblich sein und tritt oft bei Eseln mit Gelenkerkrankungen auf.

Gelenkerkrankungen

Bei einigen Eseln, besonders Großeseln mit Poitou-Blut, treten spezielle Erkrankungen der Gelenke auf. Betroffen sind oft Krongelenke, aber auch Hüft- und Sprunggelenke. Bei Tieren mit Gelenkerkrankungen springt der Gelenkkopf bei jedem Schritt für einen kurzen Moment aus der Gelenkpfanne. Vermutlich liegt der Grund dafür in zu weichen Bändern, Sehnen und Bindegewebe.

Die genaue Ursache für diese Erkrankung ist noch nicht ermittelt. Sicher ist nur, dass sie vererbt wird. Es darf also auf keinen Fall mit Tieren, die an Gelenkerkrankungen leiden, gezüchtet werden.

Kissing spine-Syndrom

Das so genannte Kissing spine-Syndrom ist eine Erkrankung der Rückenwirbelsäule, bei der sich die nach oben zeigenden Dornfortsätze der Wirbel berühren und aneinander reiben. Mit der Zeit entstehen Verwachsungen einzelner Wirbel untereinander. Für das Tier bedeutet das anfänglich Beschwerden und mit den Jahren starke Schmerzen. Eine Untersuchung der Wirbelsäule ist nur unter Vollnarkose möglich (röntgen), und selbst dann ist eine Diagnose ausgesprochen schwierig. Ursache für die Erkrankung ist das zu frühe oder zu schnelle Anreiten. Ein Esel darf nicht vor dem vierten Jahr belastet werden. Als wichtige Vorstufe im Hinblick auf das Reiten gilt das Antrainieren der Rückenmuskulatur. Da Esel nicht immer für das Longieren zu begeistern sind, kann der Aufbau der Rückenmuskeln mit ausgedehnten Spaziergängen gefördert werden. Ruhiges, kraftvolles Bergauftreten mit langem, vorwärts-abwärts gestrecktem Hals sind besonders wertvolle Übungen. Erst nach monatelangem, regelmäßigem Training darf sich zum ersten Mal ein Reiter für kurze Zeit auf den Rücken des Esels setzen. Mit zunehmender Kräftigung kann man die Zeit dann schrittweise steigern. Ist die Rückenmuskulatur zu schwach, um den Reiter zu tragen, kommt es zum Durchhängen der Wirbelsäule mit „Kissing spines“.

Knochenbrüche, Sehnen- und Bänderrisse

Esel geraten weniger schnell in Panik als Ponys und Pferde und bewegen sich generell mit mehr Vorsicht und Vernunft. Daher erleiden Esel wahrscheinlich eher selten Brüche und Risse. Wenn ein Esel auf einem Bein hochgradig lahmt oder eine abnormale Stellung und Beweglichkeit im Gelenk zeigt, muss auf jeden Fall umgehend der Tierarzt konsultiert werden.

Gallen

Gallen sind wulstartige Erweiterungen von Sehnenscheiden und Gelenkkapseln. Eine Überbeanspruchung oder eine Fehlstellung der Gliedmaßen regt die vermehrte Absonderung der in den Sehnenscheiden und Gelenkkapseln enthaltenen Flüssigkeit an. Die Flüssigkeit wird nicht mehr abgebaut und bleibt als weiche Erhebung sichtbar. Als weitere Ursachen gelten auch Fehler in der Ernährung, zum Beispiel zu eiweißreiche Fütterung. Meistens handelt es sich „nur“ um Schönheitsfehler, die dem Esel keine weiteren Beschwerden bereiten. Gallen können aber auch verhärten und durch den Druck, den sie erzeugen schmerzhaft werden.

Sonstige Erkrankungen

Augen

Bei allen Erkrankungen der Augen sollte man mit dem Hinzuziehen eines Tierarztes nicht zu lange warten. Oft ist eine erfolgreiche Behandlung nur möglich, wenn der Tierarzt schon im Anfangsstadium eingreifen kann. Mittelchen aus der Stallapotheke sind zur Behandlung der Augen nicht geeignet! Anweisungen vom Tierarzt müssen genau eingehalten werden und Reste von Augensalben dürfen nicht für andere Krankheitsfälle aufbewahrt werden.

Verstopfter Tränenkanal

Die Tränendrüsen produzieren laufend Flüssigkeit, um das Auge sauber und feucht zu

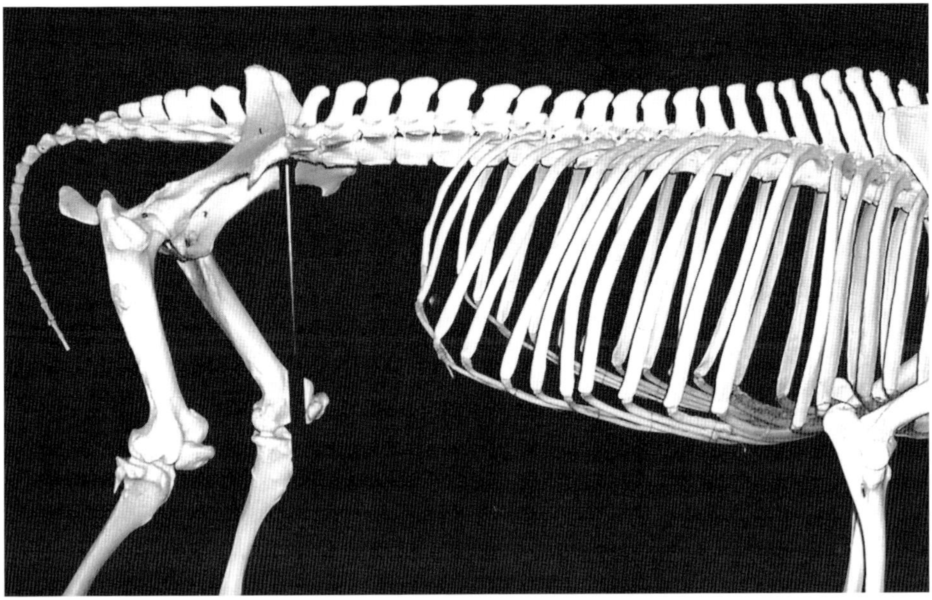

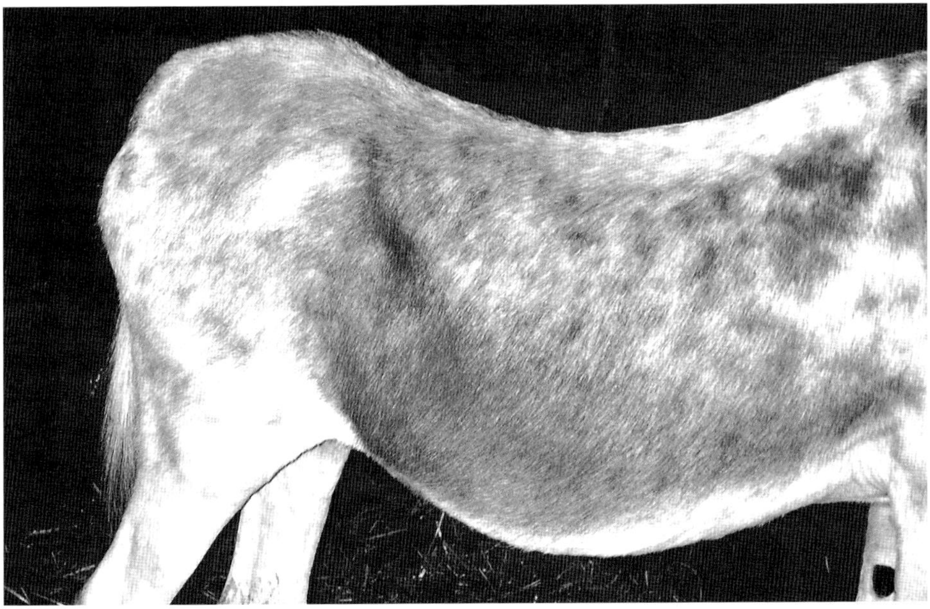

Betrachtet man die geringen Abstände zwischen den Dornfortsätzen der Wirbel bei einem geraden Rücken, und anschließend die durchhängende Rückenlinie eines Senkrückens, kann man sich gut vorstellen, dass es zu „Kissing spines" kommt.

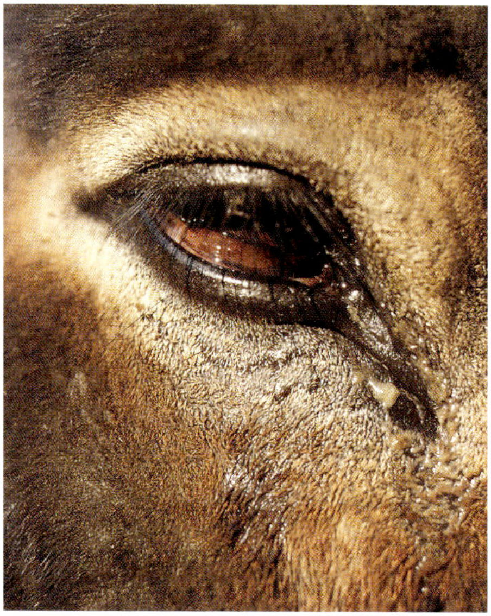

Ein entzündetes Auge muss auf jeden Fall durch den Tierarzt behandelt werden.

halten. Für den Abfluss der überschüssigen Flüssigkeit ist der Tränennasengang, der in die Nasenhöhle führt, bestimmt. Durch eine Erkältung oder eine Verletzung kann es zu einer Verlegung dieses Kanals kommen, worauf ständig Tränenflüssigkeit aus dem inneren Augenwinkel über das Gesicht fließt und mit der Zeit Haarausfall und Entzündungen der Haut hervorruft. Eine Behandlung durch den Tierarzt ist erforderlich.

Hornhautverletzung

Durch das Eindringen von Fremdkörpern oder das Anstoßen an scharfe Kanten oder vorstehende Gegenstände kann die Hornhaut verletzt werden. Anfänglich sind die Anzeichen einer Verletzung auf starken Tränenfluss oder Lichtscheue beschränkt. Der Esel kneift in der Regel das betroffene Auge zu. Selbst bei genauem Hinsehen kann man die Verletzung nicht immer erkennen, aber in ihrer Umgebung entsteht mit der Zeit eine Trübung der Hornhaut. Der Tierarzt muss bei Augenverletzungen immer gerufen werden. Mit einem Teststreifen kann er die Hornhaut färben, sodass die Verletzung sichtbar wird. Meistens heilt sie nach einer Behandlung mit antibiotischer Augensalbe ab.

Lidbindehautentzündung

Fremdkörper, Staub, Haare, Rauch, Erkältungen, Ammoniakdämpfe, Fliegenplage usw. können zu einer Lidbindehautentzündung führen. Aus einem oder beiden Augen fließt ein schleimiger Ausfluss und die Lidbindehaut ist gerötet und geschwollen. Der Tierarzt wird das Auge auf Fremdkörper untersuchen und eine Augensalbe oder Augentropfen mit Vitamin A verschreiben.

Periodische Augenentzündung (Mondblindheit)

Die Mondblindheit ist eine unregelmäßig wiederkehrende Entzündung meist eines Auges, die im schlimmsten Fall zur vollständigen Erblindung führen kann. Als Ursache wird heute eine spezifische Allergie angenommen, die gegen verschiedene Stoffe bestehen kann. Jahrelang galten als alleinige Infektionsquelle die Leptospiren. Erste Anzeichen sind ein tränendes Auge, milchige Trübung der Hornhaut und auffallender Verschluss der Pupillenöffnung auch in dunkler Umgebung. Ein Anfall dauert 14 Tage. Nach fünf Tagen sind die Symptome am stärksten. Fieber und Appetitlosigkeit können auftreten. Bei genauer Beobachtung sind weißgelbe bis rosa Flöckchen in der vorderen Augenkammer zu beobachten.

Entzündungen durch Insekten

Während des Sommers werden die Esel stark von Insekten geplagt. Die Fliegen setzen sich zahlreich in ihre Augenwinkel und regen damit die Tränenproduktion an. Teilweise führt dies so weit, dass das Fell und die Haut um die Augenwinkel Schaden nehmen, wodurch wiederum noch mehr Fliegen angelockt werden. Eine Fliegenschutzkappe oder Fransen leisten hier gute Dienste. Wer sich nicht selbst an die Nähmaschine setzen will, kauft sich einen passenden Fliegenschutz im Pferdesportgeschäft.

Hyperlipämie

Die Hyperlipämie ist ein akutes Leberleiden und gehört zu den Stoffwechselkrankheiten. Die Sterblichkeitsrate ist sehr hoch. Das Tier hat nur eine Überlebenschance, wenn die Diagnose und die Behandlung sehr früh erfolgen. Zu den Risikopatienten zählen in erster Linie übergewichtige Tiere. Manchmal tritt die Hyperlipämie aber auch als Begleiterscheinung zu einer anderen Krankheit oder bei Stress auf. Gefährdet sind vor allem Tiere, die tagelang wenig oder gar nichts fressen. Ihr Körper mobilisiert Fettreserven, um den Energiebedarf zu decken. Dabei werden in so großen Mengen Fette freigesetzt, dass die Leber überfordert ist. Das überschüssige Fett lagert sich in der Leber ab oder gelangt über den Blutkreislauf in andere Organe. Der Esel hat verringerte Darmgeräusche, kleine harte Exkremente und verweigert die Futteraufnahme.

Anzeigepflichtige Krankheiten

Für den Eselhalter sind auch tierseuchenrechtliche Bestimmungen von Bedeutung. Gerade durch den Massenimport von Schlachteseln können bei uns längst ausgerottete Seuchen wieder eingeschleppt und verbreitet werden.
Zu den anzeigepflichtigen Krankheiten gehören:

- Afrikanische Pferdepest
- Ansteckende Blutarmut (infektiöse Anämie)
- Beschälseuche
- Milzbrand
- Rauschbrand
- Rotz (auf Menschen übertragbar)
- Tollwut (auf Menschen übertragbar)
- Pferdeenzephalomyelitis

Giftpflanzen

Esel verzehren trotz ihrer Vorsicht und ihres außerordentlich guten Geruchsinns frische und getrocknete Giftpflanzen! Möglicherweise liegt der Grund darin, dass Wildesel während Notzeiten auch mit schlechter schmeckenden Pflanzen, die von anderen Tieren gemieden werden, Vorlieb nehmen müssen. In „Gefangenschaft“ sind Langeweile und Hunger mitunter auch Gründe, wieso sich Esel an Giftpflanzen vergreifen. Außerdem kommt hinzu, dass einige der sehr verbreiteten Giftpflanzen im grünen Zustand Bitterstoffe enthalten, sodass sie in der Regel beim normalen Weidegang nicht angerührt werden. In getrocknetem Zustand jedoch gehen die Bitterstoffe, im Gegensatz zu den Giftstoffen, verloren und die Pflanzen werden von den Eseln nicht mehr gemieden. Die fortgesetzte Aufnahme von Heu, das zum Beispiel Jakobs-Kreuzkraut enthält, kann zu schwerwiegenden Vergiftungen führen. Also muss der Eselhalter die Verantwortung für seine Tiere übernehmen und dafür sorgen, dass sie nichts Giftiges zwischen die Zähne bekommen, sei es bei der Rast am Wegrand, bei der Auswahl der Bepflanzung in Reichweite der Esel, bei der Inspektion der Weide, bei der Beurteilung des Heus sowie der Auswahl des Knabberholzes.Eine detaillierte, bebilderte Giftpflanzenliste für Esel und Pferde

Die gefährlichsten Giftpflanzen sind:

- Eibe (*Taxus baccata*), in kleinen Mengen tödlich!
- Buchsbaum (*Buxus sempervirens*)
- Gewöhnliche Scheinakazie (*Robinia pseudoacacia*)
- Kirschlorbeer (*Prunus laurocerasus*)
- Lebensbaum-Arten (*Thuja sp.*)
- Lupinen-Arten (*Lupinus sp.*)
- Oleander (*Nerium oleander*)
- Echte Tollkirsche (*Atropa belladonna*)
- Herbstzeitlose (*Colchicum autumnale*)
- Goldregen (*Laburnum sp.*)
- Roter Fingerhut (*Digitalis purpurea*)

Weitere für Esel giftige Pflanzen:

- Adlerfarn (*Pteridium aquilinum*)
- Aronstab (*Arum sp.*)
- Besenginster (*Cytisus scoparius*)
- Bingelkraut-Arten (*Mercurialis sp.*)
- Eichen-Arten mit Früchten (*Quercus sp.*)
- Blauer Eisenhut (*Aconitum napellus*)
- Fingerhut-Arten (*Digitalis sp.*)
- Germer-Arten (*Veratrum sp.*)
- Ginster-Arten (*Genista sp.*)
- Gewöhnlicher Gundermann (*Glechoma hederacea*)
- Hahnenfuß-Arten (*Ranunculus sp.*)
- Johanniskraut-Arten (*Hypericum sp.*)
- Greiskraut-Arten (*Senecio sp.*)
- Gewöhnlicher Liguster (*Ligustrum vulgare*)
- Luzerne (*Medicago sativa*)
- Maiglöckchen (*Convallaria majalis*)
- Nachtschatten-Arten (*Solanum sp.*)
- Spindelstrauch-Arten (*Euonymus sp.*)
- Rainfarn (*Tanacetum vulgare*)
- Rhododendron-Arten (*Rhododendron sp.*)
- Rotbuche (*Fagus sylvatica*)
- Saat-Platterbse (*Lathyrus sativus*)
- Sadebaum (*Juniperus sabina*)
- Schnittlauch (*Allium schoenoprasum*)
- Seidelbast-Arten (*Daphne sp.*)
- Sumpfschachtelhalm (*Equisetum palustre*)
- Wasserschierling (*Cicuta virosa*)
- Wolfsmilch-Arten (*Euphorbia sp.*)

kann bei der IGEM und bei der SIGEF bezogen werden.

Bei Vergiftungen kommt oft jede Hilfe zu spät. Vergiftungserscheinungen sind allgemein sehr unterschiedlich. Nach dem Genuss mancher Giftpflanzen tritt binnen Minuten der Tod durch Kreislaufversagen, Atemlähmung oder Herzstillstand ein. Andere Giftpflanzen schädigen die Nieren und die Leber der Tiere und führen so langsam zum Tode. Die meisten pflanzlichen Vergiftungen sind begleitet von Durchfall, Kolik, Krämpfen, Verfärbung von Harn und Kot, Speichelfluss, Schwindel, Taumel, Lähmungen, Erregungszuständen, Muskelzittern, Atemnot und Apathie.

Fast jedes Jahr sterben Esel um die Weihnachtszeit an Vergiftungen, weil verantwortungslose oder unwissende Halter ihre Weihnachtsbäume und Adventskränze im Eselstall „entsorgen“. Die verschiedenen, teilweise exotischen Nadelbäume sind schwer zu beurteilen und zusätzlich oft mit giftigen Konservierungsmitteln behandelt. Die für die Herstellung von dekorativen Kränzen beliebten Buchs-, Thuja- und Eibenzweige sind auch im trockenen Zustand hochgiftig und tödlich.

Erziehung

Die starke Persönlichkeit und die selbstständige Lebensweise des Esels stellen an uns Menschen besondere Anforderungen im Hinblick auf die Erziehung. Der Esel muss stets einen Sinn im Lernen sehen. Er denkt mit und nimmt sich die nötige Zeit, die er dazu braucht. Rangordnungsverhalten und Unterwürfigkeit sind in seinem Sozialverhalten nur schwach ausgeprägt, daher lässt er sich zu nichts zwingen. Er ist ausgesprochen schlau und vergisst vom Gelernten weder das Gute noch das Schlechte. Der Esel hat von Natur aus einen freundlichen und menschenbezogenen Charakter und wird sich grundsätzlich darum bemühen, dem Menschen zu gefallen. Gesunde, fröhliche und selbstbewusste Esel besitzen aber auch eine gehörige Portion Frechheit. Sie werden ihren Menschen immer wieder auf die Probe stellen. Meistens ist ihr unflätiges Benehmen mit so viel Charme gekoppelt, dass es recht schwer fällt sie zu disziplinieren. Geduld kombiniert mit einem ausgeprägten Sinn für Humor ist wohl das beste Rüstzeug, um die Erziehung des Esels erfolgreich zu gestalten.

Die wichtigsten Hilfsmittel im Umgang mit dem Esel sind Stimme und Belohnung. Bei konsequenter Anwendung immer gleich lautender Befehle und lobender Bestätigung von richtigem Verhalten lernt der Esel sehr schnell. Aber auch die Zeit, die ein Eselhalter mit seinem Tier verbringt, ist gut investiert und zahlt sich auf jeden Fall aus. Der Esel nimmt für sich in Anspruch das Lerntempo selber zu bestimmen. Wenn er überfordert oder gelangweilt ist, widersetzt er sich den Befehlen. Er zwingt seinen Menschen zu einem seriösen Aufbau der Ausbildung. Wer seinem Langohr „auf die Schnelle“ etwas abverlangen will, stößt garantiert auf Widerstand. Wer aber selbstbewusst und geduldig mit seinem Esel arbeitet und auch nebenbei viel Zeit mit ihm verbringt, wird bestimmt ein eifriges und wohlerzogenes Tier sein Eigen nennen dürfen.

Grundsätze

Egal was der Esel lernen soll, es gilt immer die gleichen Grundsätze zu beachten:

- Was der Führer vom Esel fordert, muss in erster Linie auch er selbst beherrschen.
- Der Esel muss vom Ausbildungsstand her in der Lage sein die gestellte Aufgabe zu bewältigen.
- Es muss ausreichend Zeit eingeplant werden, bevor man eine Aufgabe in Angriff nimmt. Für den Esel ist der Abbruch einer Übung eine Bestätigung dafür, dass er nicht alles Verlangte zu tun braucht.
- Man geht in kleinen Lernschritten vor und muss für genügend Entspannung und Abwechslung zwischendurch sorgen.
- Lob ist sehr wichtig! Der Esel weiß nicht, ob er sich richtig verhält – außer der Mensch sagt es ihm.
- Auf Spaziergängen sollten bewusst Übungen eingebaut werden. Diese sind praxisnah und abwechslungsreich und der Esel bekommt eine gewisse Einsicht, wieso er Dinge tun soll.

Ein kleines Beispiel zeigt, wie wichtig eine überlegte Vorgehensweise ist:

Ein Eselführer ist mit seinem Tier unterwegs. Er weiß, dass Esel nicht gerne durchs Wasser gehen. Auf dem Weg liegt eine riesige, tiefe Pfütze. Eine Umgehungsmöglichkeit wäre vorhanden. Um aus der „Pfützensituation" eine konstruktive Übung zu gestalten, muss der Eselführer folgende Überlegungen anstellen:

? Hat der Esel schon oft kleinere Pfützen mit Erfolg bewältigt?

? Reicht die Zeit aus die Durchquerung durchzusetzen, auch wenn's nicht auf Anhieb klappt?

? Lässt die Ausrüstung eine Durchquerung zu (Gummistiefel, Leckerli, Zaumzeug, langer Strick)?

? Ist die Wahrscheinlichkeit groß, dass die Durchquerung gelingt?

! Können alle Fragen mit „Ja" beantwortet werden, wird die Übung ein Erfolg. Ein unschlüssiger oder unter Zeitdruck stehender Führer aber sollte die Umgehungsmöglichkeit wählen, bevor dies der Esel in eigener Regie tut!

Hat der Esel die Aufgabe mit Erfolg bewältigt, soll ausreichend gelobt und danach der Spaziergang fortgesetzt werden. Eine Bestätigung des Erfolges durch das wiederholte Durchqueren ist kontraproduktiv und würde den Erfolg zerstören.

Halfter

Die meisten Esel sind bereits an das Halfter gewöhnt. Beim Kauf werden sie ja mit Halfter „geliefert" oder man holt sich seinen Esel aufgehalftert ab. Leider trifft man immer wieder auf schmutzige und unpassende Halfter. Nylonhalfter können jedoch bequem in der Waschmaschine gewaschen werden. Man sollte einem Esel das Halfter auf der

Aufgehalfterte Esel sollten wegen der Unfallgefahr immer unter Aufsicht sein.

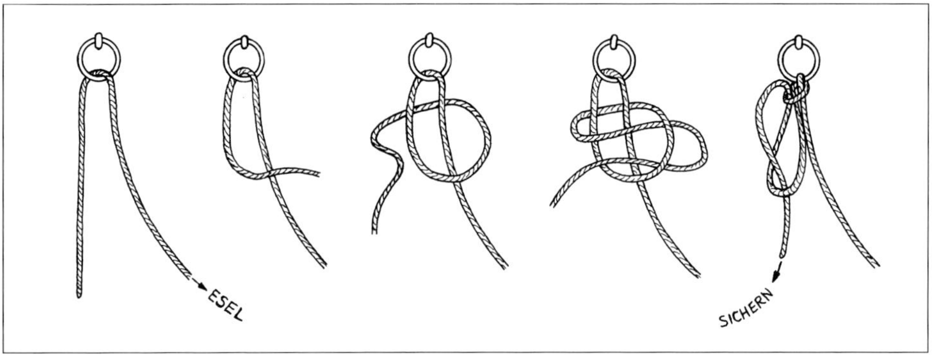

Esel werden immer mit einem Sicherheitsknoten, der schnell lösbar ist, angebunden. Durch Ziehen am losen Ende des Strickes lässt sich dieser Knoten auch dann noch öffnen, wenn das festgebundene Tier daran zieht. Damit der Esel den Knoten nicht selbst aufmachen kann, wird das Ende des Strickes durch die lose Schlinge geführt.

Weide oder im Stall niemals angezogen lassen, denn Halfter bergen eine große Unfallgefahr in sich. Die Esel bleiben möglicherweise irgendwo hängen oder verstricken sich selbst darin, wenn sie mit dem Hinterhuf an ihrem Kopf kratzen. Außerdem lieben es Esel, ihre Artgenossen mit den Zähnen am Halfter zu packen und sie daran durch die Gegend zu ziehen.

Halfter sind grundsätzlich für Pferde- und Ponyköpfe gefertigt. Der Eselkopf mit seinen kräftigen Ganaschen füllt das Halfter im oberen Teil bereits aus, während das Nasenband noch viel zu tief hängt. Abgesehen davon, dass über den Nüstern hängende Nasenriemen schlampig aussehen, irritieren sie den Esel, was er umgehend mit Kopfschlagen quittiert. Vielleicht muss also da und dort ein Riemen abgeändert werden.

Um das Halfter anzuziehen, hält man es zuerst so, wie es getragen wird. Wenn es verdreht ist, kann die Entwirrung in einem kniffligen Geduldsspiel enden. Ist es richtig vorbereitet, stellt man sich links vom Eselkopf auf und führt das Halfter mit beiden Händen von unten bis über die Ohren. Da ein Halfter nicht so eng wie ein Zaum getragen wird, kann der Genickriemen einfach über die Ohren nach hinten gezogen werden. Dann schließt man das Halfter und befestigt den Strick mit dem Sicherheits- oder Karabinerhaken am dafür vorgesehenen Ring unter dem Kinn.

Bei Fohlen empfiehlt es sich zum Führen von Anfang an ein Fohlenhalfter oder ein Fohlenhalsband zu benutzen. Da Fohlen instinktiv neben der Mutter hergehen, kann man sie dabei am Führstrick locker führen und zunehmend ein wenig mehr auf sie einwirken.

Anbinden

Jeder Eselhalter sollte einen ebenen, befestigten Platz außerhalb des Stallbereichs einrichten, wo der Esel gepflegt, gesattelt oder aufgeschirrt wird und wo Tierarzt und Hufschmied den Esel behandeln können. Die Anbindevorrichtung muss stabil und fest verankert sein. Falls der Esel das Anbinden noch nicht kennt, darf er zu Beginn nur für kurze Zeit festgebunden werden. Während dieser Zeit ist es sinnvoll das Tier zu bürsten und zu pflegen. Einerseits ist der Esel dann abgelenkt, andererseits verbindet er angenehme Empfindungen mit der neuen Situation. Mit einem routinierten Artgenossen an seiner Seite verhält sich der Neuling ruhiger. Ein Esel sollte niemals ohne Aufsicht angebunden werden. Auch wenn man sich entfernt, behält man ihn trotzdem immer noch im Auge. Zum Festbinden des Esels sollte immer der Sicherheitsknoten verwendet werden. Dieser Knoten lässt auch dann ein sofortiges Öffnen zu, wenn im Fall von Panik der Anbindestrick zwischen Halfter und Vorrichtung straff gespannt ist.

Die Anbindelänge soll so gewählt werden, dass das Tier mit seinen Hufen nicht auf den Strick treten oder sich darin verwickeln kann. Die Anbindehöhe variiert mit der Größe des Esels und liegt im Idealfall etwa auf Höhe des Buggelenks. Manchmal wollen die Esel nicht an die Anbindevorrichtung herantreten. Dann verwendet man einen sehr langen Strick und bindet das Tier erst einmal mit großem Abstand zur Vorrichtung an. Der Strick darf nicht gespannt sein, denn wenn sich der Esel erst einmal dagegen stemmt, ist er nur schwer davon zu überzeugen, dass es am lockeren Strick angenehmer wäre. Dann beginnt man unbeirrt mit der Körperpflege. Sobald sich der Esel entspannt und ein bisschen näher tritt, kann der Strick Stück für Stück verkürzt werden. Bevor der Esel losgebunden und zurück in den Stall gebracht wird, erhält er eine Belohnung. Nach einer Woche täglichen Anbindens hat sich der Esel daran gewöhnt.

Ein Esel darf niemals am Gebiss (Trensenring) angebunden werden. Falls er erschrickt und am Strick reißt, kann er sich ernsthafte Verletzungen an Maul und Zähnen zuziehen!

Führen

Wildesel gehen oft in langen Reihen im Schritt hintereinander her, wenn sie auf bekannten Trampelpfaden zur Wasserstelle wandern. Das Gehen hintereinander scheint ihrer Natur zu entsprechen, denn auch unsere Hausesel bewegen sich oft in einer Reihe, wenn sie zum Beispiel von der Weide in den Stall zurückkommen. Aus dieser Sicht betrachtet würde das Führen des Esels am ehesten seiner Art entsprechen, wenn er hinter der Führperson hergehen dürfte. Falls man sich nicht gerade im Vorführring befindet, wo genaue Vorschriften herrschen, darf man also ruhig gefühlsmäßig führen, sodass es für alle Beteiligten angenehm ist.

Zur Ausbildung aber hat sich das Führen von der linken Seite bewährt. Das heißt, der Esel geht rechts vom Führer. Dabei hält die rechte Hand den Führstrick etwa 20 cm vom Halfter entfernt und die linke Hand greift das Ende des Stricks, der wegen Unfallgefahr niemals am Boden schleifen darf. Der Führer sollte auf Schulterhöhe des Esels gehen. Wenn der Esel nicht vorwärts läuft, kann die Führperson in ihrer linken Hand eine lange Gerte halten, mit der sie gleichzeitig mit einem Stimmkommando den Esel hinten antippt. Die Führperson sollte dabei ihr Gesicht niemals dem Esel zuwenden, um sich zu vergewissern, ob er mitläuft. Das verunsichert ihn und er bleibt bestimmt stehen. Auch eine Mutterstute würde nicht den Kopf nach ihrem Fohlen umdrehen, wenn sie es vorwärts bewegen will. Sie würde mit nach vorne gerichtetem Blick selbstsicher voraus gehen oder das Fohlen von hinten vor sich her treiben. Deshalb wirkt auch eine Hilfsperson, die lediglich hinterher zu gehen braucht, bereits treibend auf den Esel.

Es ist Tradition und alte Schule, dass Pferde generell von links gesattelt, gezäumt, geführt und bestiegen werden. Sämtliche

Ausrüstungsgegenstände wie Zaum, Halfter, Geschirr und Sattel sind so gefertigt, dass sie von der linken Seite her zu bedienen sind. Eigentlich sollte sich ein wohlerzogenes Tier aus jeder Position anständig führen und handhaben lassen. Für Menschen und Tiere in der Ausbildung ist aber eine Vorgehensweise nach strengem Muster sehr hilfreich. Esel sind Gewohnheitstiere und lernen Dinge, die immer gleich ablaufen, viel schneller. Wiederholungen geben ihnen auch ein Gefühl der Sicherheit und das ist für den vorsichtigen Esel sehr wichtig. Bei „Routiniers" ist eine strenge Vorgehensweise nicht mehr nötig.

Schwierigkeiten beim Führen

Kleben

Esel trennen sich nicht gerne von ihren Artgenossen und der vertrauten Umgebung. Vor allem junge oder neu erworbene Esel lassen sich am Anfang kaum von ihren Stallgefährten wegführen. Sie gehen sehr zögernd oder weigern sich sogar, alleine ihrem Besitzer zu folgen. Man nennt dieses Verhalten Kleben. Der Eselhalter muss sich in dieser schwierigen Phase, wenn nötig mit der Unterstützung einer Hilfsperson, durchsetzen. Vor allem ängstliche Esel neigen zum Kleben. Durch geduldiges Üben und ausgiebiges Belohnen fasst auch ein unsicherer Esel mit der Zeit Vertrauen und lässt das Kleben sein.

Drängen

Es gibt Esel, die ständig gegen ihren Führer drängen. Das ist eigentlich ein Zeichen von Unsicherheit, kann sich aber zu einer dummen Angewohnheit entwickeln und sollte dem Esel unbedingt abgewöhnt werden. Hierzu benötigt man eine Hilfsperson, die den Esel auf der rechten Seite zusätzlich an einem Strick führt. Dann wird die Führerrolle ständig gewechselt, einmal führen beide, einmal die rechte und einmal die linke Person. Der Esel muss sich laufend neu orientieren und kann nicht mehr unablässig in dieselbe Richtung drücken. Nachdem eine Besserung eingetreten ist, sollte der Führer, wenn er wieder alleine mit dem Esel spazieren geht, seine Position weiterhin häufig wechseln.

Ziehen

Der Esel darf weder heftig vorausstürmen noch träge und widerwillig hinterher schleichen. Der Führstrick sollte immer frei durchhängen. Ein Tier, das seinen Führer ignoriert und nach vorne drängt, muss beschäftigt werden. Dazu eignet sich das Gehen von Volten (kreisrunde Hufschlagfigur mit einem Durchmesser von etwa 6 m),

Es muss darauf geachtet werden, dass die Trense beim Führen dem Esel nicht durch das Maul gezogen wird.

Schlangenlinien und Wendungen sowie das Anhalten und wieder Losmarschieren. Man sollte sich immer wieder etwas Neues einfallen lassen, damit sich der Esel auf seinen Führer konzentrieren muss. Wenn er partout nicht hören will, ist ein kurzer Ruck am Halfter weniger schädlich, als sich auf eine permanente Kraftübung einzulassen. Auch eine vor die Brust oder vor die Nase gehaltene Gerte kann nützlich sein, um ein ungestümes Tier zu bremsen. Wenn der Esel die geringsten Anstalten macht sich anzupassen, muss er sofort gelobt werden, damit er schnell lernt, was von ihm erwartet wird. Stemmt sich ein Tier so heftig ins Halfter, dass der Führer die Kontrolle zu verlieren fürchtet, kann der Führstrick über den Nasenrücken des Esels geschlungen werden, wodurch der Führer eine stärkere Einwirkung auf den Esel erreicht.

Wenden

Es ist kein schöner Anblick, wenn ein Eselführer sich spontan für eine Richtungsänderung entscheidet und sein Tier dabei unvermittelt am Kopf hinter sich herreißt. Bevor man eine Wendung durchführt, macht man den Esel auf sich aufmerksam. Dies erreicht man, indem man das Tempo verringert oder kurz anhält. In der Fachsprache nennt man dies eine halbe oder eine ganze Parade. Die Wendung sollte, wenn das Tier rechts geführt wird, rechtsherum erfolgen. Dann läuft der Esel sozusagen auf der Innenseite eines Kreises. Er muss sich biegen und kann mit seiner Hinterhand niemanden gefährden noch die Führperson durch einen ungestümen Sprung aus dem Gleichgewicht bringen. Dies ist vor allem wichtig, wenn sich viele Leute in der Nähe des Esels aufhalten. Bei der Rechtswendung kann die linke Hand zusätzlich wegweisend vor den Kopf des Esels gehalten werden.

Rückwärtsrichten

In der Pferdewelt wird das Rückwärtsrichten als Unterordnung oder Bestrafung eingesetzt. Wenn man Esel untereinander beobachtet, sind es auch dort meistens Konfliktsituationen, die den Verlierer zum Rückwärtsgehen zwingen. Das ist möglicherweise auch ein Grund, warum die Esel das Rückwärtsgehen auf Kommando nicht mögen, obwohl sie es tadellos beherrschen, vor allem dann, wenn sie einen Artgenossen vom Futterplatz verdrängen wollen. Eine weitere Schwierigkeit besteht auch darin, dass sich die Esel beim Rückwärtslaufen im toten Winkel bewegen müssen, also nicht sehen, wohin sie treten. Diese Übung muss also mit besonders viel Einfühlungsvermögen und Lob durchgeführt werden.

Man stellt sich vor den stehenden Esel und gibt ein Stimmkommando, wobei man gleichzeitig mit der Hand oder mit der Gerte die Eselbrust touchiert. Mit der anderen Hand wird leicht am Halfter gezupft oder auf den Nasenrücken des Esels gedrückt. Ganz wichtig ist das Loben, schon nach dem ersten kleinen Rückwärtsschritt, den der Esel gemacht hat. Die Anzahl der Schritte darf dann langsam gesteigert werden. Wenn der Esel das Rückwärtstreten beherrscht, macht man die Übung von einer anderen Position aus, zum Beispiel von der Seite und später von hinten.

Unfallverhütung

Esel sind in der Lage, urplötzlich gewaltige Kräfte zu entwickeln. Trotz ihrer Bedächtigkeit können sie erschrecken und vorneweg oder zur Seite springen. Um Unfälle zu vermeiden, gilt es Folgendes zu beachten:

- Auf keinen Fall die Hand durch die Schlaufe stecken oder den Strick um die Hand schlingen.

- Immer festes Schuhwerk tragen.
- Auf öffentlichen Straßen nur mit Zaum mit Gebiss gehen.
- Wenn der junge Esel zu kräftig wird, auf Zaum und Gebiss umstellen.
- Beim Führen auf die Weide den Esel vor dem Loslassen mit dem Kopf zu sich wenden.

Transportieren

Für das Verladen muss auch bei routinierten Tieren immer genügend Zeit einkalkuliert werden. Der Transporter ist auf einen intakten Boden hin zu überprüfen. Wenn die Rampe sehr steil ist, kann der Transporter an einer Böschung geparkt werden, damit sie etwas flacher zu liegen kommt. Die Servicetür muss offen sein, sodass der Innenraum erhellt ist, denn der Esel begibt sich nicht gerne in ein unbekanntes, düsteres „Loch". Einstreu wirkt ebenfalls einladender als schwarze Gummibeläge. Die Einstiegsrampe muss einen Teppichbelag, einen Gummibelag oder Querleisten aufweisen. Die Verschlusshaken seitlich der Rampe müssen so positioniert werden, dass sie nicht vorstehen (Unfallgefahr). Die Höhe der Querstangen vorne und hinten müssen der Größe des Esels angepasst werden. Esel stemmen sich während der Fahrt gerne nach hinten. Wenn die Stangen auf Pferdehöhe angebracht sind, scheuern sich die Esel den Rücken oder den Schwanzansatz wund.

Die Fahrt in einem Transporter bedeutet für das Tier nicht nur eine psychische, sondern auch eine physische Anstrengung. Von Zeit zu Zeit ist ein Kontrollhalt angebracht. Eine sachte Fahrweise sollte selbstverständlich sein.

Wenn ein Esel absolut nicht einsteigen will, ist guter Rat teuer. Es besteht die Möglichkeit, mit einer Longe um die Hinterhand des Esels etwas Druck auszuüben und ihn am plötzlichen Rückwärtstreten zu hindern. Manchmal reicht es bereits aus, dem Tier einen Huf auf die Rampe zu stellen, damit es begreift, dass dieser Untergrund nicht gefährlich ist. Falls aber ein Esel partout nicht einsteigen will, verteidigt er sich mit Erfolg gegen alle Tricks der Menschen. Mit der Zeit werden diese leider immer ausgefallener. Kleinere Esel werden oft von starken Männern einfach in den Transporter getragen. Manchmal werden die Tiere auch rückwärts hineinmanövriert. Vereinzelte „Eselbändiger" schwören darauf, dem Esel mit einem Tuch um den Kopf die Sicht zu neh-

Verladen:

- Für das Verladen müssen zwei Personen zur Verfügung stehen.
- Das Tier trägt nur ein Halfter (nicht gezäumt, gesattelt oder angeschirrt transportieren).
- Belohnung und Lockmittel bereithalten.
- Wenn möglich einen zweiten Esel als Leittier benutzen.
- Esel gerade an die Einstiegsrampe und in den Transporter führen.
- „Denkpausen" gewähren lassen, aber Rückwärtstreten nicht erlauben.
- Nicht am Kopf ziehen.
- Wenn das Tier drinnen ist, sofort hintere Querstange einlegen, während die Hilfsperson vorne belohnt.
- Dann erst vorne anbinden.
- Servicetür zusätzlich von außen sichern, da Esel Könner in Sache „Riegel öffnen" sind.
- Beim Ausladen zuerst vorne lösen, dann Querstange hinten entfernen
- Langsam und ruhig rückwärts treten lassen.
- Bei allen Aktionen mit der Stimme beruhigen und loben.

Führübungen können abwechslungsreich gestaltet werden …

… für lernbegierige und motivierte Esel bereichern Kunststücke das Programm.

men, damit er sich in den Hänger führen lässt. Der kluge Esel wird sich diese Zwangsmittel schnell merken und beim nächsten Mal nicht mehr darauf reinfallen.

Mit all diesen Tricks lässt sich das Grundübel nicht beseitigen, denn selbst wenn der Esel schließlich im Transporter stehen sollte, beginnt die Tortur beim nächsten Mal von neuem. Ein Esel muss mit fairen Mitteln dazu erzogen werden, freiwillig in den Transporter zu gehen. Dazu ist möglicherweise unendlich viel Einfühlungsvermögen, Geduld und Lob nötig. Am besten stellt man das „schreckliche Ding" den Eseln in ihr Revier, setzt sich mit einem interessanten Buch und Leckereien (für den Esel und sich selbst) in den Hänger und wartet, bis die Esel vor Neugierde platzen und einen Besuch im Hänger abstatten. Natürlich muss ein so geglückter Anfang weiter ausgebaut werden, denn ein angekuppelter Hänger auf dem Hofplatz ist noch lange kein „Weidehäuschen" mit Unterhaltung drin!

Im Krankheitsfall kann es lebensrettend sein, wenn der Esel problemlos und zügig einsteigt und sich beim Hängerfahren nicht aufregt.

Strafen

Jeder Eselbesitzer, der sich ernsthaft mit seinem Tier beschäftigt und es in seine Freizeitaktivitäten mit einbezieht, muss sich mit dem Thema „Strafe" auseinander setzen. Strafe hört sich brutal an und ist verpönt.

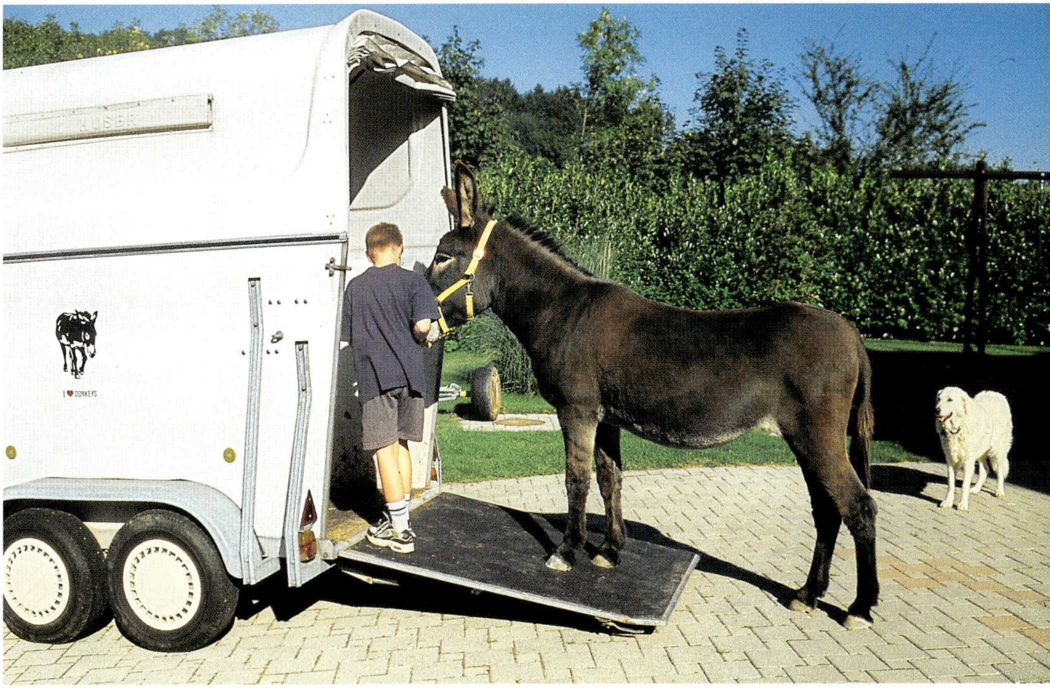

Häufig werden Esel mit brachialer Gewalt in den Transporter verladen. Ein vertrautes Tier lässt sich problemlos hinein führen.

Niemand gibt gerne zu, dass er es nötig hat zu strafen. Natürlich soll Strafe Grobianen keinen Freibrief zum Prügeln verleihen. Bestrafen gehört zum konsequentem Setzen von Grenzen, was dem Tier auch eine gewisse Sicherheit verleiht. Wenn ein Esel seinen Menschen herausfordert, darf der Mensch sich nicht in komplizierten Gedankengängen wie Schuld und Reue verstricken, sondern soll schlicht und einfach klarstellen: „So nicht!"

Auch die Tiere untereinander lassen sich nicht alles gefallen. Eine Mutter züchtigt zum Beispiel ihr übermütiges Fohlen und maßregelt Artgenossen, die ihm zu nahe treten. Ein Hengst bestraft einen rangtieferen Rivalen, der sich zu viel Rechte herausnimmt, und jedes Tier verteidigt seinen Futterplatz gegen unerwünschte Mitesser. Esel können sogar ganz ungerecht zueinander sein, indem sie ihren „persönlichen" Ärger an Kumpels auslassen, obwohl diese gar nicht wissen, worum es überhaupt geht. Will der Mensch einen Esel bestrafen, sind folgende Regeln zu beachten:

- Man muss die Natur des Esels gut kennen, wenn man von der Strafe Gebrauch machen will.
- Man muss das Tier selbst gut kennen und sollte niemals einen fremden Esel bestrafen.
- Man darf nie ein ängstliches Tier bestrafen.
- Nie später als 5 Sekunden nach der „Untat" bestrafen.
- Nie im Zusammenhang mit der Ausbildung bestrafen.

- Kurz und knapp, frei von persönlichen Emotionen strafen.
- Die Bestrafung immer mit der Stimme kombinieren, sodass mit der Zeit ein scharfes Wort reicht.
- Auch Ignorieren kann eine Form von Strafe sein (beim Scharren, Hufe wegziehen usw.).
- Der „Tatbestand“ muss hundertprozentig klar sein: zum Beispiel Umrennen, Treten, Beißen, Steigen, Nichtbefolgen von Regeln, die der Esel sonst sicher beherrscht.

Die Strafe kann aus einem Klaps mit der Hand oder mit einem ungefährlichen Gegenstand, durch einen Ruck am Führstrick oder durch Wegschieben oder Fortjagen bestehen. Niemals mit den Füßen gegen ein Tier treten! Die Strafe gilt der Untugend und nicht dem Esel. Ist die Widersetzlichkeit vorüber, ist er wieder das geliebte Langohr!

Esel und Kinder

Esel üben eine besondere Anziehungskraft auf Kinder aus. Da aber die meisten Kinder mit dem Verhaltensmuster der Esel nicht vertraut sind, dürfen sie sich nie unbeaufsichtigt unter frei laufenden Eseln aufhalten. Wenn sich Kinder für Esel interessieren, sollte die Aufsichtsperson ein zuverlässiges, ruhiges Tier aus der Gruppe herausnehmen und es für das Kind anbinden. Dann kann das Kind in aller Ruhe „seinen“ Esel putzen und liebkosen. Um Unfälle zu vermeiden, sind folgende Regeln zu beachten:

- Kinder füttern gerne. Den Kindern ist zu erklären, dass die Esel sie kaum besser leiden mögen, wenn sie von ihnen gefüttert werden. Das Füttern aus der Hand ist zu verbieten. Die Esel werden zu aufdringlich und ängstigen dann die Kinder.
- Die Eselbesucher (auch Erwachsene) sollten immer gutes, geschlossenes Schuhwerk tragen.
- Kindern sollte erklärt werden, dass Esel manchmal „seitwärts laufen“ (über die Schulter treten) und dass sie darauf achten müssen, dass ihnen kein Esel auf die Füße tritt.
- Zum Umgang mit Eseln gehört Disziplin. Wenn sich Kinder erst einmal wohl und sicher fühlen, neigen sie dazu, ausgelassen und unvorsichtig zu sein. Kinder dürfen nicht herumtoben und springen, eine Stallanlage ist kein Kinderspielplatz.
- Dem Kind soll Respekt vor der Kreatur vermittelt werden. Esel und andere Tiere dienen nicht zur Unterhaltung der Kinder, sie sind kein Spielzeug!
- Wenn Kinder beim Putzen oder Misten helfen wollen, ist es in der Regel für den Halter keine Hilfe, sondern er ist gefordert.
- Manche Esel werfen gerne ruckartig den Kopf hoch. Das muss den Kindern erklärt werden, damit sie ihr Gesicht nicht in den gefährlichen Bereich bringen.
- Kinder müssen wissen, dass sie sich niemals an einer engen Stelle neben dem Esel durchzwängen dürfen. Esel neigen dazu mit Gegendruck zu reagieren.
- Ein Kind sollte nie ohne Helm auf einem Esel reiten.

Reiten

Mit einem Blick zurück in die Vergangenheit wird offensichtlich, dass der Esel den Durchbruch zum Reittier eigentlich nie richtig geschafft hat. Personen setzten sich zwar schon seit Menschengedenken auf seinen Rücken, doch sie verkörperten dabei eher eine Last als einen Reiter in der Form, wie wir ihn uns vorstellen. Nach der Domestikation der Pferde wurden fast nur noch sie als Reittiere verwendet. Wenn der Mensch den Esel für sich selbst als Transportmittel nutzte, setzte er sich meistens auf dessen Kruppe oder seitwärts auf seinen Rücken. Der Esel trug dabei weder Zaum noch Halfter, sondern höchstens ein Halsseil. Er wurde mit einem Stock vom „Reiter" selbst oder von einem Eseltreiber gelenkt und angespornt. Mit unserer Vorstellung von Reiten hat das nichts gemeinsam.

Auch MARTIN VOGEL schrieb in Onos Lyras (1973, Verlag der Gesellschaft zur Förderung der systematischen Musikwissenschaft) sehr treffend: „Der Esel bleibt für die Orientalen stets ein Tragtier. Man reitet nicht den Esel, sondern lässt sich von dem Esel tragen. Schon im Altertum war das so."

Der Esel ist ausgesprochen tolerant und wehrt sich in der Regel nicht gegen die menschliche Last. Aus diesem Grund setzen sich gerne Personen auf dessen Rücken, die niemals eine reiterliche Ausbildung genossen haben. Hinzu kommt, dass die Menschen

Sänfte, die von zwei Eseln getragen wird. Nach einem Relief in den Pyramiden von Gizeh, aus dem alten Reich, Ägypten, etwa 3. Jahrhundert v.u.Z.

Auf diese Weise benützen die Menschen den Esel bis zum heutigen Tage als Transportmittel.

meistens unverhältnismäßig schwer und groß für die oft relativ kleinen Esel sind. Die Führungsqualitäten solcher „Reiter“ sind dürftig und ihre Kommandos für die ebenfalls unausgebildeten Esel kaum interpretierbar. Das eher verwirrte und verunsicherte Verhalten der Esel unter solchen Reitern erweckt schließlich den Eindruck von Starrköpfigkeit und Ungehorsam. Dass sich ein Pferd unter den gleichen Umständen mit größter Wahrscheinlichkeit schlimmer, ja sogar gefährlich verhalten würde, wird leider außer Acht gelassen. Es ist bedauerlich, dass die Meinung „draufsitzen und oben bleiben = reiten“ immer noch sehr verbreitet ist. Jeder Reiter sollte ständig bemüht sein, kritisch an sich selbst zu arbeiten, denn gutes Reiten ist auch ein Stück Tierschutz!

Voraussetzungen

Falls ein Esel zum Reiten verwendet werden soll, ist ein korrekter Körperbau unerlässlich. Reitesel sollen kompakt, aber nicht zu kurz gebaut sein. Der kurze Rücken besitzt normalerweise eine gute Tragkraft, neigt aber dazu sich in der Muskulatur festzuhalten und zu verkrampfen. Der lange Rücken hingegen weist einen hohen Grad an Schwung und Beweglichkeit auf, hat aber eine schlechte Tragkraft und leidet schneller unter Ermüdungserscheinungen. Überbaute Esel sind extrem prädestiniert für Rückenprobleme, weil durch die ansteigende Rückenoberlinie eine Annäherung der Dornfortsätze im Bereich der Sattellage begünstigt wird. Zudem belasten die meisten Sättel die nach hinten ansteigenden Rücken zu stark in der Nierengegend. Die Beine der Reitesel müssen kräftig, die Brust breit und tief und das Röhrbein stark und kurz sein. Reitesel dürfen keine Stellungsfehler in den Gliedmaßen aufweisen und benötigen gesunde Gelenke und straffe Bänder. Esel sind spätreif – sie dürfen frühestens mit vier Jahren schrittweise und sorgfältig an das Reitergewicht gewöhnt und erst ab fünf Jahren, nach entsprechender Vorbereitung, geritten werden. Der Reiter sollte in der Größe zu seinem Tier passen.

Training

Eine wichtige Voraussetzung dafür, dass ein Esel geritten werden kann, ist das Training. Wie bei menschlichen Athleten steigt auch bei Eseln die Belastbarkeit mit verbessertem Trainingszustand. Anstrengungen, die für einen schlecht bemuskelten Körper gesundheitsschädigend sind, bewältigt ein kraftvoller, trainierter Körper ohne Probleme. Leider werden aber gerade Esel sehr unregelmäßig zur Arbeit herangezogen und besitzen selten die nötige Muskulatur, um der Belastung durch einen Reiter schadlos standhalten zu können. Durch ermüdete oder fehlende Muskelpartien werden Stöße und Schläge direkt auf die Gelenke übertragen, was zu Entzündungen und später zu Arthrose oder Verwachsungen führen kann. Esel werden selten wie Pferde gezielt in Dehnungshaltung trainiert, um einen Muskelaufbau am Rücken zu fördern. Je besser aber die Rückenmuskulatur ausgebildet ist, desto „haltbarer“ ist die Wirbelsäule.

Tragfähigkeit

Über die maximal zulässige Belastung von Eselrücken kursieren mehr Vorurteile und Einschätzungen als fundierte Angaben. Selbst in Fachkreisen ist man sich nicht einig. Die SIGEF (Schweiz) empfiehlt zum Beispiel folgende Werte nicht zu überschreiten:

Stockmaß 90 bis 105 cm: max. 50 kg
Stockmaß 106 bis 120 cm: max. 63 kg
Stockmaß ab 121 cm: max. 76 kg

Die IGEM (Deutschland) gibt an:
Esel dürfen höchstens ein Fünftel, also 20 % ihres Eigengewichtes tragen.

Ein Blick in den Süden zeigt: Die Esel in Äthiopien werden durchschnittlich mit 40 bis 50 kg Gewicht beladen, die der Massai schleppen bis 90 kg (FLADE). Die Wassersäcke der Esel in Eritrea wurden auf 80 Liter Wasser – also 80 kg Gewicht – ausgelegt.

Es fällt auf, dass besonders in den südlichen Ländern den Tieren ziemlich viel Gewicht zugemutet wird. Diese Umstände liegen darin begründet, dass die Esel Lastenträger einer armen Bevölkerungsschicht sind, die kaum für ihre eigene Gesundheit sorgen kann, geschweige denn für diejenige ihrer Nutztiere. Sowohl die Esel als auch die Menschen werden über das Leistungsvermögen ihrer Körper hinaus beansprucht. Ein Maßstab für unsere Verhältnisse kann das auf keinen Fall darstellen. Es liegt schließlich in der Verantwortung eines jeden Eselbesitzers oder -reiters die Tragkraft seines Tieres selber realistisch einzuschätzen.

Der ambitionierte und eselbezogene Reiter findet im Muli ein gutes Reittier mit ausreichender Kraft, um sein Gewicht zu tragen.

Verschiedene Erfahrungen von Pferdebesitzern, -trainern und -züchtern haben gezeigt, dass sich die Belastbarkeit von Reittieren mit zunehmender Körpergröße proportional verringert. Mit der Anschaffung eines möglichst großen Esels ist es also nicht getan. Das Exterieur ist entscheidend, ob die 20 %-Richtlinie Gültigkeit hat. Bei vollblutähnlichen, feingliedrigen Großeseln empfiehlt es sich, eine maximale Last von 12 % ihres Eigengewichtes nicht zu überschreiten. Ausschlaggebend für die Tragfähigkeit des Esels ist auf jeden Fall auch seine Reaktion auf den Reiter. Ein deutliches Anzeichen von Überlastung ist das sichtbare Durchsacken der Wirbelsäule, wenn der Reiter aufsteigt. Weitere Anzeichen sind:

- Schlagen mit dem Kopf
- Zügel aus der Hand reißen
- Widersetzlichkeit beim Gehen
- unter dem Reitergewicht fortrennen
- Verweigern von Trab und Galopp
- Gleichgewichtsstörungen sowie Stolpern und Einknicken.

Nicht vergessen oder unterschätzen darf man das Gewicht von Sattel und Kleidung. Dafür müssen noch mindestens 10 kg hinzugerechnet werden. Da es – realistisch betrachtet – für den erwachsenen Reiter vom zulässigen Gewicht her fast keine Esel gibt, ist es für eselbezogene Reiter empfehlenswert auf Maultiere umzusatteln.

Reitkenntnisse

Wie jeder andere seriöse Reiter auch sollte der Eselreiter zuerst eine Grundausbildung erhalten. Das wird wahrscheinlich auf Pferden geschehen, was aber keineswegs schadet. Begriffe wie Zügelführung, Verbindung, Sitz, Anlehnung, Gleichgewicht, Paraden, Hufschlagfiguren usw. werden in den Reitstunden auf routinierten Pferden unter Aufsicht erklärt, erfühlt und geübt. Schlechte Reiter, die weder an ihrem Sitz noch an ihrer Balance arbeiten, sowie unpassende Sättel verursachen dem Esel Schmerzen. Einen Esel zu reiten heißt, sein dafür ausgebildetes Tier mittels feinfühliger Hilfen in jeder Gangart überallhin zu lenken. Was der Reiter aber selbst nicht beherrscht, kann er auch nicht weitervermitteln. Für einen unerfahrenen Reiter ist es sehr lehrreich zu spüren, wie sich ein gut gerittenes Tier unter ihm verhält. Eselreiter haben das Handicap, dass gut gerittene Esel kaum existieren. Wer also Esel richtig und tiergerecht reiten will, muss sich das Gefühl dafür auf Pferden holen.

Ausrüstung

Aufgrund der anatomischen Besonderheit des Eselrückens können für Pferde gebräuchliche Reitsättel zu Druckschäden und Verletzungen an der Wirbelsäule führen.

Sattel

Grundsätzlich unterscheidet man zwischen englischen Sportsätteln und Trachtensätteln. Die englischen Sättel sind leichter und erlauben einen engen Kontakt des Reiters mit dem Eselrücken. Sie werden nach Gebrauchszweck in Dressursättel, Springsättel und Vielseitigkeitssättel eingeteilt.

Die Trachtensättel haben zwei getrennte Sattelbäume, die längsseits der Rückenwirbel des Esels verlaufen. Sie sind stabiler und schwerer gebaut als die Sportsättel und eignen sich auch zur Befestigung von Gepäck. Die bekanntesten Trachtensättel sind West-

Ein englischer Sportsattel besteht aus folgenden Teilen:

- Der Sattelbaum befindet sich im Innern des Sattels und bildet die Grundlage für die Sattelform. Er ist aus Stahl, Holz, Leder oder Kunststoff gefertigt.
- Die Sattelkammer muss so hoch und so weit sein, dass bei belastetem Sattel kein Druck auf die Dornfortsätze und die Querfortsätze der Rückenwirbel ausgeübt wird.
- Die Sturzfeder dient der Befestigung der Steigbügelriemen.
- Die Polsterung bedeckt die Unterseite des Sattels. Sie muss gleichmäßig sein und kann vom Sattler aufgepolstert werden.
- Die Sitzfläche beeinflusst durch ihre Form den Sitz des Reiters. Der tiefste Punkt muss in der Mitte des Sattels liegen.
- Die Sattelblätter liegen auf der Seite des Sattels und sind je nach Verwendungszweck unterschiedlich geformt.
- Die Sattelgurtstrupfen dienen zur Befestigung des Sattelgurtes.
- Der Sattelgurt wird aus Leder, Gummi, Schnurengarn oder Kunststoff hergestellt.
- Die Steigbügelriemen werden in der Sturzfeder eingeschlauft und sind in der Länge verstellbar.
- Die Steigbügel müssen schwer sein, damit die Füße sie schnell aufnehmen und wieder loslassen können. Bei unsymmetrischen Steigbügeln muss die kurze Seite außen liegen.
- Die Satteldecke besteht aus Filz, Stoff, Leder oder Fell. Sie dient dazu, Schweiß und Talg von der Polsterung fernzuhalten. Fälschlicherweise wird bei unpassenden Sätteln oft mit einer dicken Satteldecke „nachgeholfen", damit der Sattel doch verwendet werden kann.

ernsättel, Armeesättel, Stocksättel und Wanderreitsättel.

Reitkissen sind sattelförmig geschnittene und gepolsterte Leder- oder Stoffkissen mit Sattelgurt und Steigbügeln. Sie haben keinen Sattelbaum und liegen daher auf dem Widerrist auf.

Sehr oft sieht man Esel, die mit billigsten Fabrikaten von Westernsätteln ausgerüstet sind. Diese wirken auf den zierlichen Eseln meistens klobig und schwer und der Reiter hat fast keinen Kontakt zu seinem Tier. Von professioneller Anpassung kann nicht die Rede sein, denn für einen 200-Euro-Sattel bemüht sich kein Fachmann auf den Hof. Trachtensättel passen, weil sie eine große Auflagefläche besitzen, in der Regel besser auf den Eselrücken als Sportsättel. Nachteilig wirkt sich allerdings deren Länge aus, da sie den Esel oft in der Nierengegend behindern oder sogar drücken. Sportsättel sind kürzer gebaut, dafür verursachen sie meistens Probleme im Bereich der Schultern. Die Sattelblätter müssen gerade geschnitten sein, ansonsten behindern sie den Esel in der freien Bewegung.

Das Anpassen eines Sattels sollte niemals von Laien vorgenommen werden. Ein Blick

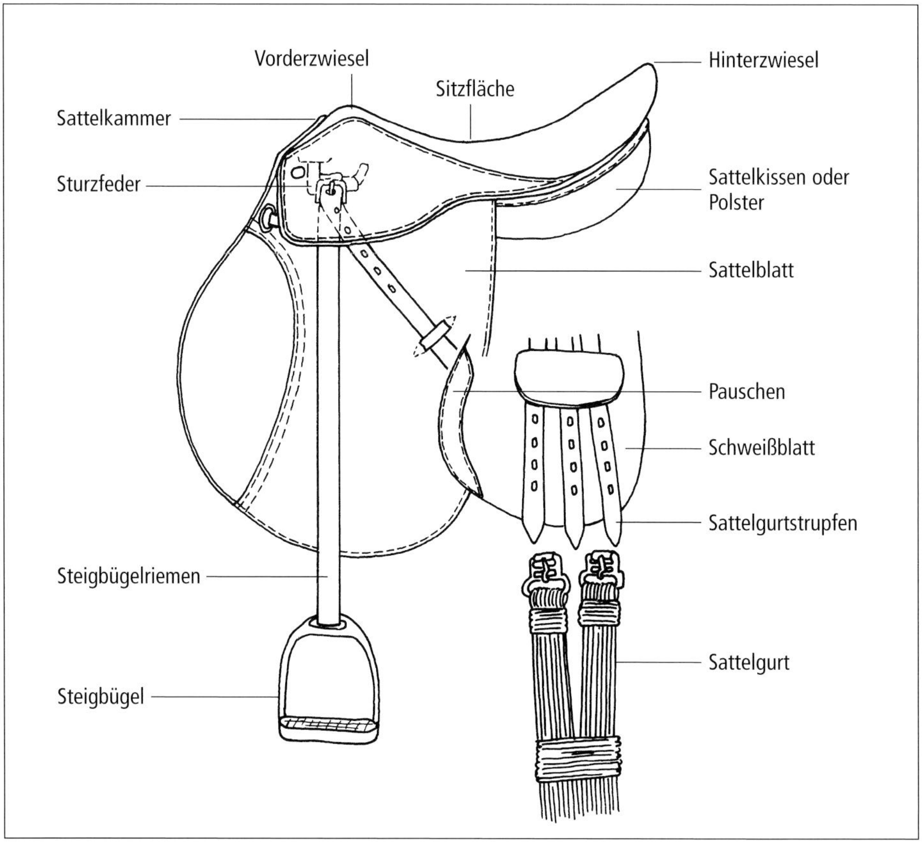

Die Bestandteile eines englischen Reitsattels

Mit Kindern lassen sich spielerisch wertvolle Gleichgewichtsübungen durchführen, die zu einem sicheren Sitz beitragen.

in die Pferdewelt bestätigt die Brisanz des Themas „Sattel". Unzählige Pferde leiden an Rückenproblemen und deren Folgen. Eine Reitsportsattlerei hat meistens einige Sattelmodelle zur Auswahl. Der Sattler sollte diese vor Ort mit dem Kunden zusammen am Esel austesten. Für das Anpassen eines Sattels wird keine Satteldecke verwendet, auch wenn später immer eine benutzt wird. Nur so sieht man deutlich, wo der Sattel genau aufliegt. Vor allem muss der Sattel auch getestet werden, wenn der Reiter draufsitzt. Falls regelmäßig geritten wird, macht sich die Suche nach einem optimal passenden Modell bezahlt, obwohl der Kaufpreis eines guten Sattels wahrscheinlich denjenigen des Esels übersteigen wird. Da die meisten Esel eine nicht besonders gut ausgeprägte Sattellage haben, ist es unter Umständen nötig, mit Hilfe eines Schweifriemens oder eines Vorgeschirrs den Sattel in der richtigen Position zu fixieren.

Um ab und zu ein kleines Kind auf dem Esel spazieren zu führen, findet sich schnell ein Sattel oder ein passendes Reitkissen. Eine gute und günstige Lösung für das Kinderreiten sind auch Deckengurte, die nachträglich mit Halteriemen versehen werden. Die Kinder sitzen dann unmittelbar hinter dem Gurt direkt auf dem Eselrücken und können sich nach Belieben an den Halteriemen festhalten. Auf dem nackten Eselrücken nehmen sie automatisch eine natürliche Körperhaltung ein. Sobald jedoch Steigbügel benutzt werden, neigen die kleinen Reiter zu einem Stuhlsitz mit hoch gezogenen Fersen und einem krummen Rücken. Falsch sitzende Reiter stören den Esel im Bewegungsab-

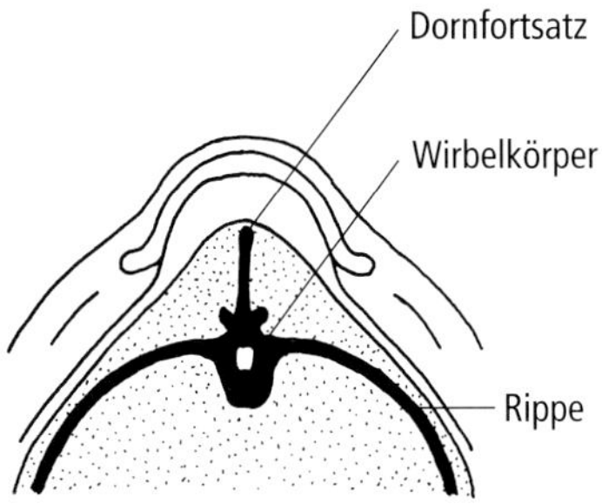

Kammer gut – Widerristfreiheit ohne Reiter 3 bis 4 Finger, mit Reiter 2 bis 3 Finger.

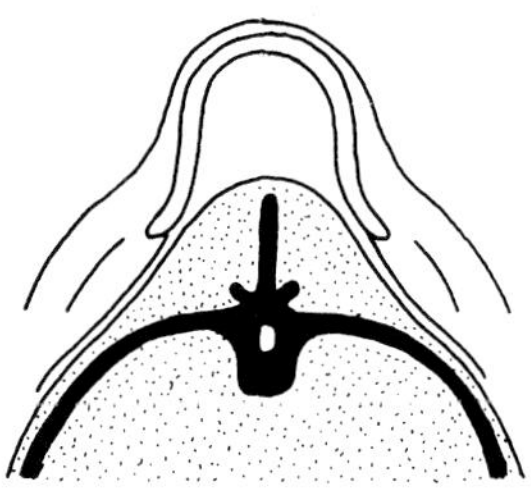

Kammer zu eng – Muskulatur wird eingeklemmt.

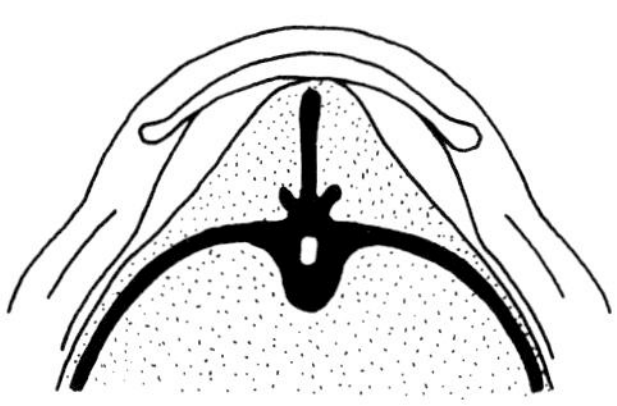

Kammer zu weit – Druck auf die Dornfortsätze.

Die Auswirkungen von unpassenden Sätteln sind für den Esel schmerzhaft und können zu unheilbaren Schädigungen an Rückenmuskulatur und Wirbelsäule führen.

lauf und nehmen ihm begreiflicherweise die Freude an seiner Arbeit.

Bevor man den Esel sattelt, muss die Sattel- und Gurtlage gut durchgebürstet werden. Gesattelt wird von der linken Seite. Damit die Haare unter dem Sattel schön flach zu liegen kommen, sollte dieser vor dem Widerrist aufgelegt und anschließend nach hinten in die richtige Lage geschoben werden. Die Satteldecke muss groß genug, sauber und ohne Falten sein. Der Sattelgurt, beim Auflegen des Sattels noch über der Sitzfläche liegend, soll von der rechten Seite her heruntergelassen und nicht einfach abgeworfen werden, da die Schnallen an die empfindlichen Beine schlagen könnten. Dann wird der Gurt sanft angezogen. Viele Esel blähen sich dabei auf, deshalb muss der Gurt vor dem Aufsitzen nochmals überprüft und nötigenfalls nachgezogen werden. Ein gewaltsames Anziehen des Sattelgurtes kann Gurtzwang, einen Angstzustand, der empfindliche Esel sogar zum Hinlegen veranlasst, verursachen.

Zaum

Über Zaum und Gebiss findet ein großer Teil der Kommunikation zwischen Reiter und Esel statt. Mit Hilfe der Zäumung wird das Tier „gebremst" und „gesteuert". Eine Zäumung des Esels ist vor allem auf öffentlichen Straßen und Wegen aus Sicherheitsgründen unerlässlich. Es gibt verschiedene Möglichkeiten einen Esel zu zäumen. Durch die Auswahl des Zaumzeuges und des damit kombinierten Gebisses bestimmt der Reiter die Stelle seiner Einwirkung auf den Eselkopf sowie deren Intensität.

Die Art des Zaumes ist meistens an die Reitweise gebunden. Die Nasenbänder sind unterschiedlich verschlauft oder werden ganz weggelassen. Sie verhindern das gelegentlich vorkommende Aufsperren des

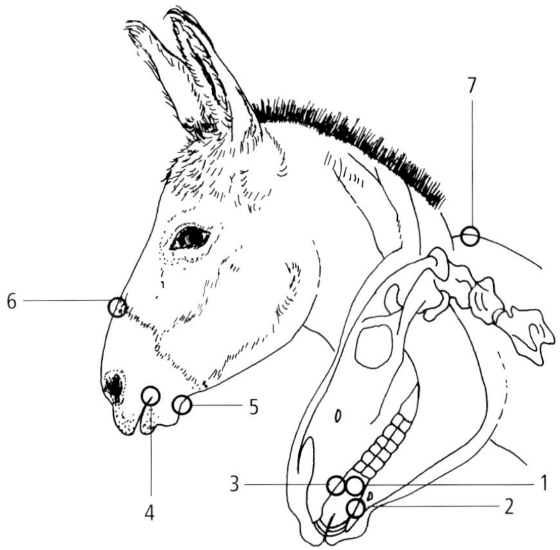

Die Einwirkung der Zügelhilfe auf den Esel ist, abhängig von der Zäumungsart, sehr unterschiedlich.

1 Zunge:	Auf die Zunge wirken fast alle Gebisse mehr oder weniger stark.
2 Laden:	Die Laden sind sehr empfindlich, weil der Unterkieferknochen nur mit einer dünnen Fleischschicht überzogen ist.
3 Gaumen:	Speziell geformte Gebisse wirken auf den Gaumen.
4 Maulwinkel:	Vor allem Trensengebisse wirken auf die Maulwinkel.
5 Kinngrube:	Gebisse mit Hebelmechanik wirken mittels Kinnkette auf die Kinngrube.
6 Nasenrücken:	Spezielle Nasenriemen und gebisslose Zäumungen wirken auf die Nase.
7 Genick:	Gebisse mit Hebelmechanik sowie gebisslose Zäumungen üben Druck auf das Genick aus.

Mauls und fixieren das Gebiss besser. Es ist wichtig, dass ein Nasenband nicht zu tief liegt und dadurch den Esel in der freien Atmung behindert. Zwischen Nasenband und Nase müssen zwei Finger Platz haben. Das Stirnband – bei herkömmlichen Zäumen meistens zu kurz für Esel – darf nicht gegen die Ohrknorpel drücken. Zwischen Kehlriemen und Kehle muss eine aufgestellte Faust Platz haben. Weder Backenstücke noch Nasenband dürfen auf dem Jochbein zu liegen kommen. Das Gebiss muss satt an den Maulwinkeln anliegen, ohne sie hochzuziehen. Wenn bei angestellten Zügeln die Backenstücke des Zaumes lose nach außen stehen, also nicht mehr am Kopf anliegen, ist das Gebiss zu tief verschnallt. Ein zu tief verschnalltes Gebiss kommt unter Umständen nicht mehr auf den zahnfreien Rand zu liegen oder veranlasst den Esel zu der Untugend, seine Zunge über das Mundstück zu legen und sich den reiterlichen Hilfen zu entziehen.

Beim Zäumen des Esels stellt man sich links neben seinen Kopf, Blickrichtung nach vorn. Zuerst werden die Zügel über seinen Kopf gestreift und auf den Hals gelegt. Dann hält man das Zaumzeug mit der einen Hand

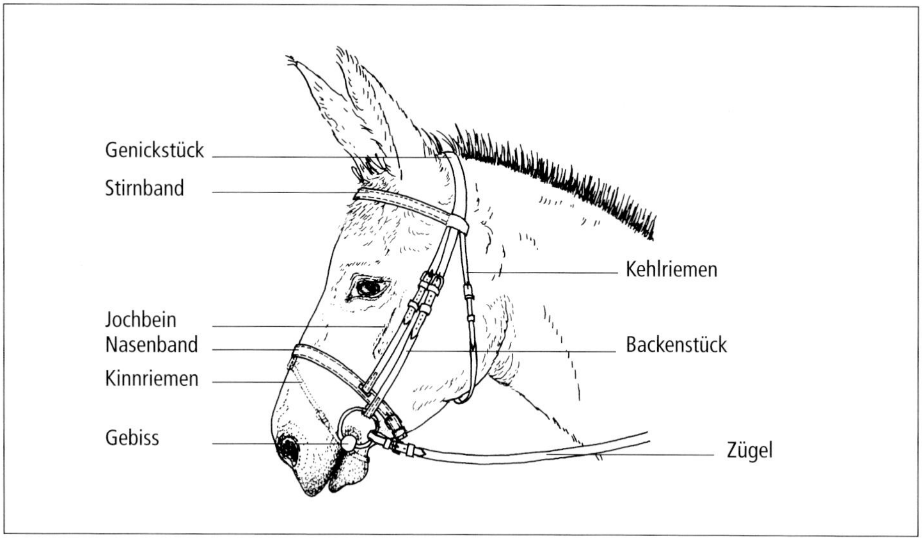

Die Bestandteile eines Reitzaumes mit Trensengebiss. Der Kinnriemen kann nach Bedarf weggelassen werden.

an den Backenstücken. Mit der anderen Hand schiebt man das Gebiss vorsichtig ins Maul. Will der Esel sein Maul nicht öffnen, kann man den Daumen in die Maulspalte stecken und dort, wo der zahnfreie Rand liegt, gegen die Laden drücken. Wenn das Gebiss an seinem Platz ist, hält die nun freie Hand den Zaum am Genickstück – Vorsicht, dass dabei das Gebiss nicht wieder aus dem Maul gerät – und die andere Hand richtet sorgfältig die Ohren des Esels nach vorn und „fädelt" sie zwischen Genickstück und Stirnband ein. Dann wird das Genickstück an seinen Platz geschoben. Schopfhaar und Mähne sollten danach noch geordnet werden. Zum Schluss verschnallt man, je nach Zaum, Kehlriemen, Nasenband oder Kinnriemen.

Wenn man vorsichtig mit dem Daumen auf den zahnfreien Rand drückt, öffnet der Esel das Maul.

Gebisse

Im Allgemeinen werden Esel und Pferde mit Trensengebissen geritten. Je dicker das Mundstück, desto weicher und angenehmer ist sein Einfluss auf den Esel, und je dünner, desto härter und „einschneidender" ist seine Wirkung. Natürlich darf das Gebiss nicht unverhältnismäßig klobig für ein kleines Eselmäulchen gewählt werden. Die Breite muss so bemessen sein, dass auf jeder Seite zwischen den Trensenringen und der Maulspalte noch etwa 0,5 cm Spiel vorhanden ist. Zu breite Trensen können auch durch Gummi-Gebissscheiben angepasst werden. Diese sind kostengünstig und werden vor der Montage ins heiße Wasser gelegt, damit sie sich besser über die Trensenringe stülpen lassen. Überdies verhindern die Gummischeiben, dass die Trense bei starker einseitiger Einwirkung durch das Maul gezogen wird. Die Ringtrense muss regelmäßig auf ihre Tauglichkeit hin überprüft werden. Durch die beweglichen Ringe entstehen nämlich mit der Zeit scharfe Kanten an den Rändern der Löcher, die eine Verletzungsgefahr für die empfindlichen Maulwinkel des Esels darstellen.

Das Angebot an Gebissen mit unterschiedlichen Mundstücken ist außerordentlich vielfältig. Teilweise erinnern die exotischen Formen, die den Pferden und Eseln ins Maul geschoben werden, eher an Folterinstrumente als an Hilfsmittel für den Reitsport. Bewegliche Rollen und Bauteile aus Kupferlegierungen sollen eine vermehrte Kautätigkeit bewirken und Überzüge aus Gummi oder Mundstücke mit Apfelgeschmack die Akzeptanz erhöhen. Nicht immer sind die Auswirkungen der Gebisse auf das Tier eindeutig klar. Eine einfach gebrochene Trense faltet sich zum Beispiel bei kraftvollem Ziehen an beiden Zügeln wie ein Klappmesser zusammen und quetscht Zunge und Laden wie ein Nussknacker ein. Zusätzlich bohrt sich das Gelenk in der Mitte der Trense in den Gaumen des Esels. So kann mit einem normalerweise milden Gebiss vielleicht ganz ungewollt sehr scharf auf den Esel eingewirkt werden. Stangenmundstücke haben keinen Nussknacker-Effekt, können aber je nach Form der Stange ebenfalls sehr streng wirken. Sie sind gerade, leicht gebogen oder mit hoher Zungenfreiheit erhältlich. Gerade Stangen wirken ausschließlich auf die Zunge, leicht gebogene Stangen sind etwas milder, weil sich der Druck auf Zunge und Laden verteilt. Stangenmundstücke mit hoher Zungenfreiheit wiederum sind sehr scharfe Gebisse. Sie liegen direkt auf den empfindlichen Laden und – je nach Höhe des Bogens in der Mitte – drücken sie den Esel zusätzlich in den Gaumen. Feine, einseitige Hilfegebungen sind mit Stangen grundsätzlich weniger gut möglich als mit gebrochenen Mundstücken. Für Anfänger, die keine sitzunabhängige Zügelführung haben, sowie für unausgebildete Esel sollten keine Stangen zur Anwendung kommen.

Die meisten in der Westernszene verwendeten Gebisse weisen auf der Seite mehr oder weniger lange Schenkel auf, an deren Ende die Zügel eingeschnallt werden. Solche Gebisse mit Anzügen sollten nur von geübten Reitern auf gut ausgebildeten Eseln verwendet werden. Die Einwirkung auf das Eselmaul ist zwar sehr fein, mit unkontrollierter Hand jedoch außerordentlich scharf und schmerzhaft für den Esel. Dabei kommt es nicht darauf an, ob das Mundstück gebrochen ist oder ob eine durchgehende Stange verwendet wird. Durch die Anzüge entsteht eine kraftvolle Hebelwirkung auf das Maul, das Genick und auf das Kinn des Esels. Alles in allem sind diese Gebisse sehr scharf und dürfen nur mit der entsprechenden Reitweise, bei der die Zügel mehrheitlich locker durchhängen und der Reiter das Tier haupt-

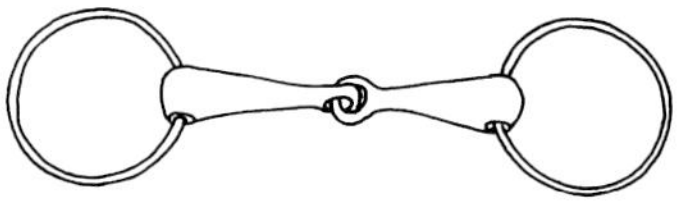

Die Wassertrense ist das am häufigsten verwendete Universalgebiss. Der Esel kann sich das bewegliche Mundstück auf der Zunge zurechtlegen.

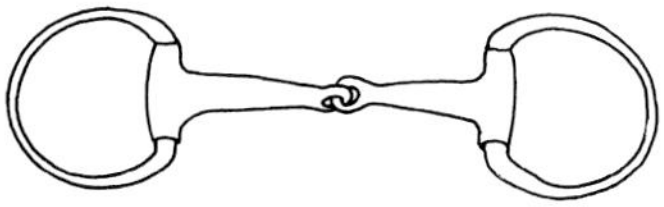

Die Olivenkopftrense schmiegt sich den Maulwinkeln besser an und kann nicht kneifen. Sie liegt ruhiger im Maul als die gewöhnliche Wassertrense.

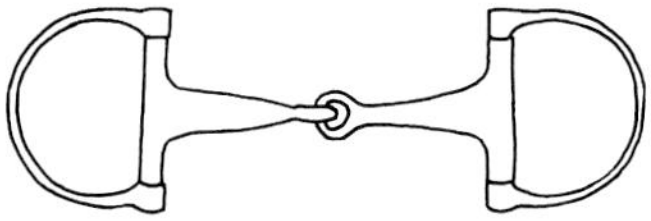

Die D-Trense erlaubt eine leichte „Kanalisierung" des Kopfes. Sie liegt ruhig und fest im Maul, wirkt dadurch aber immer auf dieselbe Stelle.

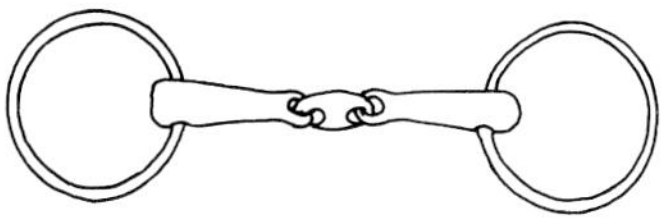

Die doppelt gebrochene Wassertrense wirkt sehr mild und eignet sich für junge und empfindliche Esel. Modelle mit einer flachen Platte als Mittelstück wirken jedoch sehr scharf.

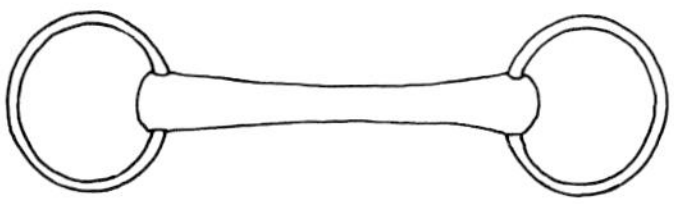

Die Stangentrense wirkt strenger als die gebrochene Trense. Sie eignet sich für Esel mit flachem Gaumen. Eine feine Hilfengebung ist weniger gut möglich als mit gebrochenen Mundstücken.

Jede Trense hat ihre Eigenheiten…

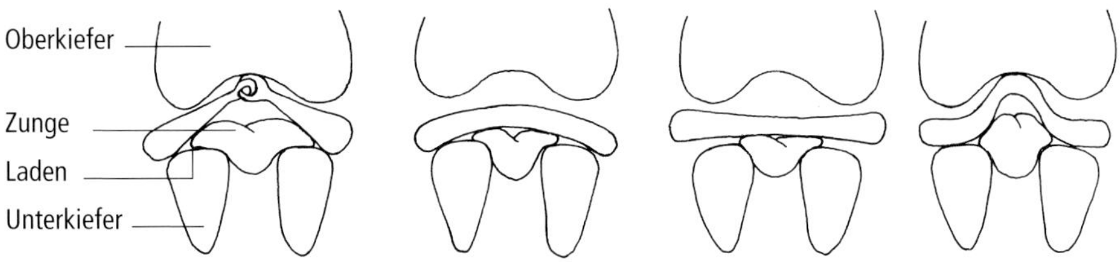

Einfach gebrochene Mundstücke wirken auf Maulwinkel, Zunge und Laden, bei starkem Zug auch auf den Gaumen.

Leicht gebogene Stangen wirken auf Maulwinkel, Zunge und Laden.

Gerade Stangen wirken auf Maulwinkel und Zunge.

Stangen mit hoher Zungenfreiheit wirken auf Maulwinkel, Gaumen und Laden.

… und mit der Form des Mundstücks verändert sich auch die Wirkung auf das Eselmaul.

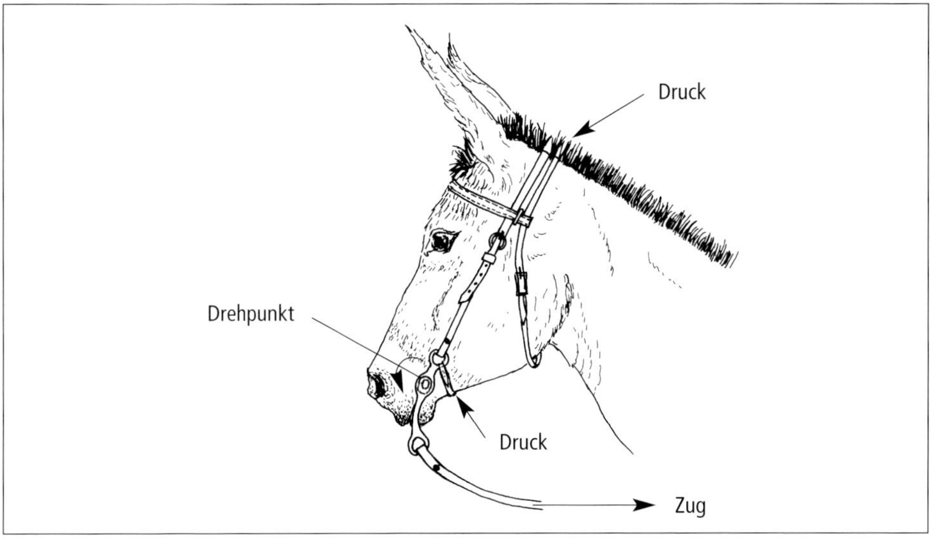

Die Zugkraft wird bei der Verwendung von Anzügen (Hebelarmen) multipliziert.

sächlich mit Gewichts- und Schenkelhilfen kontrolliert, verwendet werden. Wird die Zügelhilfe einmal eingesetzt, dann sind es nur feine und kurze Impulse, die der Reiter abgibt. Junge Westernpferde werden übrigens ebenfalls auf einer Art Trense, dem so genannten „Snaffle Bit“, geritten. Erst im fortgeschrittenen Ausbildungsstadium kommt die typische Westernkandare zum Einsatz. Die Westernzäume sind nie mit einem Nasenband ausgestattet, aber alle Bits mit Anzügen benötigen einen Kinnriemen.

Es gibt auch gebisslose Zäumungen. Durch den Verzicht auf das Gebiss neigt der Unwissende zu glauben, er habe eine besonders sanfte und tiergerechte Zäumung für seinen Esel ausgewählt. Doch dies trifft nicht bei jedem Modell zu. Die mechanische Hackamore zum Beispiel drückt Nasenrücken und Unterkiefer mit stark übersetzter Kraft zusammen und übt gleichzeitig Druck auf das Genick aus. Sie ist eine scharfe und bei unfeinem Gebrauch tierquälerische Art des Umgangs mit dem Esel. Mit der klassischen Hackamore hingegen kann man seinem Tier kaum Schmerzen zufügen, dafür ist aber eine feine Hilfengebung nur beschränkt möglich. Die Hackamore wurde ursprünglich für die Jungpferde-Ausbildung oder für Pferde im Zahnwechsel entwickelt. Manchmal wird sie auch bei Maulverletzungen sowie zur Korrektur von Pferden, die Probleme mit dem Gebiss haben, verwendet. Reiten mit Hackamore erfordert eine spezielle Technik, die ebenfalls vom losen Zügel her aufgebaut wird. Sie wirkt in erster Linie psychologisch. Hat ein Esel durch falsche Handhabung der Hackamore erst einmal gemerkt, dass die Einwirkung beschränkt ist, kann man gerade so gut mit einem Stallhalfter ausreiten gehen. Das Nasenband der Hackamore muss auf das knöcherne Nasenbein und darf nicht auf dem Nasenknorpel zu liegen kommen.

Die Verwendung von Gebissen und Zäumungen mit Hebelmechanik ist grundsätz-

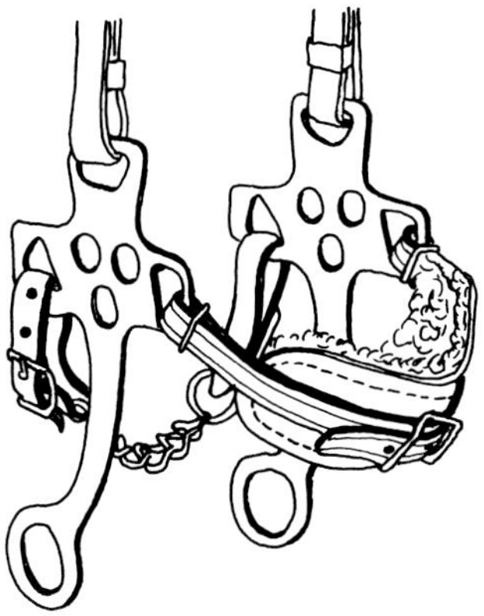

Normale Hackamore mit kurzen Anzügen und gepolstertem Nasenband.

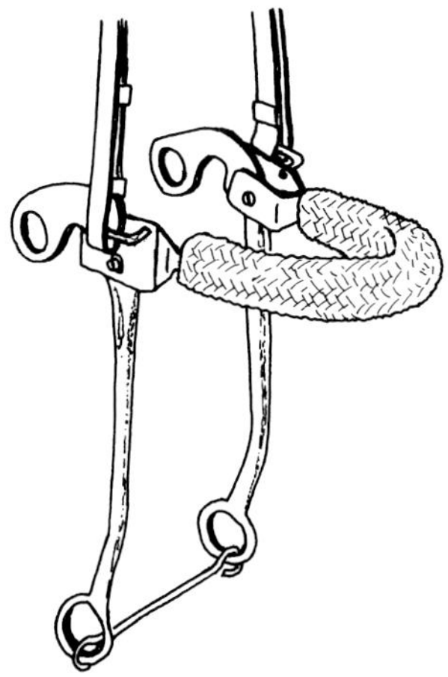

Mechanische Hackamore mit langen Anzügen. Sie wird mit Lederkinnriemen oder Kinnkette geritten und ist eine außerordentlich scharfe Zäumung.

Normale Hackamore, mechanische Hackamore.

lich abzulehnen. Durch dauernden und unsachgemäßen Einsatz kann die Knochenhaut der Laden oder des Nasenbeins angegriffen werden. Scharfe Gebisse „helfen" sowieso nur auf kurze Dauer. Bei grober Handhabung kommt es mit der Zeit zum Absterben der Nervenenden in der Zunge und an der Ladenkante. Die Verwendung scharfer Gebisse kompensiert niemals ein Ausbildungsdefizit. Wer seinen Esel nur unter Anwendung von Hebelmechanik reiten kann, wird längerfristig ein abgestumpftes und maultotes Tier haben.

Praktisches Reiten

Aufsteigen, Sitz und Zügelführung

Vor dem Aufsitzen sollten das Sattelzeug und der Zaum noch einmal überprüft werden. Zum Aufsitzen stellt sich der Reiter auf die linke Seite des Esels in Höhe der Schulter, den Rücken dem Eselkopf zugewendet, und fasst mit der linken Hand beide Zügel, sodass sie leicht anstehen. Mit der linken Hand auf dem Widerrist stellt er nun seinen linken Fuß in den Steigbügel, fasst mit der rechten Hand den hinteren Teil des Sattels und stößt mit dem rechten Bein vom Boden ab. Der Reiter darf nicht in den Sattel plumpsen, sondern muss sich sachte hineinsetzen. Es ist keine Schande eine Aufstiegshilfe zu benützen, denn man erweist damit nicht nur sich selbst, sondern auch dem Esel einen Dienst. Steigt der Reiter nämlich von einem erhöhten Standort auf, wird die Wirbelsäule des Esels weniger auf Torsion beansprucht. Nach dem Aufsitzen sucht er mit dem rechten Fuß den Steigbügel, ordnet die Zügel und lobt den Esel. Der Esel muss ruhig stehen bleiben, bis sein Reiter zum Anreiten bereit ist. Wenn der Esel mit einem Reitkissen gesattelt ist, kann man nicht auf die beschriebene Art aufsteigen, da das Sat-

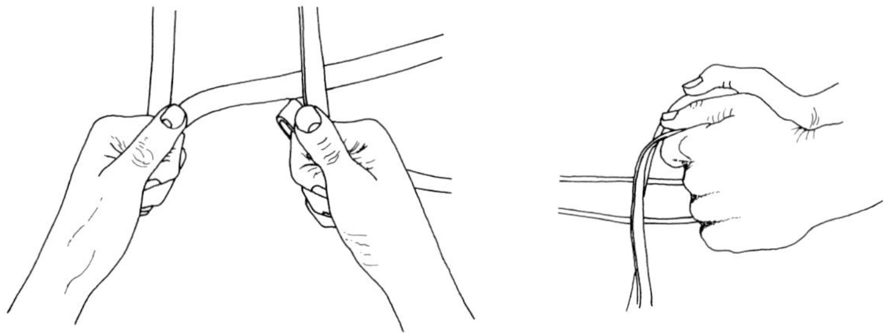

Korrekte Handstellung zum Führen der Zügel: aufrechte, geschlossene Fäuste, Daumen liegen oben auf dem Zügel und fixieren ihn, der Zügel läuft zwischen Ringfinger und kleinem Finger.

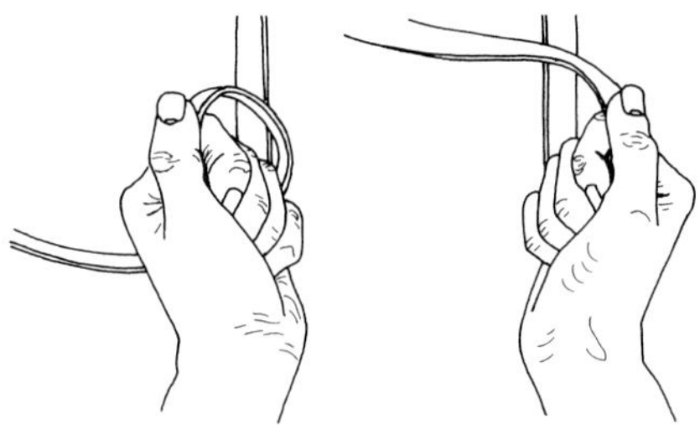

Durchgedrückte Handgelenke

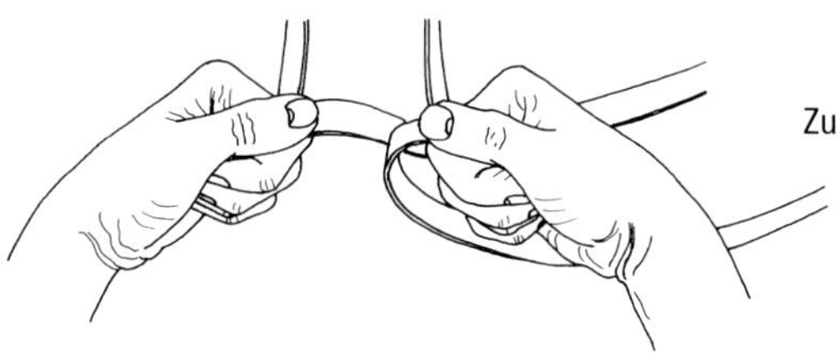

Zu stark abgerundete Handgelenke

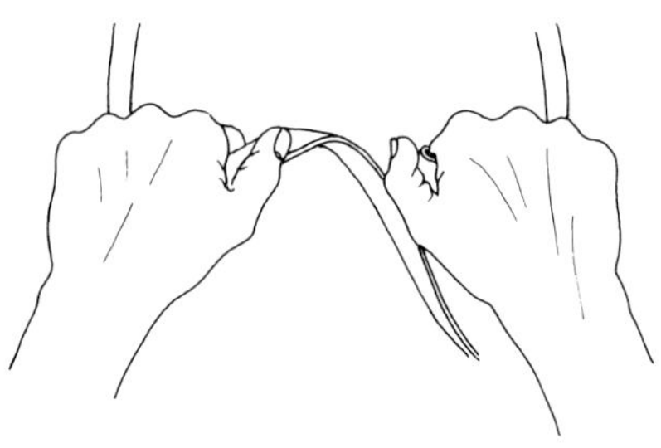

Verdeckte Hände

Zügelführung beim englischen Reitstil – der Reiter hält stets eine leichte Verbindung zum Eselmaul.

telkissen bei einseitiger Belastung zur Seite gleitet.

Die Bügellänge ist abhängig von der Beinlänge des Reiters, der Rippenwölbung des Esels und dem Reitstil. Zu kurze Bügel heben das Knie und schieben das Gesäß zu weit nach hinten – der Reiter sitzt wie auf einem Stuhl. Sehr lange Bügel werden vom Reiter verloren und machen eine wirksame Schenkeleinwirkung unmöglich. Im korrekten Sitz befindet sich der Reiter am tiefsten Punkt des Sattels in einer geschmeidigen Haltung, ohne den Rücken zu krümmen oder ein steifes, hohles Kreuz zu machen. Um diese Haltung einzunehmen, muss er auch seinen Kopf aufrecht tragen und seinen Blick zwischen den Ohren des Esels nach vorne richten.

Die Zügelführung ist abhängig von der Reitweise. Der englische Stil lehrt den Reiter die Zügel mit beiden Händen zu führen und immer eine leichte Verbindung mit dem Pferde- bzw. dem Eselmaul zu haben. Bei der Westernreitweise liegen die Zügel in einer Hand und hängen meistens durch.

Hilfen

Um den Esel beim Reiten zu kontrollieren, benutzt man so genannte Hilfen. Damit erteilt der Reiter dem Esel seine Befehle. Diese Kommunikation sollte mit der Zeit so diskret werden, dass Mensch und Tier eine harmonische Einheit bilden. Hilfen können, aber, falsch angewendet, zu Zwangsmitteln werden. Dies gilt es unbedingt zu vermeiden. Der Esel soll die Befehle durch die erlernte Gehorsamkeit ausführen und nicht, weil ihm unter Anwendung von Zwangsmitteln fast keine andere Wahl bleibt.

Eselrennen werden ausschließlich zur Belustigung von Zuschauern durchgeführt. Was wäre wohl, wenn plötzlich seriös ausgebildete Esel mit mustergültigen Reitern an den Start gingen?

Folgende Hilfen stehen dem Reiter zur Verfügung:
- Zügelhilfen
- Schenkelhilfen
- Gewichtshilfen

Hilfsmittel oder künstliche Hilfen sind:
- Stimme
- Peitsche
- Sporen

Je nach Reitweise werden diese Hilfen unterschiedlich eingesetzt, aber alle mit dem Ziel, den Esel so sanft wie möglich zu lenken. Der Esel taugt nicht für Reitweisen und Ausbildungsmethoden, die ihren Schwerpunkt auf hohe Versammlung und ausgesprochen direktives Reiten setzen. Er eignet sich aber ausgezeichnet für das Freizeitreiten, zumal ein Fluchtinstinkt kaum vorhanden ist und er sich ausgesprochen vernünftig, verantwortungsvoll und trittsicher fortbewegt. Er liebt die Gesellschaft seiner Menschen und streift gerne mit ihnen durch Feld, Wald und Wiese.

Wer je einen Esel geritten hat, weiß, wie weich und bequem seine Gänge sind.

Wenn ein Esel zum ersten Mal den Schenkeldruck des Reiters an seinem Körper fühlt, wird er mit großer Wahrscheinlichkeit nicht viel damit anfangen können. Aus Ratlosigkeit wird er stehen bleiben, anstatt den Druck der Schenkel in eine Vorwärtsbewegung zu verwandeln. In diesem Fall darf der Reiter auf keinen Fall mit seinen Fersen gegen den Bauch des Esels hämmern und klopfen. Der Esel muss die Schenkelhilfe zuerst kennen lernen, was am besten mit Unterstützung der Stimme geschieht. Der Esel sollte während des Reitens niemals nur Lastenträger sein, sondern mit den reiterlichen Hilfen dazu veranlasst werden, sich geschmeidig und feinfühlig zu bewegen, wodurch seine Elastizität und Gesundheit bis ins hohe Alter erhalten bleibt. In der Natur bieten sich unzählige Gelegenheiten mit dem Esel zu arbeiten. Ein Slalom um Bäume herum, einige Volten auf einem leeren Rastplatz, ein paar Schritte Rückwärtsgehen, über Baumstämme treten, durch Pfützen gehen – das alles sind Übungen, die den Einsatz korrekter Hilfen verlangen und auch ohne Halle oder Sandviereck durchgeführt werden können. Mit Übungen dieser Art kann der Reiter stets die Durchlässigkeit des Esels fördern und überprüfen.

Leider ist es nicht einfach für den eselreitenden Menschen einen Trainer zu finden, der das Wesen, die Fähigkeiten und die Grenzen des Esels kennt und akzeptiert. Trotzdem ist auch für den Reiter eines Esels eine gelegentliche Betreuung durch einen Fachmann sehr zu empfehlen. In einer angemessenen Reitstunde wird auf die korrekte Hilfengebung geachtet. Der Reiter sollte von seinem Trainer eine Standortbestimmung sowie sinnvolle Trainingsansätze für die Zukunft erhalten.

Basten

Kein anderes Tier war jemals so verbunden mit dem Basten oder Säumen wie der Esel, also dem Transportieren von Lasten auf schmalen, steilen Pfaden. Das Pferd taugte kaum für diese Arbeit, aber sicherlich nicht des Gewichtes wegen, sondern vielmehr, weil es ihm an den nötigen Charaktereigenschaften dazu mangelte. Sieht man die Lastesel, wie sie zum Teil ohne Treiber oder Führer selbstständig ihre Routen gehen, kann man sich dieselbe Szene nur schwer mit Pferden vorstellen. Mit Packsätteln und Bastkörben ausgerüstete Esel sind auch stets beliebte Sujets. Sie werden in den südlichen Ferienorten massenweise in Form von Figürchen an die Touristen verkauft und zahlreiche Postkarten zeigen einen Esel, der mit bunten Blumen, Früchten, Töpferwaren oder Teppichen beladen ist. Ob in der Armee, im Handel, in der Landwirtschaft oder im Tourismus – Esel leisten bis heute auf allen Kontinenten der Erde ihren Beitrag im Transport von Gütern. In jüngster Zeit stieg die Popularität der Packesel sogar wieder stark an, denn die so genannten Trekking-Touren, bei denen die Langohren das Gepäck von Wandersleuten tragen und sie tagelang auf abenteuerlichen Routen begleiten, stehen immer zahlreicher im Angebot von Reiseveranstaltern. Die Tiere bieten den Teilnehmern neben körperlicher Entlastung zweifellos auch eine mentale Bereicherung auf ihren Pfaden.

Noch immer täglich im Einsatz als Lasttier.

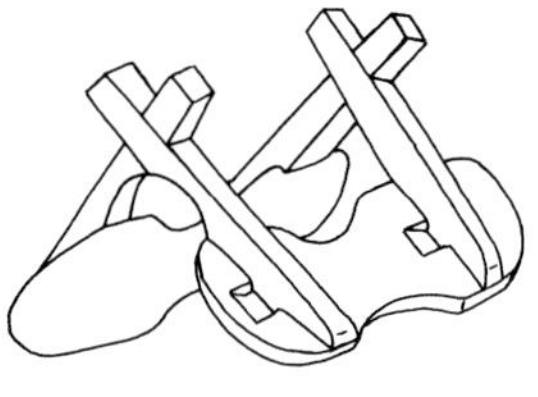

Der einfache Packsattel ist gut geeignet für den Freizeit- und Hobbybereich.

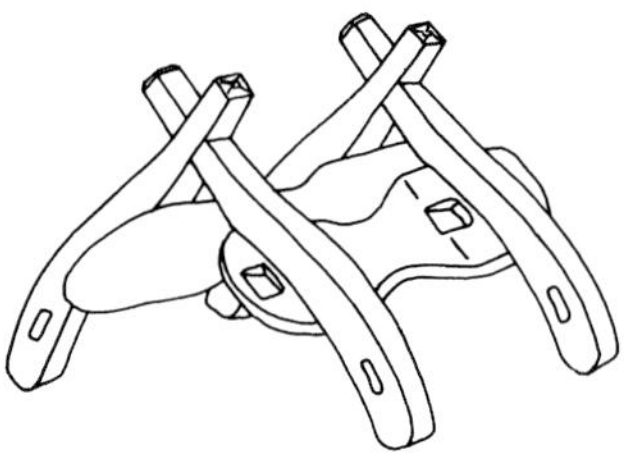

Dieses verbesserte Modell ist etwas robuster und bietet durch seine Form einen guten Halt auf dem Eselrücken. Der Packsattel eignet sich für längere Touren und anspruchsvolleres Gelände.

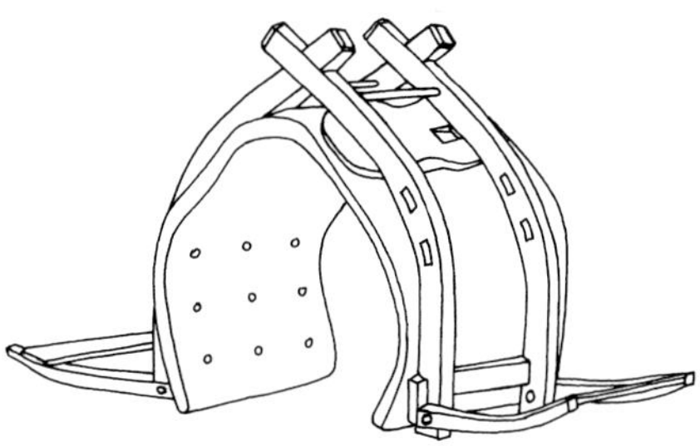

Dieser Packsattel ist für die professionelle Säumerei und den landwirtschaftlichen Einsatz gefertigt. Die Halterungen und Quersprossen werden der Art des Transportgutes angepasst.

Je nach Transportgut und Terrain kommen unterschiedliche Packsättel zum Einsatz.

Packsättel

Es gibt grundsätzlich zwei verschiedene Modelle von Packsätteln, die meistens aus Eschen- oder Lindenholz hergestellt werden. Das leichtere Modell besteht aus zwei sich kreuzenden Achsen mit parallel zur Wirbelsäule verlaufenden Auflagen. Als Polsterung reicht eine mehrfach gefaltete, dicke Wolldecke oder ein Fell. Die Unterlage darf keine Falten aufweisen, denn diese würden unweigerlich zu schmerzhaften Verletzungen führen.

Der andere, wesentlich schwerer gebaute Packsattel besteht aus zwei Holzbogen, die bis zur Hälfte der Rippen reichen und sich wie ein U über den Rücken des Esels legen. Zur Stabilisierung und zur Befestigung von Gepäck sind die Bogen mit mehreren Quersprossen verbunden. Um Scheuerstellen vorzubeugen und den Druck gleichmäßig zu verteilen, wird dieser Packsattel mit einer 5 bis 10 cm dicken Polsterung, die meistens aus mit Rosshaar gefülltem Leinen besteht, versehen. Moderne Modelle besitzen ein Scharnier, damit der Abstand der Schenkel dem Rumpf des Esel etwas angepasst werden kann. Für beide Modelle gilt: Sie dürfen nicht zu lang sein, damit kein Druck auf die Lenden entsteht. Sie werden mit einem oder zwei Bauchgurten befestigt. Ein Vorgeschirr und ein Hintergeschirr sorgen dafür, dass die Packsättel mit ihrer Last beim Klettern nicht nach vorne oder nach hinten rutschen.

Am Holzgestell sind diverse Riemen, Ösen und Haken angebracht, um die vorgesehene Last zu befestigen. Das Transportgut kann nach Belieben in Kisten, Körben, Säcken, Netzen, Fässern oder Kannen befördert werden. Die Gepäckstücke wiegt man ab, damit das Gewicht rechts und links gleichmäßig verteilt ist. Der Gewichtsunterschied der beiden Seitenlasten sollte 2 % nicht überschreiten. Für eine Last von 60 kg werden also maximal 1200 g Unterschied zwischen rechter und linker Last toleriert, wenn das Lasttier in der Balance nicht beeinträchtigt werden soll.

Auch der Schwerpunkt der Last muss auf beiden Seiten gleich hoch liegen: Ist das Gepäck zu hoch aufgestockt, bringt es den Esel zum Schwanken, hängt es zu tief, wird es für den Esel zu schwer.

Die Gepäckstücke werden an den Sattel gehängt oder gestellt und mit Lederriemen befestigt. Zum Schluss kommt um die gesamte Ladung eine Schnur, damit nichts wackelt. Als Kopfstück tragen die Packesel meistens nur ein Halfter oder höchstens einen Zaum mit Trensengebiss. Die Zäumung hängt natürlich auch vom Temperament des Tieres und von der Umgebung ab, in der man sich aufhält. Bewährt haben sich auch Wanderreithalfter, die sowohl als Halfter wie auch als Trensenzaum benutzt werden können. Das Gebiss wird nach Bedarf eingeschnallt und bei einer Rast wieder entfernt, damit der Esel ungehindert grasen oder gefahrlos festgebunden werden kann. Frei laufende Bastesel tragen häufig Maulkörbe, damit sie sich nicht von den saftigen Gräsern am Wegrand verleiten lassen.

Bastkörbe

Bastkörbe sind, im Gegensatz zu Bastsätteln, einfacher zu handhaben. Sie werden meistens nicht mit Bauchgurten am Esel befestigt, sondern lediglich auf seinen Rücken gelegt. Auch bei der Verwendung von Bastkörben muss eine Decke Fell und Haut des Esels schützen, weil die Körbe meistens aus staksigen Naturmaterialien geflochten sind

Bastkörbe sind einfache und vielseitige Transportmittel.

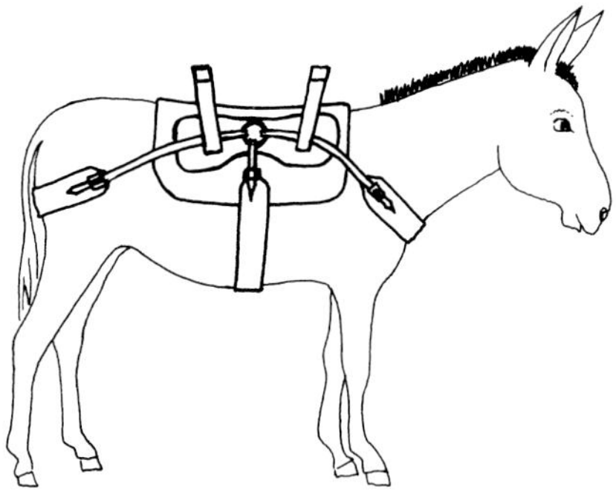

Der Sattelgurt mit einem Vorgeschirr und einem Hintergeschirr gehört zur minimalen Befestigung eines Packsattels. So ausgerüstet können kleine Touren mit wenig Steigung und Gefälle unternommen werden.

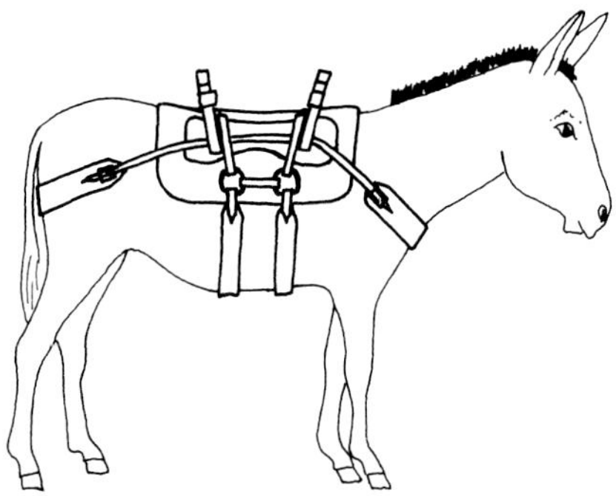

Eine bessere Befestigung des Packsattels erreicht man mit zwei Bauchgurten. Die stabile Lage des Sattels erlaubt die Bewältigung von anspruchsvollem Gelände sowie die Beförderung von mehr Gepäck.

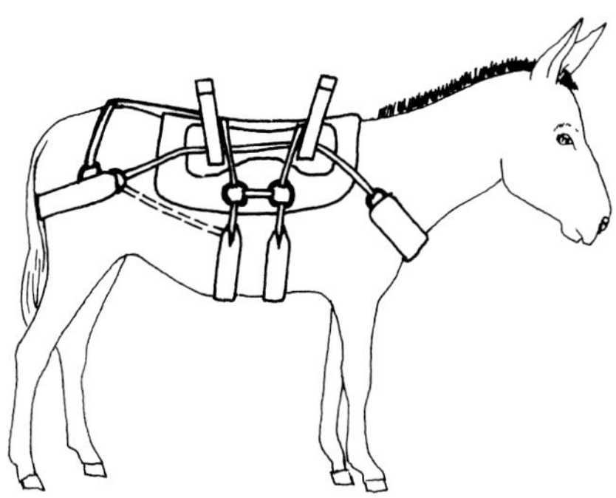

Ein Gabelriemen über der Kruppe positioniert das Hintergeschirr zusätzlich auf der richtigen Höhe. Die Verwendung einer Schweifmetze ist nicht unbedingt nötig. Ein weiterer Riemen, der die Stabilität des Packsattels noch mehr verbessert, kann zwischen Hintergeschirr und Bauchgurt angebracht werden.

Die Geschirre zu den Packsätteln sind so wichtig wie der Sattel selbst.

und das Tier kneifen und kratzen würden. Für leichte Einkaufstouren in ebenem Gelände kann auf das Anlegen eines Vor- und Hintergeschirrs verzichtet werden. Um größere Steigungen und Gefälle zu überwinden, sollte mit diesen Zusätzen jedoch ein Rutschen der Körbe verhindert werden. Um einen optimalen Sitz zu gewährleisten, muss die Größe des Bastkorbes auf die Größe des Esels abgestimmt sein.

Routenplanung

Wer eine Wanderung mit seinen Eseln plant, sollte sich gründlich darauf vorbereiten. In bergigen Gegenden tut man gut daran Werkzeug mitzuführen, um die Viehzäune, Dreieckverschläge und Drehkreuze auf den Alpweiden passieren zu können. Die Durchlässe sind nur für Wanderer bestimmt. Daher müssen ab und zu die Umzäunungen geöffnet werden, damit die Tour fortgesetzt werden kann. Dass diese nach dem Passieren wieder ordnungsgemäß in Stand gesetzt werden, sollte selbstverständlich sein. Auch mit schmalen Brücken und Stegen, Treppen und Flussdurchquerungen wird der Wanderer mit seinem Esel konfrontiert. Wo das nötige Vertrauen und die Erziehung fehlen, kann eine Meinungsverschiedenheit zwischen Esel und Führer den Tagesplan ganz schön durcheinander bringen.

Wer mit seinem Esel die Ferien verbringen will, muss das Tier auch trainieren. Es ist absolut nicht tiergerecht, einen Weide-Esel während der Ferien plötzlich zwei Wochen lang Tag für Tag mit Gepäck beladen über die Straßen trotten zu lassen. Ein untrainierter Esel wird schnell ermüden und Schaden an Sehnen und Gelenken erleiden. Hinzu kommt, dass die Hufe in bergigem Gelände einem ausgesprochen starken Abrieb ausgesetzt sind. Wer dies nicht einkalkuliert und eine sehr große Tour plant, der kann böse Überraschungen erleben.

Unterwegs sind die Angaben auf den Wanderwegweisern für die Zeitplanung sehr hilfreich. Als Berechnungsgrundlage für diese Zeitangaben wurde eine Geschwindigkeit von 4,2 km/h angenommen. Für 100 m Anstieg wurden 15 Minuten dazugerechnet und für 100 m Abstieg 10 Minuten. Mit einem Esel wird in der Regel eine Durchschnittsgeschwindigkeit von 3,5 bis 4 km/h erreicht – man wird also mehr Zeit als angegeben einkalkulieren müssen.

Bei der Planung der Tagesroute wird für das Überwinden von je 100 m Höhendifferenz 1 km Weglänge dazugerechnet (Leistungskilometer). Eine zurückzulegende Distanz von 25 km mit 500 m Höhendifferenz entspricht effektiv einer Strecke von 30 km.

Soll der Esel bei verschiedenen Veranstaltungen, wie zum Beispiel am Nikolaustag, zum Tragen von Bastkörben mitgenommen werden, sollte man dies zuvor mit ihm üben und ihn an die Situation (fremde Menschen und Kostüme, Weggehen bei Dunkelheit, glatte Böden usw.) gewöhnen, damit er nicht aus Angst vor Ungewohntem seine Mitarbeit verweigert.

Fahren

Die Nutzung der Esel durch Fahren ist besonders attraktiv, da sich die meisten Esel aufgrund ihrer Größe kaum als Reittiere für Erwachsene eignen, aber selbst Zwergesel in der Lage sind einen leichten Wagen zu ziehen, ohne dabei körperlich Schaden zu nehmen. Esel gehen sehr gerne vor der Kutsche, vorausgesetzt sie haben Vertrauen in Mensch und Umwelt und eine seriöse Ausbildung genossen. Ein Esel darf im leichten Zug auf ebener Strecke bereits ab dreijährig eingefahren werden. Leider sieht man bezüglich Beschirrung, Gefährt und Ausbildungsstand der Beteiligten oft die unmöglichsten Dinge. Wer mit seinen Eseln seriös fahren will, darf nicht erschrecken, wenn die Ausrüstung dazu recht teuer ist. Eine tiergerechte, sichere und vielleicht noch etwas hübsche Fahrausrüstung hat, ob für Esel oder Pferd, immer ihren Preis.

Grundsätzlich funktioniert das Anspannen und Fahren von Eseln gleich wie bei Pferden – die Ausfahrt selbst wird einfach ein wenig gemütlicher verlaufen. Eine wegweisende Fahrlehre, die etwas eingeschränkt auch für Esel angewendet werden kann, wurde von Fahraltmeister Benno von Achenbach geschaffen. Die wichtigsten Elemente seines Fahrsystems lehren pferdegerechte Beschirrung, sichere Anspannung und pferdeschonende Fahrweise.

Grundausbildung von Tier und Fahrer

Der Fahrer benutzt wie der Reiter auch Hilfen, um mit seinem Esel zu kommunizieren. Auf Schenkel und Gewichtshilfen, wie der Reiter sie einsetzt, muss er allerdings verzichten. Es stehen ihm folgende Hilfen zur Verfügung:
- Stimmhilfe
- Leinenhilfe
- Peitschenhilfe

Die Kommandos (Stimmhilfe)

Die Stimme ist beim Fahren die wichtigste Hilfe. Sie kann antreiben, beruhigen, befehlen und strafen. Der Esel versteht die Wörter auf der Lautebene, nicht aber auf der Bedeutungsebene. Die Kommunikation mit dem Esel muss daher minimal, deutlich und wohl überlegt sein. Ständiges Rufen stumpft die Tiere ab und sollte unterlassen werden. Für verlangsamende Kommandos soll die Stimme beruhigend wirken, z. B. „Steeeeh!“. Für antreibende Befehle wird ein Vorbereitungskommando benutzt, damit die Tiere aufmerksam sind und aufs erste Mal, oder bei Mehrspännern gleichzeitig, gehorchen. Die Stimmhilfen könnten beispielsweise so lauten:

„Aufpassen! – Scheritt!“
„Aufpassen! – Terab!“
„Aufpassen! – Galopp!“

Und beim Verlangsamen:
„Teeeerab!“
„Scheeeeritt!“
„Steeeeh!“

Es sind konsequent dieselben Kommandos zu verwenden. Wer zum Anhalten das eine Mal „Steeeh!“, beim nächsten Mal „Hooo!“ und beim dritten Mal „Brrr!“ oder „Haaalt!“

sagt, darf sich nicht wundern, wenn der Esel nicht auf ihn hört.

Die Leinenführung (Leinenhilfe)

Mit den Leinen wird das Gespann „gesteuert“. Die Hand des Fahrers hat stets eine leichte Verbindung zum Eselmaul. Meistens wird die Leinenhilfe mit der Stimmhilfe kombiniert. Der Gespannführer sollte sich zum Ziel setzen, seine Esel mit der Zeit durch feinste Impulse über die Leinen führen zu können. Je besser der Esel ausgebildet ist, desto mehr kann unsanftes Ziehen und Rupfen an den Leinen verhindert werden. Natürlich reichen in der Praxis feine Signale nicht immer aus. Manchmal muss aus Sicherheitsgründen schnell und kernig in die Leinen gegriffen werden. Das Anfahren mittels Rucken und Schlagen mit den Leinen ist nicht statthaft.

Das Fahrlehrgerät

Will man unter größtmöglicher Schonung des Eselmauls fahren lernen, sollte man alle Griffe, die zur Leinenführung benötigt werden, zuerst an einem Fahrlehrapparat üben. So ein Gerät lässt sich schnell herstellen. Über zwei an der Wand befestigte Ringe oder Umlenkrollen führt man je eine etwa 1 m lange, glatte Kordel oder Schnur. An das „Wand-Ende“ der Schnüre hängt man je ein Gewicht von etwa 1 kg. Am anderen Ende befestigt man möglichst breite Lederzügel oder alte Leinen, die nicht mehr gebraucht werden. Durch das Gewicht wird die Leine straff gehalten. Die Fahrstunde am imitierten Eselgespann kann beginnen. Das Tragen von Handschuhen sowie das Führen der Peitsche ist auch am Fahrlehrgerät empfehlenswert, denn zum Führen echter Gespanne sollte man unbedingt Handschuhe tragen und auch die Peitsche gehört stets in die Hand.

Im Achenbach-Fahrsystem werden verschiedene Leinenhaltungen unterschieden:

Grundhaltung

Die Grundhaltung ist die Ausgangshaltung für das Fahren mit Ein- und Zweispännern. Auf dieser Grundhaltung ist aber auch das Fahren mit Mehrspännern aufgebaut. Die Leinen werden in der linken Hand gehalten und durch Zeige- und Mittelfinger geteilt; Daumen und Zeigefinger bleiben leicht gekrümmt offen, damit die Peitsche jederzeit von der rechten Hand übernommen werden kann. Die anderen drei Finger müssen jedoch gut geschlossen bleiben, damit die Leinen nicht durchgleiten können. Die linke Leine liegt immer oben. Die Leinen dürfen nicht verdreht sein. Die Grundhaltung wird nur vorübergehend eingenommen, zum Beispiel beim Auf- und Absteigen oder wenn der Fahrer die rechte Hand zum Bremsen und zum Gebrauch der Peitsche sowie zum Grüßen oder Zeichengeben freimachen muss.

Gebrauchshaltung

Die Gebrauchshaltung dient der Entlastung der linken Hand. Sie wird stets dann eingenommen, wenn nicht besondere Umstände das Fahren in Grundhaltung oder Arbeitshaltung vorübergehend notwendig machen. Bei der Gebrauchshaltung ändert sich an der linken Hand nichts. Die rechte Hand greift vor der linken Hand so in die Leinen, dass der Mittel-, Ring- und kleine Finger die rechte Leine von oben umfassen. Der rechte Zeigefinger schließt sich um die linke Leine. Die Peitsche liegt weiterhin in der rechten Hand.

Dressur- oder Arbeitshaltung

Die Dressurhaltung wird bei schlecht geradeaus gehenden Eseln, auf holprigen Straßen oder in schwierigem Gelände eingenommen. Die linke Hand bleibt dabei in der

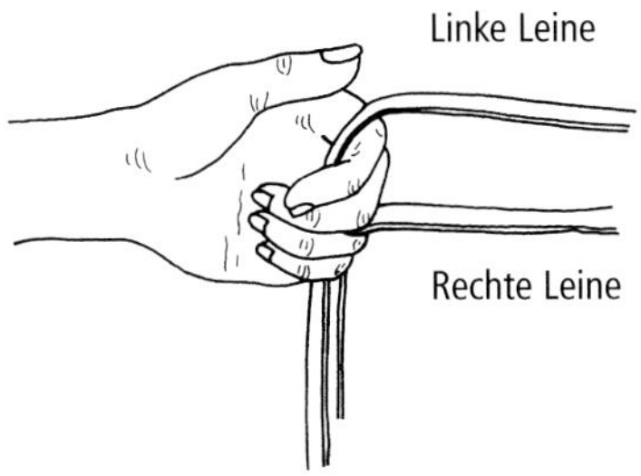

Die Grundhaltung ist zugleich die Haltung zum Fahren mit einer Hand. Die Peitsche liegt in der rechten Hand.

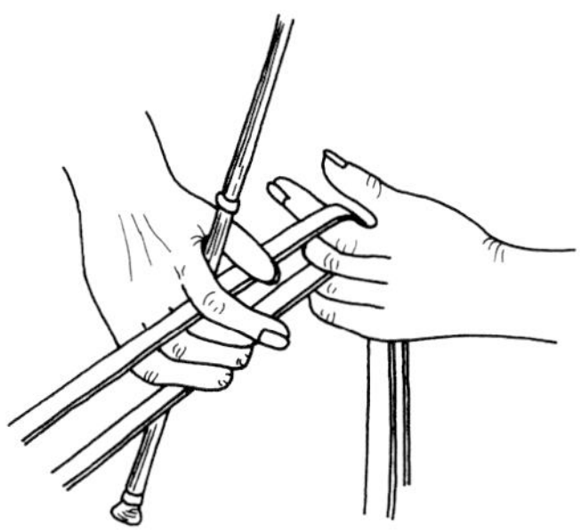

Übergang zur Gebrauchshaltung: Die rechte Hand greift mit den drei unteren Fingern in die rechte Leine.

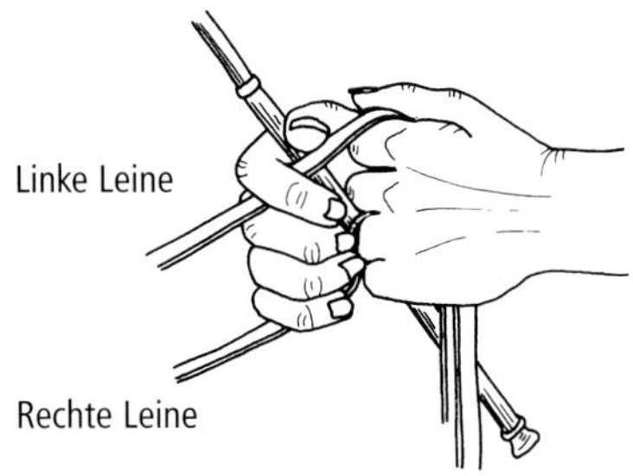

Die Gebrauchshaltung wird stets eingenommen, wenn nicht besondere Umstände eine andere Haltung notwendig machen.

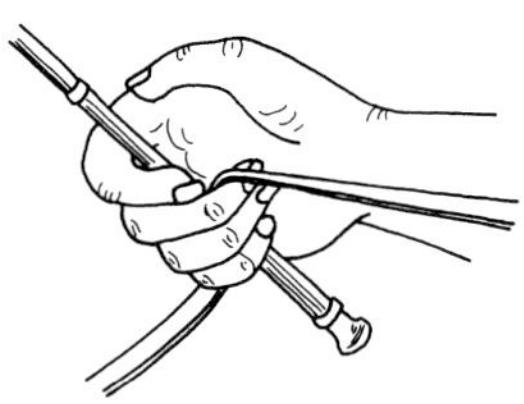

Übergang zur Arbeitshaltung: Das Zwischenstück wird mit der rechten Hand erfasst und herausgezogen.

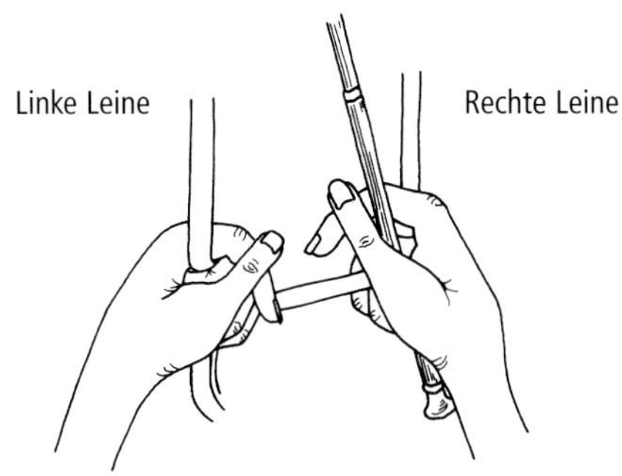

Die Arbeits- oder Dressurhaltung wird in schwierigem Gelände oder zum Lenken von unerfahrenen Tieren eingenommen.

Die Leinenführung.

Grundstellung wie zuvor. Die rechte Hand umfasst die rechte Leine mit Mittel-, Ring- und kleinem Finger und zieht ein Stück rechte Leine aus der linken Hand hinaus, um sie dann im Abstand von etwa 15 cm neben die linke Hand zu stellen. In der Dressurhaltung ist die Leinenführung also zweihändig.

Verlängern

Um dem Esel mehr Leine zu geben (Verlängern), wird diese aus der Gebrauchshaltung mit der rechten Hand Stück für Stück aus der linken Hand herausgezogen. Die Leinen dürfen nie aus der linken Hand hinausgleiten.

Verkürzen

Um beide Leinen um ein kleines Stück zu verkürzen, geht die rechte Hand in der Gebrauchshaltung ein paar Zentimeter auf den Leinen vor und hält sie dort fest. Dann greift die linke Hand nach und beide Hände nehmen die Leinen an. Um ein größeres Stück zu verkürzen, geht die linke Hand aus der Gebrauchshaltung unmittelbar vor die rechte Hand, diese greift wieder vor die linke und beide Hände nehmen an. Dies ist der einzige Griff, bei dem die linke Hand die Leinen verlässt, sie ist daher beim vierspännigen Fahren nicht möglich. Zum schnellen Verkürzen um ein großes Stück werden mit der rechten Hand hinter der linken Hand beide Leinen mit Mittel-, Ring- und kleinem Finger umfasst und festgehalten. Dann geht die linke Hand auf den Leinen vor und hält sie fest. Darauf nimmt die rechte Hand wieder die Gebrauchshaltung ein und beide Hände nehmen die Leinen an.

Beim Verkürzen darf die Betätigung der Bremse nie vergessen werden. Der Wagen sollte nicht von den Tieren gebremst werden.

Wenden

Eine Richtungsänderung oder eine Wendung wird am Anfang vorzugsweise in der Dressurhaltung gefahren. Gut ausgebildete Tiere lassen sich einhändig in der Grundhaltung durch eine Drehbewegung der linken Hand „steuern". Jede Wendung wird eingeleitet durch Nachgeben der äußeren Leine und nicht durch das Annehmen (Verkürzen) der inneren Leine; dadurch wird erzielt, dass der äußere Esel, der den weiteren Weg zurückzulegen hat, ungehindert den Wagen in die Wendung zu bringen hilft. Damit dies gelingt, ist ein leichter Kontakt mit dem Eselmaul Voraussetzung. Wenn das Gespann im Straßengraben zu landen droht, muss natürlich dort gezogen werden, wo es hingehen soll.

Anhalten

Der Kutscher gibt das Stimmkommando zum Anhalten. Unmittelbar danach werden die Leinen verkürzt. Sobald der Esel sich anschickt anzuhalten, wird in der Hand leicht nachgegeben (nicht die Leinen plötzlich loslassen). Dies hat schon vor dem absoluten Stillstand zu geschehen. Falls der Esel den Schritt wieder aufnimmt und weiterläuft, werden der Befehl wiederholt und die Leinen von neuem verkürzt. Man sollte immer wieder versuchen in den Leinen nachzugeben, bevor der Esel vollständig angehalten hat. Damit erreicht man, dass der Esel von selbst anhält und dann frei von jeglichem Druck, locker und entspannt steht.

Der gefühllose Kutscher zieht zum Anhalten des Gespannes einfach an den Leinen, bis der Esel steht. Auch dann muss er die Leinen noch angespannt halten, weil der Esel ja nicht wieder loslaufen soll. Ein auf diese Weise parierter Esel steht mit weggedrücktem Rücken, hoch gebogenem Hals und voller Spannung von Kopf bis Fuß da. Er wird ungeduldig und zappelig und läuft beim geringsten Nachgeben in der Hand wieder los.

Peitschenhilfen

Man unterscheidet belohnende, treibende und strafende Peitschenhilfen. Der Fahrer hält die Peitsche immer in der rechten Hand, auch wenn er sie nicht benötigt. Die Peitsche zeigt mit ihrer Spitze stets nach links vorwärts aufwärts. Wird von der Peitsche Gebrauch gemacht, dann nur mit der rechten Hand, die dazu von den Leinen genommen wird. So vermeidet der Kutscher, dass er die Tiere während des Peitschengebrauchs durch die Leinen im Maul stört. Vor dem Einsatz der Peitsche muss der Esel, dem sie gilt, mit seinem Namen angesprochen werden. Der Grundgedanke beim Einsatz der Peitsche ist, nur mittels Anlegen der Peitschenschnur hinter dem Kammdeckel (treibend) oder mit einem Schlag vor dem Kammdeckel (strafend) zu wirken. Da die meisten Esel die Fahrpeitsche nicht sehr beeindruckend finden und mit ihrem dicken Fell auch wenig davon spüren, müssen diese Hilfen eher selten, dafür umso gezielter und schärfer angewendet werden. Die Esel sollten Respekt, aber keine Angst vor der Peitsche haben. Bei ständigem Einsatz der Peitsche stumpfen die Tiere ab, der Kutscher macht einen schlechten Eindruck und hat im Notfall keine wirksame Peitschenhilfe zur Verfügung. Der Peitschenstock kann zur Belohnung oder zur Beruhigung des Esels auf seiner Kruppe aufgelegt und vor und zurück bewegt werden.

Fahren vom Boden

Das Fahren vom Boden ist ein ideales Mittel, um einen Esel auszubilden, zu trainieren und auf seine Aufgabe an der Kutsche vorzubereiten. Der Esel kann dabei mit einem Lon-

Der Esel richtet die Ohren aufmerksam seinem Führer zu und wartet auf einen Befehl.

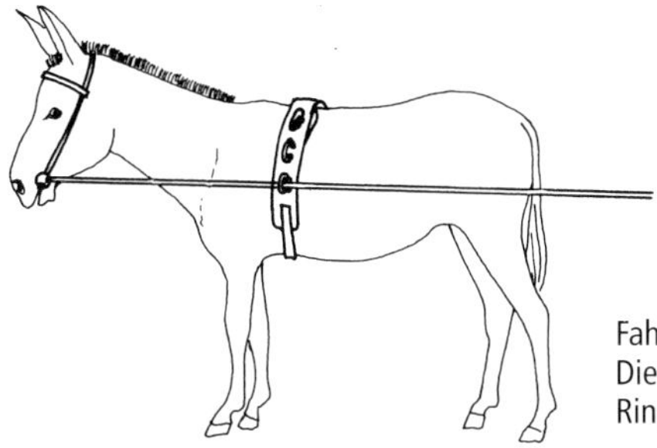

Fahren vom Boden mit Longiergurt oder Deckengurt: Die Leinen werden so tief wie möglich durch die Ringe gezogen.

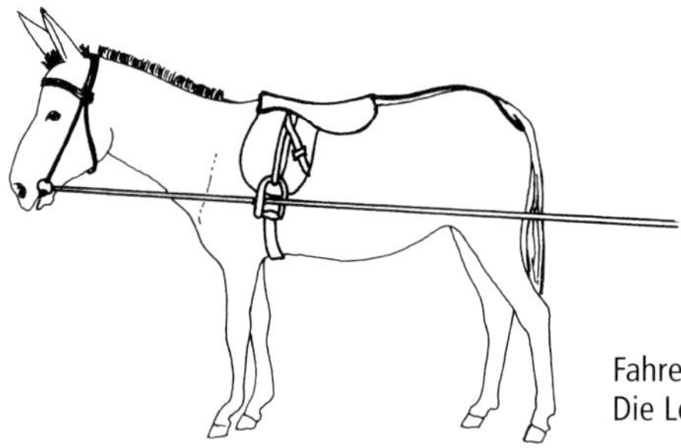

Fahren vom Boden mit Sattel oder Reitkissen: Die Leinen werden durch die Steigbügel gezogen.

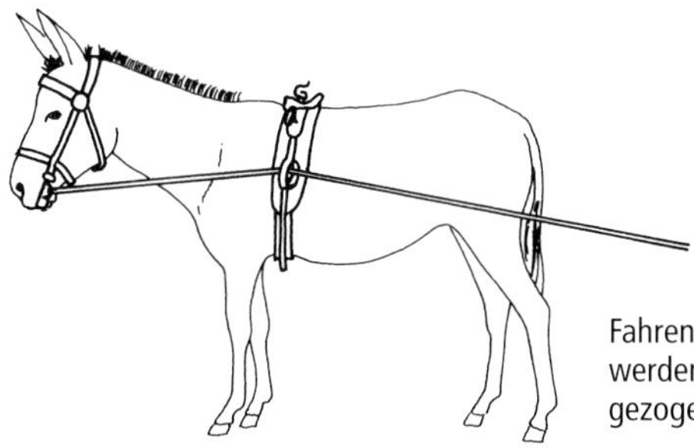

Fahren vom Boden mit Einspänner-Sellett: Die Leinen werden durch die Ledertragaugen oder die Tragösen gezogen.

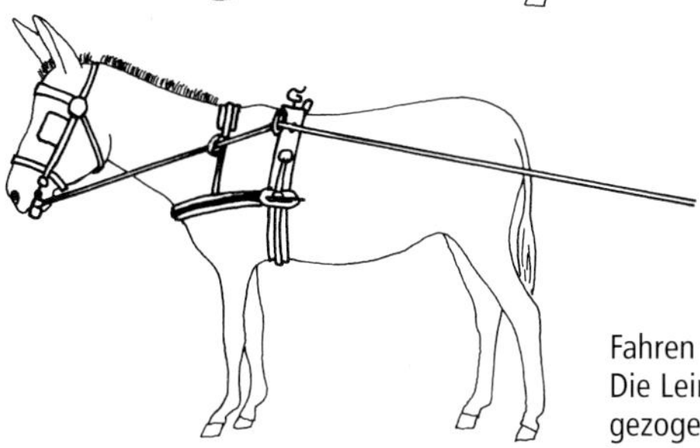

Fahren vom Boden mit Zweispänner-Kammdeckel: Die Leinen werden durch die Leinenführungsringe gezogen.

Fahren vom Boden ist die beste Vorbereitung für einen angehenden Fahresel, macht aber auch sonst viel Spaß.

giergurt, dem Fahrgeschirr oder dem Sattel ausgerüstet werden. Der Führer hält wie beim Fahren die Einspännerleine und die Peitsche in der Hand und läuft hinterher oder schräg seitlich von seinem Esel. Um den Esel besser lenken zu können, ist es hilfreich, wenn die Leinenführung am Sellett (Bauchgurt) möglichst tief angebracht wird. Nun können Spaziergänge unternommen und dazwischen Übungen eingebaut werden. Dabei soll der Führer stets aufmerksam sein Tier beobachten. Er sollte immer wieder testen, ob es auf seine Anweisungen reagiert oder ob es abgelenkt ist. Die Stellung der Ohren verrät dem Führer oder dem Kutscher die Bereitschaft und die Aufmerksamkeit seines Esels. Um sich bei abgelenkten und ungehorsamen Tieren Beachtung zu verschaffen, muss man sie beschäftigen. Dies kann durch das Einflechten von Volten und Schlangenlinien, durch das Wechseln der Gangart oder Anhalten, Stehenbleiben und Rückwärtsrichten geschehen.

Will man mit dem Esel antraben, wird er zu Beginn auf das Kommando „Terab!" noch nicht reagieren. Man wird es aber trotzdem benutzen und dazu selbst anfangen zu traben. Meistens reicht dies bereits aus, damit der Esel in die schnellere Gangart wechselt. Sollte er noch nicht antraben, nimmt man die Peitsche zu Hilfe. Man muss sie nicht unbedingt gleich am Esel selbst anwenden, sondern schlägt mit ihr zunächst auf den Boden oder an einen Gegenstand schräg hinter dem Esel. Sobald der Esel trabt, selbst wenn es anfänglich nur ein paar Schritte sind, wird er gelobt.

Wer sich mit Fahren beschäftigt, muss sich auch stets bemühen das Unerwartete vorauszusehen. Esel fürchten sich nicht so sehr vor Autos und Lastwagen oder sonstigen großen Maschinen. Es sind die kleinen Dinge, wie zum Beispiel ein Pilzsammler im Wald oder ein frei laufender Hund, die einen Esel aus der Fassung bringen können. Ist der Führer des Esels auf eine schwierige Situation vorbereitet, kann er sein Tier aufmuntern oder beruhigen, bevor es plötzlich unerwünscht reagiert.

Auch ein Zweispänner oder ein Tandem kann vom Boden aus gefahren werden. Beim Zweispänner werden die Esel mit dem Zweispänner-Geschirr aufgeschirrt, die Kreuzleine eingezogen und am Aufhaltering mit einem Strick in angemessenem Abstand zusammen gebunden.

Einfahren

Ist das Fahren vom Boden erst einmal zur Routine geworden, bedarf es nur noch wenig, bis der Esel die Kutsche zieht. Er muss mit der Berührung des Geschirrs an seinen Hinterbeinen und dem Ziehen selbst vertraut gemacht werden. Dazu zieht man ihm das Geschirr an. Die Zugstränge verlängert man mit Stricken, die von einem Gehilfen gehalten werden, während der Führer schräg hinter dem Esel hergeht oder ihn vorne normal führt. Der Gehilfe soll nun vorsichtig die Stränge mit den Beinen des Esels in Berührung bringen und ihn dabei gut beobachten. Ein Esel ohne schlechte Erfahrungen wird sich kaum von den Strängen stören lassen oder sich gegen sie verteidigen. Mit der Zeit kann sich der Gehilfe ein wenig in die Stränge lehnen. Der Führer muss dabei sein Tier mit der Stimme aufmuntern, denn der Esel möchte vielleicht im ersten Moment mit dem unbekannten Widerstand an seiner Brust nicht weiter gehen. Doch er wird bald begreifen, was von ihm verlangt wird, und dann ist auch immer wieder ein großes Lob fällig.

Der nächste Schritt ist das Anhängen von alten Autoreifen. Diese sind kostenlos erhältlich und dienen den Eseln ab und zu auch als Spielzeug. Sie sind ungefährlich, weil sie rund und aus Gummi sind. Man legt einen Strick oder eine kurze Kette um den Reifen, hängt das Ganze mit einem Karabinerhaken an ein Ortscheit und lässt es vom Esel ziehen. Möglicherweise erschrickt der Esel im ersten Moment, weil er sich vor dem schleifenden Geräusch fürchtet. Darauf muss der Führer vorbereitet sein, um einen Unfall zu vermeiden. Mit beruhigenden Worten fasst der Esel jedoch schnell wieder Vertrauen und gewöhnt sich bald an das Geräusch. Beim Schleppen von Autoreifen ist in den Wendungen Vorsicht geboten, damit man selbst nicht mit dem Reifen kollidiert.

Wird der Esel zum ersten Mal an den Wagen gespannt, muss unbedingt eine Hilfsperson anwesend sein. Die Wegfahrstrecke sollte möglichst eben sein. Die Hilfsperson sollte das eingespannte Tier mit einer Longe oder einem Strick die ersten paar Meter passiv führen. Erst wenn sich der Esel ruhig und selbstsicher verhält, kann die Hilfsperson ebenfalls auf der Kutsche Platz nehmen.

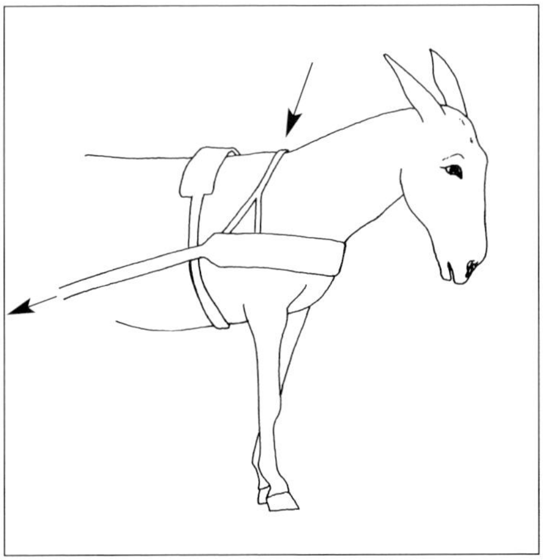

Der Halsriemen hat die Aufgabe, das Brustblatt auf der richtigen Höhe zu fixieren. Wenn er jedoch am Brustblatt zu weit hinten befestigt ist, entsteht eine falsche Kräfteverteilung unter Zug. Ein Teil der Zuglast drückt dem Esel auf den Hals.

Geschirr

Ein korrektes Gespann ist nicht nur eine Augenweide, sondern ein unbedingtes Muss der Sicherheit und der Schonung des Tieres wegen. Wo das Geschirr kneift und scheuert und die Sicherheit aus Mangel an Qualität gefährdet ist, macht das Fahren keine Freude. Da spezielle Eselgeschirre auf dem Markt nur ganz selten erhältlich sind, muss der zukünftige Eselkutscher auf Ponygeschirre zurückgreifen. Aber auch ein Ponygeschirr passt einem Esel erst, nachdem man die Dienste eines Sattlers in Anspruch genommen hat. Meistens müssen folgende Veränderungen vorgenommen werden:

- Rückenriemen verlängern
- Beim Brustblattgeschirr Halsriemen am Brustblatt nach vorne setzen
- Stirnband verlängern oder das gesamte Kopfstück größer kaufen

Ein Pony-Kumtgeschirr kann für Esel nicht verwendet werden. In der Regel sind Kumte geschlossen und das Tier muss beim Anschirren seinen Kopf durch die Öffnung des Kumts hindurch stecken. Da die Esel im Verhältnis zu ihrem Hals einen eher breiten Kopf besitzen, ist die Kumtöffnung für sie zu klein. Soll ein Kumtgeschirr für den Esel verwendet werden, muss es geteilt sein und sich oben oder unten öffnen lassen.

Brustblattgeschirr

Beim Brustblattgeschirr wird der Zug von einem breiten, gepolsterten Lederriemen – dem Brustblatt – aufgenommen. Das Brustblatt darf nicht zu schmal sein, da es sonst dem Esel beim Ziehen Schmerzen bereitet.

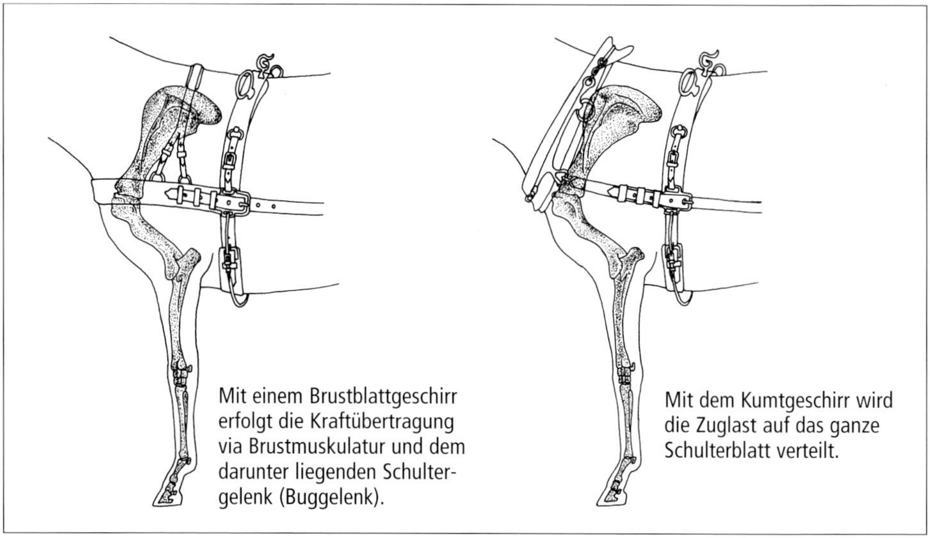

Unterschiedliche Kräfteeinwirkung bei verschiedenen Geschirrtypen.

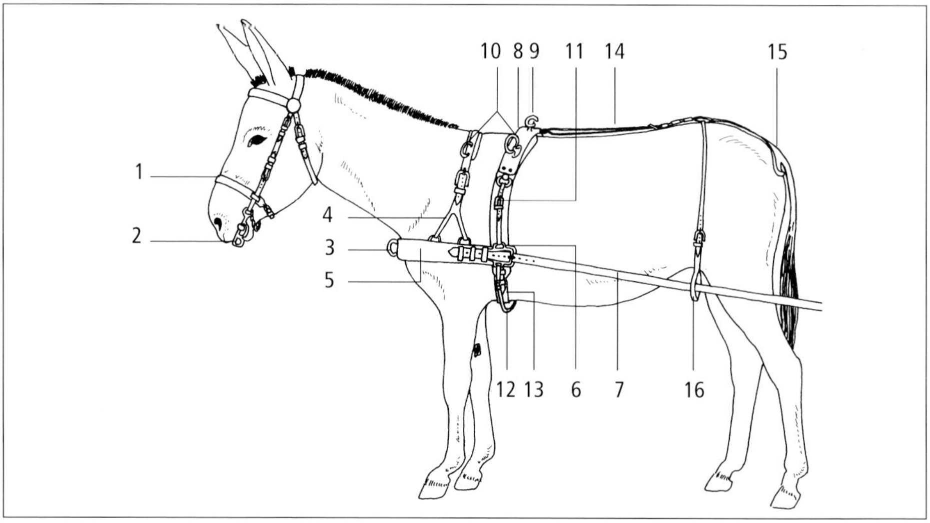

Zweispänner Brustblattgeschirr.

1 Fahrzaum
2 Postkandare
3 Aufhaltering
4 Halsriemen oder Halskoppel
5 Brustblatt
6 Brustblatt- oder Strangstutzenschnalle
7 Zugstrange
8 Kammdeckel
9 Kammdeckel- oder Aufsatzhaken
10 Leinenführungsring
11 Oberblattstrippe
12 Kleiner Bauchgurt
13 Großer Bauchgurt
14 Schweifriemen
15 Schweifmetze
16 Strangenträger oder Schweberiemen

Mammoth Jack Zuchthengst „Okie Bill" mit Einspänner Brustblatt und Hintergeschirr, eingespannt vor einem Gig.

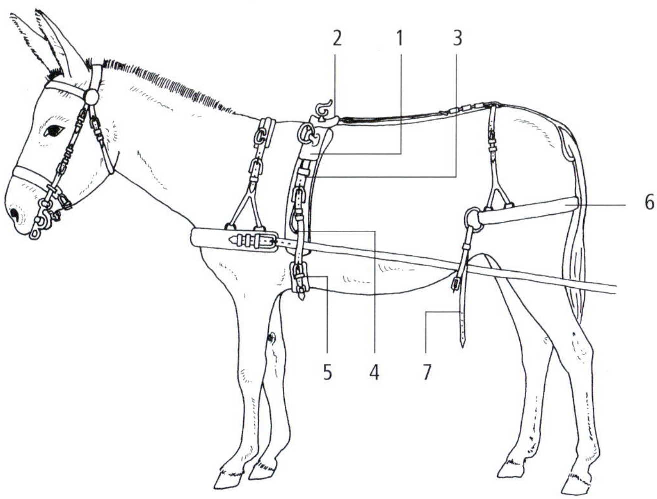

Einspänner Brustblattgeschirr.

1 Sellett
2 „Sättelchen"
3 Tragriemen
4 Tragöse oder Ledertragauge
5 Bauchgurt
6 Hintergeschirr mit Umgang
7 Rückhalte- oder Scherenriemen

Die übrigen Geschirrteile sind gleich wie beim Zweispännergeschirr.

Ein Brustblattgeschirr lässt sich den Tieren einfacher anpassen als ein Kumtgeschirr. Außerdem ist es leichter und billiger. Die richtige Lage des Brustblattes ist von größter Wichtigkeit. Es muss knapp über dem Buggelenk liegen. Ist es zu tief, behindert es den Esel in den Schultern und scheuert auf der Haut. Liegt es zu hoch, entsteht ein Druck auf die Luftröhre des Esels. Das Brustblattgeschirr eignet sich vor allem für Tiere, die nur leichte Lasten zu ziehen brauchen. Im schweren Zug und im hügeligen Gelände behindert das Brustblatt die Bewegungsfreiheit des Esels und engt seine Brust ein. Es gibt Esel, die gar kein Brustblattgeschirr tragen können, zum Beispiel wenn die Buggelenke höher als der Halsansatz liegen, was bei Großeseln häufig vorkommt.

Man unterscheidet das Einspänner- und das Zweispännergeschirr. In einigen Ländern ist die Verwendung eines Hintergeschirrs beim einspännigen Fahren obligatorisch. Damit kann der Esel bei starkem Gefälle mit seiner Hinterhand den Wagen zusätzlich bremsen. Durch das Hintergeschirr ist er aber auch davor geschützt, dass ihm der Wagen bei einer Unachtsamkeit des Kutschers in die Hinterbeine rollt. Der Umgang muss eine Handbreit unter dem Sitzbeinhöcker liegen und bei angespannten Strängen müssen zwei Fäuste zwischen Umgang und Esel Platz haben. Auch zweispännig wird oft mit Hintergeschirr gefahren. Die Zugstrangen werden beim Einspänner durch die Scherenriemen, die an den Krampen der Schere befestigt werden, geführt. Ist kein Hintergeschirr vorhanden, können sie durch die so genannten Schlagriemen geführt werden. Der bedeutendste Unterschied zwischen Ein- und Zweispännergeschirr ist das Sellett beim Einspänner bzw. der Kammdeckel beim Zweispänner. Die Schere des Wagens wird beim einspännigen Fahren am Sellett befestigt und von

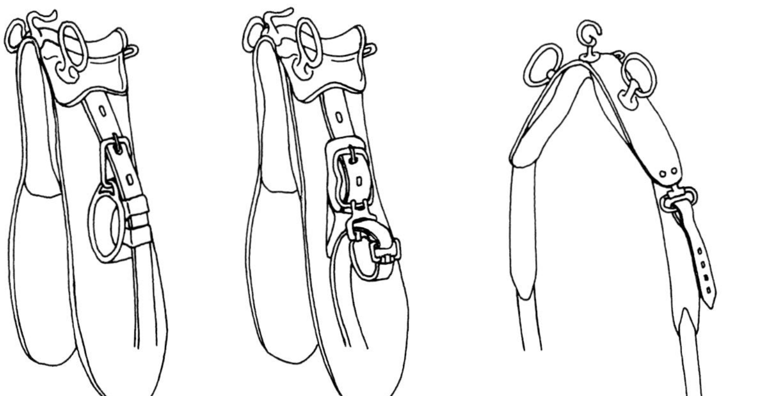

Einspännersellett mit Ledertragaugen zum Fahren von einachsigen (zweirädrigen) Wagen.

Einspännersellett mit eisernen Tragösen zum Fahren von zweiachsigen (vierrädrigen) Wagen.

Kammdeckel für Zweispänner.

Sellett für Einspänner – Kammdeckel für Zweispänner.

ihm getragen. Wird ein einachsiger Wagen angespannt, lastet sogar noch ein Teil des Wagengewichtes auf dem Sellett. Darum muss es stark gebaut sein und eine breite Auflagefläche aufweisen. Es ist mit Ledertragaugen für das Fahren von zweirädrigen Wagen oder mit eisernen Tragösen für das Fahren von vierrädrigen Wagen ausgestattet.

Am Brustblatt des Zweispännergeschirrs sind einige Zentimeter zur Deichsel hin versetzte Aufhalteringe angebracht, die nebenbei zur Unterscheidung des rechten bzw. linken Geschirrs verwendet werden können, in erster Linie aber für die an der Deichselbrille befestigten Aufhalteriemen bestimmt sind. Diese haben die Aufgabe, die Deichsel zu führen und den Wagen zu bremsen oder rückwärts zu schieben.

Häufig verursacht der Bauchgurt im Bereich der Ellbogen Scheuerstellen. Dabei wird nicht die Haut unter dem Bauchgurt lädiert, sondern die Haut, die bei jedem Schritt an bzw. über die Vorderkante des Bauchgurtes geschoben wird. Mit Rehfell, Neopren, Vestan oder einem Schnurgurt können diese Scheuerstellen verhindert werden.

Ein halbes Zweispännergeschirr kann niemals für das einspännige Fahren verwendet werden. Das original Bündner Geschirr bildet diesbezüglich eine Ausnahme.

Das so genannte Kumtbrustblatt ist eine Mischung zwischen Brustblatt und Kumt.

Kumtgeschirr

Ein korrekt angepasstes Kumt wäre, gerade für die eher schmalbrüstigen Esel, das beste Geschirr. Die Anschaffung eines Kumtgeschirrs ist jedoch nur für wirklich intensive Fahrer sinnvoll, da es sehr genau an das Tier angepasst werden muss und teuer ist. Eine Veränderung des Körperbaus, zum Beispiel nach der Winterpause, kann bereits eine Veränderung der Kumtlage und somit auch des Kumts nach sich ziehen. In diesen Fällen kommen speziell geformte Polster, das Unterkumt oder die Kumtspitze, zur Anwendung. Aus der Pferdewelt kennt man vor allem das Englische Kumt, das Bündner Kumt, das Gewerbliche Kumt und das Wiener Kumt. Für Esel gefertigte Kumte sind immer Spezialanfertigungen, die je nach Geschmack des Auftraggebers ausfallen.

Oben: Geteiltes Kumt, nach dem Muster des schwedischen Arbeitskumts gefertigt.

Unten: Englisches Kumt, oben zu öffnen.

Fahrzaum

Die Scheu- oder Blendklappen sind die auffälligsten Merkmale eines Fahrzaumes, obwohl sie nicht unbedingt notwendig sind. Ländliche Gespanne werden oft ohne Scheuklappen gefahren. Sie sind entgegen der verbreiteten Meinung nicht primär dazu da, die Tiere daran zu hindern, furchterregende Dinge aus der Umgebung wahrzunehmen und eventuell davor zu scheuen. In erster Linie sollen sie im Zweispänner dazu dienen, dem fleißigeren Pferd die Sicht auf die Peitsche zu nehmen, die dem fauleren Pferd zugedacht ist. Es würde nämlich unweigerlich im Tempo zulegen, wenn es den Gebrauch der Peitsche bemerkt, auch wenn nur der „Nachbar“ damit gemeint ist. Da die meisten Esel ziemlich gleichgültig auf die Peitsche reagieren, braucht man sie deswegen nicht unbedingt mit Scheuklappen auszurüsten. Falls trotzdem Wert auf die Verwendung der Scheuklappen gelegt wird, sollten sie sich zu einem Drittel über und zu zwei Dritteln unter dem Auge befinden und dürfen auf keinen Fall zu eng anliegen.

Das Nasenband ist eine weitere Besonderheit des Fahrzaumes. Es ist dazu da, einen Teil der Wirkung des Gebisses auf den Nasenrücken zu übertragen und die korrekte Lage von Backenstücken und Gebiss zu gewährleisten. Der unter dem Stirnriemen hängende Spieler hat lediglich die Aufgabe bei Zweispännern die Tiere von vorne gleichmäßig aussehen zu lassen. Ebenso haben die Rosetten auf der Seite des Stirnbandes keine funktionelle Bedeutung. Manchmal wird die Rosette beim Zweispänner auf der Innenseite weggelassen, damit man den rechten und den linken Zaum schneller voneinander unterscheiden kann.

Aufgezäumt wird gleich wie beim Reitzaum: Die Ohren nach vorn zwischen Genickstück und Stirnband „einfädeln“ und dann das Genickstück überstreifen. Zwischen dem Nasenband und der Eselnase sollte ein Finger Platz haben, zwischen Kehlriemen und Kehle eine hoch gestellte Faust.

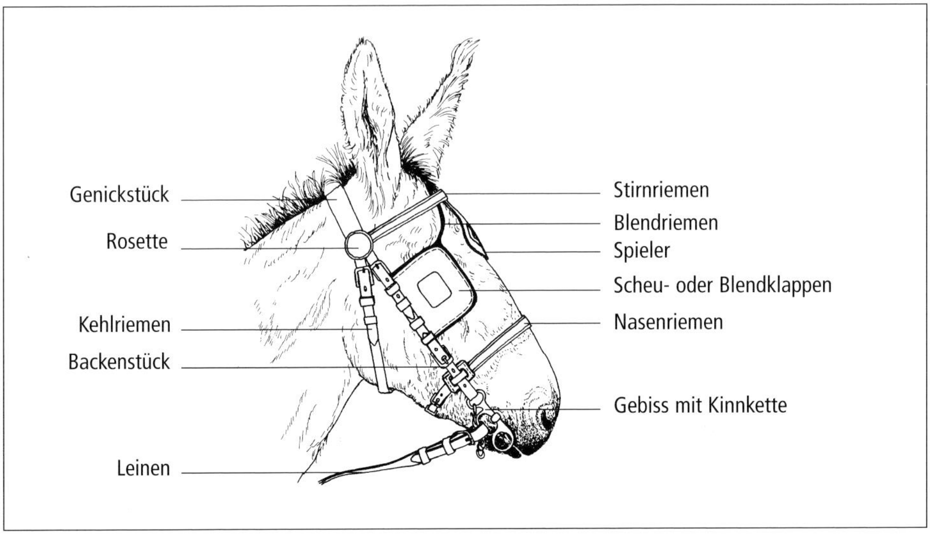

Fahrzaum.

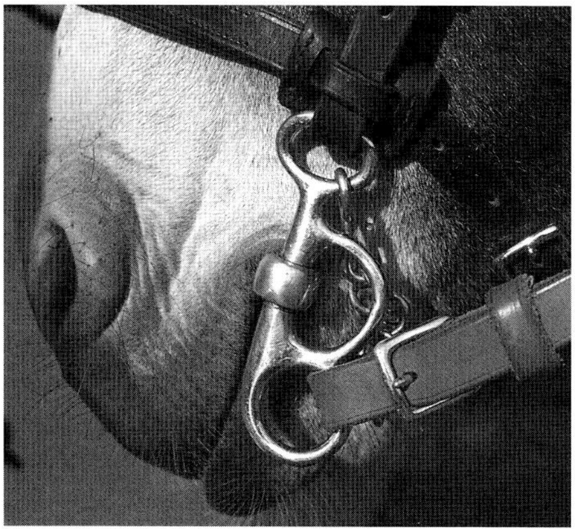

Die Kinnkette muss immer nach rechts ausgedreht werden, sodass sie schön flach liegt. Sind die Leinen im oberen Ring eingeschnallt, so wirkt das Gebiss mild, wird der untere Ring benützt, tritt die Hebelwirkung in Kraft und es wirkt scharf.

Gebisse

Die Mundstücke der Fahrgebisse sind vergleichbar mit denjenigen, die zum Reiten verwendet werden. In der Regel wählt man aber zum Fahren Stangen. Die Seitenteile der Gebisse sind eigens für den Fahrsport konzipiert. Sie weisen oben und unten spezielle Anzüge auf. Die unteren Anzüge (Unterbäume) lassen verschiedene Verschnallmöglichkeiten der Leinen zu. Die oberen Anzüge (Oberbäume) werden im Backenstück des Zaumes eingeschnallt. Meistens ist für den Eselkopf zu wenig Platz zwischen den Oberbäumen. Damit diese nicht scheuern und dem Esel Schmerzen zufügen, müssen sie genügend weit nach außen gebogen werden. Dies kann man mühelos selber auf einem Schraubstock tun.

Durch den mit einer Kinnkette erzeugten Widerstand entsteht bei den Fahrkandaren eine Hebelwirkung. Die Kinnkette muss immer nach rechts ausgedreht und lose eingehängt werden. Je tiefer die Leinen an den dafür vorgesehenen Schlitzen oder Ringen eingeschnallt werden, desto schärfer wirkt das Gebiss. Um den Einfluss des Hebelarmes nur im Ansatz selber zu spüren, sollte jeder Fahrer einmal bei scharf verschnallten Leinen seinen Finger zwischen Kinnkette und Kinn stecken und dann an den Leinen ziehen. Die Einschnallung um den so genannten Schaumring wirkt am mildesten.

Die Doppelringtrense weist auf jeder Seite des Mundstücks einen losen und einen mit dem Mundstück verbundenen Ring auf. Die losen Ringe werden an den Backenstücken befestigt. Wenn die Leinen in beide Ringe eingeschnallt werden, wirkt das Gebiss weich. Wenn sie nur im festen Ring eingeschnallt sind, spricht man von einer scharfen Verschnallung.

Die Art der verwendeten Gebisse wird auch durch den Fahrstil bestimmt: Für Anspannungen im englischen Kumtgeschirr werden vorwiegend Liverpool-, Tilbury-, Ellbogen- und Buxtonkandaren verwendet. Zur Brustblattanspannung passen Postkandaren und Doppelringtrensen.

Leinen

Der Reiter nennt sie Zügel, der Fahrer aber spricht von Leinen oder Leitseilen. Die Einspännerleine gleicht schlicht einem sehr langen Lederzügel, die Zweispännerleine ist jedoch etwas komplizierter aufgebaut. Diese so genannte Kreuzleine muss so beschaffen sein, dass der Fahrer auf beide Esel gleichzeitig einwirken kann. Die am häufigsten verwendete und nach ihrem Schöpfer benannte Achenbach-Kreuzleine besteht aus zwei durchgehenden äußeren Leinen und zwei verschnallbaren Innenleinen (Kreuzstücke). An den Außenleinen sind elf ovale, mit Zahlen versehene Schnalllöcher eingestanzt.

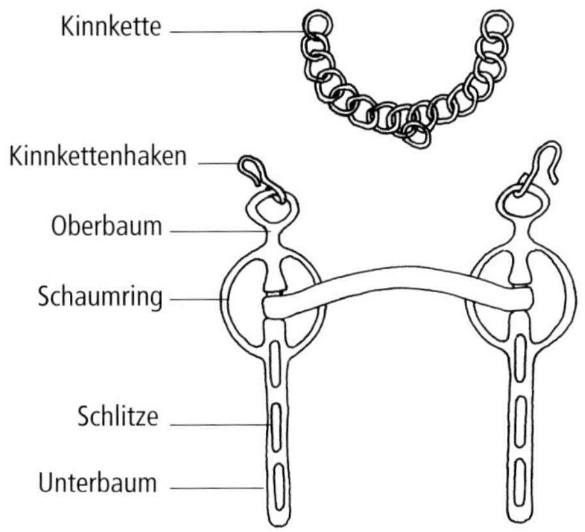

Liverpoolkandare mit gebogener Stange, passend zu Kumtgeschirr.

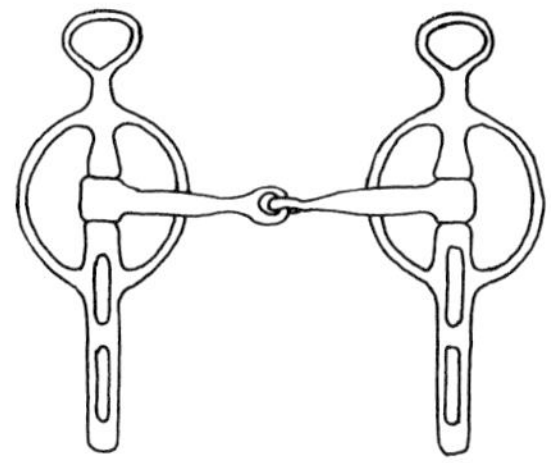

Liverpoolkandare mit einfach gebrochenem Mundstück, passend zu Kumtgeschirr.

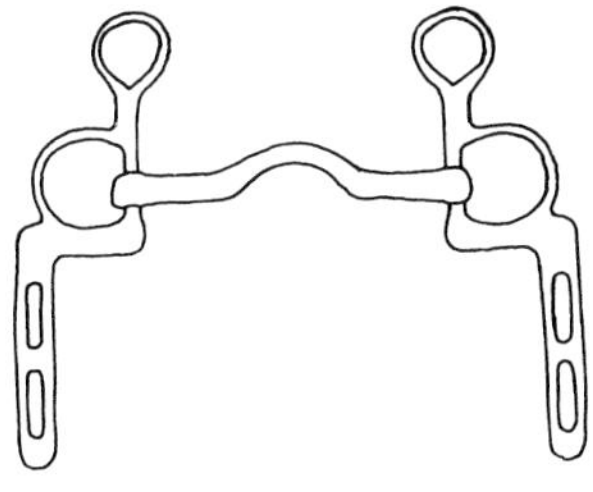

Ellbogenkandare mit Zungenfreiheit, passend zu Kumtanspannung. Durch die nach hinten versetzten Unterbäume können die Esel nicht mit den Leinen spielen.

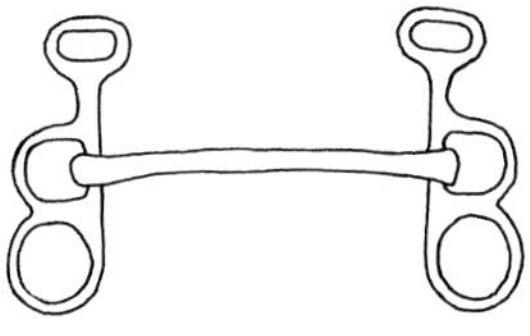

Postkandare, passend zu Brustblattanspannung.

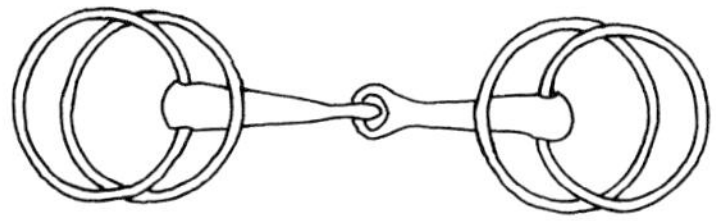

Doppelringtrense, passend zu Brustblattanspannung oder zu Bündner Kumt.

Fahrgebisse unterscheiden sich vor allem durch ihre Seitenteile von den Reitgebissen.

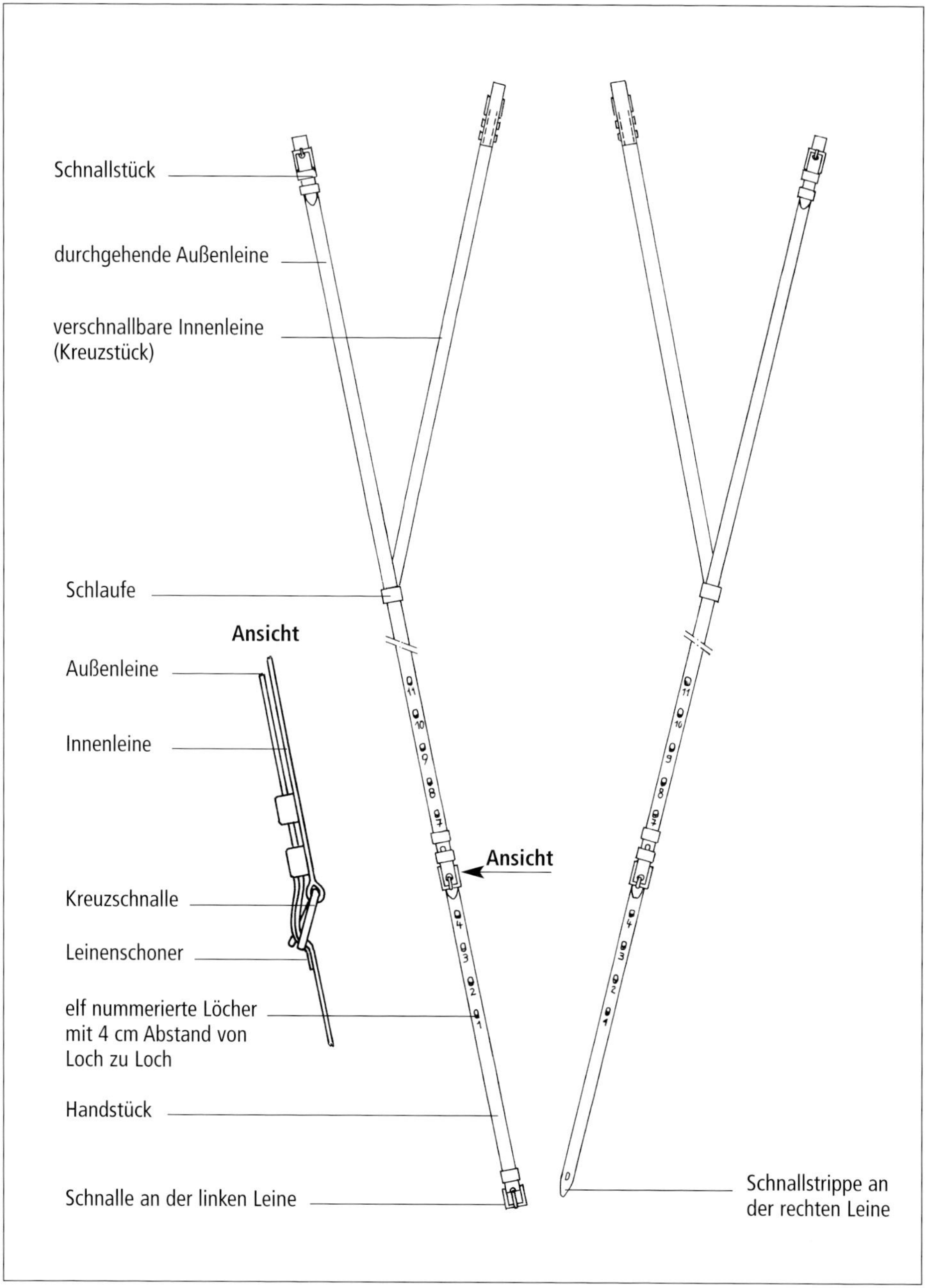

Zweispänner-Kreuzleine.

Sie haben einen Abstand von 4 cm zueinander und dienen dazu die Innenleinen individuell zu befestigen. Durch diese flexible Verschnallung der Innenleinen ist es möglich einen Gebäude-, Temperaments- und Arbeitsausgleich zu schaffen. Die rechte und die linke Leinenhälfte unterscheiden sich lediglich durch die Schnalle und die Strippe am Handstück, womit die zwei Leinen verbunden werden. Die Leine mit der Schnalle liegt immer links, da beim späteren Einspannen die rechte Leine zum linken Esel hinüber geworfen wird und deswegen keine Schnalle aufweisen darf. Die Abmessungen einer original Achenbach-Kreuzleine sind auf den Zentimeter genau festgelegt. Für Esel und Ponys oder besondere Wagenkonstruktionen können andere Maße erforderlich sein.

Weil das Kreuzstück nicht wie die Außenleine direkt zum Eselmaul verläuft, sondern eine längere Distanz über das Kreuz zum Nachbaresel zurücklegt, muss es so an der Außenleine fixiert werden, dass seine Schnalle weiter vorne liegt als diejenige der Außenleine. Um welches Maß die Schnallen der Innenleinen weiter vorne liegen müssen, wird durch den Körperbau der Tiere bestimmt. Die Achenbach-Leine ist so bemessen, dass die Kreuzschnallen für normale, mittelgroße

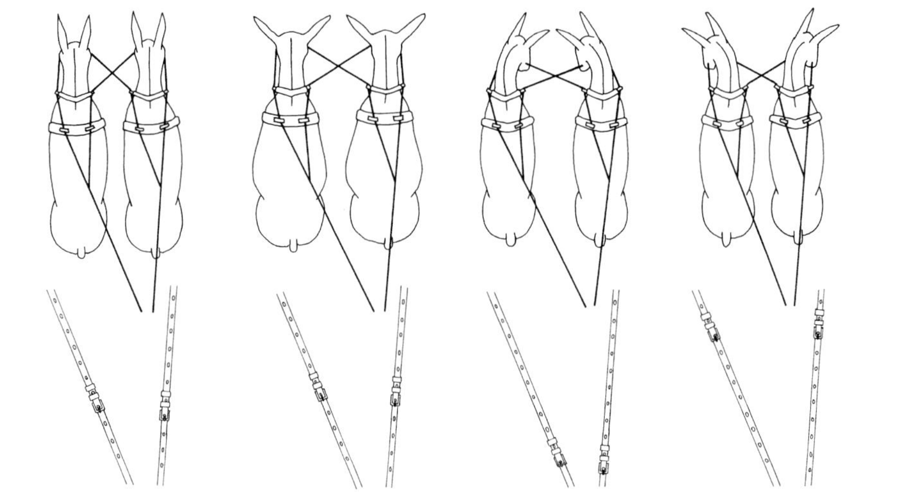

Grundschnallung 6 für eher schmale Esel: Die Kreuzschnalle ist auf beiden Leinen im 4. Loch eingeschnallt. Es verbleiben je drei leere Löcher zwischen Fahrerhand und Schnalle.

Grundschnallung 8 für eher breite Esel: Die Kreuzschnalle ist auf beiden Leinen im 5. Loch eingeschnallt. Es verbleiben je vier leere Löcher zwischen Fahrerhand und Schnalle.

Falsch! Die Kreuzschnalle ist zu weit zurück verschnallt. Dadurch ist die Innenleine zu kurz und die Eselköpfe werden zusammengezogen.

Falsch! Die Kreuzschnalle ist zu weit vorn verschnallt. Dadurch ist die Innenleine zu lang und die Eselköpfe werden nach außen gestellt.

Eine richtige Grundschnallung ist für das tiergerechte Einspannen von großer Bedeutung.

Pferde auf beiden Leinen im mittleren, also im 6. Loch eingeschnallt werden. Die im Vergleich zu Pferden viel kleineren und schmaleren Esel laufen jedoch so nahe beieinander, dass die Innenleinen nur unwesentlich mehr Weg zurückzulegen brauchen. Die so genannte Grundschnallung für Esel befindet sich in der Regel im 4. oder 5. Loch von der Fahrerhand aus betrachtet. Zur Bezeichnung der Grundschnallung zählt man die Anzahl der freien Löcher beider Leinen zwischen Fahrerhand und Kreuzschnalle zusammen. Wenn zum Beispiel beide Tiere vom Körperbau her gleich sind und die Kreuzstücke im 5. Loch eingeschnallt werden, liegen auf jeder Leine vier freie Löcher – man spricht von der Grundschnallung 8 (4 + 4).

Falls ein langer, großer Esel gemeinsam mit einem kompakten, kleinen Esel eingespannt werden sollte, muss ein so genannter „Gebäudeausgleich“ durchgeführt werden. Der große Esel muss gegenüber dem kleinen Esel vorgeschnallt werden, damit er sich in gleichem Maße am Zuge beteiligen kann. Eine weitere Situation, die eine Leinenkorrektur erfordert, kann das stark unterschiedliche Temperament zweier Tiere sein. Zum Beispiel muss ein bequemer Esel gegenüber einem fleißigen Esel vorgeschnallt werden, damit er vermehrt in den Zug gebracht werden kann. Diese Korrektur nennt man Temperamentsausgleich. Manchmal ist auch ein Arbeitsausgleich erforderlich, nämlich dann, wenn ein junger, trächtiger oder alter Esel geschont werden muss. Man schnallt ihn zurück und nimmt ihn so teilweise aus dem Zug. Um die Verschnallmöglichkeiten der Kreuzleine voll ausschöpfen zu können, ist jedoch das Fahren mit einer Sprengwaage (s. u.) notwendig. Wird mit einer Spielwaage gefahren, ist lediglich ein Gebäudeausgleich möglich. Arbeits- und Temperamentsausgleiche werden durch die bewegliche Spielwaage wirkungslos.

Bevor aber die Grundschnallung an den Leinen verändert wird, muss sich jeder Kutscher selbstkritisch fragen, ob er die Tiere so fährt, dass sie gleiche Arbeit leisten können und müssen. In erster Linie ist nämlich der Kutscher dafür verantwortlich, dass das gemächlichere Tier mit der Stimm- und Peitschenhilfe vorangetrieben und das hektische Tier beruhigt wird. Bevor er die Kreuzschnallen verstellt, muss er sich die Summe der Löcher zwischen seiner Hand und den beiden Kreuzschnallen gut einprägen. Nach dem Verschnallen muss die Anzahl der

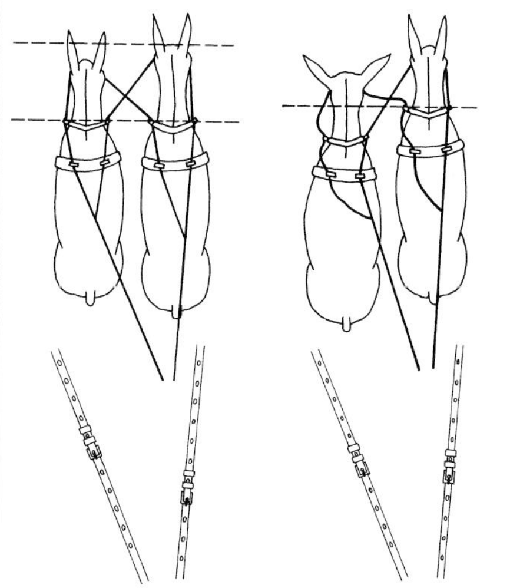

Gebäudeausgleich: Der größere, rechte Esel ist aus der Grundschnallung 8 heraus um ein Loch vorgeschnallt worden. Dazu wird die Kreuzschnalle auf der linken Leine um ein Loch vor- und auf der rechten Leine um ein Loch zurückgeschnallt.

Eine Veränderung der Grundschnallung ist nicht angezeigt, weil sich der linke Esel nicht am Zug beteiligt. Er muss mit der Stimme oder mit der Peitsche vorangetrieben werden.

Korrigieren der Grundschnallung.

Löcher wieder dieselbe sein – sie sind lediglich auf den Leinen anders verteilt als vorher. Die Zahl der leeren Löcher muss auch immer durch zwei teilbar sein. Eine alte Kutscherregel, die man sich gut merken kann, lautet: „Was man dem einen Pferd nimmt, muss man dem andern Pferd geben.“ Schnallt man zum Beispiel das Kreuzstück zum rechten Esel auf der linken Leine um ein Loch vor, muss das Kreuzstück zum linken Esel auf der rechten Leine um ein Loch zurückgeschnallt werden.

Kutsche

Die Anschaffung einer Kutsche will wohlüberlegt sein. Vielleicht gelingt es mit etwas Glück und Geduld eine vernünftige Gebrauchtkutsche zu erstehen. Sparen am falschen Ort kann allerdings teuer zu stehen kommen. Bei der Anschaffung von gebrauchtem Material ist unbedingt darauf zu achten, was noch toleriert werden kann und welche Mängel man keinesfalls in Kauf nehmen sollte, weil sie ein erhebliches Sicherheitsrisiko darstellen. Im Zweifelsfall zieht man besser eine erfahrene Person zu Rate, denn Sonderanfertigungen und Abänderungen, die in Werkstätten in Auftrag gegeben werden müssen, können sehr teuer sein.

Wagentyp

Grundsätzlich unterscheidet man Einachser (zwei Räder) und Zweiachser (vier Räder). Die Einachser, zum Beispiel der Gig, der Sulky oder der Dogcart, eignen sich eher für flaches Gelände. Diese Wagen sind ausschließlich einspännig zu fahren. Zu bedenken ist, dass ein Teil des Gewichtes auf dem Rücken des Esels lastet. Dafür sind diese Gefährte aber ausgesprochen leicht und wendig. Es ist besonders darauf zu achten, dass das Auflagegewicht in den Tragaugen ausgeglichen ist, das heißt, der Einachser muss gut ausbalanciert sein.

Die wesentlichen Kriterien für Wagen sind:

- Sicherheit: Stabilität, Bremsen, Beleuchtung
- Fahreigenschaften: Gewicht, Lenkung, Federung

Zweiachser lassen sich ein- und mehrspännig fahren. Sie werden Phaeton, Break, Wagonette, Jagdwagen und Marathonwagen genannt. Es gibt noch eine Vielzahl von anderen Arten und Bezeichnungen, aber im Grunde genommen gehen alle auf diese ursprünglichen Typen zurück. Aber auch Holzwagen, ähnlich dem bäuerlichen Bock- oder Brückenwagen, sind sehr vielseitig einsetzbar. Die Hersteller bieten sie in verschiedenen Ausführungen wie zum Beispiel mit zusätzlichen Sitzbänken oder einem Planenverdeck an. Ab und zu sind auch solche Gebrauchtwagen auf dem Markt erhältlich. Umgebaute Handwagen finden als „Eselkutschen“ ebenfalls wieder eine neue Verwendung. Allerdings braucht so ein Umbau viel handwerkliches Geschick und Kenntnisse über Kutschenbau, damit ein Gefährt entsteht, das den Sicherheitsanforderungen und dem Fahrkomfort für Kutscher und Tier genügt.

Gewicht

Die Zugleistung eines Esels ist abhängig von seinem Körpergewicht, seinem Gesundheits- und Trainingszustand, der Einsatzfreude des Tieres sowie vom Straßenzustand. Die folgenden Angaben sind Maximalwerte und beziehen sich auf einen gesunden und trainierten Esel:

- ebene, gute Straße:
  Zugleistung = 3 × Eigengewicht
- ebene, schlechte Straße:
  Zugleistung = 2 × Eigengewicht
- Steigungen (bis 3 %), gute Straße:
  Zugleistung = 2 × Eigengewicht
- Steigungen, schlechte Straße:
  Zugleistung = 1,5 × Eigengewicht
- sehr schlechte Feldwege:
  Zugleistung = 1,5 × Eigengewicht
- Gebirge (über 4 %), gute Straße:
  Zugleistung = 1 × Eigengewicht
- Acker, weicher Boden:
  Zugleistung = 0,5 × Eigengewicht

Hinzu kommt, dass ohne Hufschutz gefahrene Esel auf Naturstraßen benachteiligt sind und dadurch weniger Gewicht ziehen können. Der Führer eines Gespannes sollte das Zugleistungsvermögen seiner Tiere realistisch einschätzen und Fahrgäste auffordern abzusteigen, falls es ein schwieriges Straßenstück zu überwinden gilt. Um Schäden vorzubeugen und die Motivation der Tiere zu erhalten, sollten sie höchstens ihr Eigengewicht ziehen müssen.

Räder

Die Räder beeinflussen die Ausnutzung der Zugkraft sehr stark. Kleine Räder verursachen auf unebenen Wegen viel Widerstand. Je größer das Rad ist, desto besser rollt das Gefährt. Luftbereifte Räder bieten einen hohen Fahrkomfort, da sie geräuscharm laufen und zusätzlich Stöße dämpfen. Stahl- oder Holzspeichenräder sehen sehr elegant aus, die Bereifung ist aber außerordentlich gut zu prüfen. Normalerweise wird auf solchen Rädern der Laufgummi aufvulkanisiert oder in Spezialprofile eingepresst. Keine guten Zukunftsaussichten hat man mit aufgeleimten Gummibändern. Von einer altertümlichen Eisenbereifung ist ebenfalls abzuraten. Entscheidend für die guten Laufeigenschaften der Kutsche sind natürlich auch die Radlager. Kegelrollenlager und Kugellager eignen sich sehr gut. Aber auch die bei historischen Kutschen meistens verwendeten Patentachsen sind gute Radlager. Dringend abzuraten ist jedoch von Schmierachsen.

Spur

Eine alte Wagnerfaustregel besagt: „Baue den Wagen so breit wie die doppelte Breite der Pferdebrust." Dies ergäbe sehr schmale Wagen für unsere Esel, da die Eselsbrust keine gute Berechnungsgrundlage bietet. Man darf aber sagen, dass für Esel-/Ponywagen Spurbreiten von 110 bis 130 cm in Frage kommen. Eine breite Spur erhöht die Sicherheit des Wagens. Vorder- und Hinterräder sollten die gleiche Spurbreite aufweisen.

Bremsen

Zu den wohl wichtigsten Ausrüstungsbestandteilen einer Kutsche zählen die Bremsen, die auf das Wagengewicht abgestimmt sein müssen. Bremsen sollten während der Fahrt leicht zu bedienen und einfach zu erreichen sein. Neue Kutschen sind in der Regel mit Scheibenbremsen ausgerüstet, aber auch Trommelbremsen genügen den Anforderungen. Zangenbremsen sind tolerierbar. Von kurbelbedienten Klotzbremsen ist unbedingt abzuraten, außer wenn sie als zusätzliche Bremseinrichtung dienen. Eine zusätzliche mechanische Stellbremse ist auf jeden Fall von Vorteil, da sich hydraulische Bremsen beim Abstellen des Wagens plötzlich lösen können.

Schere und Deichsel

Beim Einspänner wird der Esel zwischen zwei hölzernen oder metallenen Stangen angespannt, die Schere, Gabel oder Landen genannt werden. Diese müssen so weit auseinander stehen, dass der eingespannte Esel volle Bewegungsfreiheit hat. Die Länge sollte so bemessen sein, dass bei angespannten Zugstrangen die Spitze der Landen mit der Brust des Esels abschließt. Zu kurze Scheren können den Esel verletzen. Neuartige Konstruktionen von Scheren mit gerundeten Abschlüssen können auch unmittelbar nach der Tragöse enden, was dem Esel eine größere Bewegungsfreiheit verleiht.

Die Deichsel wird beim Zweispänner verwendet. Sie dient zum Lenken des Fahrzeuges und zum Bremsen (Aufhalten). Auch die Deichsel kann aus Holz oder Metall gefertigt sein und schließt am vorderen Ende mit der Deichselbrille ab. Die Deichsel darf auf keinen Fall vom Hals der Esel getragen werden. Sie muss auf der Höhe des Buggelenks von selbst stehen und sollte eine leichte Auf- und Abwärtsbewegung zulassen, das heißt, sie sollte gefedert sein. Bei angespannten Strängen muss die Deichselspitze etwa mit der Stirnlinie der Esel abschließen. Einzig wenn die Deichsel vorne einen beweglichen Querbalken aufweist, der bis zum Aufhaltering führt, darf sie kürzer bemessen sein.

Anspannungsarten

Unter Anspannungsart versteht man die Art und Weise, wie die Zugstrangen mit dem Wagen verbunden werden. Dies kann beim Zweispänner auf drei Arten erfolgen:

Die Spielwaage ist im Freizeitfahren die häufigste Anspannungsart. Sie hat ihren Ursprung in den landwirtschaftlich genutzten Fahrzeugen. Bei dieser Anspannungsart ist die gerechte Arbeitsteilung zwischen zwei Zugtieren am ehesten garantiert. Für das Einfahren von jungen Tieren ist die Spielwaage jedoch nicht zu empfehlen, da ruckartige Bewegungen immer auf den Partner übertragen werden. Eine Spielwaage kann man in den meisten Fällen mittels Lederriemen oder Bolzen fixieren, so dass sie auch als Sprengwaage gefahren werden kann.

Die Sprengwaage, auch halbfeste Anspannung genannt, ist für den geübten Kutscher die gebräuchlichste Anspannungsart. Sie lässt kein Spiel zu, hat aber bewegliche Ortscheite (Waagen). Des Kutschers Aufmerksamkeit ist stark gefordert, weil sich ein weniger zugfreudiges Tier leicht auf Kosten seines Partners vor der Arbeit drücken kann. Bei ungleicher Zugleistung mit der Sprengwaage zeigt die Deichsel immer seitlich auf den faulen Esel. Mit der Sprengwaage ist ein sehr exaktes Fahren möglich und die Ausgleichsmöglichkeiten der Achenbach-Leine können voll ausgeschöpft werden.

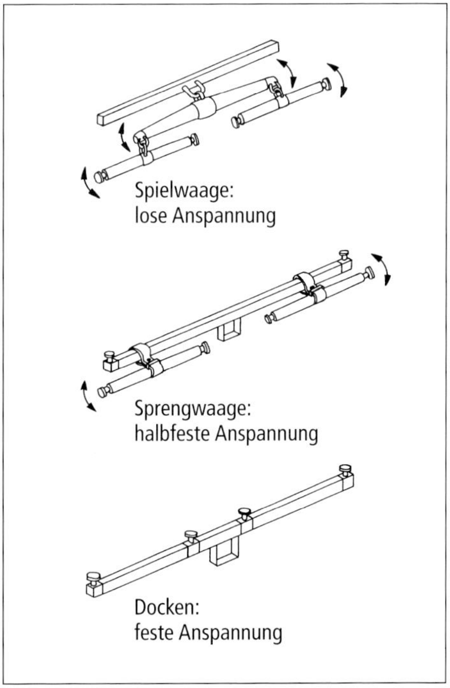

Anspannungsarten.

Die Dockenanspannung, auch feste Anspannung genannt, ist völlig starr und darf ausschließlich mit Kumtgeschirr gefahren werden. Bei der Verwendung eines Brustblattes würde die Brust der Tiere aufgescheuert. Diese Anspannung an Docken ist im Freizeitfahren nicht gebräuchlich. Meistens werden die an den alten Brauereifuhrwerken gehenden Kaltblutpferde an Docken angespannt.

Bocksitz

Der Bocksitz sollte im Idealfall etwas höher als das Stockmaß der Esel sein, damit die Leinen nicht auf der Eselkruppe aufliegen, sondern direkt durch die Leinenführungsringe in die Hand des Kutschers laufen. Der Führer des Gespanns hat durch seine erhöhte Position zudem eine gute Übersicht über seine Tiere und über das Verkehrsgeschehen. Um eine korrekte Körperhaltung einnehmen zu können, ist ein keilförmiges Bockkissen von großem Vorteil. Es bringt die Knie aus dem Arbeitsbereich von Armen und Händen. Überdies hat eine gute Körperhaltung positive Auswirkungen auf die Leinenführung, was schließlich dem Tier und dem Rücken des Kutschers wieder zugute kommen.

Wartung und Pflege

Nur gewartete und gepflegte Kutschen können auf Dauer die Sicherheitsanforderungen erfüllen und ungetrübtes Fahrvergnügen für Mensch und Tier bieten. Bremsen und Radlager müssen regelmäßig kontrolliert werden.

Straßenverkehrsgesetz

Über die korrekte Beleuchtung und die vom Straßenverkehrsgesetz vorgeschriebene Ausrüstung von Tierfuhrwerken sind auf den jeweiligen Ämtern Erkundungen einzuziehen. Vorschriften über das Anbringen der obligatorischen Rückstrahler, deren Position, Mindestgröße und Farbe sind von Land zu Land unterschiedlich. Der Wagen muss auf jeden Fall vorschriftsmäßig ausgerüstet sein. Auch Kutschen, die ausschließlich während des Tages unterwegs sind, müssen mit Reflektoren versehen sein.

Anspannen und Fahren

Aus Sicherheitsgründen darf sich während des Ein- und Ausspannens der Esel niemand auf der Kutsche aufhalten. Der Fahrer muss sich immer vergewissern, dass die Kutsche in gebremstem Zustand bereitgestellt ist. Im Idealfall steht eine Hilfsperson vor den Eseln und überwacht sie während des Ein- und Ausspannens.

Aufschirren

Bevor der Esel aufgeschirrt wird, ist auf die Sauberkeit der Sellett-, Kammdeckel-, Kumt- oder Brustblattlage besonderes Augenmerk zu richten. Das Geschirr wird vor dem Zaum angezogen. Gute Dienste leisten dabei Halsriemen. Der Esel kann fertig aufgeschirrt und gezäumt werden und bleibt am Halsriemen während der ganzen Zeit angebunden, ohne dass dieser stört. Das Brustblattgeschirr muss mit dem Brustblatt nach oben, also umgedreht, aufgelegt werden. Der Esel muss dazu mit seinem Kopf in die Öffnung zwischen Brustblatt und Halskoppel hindurch. Da das gesamte Geschirr umgedreht ist, hängen Kammdeckel oder Sellett dabei abwärts. Erst am Hals des Esels wird es dann gedreht und alle Teile werden in Position gebracht. Damit die Zugstrangen nicht am Boden schleifen, legt man sie über Kreuz auf den Rücken des Esels.

Esel, die zum ersten Mal mit der Schweifmetze konfrontiert werden, klemmen irritiert ihren Schwanz ein. Mit etwas Geduld, gutem Zureden und ein wenig Kratzen am Schwanzansatz sind sie bald bereit, das Anlegen der Schweifmetze zu tolerieren. Der große Bauchgurt wird satt anliegend zugeschnallt. Dies geschieht am besten in zwei Schritten, da die Esel dabei gerne ihren Bauch aufblähen. Der Bauchgurt am Kammdeckel muss nicht so fest angezogen werden wie derjenige am Sellett, weil das Sellett ja die Schere des Wagens tragen muss. Der kleine Bauchgurt des Zweispänner-Geschirrs kann lose verschnallt werden. Alle Schnallen werden beim Einspänner von der linken Seite geschnallt, beim Zweispänner von der Außenseite – also linker Esel linke Seite, rechter Esel rechte Seite. Die Leinen des Einspänners werden nun fertig eingezogen und am Gebiss eingeschnallt. Beim Zweispänner wird die halbe Zweispännerleine von hinten nach vorne durch die entsprechenden Leinenringe gezogen und die Außenleine sofort am Gebiss eingeschnallt. Die Kreuzstücke können vorbereitend durch die Leinenführungsringe am Kammdeckel geführt und am Kehlriemen eingeschlauft werden. Der hintere Teil der Leinen ist am Leinenführungsring des Kammdeckels oder am Sellett zu verschlaufen, damit er nicht unter die Hufe der Esel gerät. Die so vorbereiteten Esel werden vor den Wagen geführt. Falls die Esel im Stall aufgeschirrt worden sind, muss man beim Hinausführen aufpassen, dass sie mit dem Geschirr nirgends hängen bleiben.

Anspannen und Ausspannen

Anspannen des Einspänners

Je nach Bauart des Wagens können die Landen einzeln zurückgeschlagen und heruntergelassen werden oder die gesamte Schere wird heruntergeklappt. Der Esel ist genau vor dem Wagen zu positionieren. Dann werden die Landen in die Tragöse eingelegt und der Tragriemen verschnallt. Die Leine wird am sich drehenden Unterwagen befestigt oder, falls der Fahrer ohne Gehilfe einspannt, in der linken Hand gehalten. Als Nächstes werden zuerst die rechte, dann die linke Zugstrange eingeschlauft und zum Schluss die Scherenriemen des Hintergeschirrs an den dafür vorgesehenen Krampen an der Schere befestigt. Die Zugstrangen werden ebenfalls mit eingeschlossen, damit sie lose vom Scherenriemen geführt werden.

Anspannen des Zweispänners

Die Esel werden einzeln an die Deichsel geführt. Zuerst verschnallt man die Innenleinen über Kreuz. Dabei soll beachtet werden, dass die Leine des Esels, der den Kopf höher trägt, oben liegt. Dann wird das Leinenhandstück des rechten Esels vom Kammdeckel genommen und zum linken Esel hinüber geworfen. Die Handstücke werden von der linken Seite her zusammengeschnallt und die Leine am drehenden Unterwagen befestigt. Nun werden die Aufhalteriemen eingeschnallt. Zuletzt befestigt man die Strangen in der Reihenfolge: rechter Esel Außenstrang – Innenstrang, linker Esel Außenstrang – Innenstrang. Die Außenstränge werden zuerst befestigt, damit die Esel nicht seitlich wegtreten können.

Beim Ausspannen gilt die umgekehrte Reihenfolge wie beim Anspannen (Beispiel Zweispänner): Strangen lösen, Aufhalter lösen, Leinenhandstücke trennen, Innenleinen lösen und Esel schräg nach vorn wegführen.

Aufsitzen und Anfahren

Vor dem Aufsitzen geht der Kutscher noch einmal mit prüfendem Blick um sein Gespann herum, um Fehler am Geschirr oder an der Anspannung auszuschließen. Zum Aufsitzen stellt er sich dann links vom Gespann neben den Wagen und nimmt die Leinen in der möglichst richtigen Länge und in der Grundhaltung auf. Die Leinen dürfen nirgends verdreht sein. Das herunterhängende Ende der Leinen muss über den linken Unterarm gelegt werden, um ein Hängenbleiben zu verhindern. Dann steigt der Kutscher auf den Wagen, die Esel stets im Auge behaltend. Er setzt sich auf die rechte Seite, lässt das Leinenende von seinem linken Unterarm links von den Beinen herunterhängen und nimmt die Peitsche auf. Erst dann dürfen weitere Fahrgäste den Wagen besteigen. Vor dem Abfahren muss sich der Kutscher vergewissern, ob die Bremsen gelöst sind. Dann werden die Leinen leicht angenommen, damit die Esel aufmerksam werden. Gleichzeitig mit der Stimmhilfe wird in den Leinen fühlbar nachgegeben. Angefahren wird in der Grundhaltung und immer im Schritt. Drängelnde Esel, die immer gleich loslaufen wollen, müssen mit Konsequenz zum Stillstehen und Warten erzogen werden. Normalerweise wird geradeaus angefahren. Wenn die Tiere jedoch nicht anziehen wollen, hilft das Anfahren in einer leichten Wendung.

Das Absitzen verläuft in umgekehrter Reihenfolge wie das Aufsitzen.

Abstellen von Gespannen

Wird das Gespann „geparkt", sollte es an Anbinderingen oder -stangen gesichert werden. Dazu wird ein Halsriemen oder ein Halfter, das über dem Fahrzaum angezogen wird, verwendet. Die Fahrleinen bindet man entsprechend kurz auf der linken Seite an einem drehenden Teil des Unterwagens so fest, dass sie mit einem Handgriff schnell gelöst werden können. Der Wagen muss auf jeden Fall gebremst sein.

Wichtige Hinweise:

- Das Anschirren ist einfacher, wenn die Esel schon am Putzplatz so stehen, wie sie nachher eingespannt werden (rechtes Tier rechts, linkes Tier links).
- Das Fahren eines Einspänners ist nicht einfacher als das eines Zweispänners, denn zu zweit fühlen sich die Tiere viel sicherer und gehen in kritischen Situationen besser vorwärts.
- Kein Gespann besteht aus zwei gleichen Tieren. Eine wichtige Aufgabe des Kutschers besteht darin, einen Ausgleich zwischen seinen Tieren zu schaffen. Er ist dafür verantwortlich, dass sich das fleißige Tier nicht verausgabt und sich das faule Tier aktiv am Ziehen beteiligt.
- Der optimale Zugwinkel beträgt 10° bis 15°. Ein sehr flacher Winkel führt dazu, dass die Zugkraft in den Boden geht, also förmlich „auf der Strecke" bleibt. Ein zu steiler Zugwinkel hingegen bewirkt, dass die Esel den Wagen sozusagen „anheben" müssen. Außerdem liegt bei einem steilen Zugwinkel das Ortscheit so tief, dass die Esel mit ihren Hinterbeinen zu dicht dran sind.
- Der Zug darf bei angespannten Strängen nicht gebrochen sein, sondern muss in einer geraden Linie vom Kumt/Brustblatt bis zum Ortscheit verlaufen.
- Bei gespannten Strängen muss die Trageöse beim Einspänner auf dem Sellett liegen und darf nicht nach vorne gedrückt oder nach hinten gezogen werden. Mit Verlängern oder Verkürzen der Stränge findet man die richtige Einstellung.
- Wenn das Temperament der Tiere es erlaubt, sollte der kleinere Esel links und der größere Esel rechts laufen. Da die Straßen in der Regel leicht nach rechts abfallen, kann so der Unterschied ihrer Körpergröße ausgeglichen werden.

- Ein Eselgespann gilt im Straßenverkehrsrecht als Fahrzeug, der Kutscher als Fahrzeugführer. Es sind sämtliche Regeln des Fahrverkehrs sowie Signale und Markierungen zu beachten. Der Gespannführer muss rechts fahren und alle Richtungsänderungen anzeigen.
- Bei Gefahr ist jede Leinenhaltung richtig, die verhindert, dass das Gespann außer Kontrolle gerät.
- Ein erfahrener Kutscher führt immer ein Messer und ein Stück Strick mit sich. In Notfällen kann man mit dem Messer ein Tier aus dem Geschirr befreien oder mit dem Strick ein defektes Geschirrteil vorübergehend zusammenknüpfen.
- Wer auf öffentlichen Straßen fährt, sollte sich bei seiner Haftpflichtversicherung erkundigen, ob die Risiken des Kutschenfahrens mit versichert sind.

Sattel- und Geschirrpflege

Ausrüstungsgegenstände guter Qualität haben eine lange Lebensdauer, wenn sie regelmäßig und sachgemäß gepflegt und richtig aufbewahrt werden.

Nach jedem Gebrauch sollte der Schmutz mit Wasser von den Metallteilen (Gebiss, Schnallen) entfernt werden. Stark verschmutzte Gebisse können in Essigwasser eingeweicht werden. Das Leder wird mit einem Schwamm oder einem nassen Tuch gereinigt. Talg und verschwitzte Stellen lassen sich mit Sattelseife oder flüssiger Schmierseife entfernen. Besonders die Kumt- und Brustblattauflageflächen müssen immer gut sauber gehalten werden, da Talg- und Schmutzränder beim nächsten Einspannen Scheuerstellen verursachen können. Die Satteldecke muss nach dem Reiten mit der feuchten Seite nach oben trocknen.

Um das Leder auch bei starker Beanspruchung geschmeidig zu halten, braucht es Lederfett, Lederöl oder Balsam. Von Zeit zu Zeit müssen Zaum- oder Geschirrteile völlig zerlegt und mit Sattelseife und handwarmem Wasser gründlich gereinigt werden. Zum Trocknen hängt man das feuchte Leder auf – aber niemals an der prallen Sonne oder an einem Ofen. Wenn es trocken ist, trägt man sparsam etwas Lederfett auf und verteilt es gleichmäßig mit einem Lappen. Zu viel Fett verstopft die Poren und führt zum Verlust der natürlichen Elastizität des Leders, zu wenig Fett hat brüchiges und rissiges Leder und somit eine kürzere Lebensdauer zur Folge. Lederöl führt bei starker Anwendung zu einer Aufweichung der Lederfaser und nimmt ihm die feste Konsistenz. Altes, ungepflegtes Leder, das besonders hart und brüchig ist, kann über Nacht in Lederöl eingeweicht oder mit erhitztem Öl eingepinselt werden. Ob Lederteile, die einst brüchig waren, noch den Sicherheitsanforderungen genügen, ist fraglich. Anlässlich einer „Generalreinigung" müssen sämtliche Nähte kontrolliert und wenn nötig zur Reparatur gebracht werden. Größte Aufmerksamkeit ist dabei allen tragenden, aufhaltenden und unter Zug stehenden Teilen zu widmen.

Leder darf nicht in völlig verschlossenen Behältern aufbewahrt werden. Als organisches Material muss Leder atmen können. Die ideale Aufbewahrung für Geschirr und Sattelzeug ist Aufhängen in einem luftigen, trockenen Raum, der im Winter leicht beheizt wird. In stark geheizten Räumen trocknet das Leder aus, in feuchten Räumen beginnt es zu schimmeln. Wird das Lederzeug mit einem alten Bettlaken zugedeckt, ist es vor Staub geschützt. Ammoniakdämpfe vom Stall schaden nicht nur den Menschen und den Tieren, sondern greifen auch das Leder an.

Anhang

Adressen und Links

Verbände und Organisationen

Interessengemeinschaft für Esel- und Mulifreunde in Deutschland e.V. (IGEM)
Steinweg 12
D-65520 Bad Camberg
www.esel.org

Ausstellung Equidenpass:
Deutsche Reiterliche Vereinigung (FN)
Eintrag Freizeitpferde
D-48229 Warendorf
www.fn-dokr.de

Schweizerische Interessengemeinschaft Eselfreunde (SIGEF)
Association suisse des amis des ânes / Associazione svizzera amici degli asini
Mitteldorf 9
CH-3283 Kallnach
www.eselfreunde.ch

Gesellschaft zur Erhaltung alter und gefährdeter Nutztierrassen e.V.
Postfach 1218
D-37202 Witzenhausen

Esel-Initiative e.V.
Gemeinnütziger Verein zur Förderung allein erziehender Frauen in Eritrea
Immanuelkirchstr. 27
D-10405 Berlin
www.esel-initiative.de

IA AUSTRIA
Interessengemeinschaft Österreichischer Eselfreunde
Pichlhofen 4
A-8756 St.Georgen ob Judenburg

Minieselzucht:
Frau Hanneke Louwman
Piccolo Farm
Raaphorstlaan 28
NL-2245 BJ Wassenaar

Stiftung für das Pferd
Le Roselet
CH-2345 Les Breuleux

Brooke Hospital for Animals
Broadmead House
21 Panton Street
GB-London SW1Y 4DR
www. Brooke-hospital.org.uk

The Donkey Sanctuary
Sidmouth
GB-Devon EX10ONU
www.thedonkeysanctuary.org.uk

Hufpflege und Huftechnik

BESW-Hufpflegeschule
Frauenbründlstr. 14
D-85625 Glonn
www.koppel.de/BESW
(Für Auskünfte über Hufpfleger in Ihrer Nähe)

GdHK
Altdorferstrasse 129
D-88267 Vogt

KERALIT ®
Veterinär- und Pferdetechnik GmbH
Brentenhau 1
D-71106 Magstadt

Saatguthandel und Beratungsdienste

fenaco
UFA Samen
Schaffhauserstr. 6
CH-8401 Winterthur
www.ufasamen.ch

Feldsaaten Freudenberger GmbH & Co.
Postfach 104
D-47812 Krefeld

Futtermittel

Mineralien:
Gebrüder Schaette KG
D-88332 Bad Waldsee

ATCOM HORSE
X. Scheule GmBH
D-87757 Kirchheim

Ausrüstungsgegenstände für Stall und Esel

Reitsport-Western-Fahren (Versandkatalog):
Pferdesporthaus Loesdau
Hechinger Str. 58
D-72406 Bisingen-Hohenzollern
www.loesdau.de

Stallzubehör:
Großewinkelmann
Wortstr. 34–36
D-33397 Rietberg-Varensell

Stallzubehör:
Horizont
Am Mühlweg 10
D-34497 Korbach

Reitsportartikel aus aller Welt (Versandkatalog):
Hü & Hott
Rita Leithner
Lärchenweg 2a
D-82205 Gilching

Alles für Ihre Tiere (Versandkatalog):
Hauptner Instrumente GmbH
Riedwiesenstr. 11–13
CH-8305 Dietlikon-Zürich
www.hauptner.ch

Tierzuchtgeräte, Schermaschinen
Heiniger Ldt.
Postfach
Industrieweg 8
CH-3360 Herzogenbuchsee
www.heiniger.com

Fa. Kibele GmbH (Kutschen)
Benzstrasse 6
D-88074 Meckenbeuren

Internetadressen

www.esel.org: Homepage der IGEM
www.eselstall.de: Website mit vielen Esel-Links
www.sosfoals.com: Fohlenhilfsdienst, Kolostrum
www.tekstotaal.com: Sommerekzem-Homepage
www.vetpharm.unizh.ch: Giftpflanzendatenbank der Universität Zürich
www.maultier.ch: Schweizerische Interessengemeinschaft für das Maultier
www.bourricot.com: Portal der französischen Eselvereinigungen
www.donkeybreedsociety.co.uk: Englischer Eselzuchtverband
www.donkeys.com: Amerikanische Esel- und Maultiervereinigung
www.ml.niedersachsen.de: Empfehlungen zur Eselhaltung als pdf-Datei zum herunterladen

Literaturverzeichnis

Bücher

Borwick, R.: Esel halten. Verlag Eugen Ulmer, Stuttgart 1984 (vergriffen).
Burkhardt, P.: Wegweiser für Freizeitreiter. Broschüre, 1991.
Deutsche Reiterliche Vereinigung e.V.: Grundausbildung für Reiter und Pferd. Band 1, Richtlinien für Reiten und Fahren. FN-Verlag, Warendorf 1986, 25. Auflage.
Deutsche Reiterliche Vereinigung e.V.: Pferdehaltung. Band 4, Richtlinien für Reiten und Fahren. FN-Verlag, Warendorf 1986, 6. Auflage.
Deutsche Reiterliche Vereinigung e.V.: Fahren. Band 5, Richtlinien für Reiten und Fahren. FN-Verlag, Warendorf 1991, 4. Auflage.
Ende, H. und Isenbügel, E.: Die Stallapotheke. Müller Rüschlikon, Cham 1982, 6. Auflage.
Ende, H. und Leschke, U.: Was fehlt meinem Pferd? Müller Rüschlikon, Cham 1979.
Eley, Janet L.: Keeping your donkey healthy. Donkey Breed Society, The Hermitage, Pootings, Edenbridge, Kent TN8 6SD 1998.
Flade, J.E.: Die Esel. Die Neue Brehm-Bücherei Bd. 638. Westarp Wissenschaften, Hohenwarsleben 2000.
Grone, J.: Die Pferdeweide. Müller Rüschlikon, Cham 1977.
Landesbeauftragter für den Tierschutz des Landes Niedersachsen: Empfehlung zur Haltung von Eseln. Hannover 2000.
Licht, U.: Liebenswertes Langohr. Müller Rüschlikon, Cham 1998.
Morris, D.: Esel, Haltung und Pflege. Müller Rüschlikon, Cham 2000
Schatzmann, U.: Pferdestallungen. Broschüre. 1987
Schrenk, H.J.: Neue Fahrlehre. Franckh-Kosmos, Stuttgart 1992.
Schweizer Tierschutz STS: Du + die Natur, Nr. 1 April 1997.
Siegmann, K.: Zum Verhalten von Eseln. Diplomarbeit Universität Gesamthochschule Kassel, Witzenhausen 1994.
Svendsen, Elisabeth D.: The professional handbook of the donkey. The Donkey Sanctuary, Whittet books 1997.
Vogel, M.: Onos Lyras, Der Esel mit der Leier. Im Verlag der Gesellschaft der systematischen Musikwissenschaft, Düsseldorf 1973.
Wettstein, H. und Frei, Th.: Reiter- und Fahrerbrevet. Schweizerischer Verband für Pferdesport (SVP), Bern 1997, 5. Auflage.
Willrich, G.: Mit Pferden arbeiten. BLV, München 2000.
Zuckschwerdt, B. und Zapiorkowski, M.: Eisen ab – was nun? Pegasus Pferde Verlag, Goldach 1998.

Zeitschriften

Cavallo. Das Magazin für aktives Reiten. Scholten Verlag, Stuttgart, erscheint monatlich.

Esel Post. Interessengemeinschaft für Esel- und Mulifreunde in Deutschland e.V. Bad Camberg, erscheint 4-mal jährlich.

Pegasus. Das Pferdemagazin. Pegasus Pferde Verlag, Goldach, erscheint monatlich.

Freizeit im Sattel. Die Fachzeitschrift fürs Freizeitreiten. fs Verlag GmbH, Bonn, erscheint monatlich.

Bildquellen

C.Bähler, St.Moritz, Schweiz: Seite 219

Regula Berger, Läufelfingen, Schweiz: Seite 56

Atelier Boiselle/Gabrielle Boiselle, Speyer: Titelfoto

Linda Clark, Elk Grove, USA: Seite 47

Hans Dossenbach, Schlatt, Schweiz: Seite 51

Margaret Dunoyer, Bourgtheroulde, Frankreich: Seite 22 oben links, 38, 50

Marianne Forrer, Villigen, Schweiz: Seite 33 unten, 69, 188

Anton Fürst, Zürich, Schweiz: Seite 127

H. v. Gugelberg-Höhener, St. Moritz, Schweiz: Seite 201

Jörg Hess, Basel, Schweiz: Seite 134

Marisa Hafner, Wängi, Schweiz: Seite 7, 20, 21, 22 oben rechts und unten, 23, 31, 32 (2), 33 oben rechts, 62 (2), 63 (2), 66, 74, 76, 82, 83, 84, 90, 107, 111, 113, 115 (2), 116 (2), 118, 120 (4), 123 (2), 125, 128, 161 (2), 168, 171 (2), 172, 176, 179, 182 (2), 183, 191, 194, 212, 220 (2), 222

Megan Jackson, London: Seite 13

Juniors/Kehrer, Ruhpolding: Seite 2

H. Louwman-Pauw, Wassenaar, Niederlande: Seite 48

Ruth Mooser, Montiano, Italien: Seite 45

Pericles Pferde-Info, Frauenfeld, Schweiz: Seite 12, 55

Quince Tree Photography, Elk Grove, USA: Seite 217

Domenico Ruiu, Ozieri, Sardinien: Seite 33 oben links

Reinhard Tierfoto, Heiligkreuzsteinach: Seite 17, 18, 65, 86, 142 (2), 143, 147

Erika Veltin-Koller, Allschwil, Schweiz: Seite 52

White Star, Hamburg: Umschlagrückseite, Seite 9, 11 (2), 14, 16, 12, 13, 80, 99, 103, 139 (2), 186, 200, 202, 205

Martina Weibel, Le Roselet, Schweiz: Seite 95

Sämtliche Zeichnungen wurden von der Autorin teilweise nach Vorlagen aus der Literatur gefertigt.

Register